Zwischen allen Stühlen

Schriftenreihe Erinnern für die Zukunft

Herausgegeben vom Verein »Erinnern für die Zukunft e.V.«

Band 4

Der Bremer Verein »Erinnern für die Zukunft e.V«. hat es sich zur Aufgabe gestellt, die Erinnerung an die Zeit des Nationalsozialismus wach zu halten und die Erfahrungen aus dieser Geschichte in die Gegenwart umzusetzen mit dem Ziel, die Leitbilder Menschenwürde, Toleranz und Zivilcourage zu füllen und insbesondere auch für Jugendliche erfahrbar zu machen.

Kontakt:
»Erinnern für die Zukunft e.V.«
c/o Landesinstitut für Schule
Am Weidedamm 20
28215 Bremen
Internet: www.erinnernfuerdiezukunft.de
E-Mail: info@erinnernfuerdiezukunft.de

Karl Schneider

Zwischen allen Stühlen

Der Bremer Kaufmann Hans Hespe im Reserve-Polizeibataillon 105

Herausgegeben von
»Erinnern für die Zukunft e.V.«

EDITION TEMMEN

Die Deutsche Bibliothek verzeichnet diese Publikation in der
Deutschen Nationalbibliografie; detaillierte bibliografische Daten sind im Internet unter
http://dnb.ddb.de abrufbar.

Bildnachweis:

Privatarchiv Karl Schneider: 15, 16, 17, 18, 19, 20, 21, 23, 24, 45, 57, 87, 108, 193
Staatsarchiv Bremen: 14, 67, 79, 80, 81, 84, 87, 106, 143, 146, 192
Bundesbeauftragte für die Unterlagen des Staatssicherheitsdienstes
der ehemaligen Deutschen Demokratischen Republik:
153, 156, 159, 162, 165
Bundesarchiv Berlin: 160
Thüringisches Staatsarchiv Meiningen: 176–178

Hohenlohestr. 21 - 28209 Bremen
Tel. 0421-348430 - Fax 0421-348094
info@edition-temmen.de
www.edition-temmen.de

Herstellung: Edition Temmen
ISBN 978-3-86108-584-3

Inhalt

Vorwort

Das vorliegende Werk von Karl Schneider über den Bremer Kaufmann Hans Hespe ist ein Kaleidoskop von Irrungen und Wirrungen, von Aufbegehren und Mittun, von Verfolgung und blutiger Verstrickung. Es zeigt mit besonderer Eindringlichkeit auf, in welchem Spannungsverhältnis ein Mensch - quasi ein Mitläufer - in den letzten Jahren der Nazidiktatur wegen des ihm persönlich zugefügten Unrechts allmählich seelisch vor die Hunde geht.

Persönlich schon früh von schmerzhaften Unglücksschlägen betroffen, setzt sich der Dargestellte, trotz aller allgemeinen wirtschaftlichen Schwierigkeiten in den Jahren vor 1933, beruflich durch und baut ein kleines, aber beachtliches Mittelstandsunternehmen auf. Er wird als selbstständiger Unternehmer in der NS-Zeit zur Polizeireserve verpflichtet, die jedoch mit den eigentlichen Problemen jener Zeit (noch) nicht viel zu tun hat. Der Kriegsbeginn verändert diese Situation. Die bremische Polizei stellt aus Reservisten ein Bataillon auf. Es wird von höheren Polizeioffizieren geführt und ist in den Mannschaftsdienstgraden überwiegend mit Polizeireservisten besetzt. Dieses Polizeibataillon Nr. 105 wird nach dem Einfall der deutschen Wehrmacht in die Sowjetunion als Ordnungs- und Säuberungsverband hinter den Kampflinien eingesetzt. Säuberungsverband ist die Umschreibung für den Einsatz gegen vermutete oder erkannte Partisanen, der mit unvorstellbaren Folgen auch für eine unbeteiligte Zivilbevölkerung durchgeführt wird.

Bei diesen Einsätzen erlebt Hans Hespe, wie die Führungschargen seines Bataillons mehr als einmal die in blutige Kämpfe verwickelten nachgeordneten Kräfte im Stich lassen. Er begehrt auf gegen die führungsfeindliche Verantwortungslosigkeit und die persönliche Beute- und Raffgier eben dieser Vorgesetzten. Wohl gemerkt, er begehrt auf gegen die Verantwortungslosigkeit seiner Vorgesetzten gegenüber ihren Untergebenen, nicht gegen Befehle, die zu großen Verlusten in der Zivilbevölkerung führen.

Als er in seinen Bemühungen um die Ahndung des Verhaltens seiner Offiziere auch Unterstützung bei Angehörigen der Wehrmacht findet, gerät er in ideologische Auseinandersetzungen zwischen Wehrmachts- und SS-Sicherungskräften der Region. Es kam, wie es unter den Verhältnissen jener Tage kommen musste: Die SS-Polizeiführungskräfte haben den größeren Rückhalt und sorgen dafür, dass Hespe wegen grober Ordnungswidrigkeit und darauf folgend wegen Wehrkraftzersetzung vor Gericht gestellt wird. Man verurteilt ihn zu einer hohen Zuchthausstrafe.

Seine persönlichen Briefe an die Ehefrau und sein Bemühen um Unterstützung von Polizeioffizieren, denen er Rechtschaffenheit unterstellt, zeigen seine Verbitterung, aber auch sein nach wie vor uneingeschränktes Vertrauen in den »Führer« wie auch in den Reichsführer SS, Heinrich Himmler. Ihnen unterstellt er, dass sie von den Missständen nichts wissen, andernfalls, so nimmt er an, würden sie gewiss eingreifen, da die von ihm beschuldigten Vorgesetzten doch gegen den SS-Ehrenkodex verstießen.

Hespes Zeit im Gefängnis/Zuchthaus und die anschließende Einlieferung in ein KZ-Sonderlager für straffällig gewordene SS-Angehörige führen zu neuem Aufbegehren wegen des persönlichen Unrechts, das er auch hier erfährt. Wiederum bleibt sein Glauben an die höchste Führung unerschüttert. Und selbst als er zum Fronteinsatz in das Strafbataillon Dirlewanger versetzt und dort verwundet wird, setzt er unverdrossen seine Hoffnung auf Heinrich Himmler, den Reichsführer der SS.

Aus russischer Kriegsgefangenschaft wird er als ehemaliger KZ-Insasse frühzeitig entlassen und erreicht im Herbst 1945 wieder seinen alten Lebensmittelpunkt Bremen. Er wendet sich an die Besatzungsmacht, die Amerikaner, und erlebt, dass diese beim Aufbau der Polizei wieder auf die »alten Kameraden«, die Polizeioffiziere des Bataillons 105, zurückgegriffen haben. Er behauptet, Mitglied der Kommunistischen Partei gewesen zu sein, was nicht stimmt. In Berlin wendet er sich an die sowjetische Besatzungsmacht und wird festgenommen.

Er wird im sowjetischen Sonderlager in Sachsenhausen interniert, man wirft ihm Kollaboration mit den Westmächten vor. Immerhin hatte er ja selbst angegeben, dass er wegen Aufklärung über das Bremer Reserve-Polizeibataillon 105 mit der amerikanischen Besatzungsmacht in Kontakt stand. Der sowjetischen Internierung in Sachsenhausen folgt nach Gründung der DDR die Verurteilung durch die dortige Justiz wegen »staatsgefährdender Propaganda und Hetze«. Man hält seine Berichte über die Inhaftierung in Sachsenhausen und sein Bemühen um Gerechtigkeit - so wie er es verstand - für eine gezielte Unterminierung der »neuen sozialistischen Ordnung«.

Die langen Jahre der in den verschiedenen totalitären Systemen auferlegten Haft machen Hespe zu einem physisch und psychisch kranken Menschen, aber er gibt nicht auf. Er prangert auch die sowjetische bzw. kommunistische Willkür an, arbeitet mit in Organisationen aus Westberlin, die sich in besonderer Weise mit der östlichen Herrschaftsmacht auseinandersetzen, zusammen, wird gleichwohl auch dort nicht als aufrechter Mitstreiter verstanden.

Seine Bemühungen in Berlin und Bremen, wegen Verfolgung durch das Naziregime anerkannt zu werden, scheitern. Zum einen findet er weder Fürsprecher oder nur sachkundige Zeugen aus dem Kreis der ehemaligen Offiziere des Polizeibataillons 105 noch findet er in den bremischen Verwaltungsstellen, die für die Beurteilung von Naziverfolgung und die damit verbundene Wiedergutmachung betraut sind, Menschen, die sein Schicksal als Widerstand bewerten wollen. Selbst anschließende Gerichtsverfahren führen zu keinem anderen Ergebnis, bestenfalls bescheinigt man ihm ein wenn auch nur auf sich bezogenes, ausgeprägtes Gerechtigkeitsempfinden, das aber nicht als politisch zu verstehen ist und von daher zu Ansprüchen auf Rehabilitierung und Wiedergutmachung nicht berechtigt. Er zerbricht an diesen Befunden und Urteilen und muss immer wieder psychiatrisch gestützt werden, es gelingt ihm jedoch nicht, seinem Anliegen irgendwo anerkannten Nachdruck zu verleihen.

Diese Schilderung eines belasteten Lebens mit dieser offenbar werdenden nur auf seine eigene Person gerichtete Forderung nach Rechtfertigung im überwundenen System, seine durch eigene Briefe immer wieder belegte Anhänglichkeit an die höchsten Führer der NS-Bewegung machen es auch schwer, ihm zuzubilligen, dass er vor allem aus Gründen politischer Überzeugung gehandelt und deshalb die Verfolgung erlitten hat.

Das wiederum wirft die Frage auf, ob wir bei der Beurteilung der Handlungen in Zeiten totalitärer Herrschaft nur von der Motivation eines Richtig und Falsch ausgehen dürfen, wie wir es vielfach in der Rückschau auf das Kriegsende vor sechzig Jahren tun. Verschütten wir damit doch Informationen, welche bei persönlichen Entwicklungen - mag man dazu stehen oder nicht - mit zu bedenken sind, wollen wir das unfassbare Versagen einer großen Zahl von Deutschen in jener Zeit wirklich zeitgerechter bewerten. Wir sollten das nicht als unbeachtlich abtun, nur weil eine Freund/Feind-Position allgemein zur Grundlage der Beurteilung gemacht wird.

Aus meiner Sicht sind die Jahre totalitärer Herrschaft, auch die des NS-Regimes, stark von unterschiedlichen Grautönen überlagert. Der Grat zwischen ethischem und eingeübtem Verhalten, zwischen Recht und Gerechtigkeit, zwischen Jedermann und nur allgemeiner Verbindlichkeit ist jedenfalls viel schmaler, als es in der öffentlichen Wahrnehmung zum Ausdruck kommt.

Gerade der Fall Hespe ist geprägt von einer Vielfarbigkeit der Motivation, die bei ihm zum Handeln, zum Mitmachen, zum Aufbegehren führt. Er verlangt nach eigenständiger Einschätzung. Ich jedenfalls sehe in ihm keinen Engagierten des Widerstandes, auch wenn er erkanntes Unrecht bekämpfen wollte. Aber da er dieses Unrecht eben nur auf sich und seine Kameraden im Einsatz bezieht und nicht auf all diejenigen, die durch sein Handeln, Mittun und Verschweigen Unrecht erfahren haben, ist die Annahme von aktivem Widerstand gegen ein Unrechtssystem eine nicht zu rechtfertigende Überzeichnung. Schließlich ist die Verletzung der Menschenwürde unteilbar, sie muss den ganzen Menschen bewegen, das Gebotene zu tun. Gleichwohl sehe ich es als himmelschreiendes Unrecht an, dass die Offiziere und Mittäter von gestern als Zeugen aufgeboten werden, um sein damaliges begründetes Aufbegehren erneut infrage zu stellen. Es ist wahrlich kein Ruhmesblatt neu gefundener demokratischer Rechtsstaatlichkeit. Es lässt zudem die Frage nach der Aufarbeitung der Geschichte des hanseatischen Polizeibataillons dringlicher werden.

Hans Koschnick
ehemaliger Präsident des Senats
der Freien Hansestadt Bremen

Vorbemerkung

Im Zuge meiner Recherchen zum Bremer Polizeibataillon 105 bei der Staatsanwaltschaft im Landgericht Bremen begegnete mir 1999 erstmals der Name Hans Hespe. Die Akten ließen erkennen, dass er 1964 den Anstoß zum Ermittlungsverfahren gegen den Bataillonskommandeur Hans Helwes und andere Angehörige wegen Mordes (nationalsozialistischer Gewaltverbrechen) gegeben hatte. Bei den Ermittlungen zog die Staatsanwaltschaft Hespes »Entschädigungsakte« als Nebenakte hinzu.[1] In ihr begannen sich mit dem »Fall Hespe« zugleich das Leben eines nicht alltäglichen Menschen zu entfalten und ein Ausschnitt deutscher Geschichte zu spiegeln: persönliche und berufliche Verluste des Bremer Kaufmanns Hespe, der in drei totalitären Systemen zwischen die Mühlsteine geriet. Hespes Bemühen um Wiedergutmachung und Entschädigung wurde zum Schlüssel, der verschiedene Türen seiner Lebensstationen einen Spaltbreit öffnete: Polizeisreservist im Bataillon 105, Häftling in Riga und Dachau und nach 1945 im sowjetischen Speziallager Sachsenhausen, danach in Haftanstalten der DDR. Sie alle lassen zum Teil offene, zum Teil subtile Strukturen und Mechanismen erkennen und werfen ein Licht auf Gewalt in Diktaturen und auf den Missbrauch von Macht im Umgang mit Menschen. Der rund achtzehn Jahre andauernde Rechtsstreit reflektiert das Denken und Handeln von Verantwortlichen in der Verwaltung und in der Justiz im Nachkriegsdeutschland, insbesondere die Entschädigungspraxis.

Der Versuch, den Lebensweg dieses Mannes nachzuzeichnen, der trotz seines Schicksals, dem ungeheuren Maß an erlittenen Verlusten und Schikanen, aufbegehrte und beharrlich gegen alle Widerstände ankämpfte, erwies sich als ebenso zeitintensiv wie zunehmend fesselnder. Recherchen nach Dokumenten in Archiven und im Umfeld führten schließlich zu Stasiakten, zu überlebenden Kameraden und zu seinen Töchtern. Die Akten der Stasi und die dort archivierten Protokolle und Briefe erlauben einen Blick auf die politische Justiz und in die Kerker der DDR wie auf die Umstände von Hespes Psychiatrisierung. Mit seinen Briefen aus dem Gefängnis in Riga und aus dem KZ Dachau erschlossen sich weitere Quellen. Diese Briefe und die Schreiben seiner Frau lassen seelische Wunden und Widersprüche erkennen.

Aus Hespes sämtlichen schriftlichen Äußerungen, die Selbstaussagen bleiben und in der Nachkriegszeit auch unter Rechtfertigungszwang standen, ergibt sich freilich ein methodisches Problem: In seinen Interpretationen, der Auswahl des Mitgeteilten wie in dem Weglassen oder dem Kommentieren von Ereignissen liegen mögliche Verfälschungen. Um sie zu vermeiden und dem Leser kein vorgegebenes Bild von Hans Hespe zu vermitteln, bleiben seine Aussagen weitgehend unkommentiert und werden, wo möglich, durch Aussagen anderer Personen oder Quellen ergänzt.

Zweifellos zeigte Hespe Zivilcourage. In seinem ausgeprägten Gerechtigkeitssinn suchte er nach seinem Recht und nach Gerechtigkeit und erfasste die Realität zunehmend weniger. War

1 Die Akten zum Ermittlungsverfahren liegen heute im Staatsarchiv Bremen (StAB 4,89/3). Auch die »Entschädigungsakte Hespe« ist dort archiviert (4,54-E 4547). Das Verfahren gegen Helwes u.a. im Polizeibataillon 105 wird im Folgenden als »VH« zitiert, das Verfahren Hespes um Wiedergutmachung und Entschädigung als »VWE« bezeichnet.

er ein Michael Kohlhaas, ein Mittäter, ein tragischer Held? Oder sind Menschen wie Hespe das Salz der Erde?

Allen, die mich ermutigt und die mir privat und in Archiven, Behörden, Gerichten und Kliniken geholfen haben, danke ich sehr.

Mein besonderer Dank gilt den Herren Prof. Dr. Jörg Wollenberg, Prof. Dr. Franklin Kopitzsch (jetzt Hamburg) von der Uni Bremen und Dr. Dr. Karl Heinz Roth von der Stiftung für Sozialgeschichte des 20. Jahrhunderts, Herrn Prof. Dr. Wolfgang Benz von der Technischen Universität Berlin (Zentrum für Antisemitismusforschung), Frau Marion Alpert, Herrn Peter Fricke und Dr. Günther Rohdenburg vom Staatsarchiv Bremen, Frau Dr. Ines Reich von der Gedenkstätte und Museum Sachsenhausen, Frau Grit Gierth und Herrn Dr. Klaus-Dieter Müller von der Stiftung Sächsische Gedenkstätten Dresden, Frau Christiane Rothärmel von der Bundesbeauftragten für die Stasi-Unterlagen (BStU), Herrn Dr. Heinz Benkenstein vom Landesfachkrankenhaus für Psychiatrie und Neurologie Hildburghausen, Frau Liesbeth Strasser vom Nationaal Archiv in Den Haag, Herrn Senatsdirektor a. D. Dr. Hans Jürgen Kahrs sowie dem vormaligen Leiter des Landeskriminalamtes Bremen, Herrn Dr. Herbert Schäfer. Beiden Töchtern und dem Schwiegersohn von Hans Hespe danke ich ebenso herzlich für ihre bereitwillige Unterstützung wie dem ehemaligen Bürgermeister der Freien Hansestadt Bremen, Herrn Hans Koschnick, für das Vorwort sowie Herrn Prof. Dr. Peter Kruckenberg vom Klinikum Bremen-Ost für das Nachgespräch und seine für den Leser verständliche Betrachtung des Menschen Hans Hespe aus der Sicht der Psychiatrie.

Danken möchte ich schließlich Frau Dr. Ute Maack in Hamburg für ihr hilfreiches Lektorat und mit Herrn Dr. Günther Rohdenburg besonders dem Verein »Erinnern für die Zukunft«, dessen Unterstützung erst den Druck des Buches ermöglichte.

Meiner Frau danke ich dafür, dass sie viel Rücksicht nahm.

Karl Schneider
Syke, im August 2006

1. Weichenstellungen

Das Bootsunglück

Hans Hespe wurde am 21. Juni 1907 in Brake/Oldenburg als Sohn des Kapitäns Georg Ludwig Hespe und dessen Ehefrau Maria, geb. Beilken, geboren. Mit seinem vier Jahre älteren Bruder und seiner ein Jahr jüngeren Schwester erlebte er eine unbeschwerte Kindheit. Diese endete mit einem tragischen Bootsunglück mitten im Ersten Weltkrieg, bei dem die Familie umkam und nur Hans Hespe überlebte. Am 30. September 1916 segelte der 1914 zum Hafenmeistergehilfen für die stadtbremischen Häfen am rechten Weserufer ernannte Schiffskapitän Ludwig Hespe mit seiner Familie oberhalb von Vegesack weseraufwärts. Dabei wurde sein Segelboot von einer Sandschute, die im Schlepp des Dampfers »Unterweser 8« fuhr, überrannt. Die mit vier Mann besetzte Schute schleppte, durch eine jeweils 40 m lange Trosse verbunden, das leere Bockschiff »Celle 20« und die leere Sandschute »H.L. 24« von Bremerhaven nach Bremen.[2]

Schweres Bootsunglück bei Vegesack.

Vier Personen ertrunken.

Ein sehr bedauerliches Bootsunglück ereignete sich Sonnabend abend auf der Weser. Nach 6 Uhr kam der Führer des Schleppdampfers „Unterweser 8" mit zwei Kähnen im Schlepptau die Weser aufwärts. Als er sich eben oberhalb Vegesack befand, vernahm er plötzlich von hinten herschallend einen lauten Schrei. Er bemerkte, daß die Mannschaft des ersten Schleppkahns hinter dem Dampfer winkte. Sofort ließ er die Schlepptrosse loswerfen und wendete. Hinter dem letzten Fahrzeug (einer Sandschute) sah er ein gekentertes Segelboot treiben. Auch die Mannschaften vom ersten Kahn und die Sandschute hatten schnell ein Boot losgeworfen. Der Mannschaft der Schute gelang es, den 9 Jahre alten Schüler Hans Hespe zu retten. Andere Personen wurden von ihnen nicht mehr wahrgenommen, auch von dem Boote war nun nichts mehr zu sehen. Es gelang nur noch, einiges Bootsinventar und Kleidungsstücke aufzufischen. Wie sich herausstellte, hatte der hier im Verwaltungsgebäude im Freihafen II wohnende Hafenmeisterassistent Ludwig Hespe am Sonnabend gegen mittag vom Hafen II aus mit seinem etwa 8 Meter langen Segelboot in Begleitung seiner Frau und dreier Kinder eine Segelpartie nach Bardenfleth unternommen. Wie die Mannschaft des ersten im Schlepptau befindlichen Oberweserkahns „Celle 20" angibt, hat der Führer des Segelboots bei auflaufendem Wasser oberhalb Vegesack aufwärts segelnd, an den Kahn gehalten und eine Leine an Bord des Kahns geworfen, die am Poller festgemacht wurde. Als die Leine straff wurde, riß sie plötzlich und das Segelboot geriet unter die in etwa 20 Meter Entfernung herannahende Sandschute, von der es vollständig überfahren wurde. Der gerettete Knabe gibt an, daß er im letzten Augenblick aus dem Boot gesprungen sei. Er habe noch gesehen, wie sein Vater seinen Bruder gehalten habe. Leider ist wohl anzunehmen, daß beide Eltern und auch die beiden Geschwister des Geretteten, ein 13 Jahre alter Knabe und ein 7 Jahre altes Mädchen, bei dem Unglücksfall ihren Tod in der Weser gefunden haben. Wiederholte Absuchungen der Unfallstelle blieben bis jetzt erfolglos.

Zeitungsartikel aus den Bremer Nachrichten vom 2.10.1916

Das Segelboot, in dem sich Ludwig Hespe mit seiner Frau und seinen drei Kindern befand, hatte mit dem Zuruf um Mitnahme auf den Schleppzug zugehalten. Doch die von ihm auf das Bockschiff geworfene etwa 10 m lange Leine hielt der Zugkraft nicht stand und riss. Das Ruder des Segelbootes, welches von Hespes Frau bedient wurde, ging hart backbord. Der Versuch des Kapitäns, sich an dem hinter »Celle 20« befindlichen Beiboot festzuhalten, misslang. Das Segelboot geriet quer vor die Sandschute, wurde unter Wasser gedrückt und sank blitzschnell. Als der Bestmann der Schute die 150 bis 200 m entfernte Unfallstelle erreicht hatte, »gelang es ihm nur noch, den 9jährigen Schüler Hans Hespe, welcher im Untersinken begriffen war, zu erfassen und in das Boot hineinzuziehen«, stellte das Seeamt zu Bremerhaven im November 1916 in seinem Untersuchungsbericht fest. Kapitän Hespe ertrank und mit ihm seine Frau, sein dreizehnjähriger Sohn Willi und seine achtjährige Tochter Anita. Erst geraume Zeit später konnten ihre Leichen geborgen werden.

Das Seeamt erhob gegen die Besatzung des Schleppzuges keinen Vorwurf, anerkannte in vollem Umfang die Rettungsversuche und stellte fest: »Welche Umstände den für den Unfall

2 StAB 3-B.4.H.2.Nr. 85.1.

Hans Hespe ging gern mit Freunden auf Segeltour, Aufnahmen vom Mai 1930

und seine Folgen allein verantwortlichen Hafenmeistergehilfen Hespe veranlasst haben, auf dem vorderen, anstatt - wie es richtiger gewesen wäre - auf dem hinteren der geschleppten Fahrzeuge festzumachen, hat sich bei der Sachlage nicht mehr feststellen lassen.« Auf Antrag des Präsidenten des Senats, Bürgermeister Dr. Carl Georg Barkhausen, beschloss der Senat im Oktober 1916, »dem hinterbliebenen Sohne des verstorbenen Hafenmeistergehilfen Ludwig Hespe das Gnadenquartal zu gewähren«, d. h. ihm noch die Bezüge seines Vaters für das letzte Quartal zukommen zu lassen. Ein kleines finanzielles Trostpflaster, das die seelischen Folgen nicht mindern konnte.

Bei seinem Onkel, einem Bremer Schlachtermeister, den er später als einen rohen Menschen bezeichnen sollte, und bei seiner Tante, die er dagegen in guter Erinnerung behielt, wuchs Hans Hespe auf. Das waren für den elternlosen Jungen prägende Jahre. Von 1914 bis 1917 besuchte er die schierlohsche Vorschule in

Bremen, anschließend das Neue Gymnasium, das er 1922 mit der Obersekundareife (Einjähriges) abschloss. Der familiären folgte die finanzielle Katastrophe: Er verlor sein geerbtes Familienvermögen, das der Onkel in Kriegsanleihen angelegt hatte. Drei Jahre lang, vom 14. bis zum 17. Lebensjahr, lernte er in einem Bremer Speditionsbetrieb. Wie sein Vater paddelte und segelte er gern in seiner Freizeit. Nach Abschluss seiner Lehre blieb er noch ein Jahr als kaufmännischer Angestellter in der Bremer Firma Konstantin Wirttenberger und wechselte dann innerhalb der Stadt in die Überseespedition der Exportfirma Frederik & Möller Söhne, die er 1932 verließ.

Hespe war evangelisch. 1934 heiratete er Elfriede Sobotta und wurde Vater von drei Mädchen: Helga, Ingrid und Renate. Sie waren bei Kriegsbeginn zwei, drei und fünf Jahre alt.

Kaffeegroßrösterei Hans Hespe

26. Mai 1934: Frisch vermählt verlassen Hans und Elfriede Hespe das Standesamt

Aus kleinen Anfängen heraus schuf Hans Hespe eine Kaffeegroßrösterei in Bremen. Am 3. Oktober 1932 hatte er begonnen, sich mit einem Vertrieb für Kaffee und Tee selbstständig zu machen. Seinen eigenen Angaben zufolge beschäftigte er fünf Angestellte.[3] Das Geschäft schien gut zu laufen, denn bald konnte er sich einen eigenen Sportwagen leisten. Als »Hans Hespe, Kaffee- und Teevertrieb« führte er sein Geschäft 1935 in der Humboldtstraße 111, 1936 in der Mathildenstraße 17 und 1937 in der Weberstraße 34. Er bewährte sich auch weiterhin als tüchtiger Kaufmann. Ab April 1937 firmierte sein Betrieb, der mittlerweile 35 Angestellte beschäftigte, unter dem Namen »Kaffeegroßrösterei Hans Hespe« in der Findorffstraße 14/16.[4] Nach Hespes eigenen Angaben war die Firma 1938/39 größer als die bekannte Fa. Jacobs und hatte einen Jahresumsatz von über 1 Million Reichsmark erzielt.[5] Mit seiner Familie wohnte er in der von Eduard Schopf (Eduscho) gemieteten Villa in der Vahrer Sraße 380/382. Seine Frau Elfriede, die als Kaffee-Kauffrau bei »OGO-Kaffee« gearbeitet hatte, konnte Kenntnisse und Kunden in das eigene Unternehmen einbringen. Sie führte die Firma von Mai 1946 bis April

3 Vgl. StAB 4,81/1 und Amtsgericht Bremen (Az. HRA 117, Reg. 1). Kaffegroßrösterei, erloschen o. D.; StAB 4,66-I. Im Urteil des SS-und Polizeigerichts in Riga, das sich ebenfalls auf seine Angaben bezog, wurde das Jahr 1934 genannt (s. Anhang).

4 Die »Kaffegroßrösterei Hans Hespe« wurde am 7.4.1937 ins Handelsregister unter HR 543, Bd. 21, Fol. 267, eingetragen und am 12.2.1938 nach HRA 117, Bd. 1, Fol. 292, umgeschrieben. Einzelprokura erhielt am 11.1.1939 Friedrich Wilhelm Max Paul Rudolph Lappe; vgl. auch StAB 4,66 -XXV.1.c.

5 Vgl. Bericht vom 2.10.1964 der Kriminalpolizei in Berlin (VH, Bd. I, Bl. 12–25) und Schreiben Hespes an seinen Rechtsanwalt Haefker vom 6.6.1964 (ZStL [jetzt BAL] 8 AR 1300/64).

Kaffeegroßröster Hans Hespe in seinem Büro

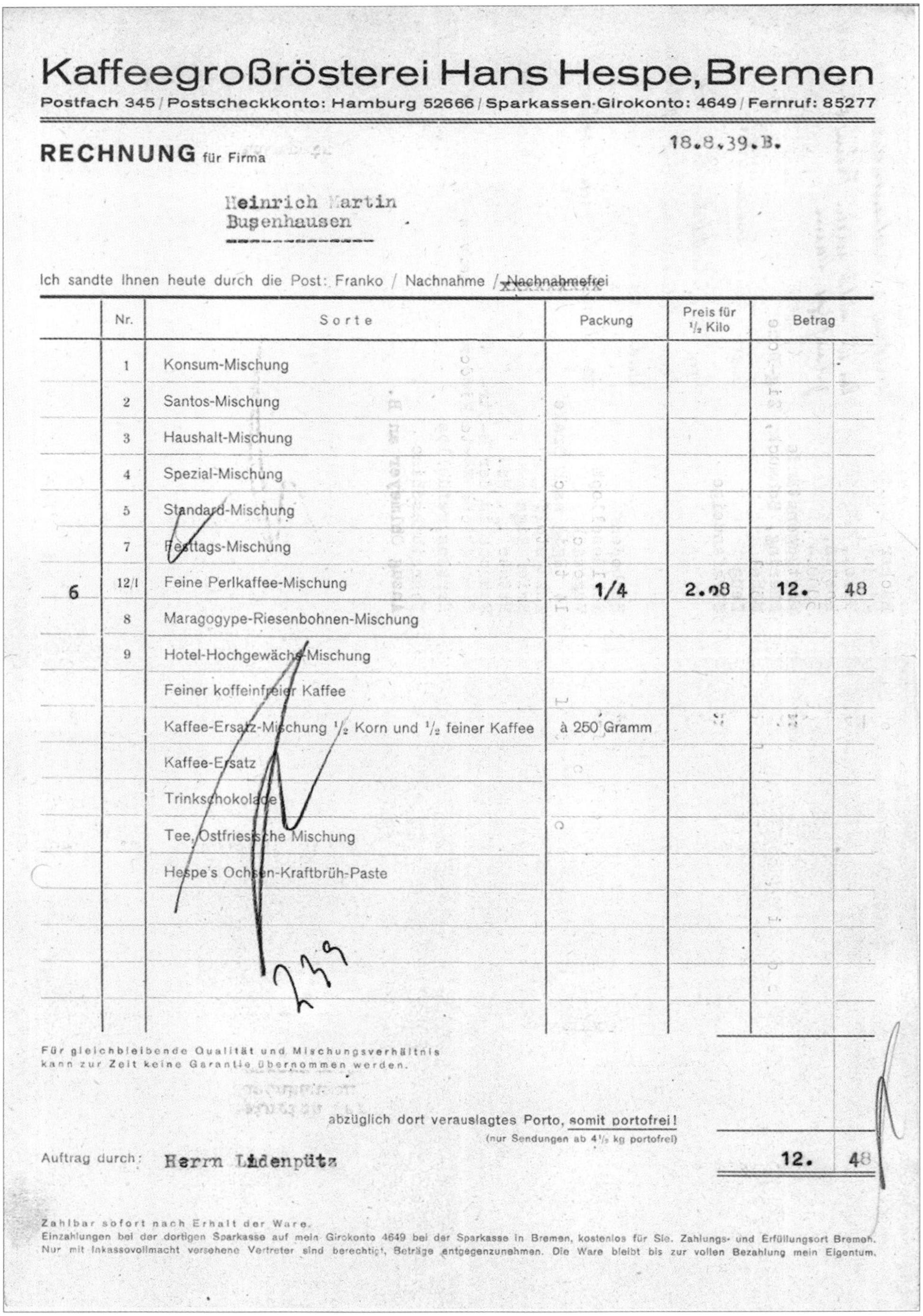

Kaffeegroßrösterei Hans Hespe, Bremen

Postfach 345 / Postscheckkonto: Hamburg 52666 / Sparkassen-Girokonto: 4649 / Fernruf: 85277

RECHNUNG für Firma 18.8.39.B.

Heinrich Martin
Bugenhausen

Ich sandte Ihnen heute durch die Post: Franko / Nachnahme / ~~Nachnahmefrei~~

	Nr.	Sorte	Packung	Preis für ½ Kilo	Betrag	
	1	Konsum-Mischung				
	2	Santos-Mischung				
	3	Haushalt-Mischung				
	4	Spezial-Mischung				
	5	Standard-Mischung				
	7	Festtags-Mischung				
6	12/1	Feine Perlkaffee-Mischung	1/4	2.08	12.	48
	8	Maragogype-Riesenbohnen-Mischung				
	9	Hotel-Hochgewächs-Mischung				
		Feiner koffeinfreier Kaffee				
		Kaffee-Ersatz-Mischung ½ Korn und ½ feiner Kaffee	à 250 Gramm			
		Kaffee-Ersatz				
		Trinkschokolade				
		Tee, Ostfriesische Mischung				
		Hespe's Ochsen-Kraftbrüh-Paste				

Für gleichbleibende Qualität und Mischungsverhältnis kann zur Zeit keine Garantie übernommen werden.

abzüglich dort verauslagtes Porto, somit portofrei!
(nur Sendungen ab 4½ kg portofrei)

Auftrag durch: Herrn Lidenpütz 12. 48

Zahlbar sofort nach Erhalt der Ware.
Einzahlungen bei der dortigen Sparkasse auf mein Girokonto 4649 bei der Sparkasse in Bremen, kostenlos für Sie. Zahlungs- und Erfüllungsort Bremen.
Nur mit Inkassovollmacht versehene Vertreter sind berechtigt, Beträge entgegenzunehmen. Die Ware bleibt bis zur vollen Bezahlung mein Eigentum.

Eine Rechnung der Firma Hespe

Als erfolgreicher Kaffee-Kaufmann konnte sich Hans Hespe bald ein Motorrad und ein eigenes Auto leisten

Hespe am Steuer.
Im Hintergrund das Bremer Rathaus

Hespe in »sorglosen Zeiten«, vermutlich vor seinem Geschäft in der Findorffstraße 14–16

1968 zusammen mit ihrer jüngsten Tochter Renate weiter.[6] Hespe selbst verwies nach dem Krieg darauf, dass seine Firma seit 1948 in kleinerem Umfang wieder betrieben wurde, da er erwerbsunfähig gewesen sei.[7] Die Handelskammer Bremen beglückwünschte die Fa. Hans Hespe in der Beethovenstr. 36 zum 25-jährigen Bestehen am 7. April 1962. Hespe will seit dem ersten Kriegstag die Firma nicht wieder betreten und nie mehr irgendeinen Nutzen daraus gezogen haben.

Vom »Verstärkten Polizeischutz« (VPS) zur Polizeireserve

Bereits ab 1937 wurden in Bremen Männer aus unterschiedlichen Berufen zum »Verstärkten Polizeischutz« (VPS) herangezogen und in geschlossenen Einheiten zusammengefasst. Aktive Schutzpolizisten bildeten sie überwiegend an den Wochenenden auf Schulhöfen, im Bürgerpark oder in Borgfeld theoretisch und praktisch aus. Das Exerzierfeld für Hespe lag auf der Bürgerweide, dem großen freien Platz hinter dem Hauptbahnhof. Theoretisch geschult wurde er in der Carl-Peters-Schule, der heutigen Schule Am Barkhof. Die VPS-Männer sollten die Polizei bei Objektschutzmaßnahmen verstärken. Himmler und Hitler brauchten Ersatz für die 1935 in die Wehrmacht überführte Landespolizei. In Bremen hatte sich dadurch die Stärke der Schutzpolizei um die Hälfte, auf etwa 800 Mann, verringert. »Wir waren und blieben Zivilisten«, berichtete Hespe nach dem Krieg, »bekamen die Auflage, uns bei evtl. Kriegsbeginn im Neuen Gymnasium (meine frühere Schule) zum Wehrdienst zu melden. Das tat ich auch weisungsgemäß. Wir waren Hilfspolizisten.«[8] Aus diesen Hilfspolizisten wurden Polizeireser-

6 Die von der verstorbenen Tochter Renate Hespe am 8.5.1946 erfolgte Anmeldung der Kaffeegroßrösterei erlosch lt. Einwohnermeldekartei am 9.4.1968 (StAB 4,81/1 und Handelsregister AG Bremen: HRA 117, Fol. 292).

7 Schreiben Hespes aus Berlin vom 14.5.1963 an Prof. Dr. von Richthofen (VOS-Akte, SSGD).

8 Hespe-Bericht, eine Anlage zum Schreiben der Kriminalpolizei Berlin vom 2.10.1964 (VH, Bd. I, Bl. 11-25; im Folgenden als »Hespe-Bericht 1964« bezeichnet; s. Anhang: Hespes Berichte).

visten, denn die berufstätigen Männer konnten aufgrund der Notdienstverordnung von 1938 als »Wachtmeister der Reserve« herangezogen werden.[9] Die Wehrmacht hatte an den unausgebildeten Jahrgängen 1901 bis 1909 wenig Interesse gezeigt und stellte sie für die »Polizeireserve« zur Verfügung. Ursprünglich ging man noch davon aus, dass die Reservisten in ihrem Heimatstandort eingesetzt würden, weshalb vor allem Angehörige des Mittelstandes und freier Berufe infrage kamen. Ihnen wollte Himmler die Möglichkeit geben, in ihrer Freizeit die von ihren Frauen weitergeführten Geschäfte zu beaufsichtigen.[10]

Ein Ausbildungslehrgang 1940 mit Polizeireservisten, an dem Hespe teilnahm

Hespe wurde im Herbst 1939 zur Ausbildung bei der Polizeireserve einberufen und auch im folgenden Jahr wiederholt zu Einsätzen in Bremen herangezogen.[11] Das im Herbst 1939 aufgestellte Bremer Polizeibataillon 105 war seit Juni 1940 im ersten »auswärtigen Einsatz« in Norwegen. »Ich kam nicht mit nach Oslo«, berichtete er später, »blieb weiterhin in Bremen, wurde eine Zeit lang abkommandiert zu persönlichen Arbeiten bei Hauptmann Ottenstreuer.« Der frühere Kapitänleutnant wohnte in Bremen am Waller Ring und hatte seine Dienststelle (Revier) im Überseehafen.[12] Nach dem Krieg (1949–1969) leitete Hans Ottenstreuer die Wasserschutzpolizei in Hamburg.[13]

Im Herbst 1940 nahm Hespe in der Polizeischule Holdheim in Bremen-Oberneuland am 3. Ausbildungslehrgang teil. Im »Sicherungsdienst« der Hafenkompanie wurde er auch für Bewachungsaufgaben im Zuchthaus Oslebshausen verwendet.[14] »Ich war erst als Kfz.-Fahrer eingesetzt, wurde für Lastwagen ausgebildet. Wir verrichteten Wachdienst, Gefangenen-Bewachung im Zuchthaus Bremen und Gerichtsgefängnis Bremen und bei Außenarbeiten«, berichtete er 1964.

9 Notdienstverordnung vom 15.10.1938 (RGBl. I, S. 1441).

10 Vgl. Georg Tessin: Waffen-SS und Ordnungspolizei im Kriegseinsatz 1939-1945. In: Georg Tessin, Norbert Kannapin (Bearb.): Waffen-SS und Ordnungspolizei im Kriegseinsatz 1939-1945. Ein Überblick anhand der Feldpostübersicht. Osnabrück 2000, S. 537.

11 Gestützt auf die Notdienstverordnung wurde er zunächst vom 1.9.-28.10.1939 durch den Polizeipräsidenten herangezogen; ferner vom 2.9.-8.11.1940 und erneut ab 9.12.1940 (VWE, Bl. 64).

12 Hespe-Bericht 1964.

13 Vgl. Günter Heemann, Günther Meyer (Hg.): Die deutschen Wasserschutzpolizeien. Geschichte und Gegenwart (= Historisches vom Strom 14). 2. Aufl., Gelsenkirchen 2000, S. 163.

14 Hespe wurde vom 9.12.1940-31.1.1943 in der Polizeireserve eingesetzt (VWE).

2. Zum Reserve-Polizeibataillon 105

Das Reich war damals in neunzehn Wehrkreise eingeteilt. Bremen lag, wie auch Oldenburg, Schleswig-Holstein und Teile Niedersachsens, im Wehrkreis 10, der seinen Sitz in Hamburg hatte.

Als deutsche Truppen am 1. September 1939 Polen überfielen und mit der britisch-französischen Kriegserklärung am 3. September der Zweite Weltkrieg ausbrach, begann das Reich Polizeibataillone aufzustellen: in Bremen als 5. Bataillon im Wehrkreis 10 das Polizeibataillon 105.[15] Der 41-jährige Major Hans Helwes, der schon im Ersten Weltkrieg gedient hatte, kommandierte das rund 500 Mann starke Bataillon. Es bestand aus einem Bataillonsstab mit einem Adjutanten, einem Arzt und drei Schützenkompanien. Der schwere Maschinengewehrzug (sMG-Zug) wurde später auf die drei Kompanien verteilt. Zum Bataillon gehörten ferner ein Nachrichtenzug und eine Kraftfahrstaffel. Die Kompanien befehligten SS-Offiziere, die 1. Kompanie der 34-jährige Hauptmann Ernst Petersen, die 2. Kompanie der 29-jährige Hauptmann Theodor Westphal und die 3. Kompanie der 25-jährige Hauptmann Fritz Dittmar.[16] Sie sollten die berufserfahrenen und durchschnittlich lebensälteren Männer ideologisch und militärisch auf den Weltanschauungskrieg vorbereiten. Das Führungspersonal der Einheit bestand überwiegend aus aktiven Wachtmeistern, die Mehrzahl der Mannschaft jedoch aus »Hilfspolizisten« wie Hespe, die als Kaufleute, Handwerker oder Angestellte im »Verstärkten Polizeischutz« (VPS) ausgebildet und als Polizeireservisten verpflichtet wurden. Nur Männer im Alter bis zu vierzig Jahren sollten die Mannschaft des Polizeibataillons ergänzen.[17] Es bestanden jedoch keine Bedenken, wenn VPS-Männer über vierzig Jahre nach entsprechender Ausbildung als vollwertige Unterführer in den Polizeibataillonen blieben.[18]

In ihrer Kriegsgliederung unterstand die Polizeieinheit dem Inspekteur (ab 1940 Befehlshaber) der Ordnungspolizei (IdO/BdO) in Hamburg. Die wirtschaftliche Betreuung und die Dienstaufsicht des Bataillons oblagen dem jeweiligen Standortkommandeur, in Bremen dem Kommandeur und Oberst der Schutzpolizei Johannes Schroers, der von 1941 bis Kriegsende das Amt des Polizeipräsidenten ausübte. Fielen Männer aus, hatte der Heimatstandort, also das Kommando der Schutzpolizei Bremen, für das Polizeibataillon 105 Ersatz zu stellen.[19]

15 Als Datum für die Aufstellung gilt der 26.9.1939: Erlass (Schnellbrief) des Reichsführers SS und Chef der Deutschen Polizei im Reichsministerium des Inneren (RFSSuCHdDtPoliRMI) vom 20.9.1939 (O-Kdo g.1 Nr. 1217/39), in Verbindung mit dem Befehl des Höheren SS- und Polizeiführers vom 22.9.1939 - (Tgb. Nr. 1149/39 [g]); (VH, Akte »Dokumentation«, auch BAB R 20/30 u. 20/91).

16 Dittmar, Petersen und Westphal kamen im Mai 1937 nach Bremen. Dittmar und Westphal als SS-Unterscharführer von der SS-Junkerschule aus Braunschweig, Petersen als Leutnant aus Hamburg (StAB 4,13/1-P.1.b. Nr. 150.7). Dittmar war bereits 1933 mit 19 Jahren SS-Untersturmführer (BAB/DC-R2 A5701); Westphal trat mit 24 Jahren 1934 in die Allgemeine SS und 1935 in die Waffen-SS ein (StAB 4,10-Akz.30; 4,66-I und BAB/DC-RS; R2, G5238). Petersen wurde 1941 mit 36 Jahren SS-Angehöriger (Schreiben RuS vom 24.5.1941, BAB/DC-RS [RUS-Akte]).

17 Erlass Pol.IdO. Hamburg, vom 14.11.1939, Tgb.-Nr. 1573/39 (g), Ziff. 1. (Kopie: Privatbesitz).

18 Erlass des HSSuPF Nordwest/IdO vom 24.11.1939, Tgb.-Nr.1573/39 (g). (Kopie: Privatbesitz).

19 BAB R 20/91.

Im Sommer 1940 kam die Polizeieinheit zu ihrem ersten »auswärtigen Einsatz« in Norwegen, von dem sie im Februar 1941 wieder nach Bremen zurückkehrte.

Als Hitler im Juni 1941 die Sowjetunion überfallen ließ, folgte der zweite »auswärtige Einsatz«. Als Reserve-Polizeibataillon 105 wurde die Einheit einer Sicherungsdivision der Wehrmacht unterstellt und zog über Litauen, Estland und Lettland bis vor Leningrad (Sankt Petersburg). Sie sollte das rückwärtige Heeresgebiet sichern und »Partisanen« bekämpfen. Im Juni 1942 wurde sie vor Leningrad und vom Wolchow abgezogen, nach Holland verlegt und im »Reichskommissariat Niederlande« eingesetzt. Dort bewachten die Männer gefährdete Repräsentanten des Reiches ebenso wie festgenommene Juden. Sie nahmen an Razzien und Hausdurchsuchungen teil und begleiteten Transporte mit Juden nach Auschwitz. Am Kriegsende gerieten die Bremer Polizeisoldaten in kanadische Gefangenschaft.

Von Bremen bis vor Leningrad

Wenige Wochen vor ihrer Rückkehr aus Oslo nach Bremen war die Polizeieinheit in »Reserve-Polizeibataillon 105« umbenannt worden.[20] Jetzt, nach seiner Rückkehr, wurde das Bataillon umstrukturiert, erhielt einen schweren Maschinengewehrzug (sMG-Zug) und teilweise neues Personal. Im März 1941 erreichte Hespe der Befehl, in die »Polizeikaserne Oberneuland« zum Reserve-Polizeibataillon 105 einzurücken.[21] Rottwachtmeister Hespe kam zu Hauptmann Theodor Westphal in die 2. Kompanie.

Hespe als Rottwachmeister 1941 in Riga

Damit endete der Aufstieg der »Kaffeegroßrösterei Hans Hespe«. Hespes persönliches Schicksal begann einen dramatischen Lauf zu nehmen.

Am 26. Mai 1941 verließ das Reserve-Polizeibataillon 105 die Lettow-Vorbeck-Kaserne. In Bremen-Oslebshausen wurde es auf die Bahn verladen und in die Nähe von Danzig verlegt. Vor dem Ausrücken erhielten die Männer noch die Blutgruppe unter dem linken Arm eintätowiert, was manchen bei Kriegsende in große Gefahr brachte, weil er verdächtigt wurde, der SS anzuge-

20 Stammtafel Stab/Res.-Polizeibataillon 105, BdO Tagesbefehl vom 7.1.1941 Nr. 59, Ziff. 6, (BAB R 20/30).

21 Befehl vom 9.3.1941; vgl. VWE.

Hespe im Profil (1941 in Riga)

hören.[22] Die Bremer Polizeieinheit wurde der 207. Sicherungsdivision der Wehrmacht unterstellt und erhielt die Feldpostnummer 38739.[23]

Hespe erinnerte sich: »Wir waren motorisiert, der Abtransport bis Dirschau erfolgte per Eisenbahn. Erste Station: Brust in Polen, Marienburg (Kasernen). Niemand hatte eine Ahnung, welchem Zwecke unser Einsatz (Batl. 105) im Osten dienen sollte. Erst im Morgengrauen des 21.6.41 wurden wir vom Donner gerührt: Ansprache des Hptm. Westphal: ›Krieg gegen Russland‹. Niemand sagte ein Wort. Wir folgten am 1. Kriegstag gegen Russland der kämpfenden Wehrmacht als Sicherungsbataillon, d. h. Objektbewachung, die Wälder nach Partisanen durchkämmen.«[24]

Als Rottwachtmeister, dem niedrigsten Mannschaftsdienstrang, zog er mit der Polizeieinheit hinter den vorrückenden Truppen her. Alle Männer trugen ihre graugrüne Polizeiuniform und wegen ihrer Unterstellung unter die Wehrmacht am linken Unterarm eine Armbinde mit der Aufschrift: »Deutsche Wehrmacht«.

Einsatzbefehle und Einsatzkommandos

Im Juni 1941 hatte Himmler für die zu erobernden Gebiete Höhere SS- und Polizeiführer (HSSPF) eingesetzt. Den HSSPF wurden Einsatzgruppen (Egr) unterstellt und jeder Heeresgruppe eine Einsatzgruppe zugeordnet: der Heeresgruppe Nord im Raum Rußland-Nord (Baltikum) die Einsatzgruppe A. Im »Reichskommissariat Ostland« übernahmen SS-Gruppenführer Hans-Adolf Prützmann und SS-Standartenführer Dr. Walter Stahlecker diese SS- und Polizeieinheiten. Auf Prützmann folgte ab Ende Oktober 1941 SS-Obergruppenführer Friedrich Jeckeln.[25]

22 Diese ursprünglich nur für die Waffen-SS verfügte Blutgruppentätowierung sollte verwundeten SS-Angehörigen in den Krankenhäusern vorrangige Behandlung garantieren. Nach dem Aufstieg Himmlers zum Reichsführer SS und Chef der deutschen Polizei im Juni 1936 erfolgte sie für alle Polizeibeamten. Nach dem Krieg galt die Tätowierung den Fahndern als sicheres Erkennungsmerkmal.

23 Vgl. Tessin, Ebd., S. 616, 633.

24 Bericht Hespes vom 16.4.1951 (StAB 4,54-E 4547). Der Bericht wird im Folgenden als »Hespe-Bericht 1951« bezeichnet (s. Anhang: Hespes Berichte).

25 Vgl. EM Nr. 9 vom 1.7. und Nr. 19 vom 11.7.1941 (BAB R 58/214 Fi 2–3); Prützmann, Hans-Adolf 26.6.1941–31.10.1941; Jeckeln, Friedrich vom 11.12.1941 bis Kriegsende; vgl. Ruth Bettina Birn: Die höheren SS- und Polizeiführer. Himmlers Vertreter im Reich und in den besetzten Gebieten. Düsseldorf 1986, S. 73; vgl. ferner

Das Gebiet hinter der kämpfenden Truppe gliederte sich in das »Gefechtsgebiet«, das »rückwärtige Armeegebiet« und das »rückwärtige Heeresgebiet«. Die vollziehende Gewalt im Gefechtsgebiet besaß der Divisionskommandeur, im rückwärtigen Armeegebiet der jeweils eingesetzte Befehlshaber und im rückwärtigen Heeresgebiet der jeweilige Kommandeur. Das Oberkommando des Heeres (OKH) sollte, sobald es die Lage gestattete, das rückwärtige Heeresgebiet mit den ihm unmittelbar unterstellten Befehlshabern bilden.[26] Der Befehlshaber des rückwärtigen Heeresgebietes erhielt einen Höheren SS- und Polizeiführer, ein Polizeiregiment sowie Einsatzgruppen mit Einsatz- und Sonderkommandos zugeordnet. »Deren politischer Einsatz soll das Heer nicht weiter interessieren. Unsere Hauptaufgabe bleibt Sicherung der Rollbahnen und Nachschublinien,« befahl die Wehrmacht.[27] Die Stärke der im Baltikum operierenden Einsatzgruppe A betrug etwa 990 Mann.[28] Sie bestand aus zwei Sonderkommandos und zwei Einsatzkommandos. Jedes Einsatzkommando wiederum hatte mit etwa 140 Mann Kompaniestärke. Die Stärke eines Sonderkommandos lag bei etwa 100 Mann. Ausgestattet waren die voll motorisierten Kräfte mit PKW, Krädern und LKW.[29] Die Sonderkommandos sollten im rückwärtigen Armeegebiet, also unmittelbar hinter dem vorrückenden Heer, die Einsatzkommandos im rückwärtigen Heeresgebiet operieren.[30] Bei Kriegsbeginn zählten die Einsatzgruppen A bis D zusammen etwa 3000 Mann.[31]

»Die kriegsgliederungsmäßig zu den Sich.-Divisionen gehörenden Pol.-Bataillone (mot.) gehören nicht zu den oben genannten Polizeikräften; sie unterstehen ausschließlich ihren Divisionen. Ihre Aufgaben sind militärischer Art«, lautete der Befehl des Oberkommandos des Heeres.[32] Für diese Polizeikräfte sollte es vorerst bei den festgelegten Aufgabenzuweisungen bleiben, die sich auf Verkehrsregelung und »Ordnungsdienst« bezogen. Geschlossener Einsatz war nur in besonderen Fällen vorzusehen. Zu den »Sicherungsaufgaben« der rückwärtigen Gebiete zählten auch »Bewachung und Abschub der Kriegsgefangenen« sowie der Einsatz von Kriegsgefangenabteilungen.

Bereits im März 1941 hatte Himmler von Hitler Sondervollmachten für Russland erhalten: für den »endgültig auszutragenden Kampf zweier entgegengesetzter politischer Systeme«.[33] Dieser Rahmen ermöglichte es ihm, selbstständig und eigenverantwortlich zu handeln. Himmler hatte nur dafür zu sorgen, dass die Operationen des Heeres nicht gestört und die

Herbert Schwarzwälder: Geschichte der Freien Hansestadt Bremen. Bd. 4: Bremen in der NS-Zeit (1933–1945). Bremen 1995, S. 270.

26 Vgl. OKH vom 3.4.1941, Besondere Anordnung für die Versorgung, Teil C (BA-MA RH 22/12); auch Teil B. Vollziehende Gewalt im Operationsgebiet vom 19.5.1951 (BA-MA RH 20-11/334).

27 Abschnitts-Stab Ostpreußen, Hauptquartier vom 9.6.1941, Der Chef des Generalstabes Ia Nr. 588/41 g.Kdos Chefs, Buchstabe g. (BA-MA RH 20-18/71, Bl. 83–98).

28 Vgl. Raul Hilberg: Die Vernichtung der europäischen Juden. 3 Bde., Frankfurt a. M. 1990, Bd. 2, S. 303.

29 Vgl. BA-MA RH 22/12.

30 Vgl. BA-MA RH 20-11/334.

31 Klein: Einsatzgruppen in der besetzten Sowjetunion 1941/42, S. 23.

32 Siehe OKH/GenStdH/Gen.Qu. Abt. Kr.Vers.Nr. II/0315/41 g. Kdos Chefs. vom 3.4.1941 (Besondere Anordnungen für die Versorgung, Teil C) Befehl vom 11.6.1941, Abt. Ia 055/41 g. Kdos (BA-MA RH 22/12, Bl. 100).

33 Vgl. Friedrich Wilhelm: Die Polizei im NS-Staat. Die Geschichte ihrer Organisation im Überblick. Paderborn, München, Zürich, Wien 1997, S. 137.

dem Heer übertragene vollziehende Gewalt dadurch nicht berührt wurden. Hitlers Ziel war es, die Kommunisten und andere »potentielle Gegner« zu vernichten. Gemeint waren vor allem Kommissare, Partisanen und Juden.

Wilhelm Keitel, Chef des Oberkommandos der Wehrmacht (OKW), erließ daraufhin für Heer, Luftwaffe und Marine »Richtlinien zum Fall Barbarossa«[34] und »Richtlinien auf Sondergebieten«.[35] Hitler hatte seinen Generälen erklärt, dass es unter Aufwendung brutalster Gewalt um den Kampf zweier gegensätzlicher Weltanschauungen gehe, um die Beseitigung der sowjetischen Intelligenz und der Funktionäre. Der Bolschewismus sei soziales Verbrechertum, »der Kommunist vorher kein Kamerad und nachher kein Kamerad«.[36] Der Krieg werde nicht geführt, um den Feind zu konservieren, sondern um ihn zu vernichten. Dies sei keine Frage der Kriegsgerichte. »Die Führer der Truppe müssen wissen, worum es geht.«[37]

Einzelheiten des unmittelbaren Vorgehens der Sicherheitspolizei und des SD regelte ein Abkommen zwischen dem Oberkommando des Heeres und dem Reichsführer SS Ende April 1941.[38] Dem »Gerichtsbarkeitserlass zum Fall Barbarossa« und den »Richtlinien für die Behandlung politischer Kommissare« (Kommissarbefehl) folgten kurz vor dem Überfall auf die Sowjetunion weitere verbrecherische Befehle.[39]

Der »Gerichtsbarkeitserlass« setzte die Kriegs- und Standgerichtsbarkeit über die Zivilbevölkerung weitgehend außer Kraft. Seine Bestimmungen sollten es möglich machen, alle »potentiellen Gegner« zu vernichten.

Mitte Juni wurden die Führer der Einsatzgruppen im Auftrag Heydrichs darauf hingewiesen, dass ihre Aufgabe neben der »Sicherung des rückwärtigen Heeresgebietes« auch in der »Sonderbehandlung der potentiellen Gegner«, d. h. sämtlicher kommunistischer Funktionäre und Juden besteht.[40] Reinhard Heydrich, Chef der Sicherheitspolizei und des SD im Reichssicherheitshauptamt, erteilte Anfang Juli den Einsatzgruppen den Befehl, kommunistische Funktionäre, Volkskommissare, Juden in Partei- und Staatsstellungen sowie sonstige radikale Elemente zu exekutieren. Als radikale Elemente galten sogenannte Saboteure, Propagandeure, Heckenschützen, Attentäter, Hetzer usw.[41]

Der Befehl zur Behandlung der Kommissare sollte keine Zweifel aufkommen lassen: »Sie sind aus den Kriegsgefangenen sofort, d. h. noch auf dem Gefechtsfeld, auszusondern. Dies

34 Vgl. Percy Ernst Schramm (Hg.): Kriegstagebuch des Oberkommando des Heeres (Wehrmachtsführung): 1940–1945. Geführt von Helmuth Greiner und Percy Ernst Schramm im Auftrag des Arbeitskreises für Wehrforschung. 8 Bde., Augsburg 2002 (im Folgenden zit. als KTB-OKW), Bd. 8, S. 1863.

35 Vgl. BA-MA RW 4/v.510.

36 Franz Halder: Kriegstagebuch. Tägliche Aufzeichnungen des Chefs des Generalstabes des Heeres 1939-1942. 3 Bde., hg. vom Arbeitskreis für Wehrforschung, bearb. von Hans-Adolf Jacobson in Verbindung mit Alfred Philippi. Stuttgart 1962–1964 [KTB Halder], Bd. 2, S. 336 ff., zit. nach: Christian Streit: »Keine Kameraden«. Die Wehrmacht und die sowjetischen Kriegsgefangenen 1941–1945. Neuausgabe. Bonn 1997, S. 34.

37 KTB Halder, ebd., Eintrag vom 17.3. und 31.3.1941.

38 BA-MA RH 22/155.

39 Die Richtlinien vom 6.6.1941 wurden auf Weisung des OKW nur bis zur Ebene der Befehlshaber der Armeen schriftlich verteilt und sollten nach vorne mündlich bekannt gegeben werden (BA-MA RH 2/2082); vgl. auch IMT Bd. XXVI, S. 203 ff.

40 Vgl. Aussage Ohlendorff vom 3.1.1946 (IMT, Bd. IV, S. 350).

41 BAB R58/241, Bl. 315 ff.

ist notwendig, um ihnen jede Einflussmöglichkeit auf gefangene Soldaten zu nehmen. Diese Kommissare werden nicht als Soldaten anerkannt; der für Kriegsgefangene geltende Schutz findet auf sie keine Anwendung. Sie sind nach durchgeführter Aussonderung zu erledigen.«[42] Das Oberkommando der Wehrmacht ergänzte diesen Erlass im August 1941 und bestimmte, dass auch Politruks, die politischen Gehilfen bei den Kompanien, wie Kommissare zu behandeln seien.

Opposition gegen Offiziere

Mit dem auch bei der Wehrmacht üblichen militärischen Drill fand sich Hespe recht und schlecht ab, doch immer weniger mit der Arroganz, Korruption und Unfähigkeit der SS-Angehörigen im Bataillon.[43] Er gehörte weder der SS noch der NSDAP oder einer ihrer Gliederungen an und geriet zunehmend in Opposition.[44]

Zur SS hatte er bis dahin keinerlei Verbindungen gehabt. Nun begannen ihn seine Vorgesetzten zu interessieren. »Äußerlich beeindrucken sie mich«, bekannte er, »und ich versuche ehrlich, ihnen zu folgen und sie in ihrer Gedankenwelt, ihrem Glaubensbekenntnis, verankert in ihren 25 Leitsätzen, zu verstehen.«[45] Die Gelegenheit bot sich in den weltanschaulichen Schulungen. Die Offiziere erzählten vom Rassesinn - ein Steckenpferd der SS - von der kulturellen Höhe, die durch die Rasse bedingt sei, von der Sünde wider Blut und Rasse, die sie als Erbsünde der Welt betrachteten. Im Unterricht konnte man kaum darüber diskutieren. Alle saßen stumm und ließen das Gerede über sich ergehen, so schildert Hespe.[46]

Anders war es an den Bierabenden, bei persönlichen und privaten Gesprächen oder wenn sich die Offiziere zu den Mannschaften auf die Stuben setzten. Da sagte man schon eher, was man dachte.

»In meinem ganzen Leben kannte ich keine Situation, wo ich es nötig hatte, aus meinem Herzen eine Mördergrube zu machen. So kann ich mich auch hier nicht daran gewöhnen und vertrete meine Anschauung. Ich bin Kaufmann und habe es durch Umsicht und Geschicklichkeit trotz meiner jungen Jahre zu etwas gebracht. Das ist mein Ehrgeiz gewesen«, bekannte Hespe nicht ohne Stolz.[47]

Mit seiner Offenheit hatte er noch in Bremen seine erste Überraschung erlebt: Hauptmann Ernst Petersen und Kompaniechef Fritz Dittmar, dessen Wunsch es schon 1935 war, Soldat

42 Vgl. Oberbefehlshaber des Heeres (Az: Gen zbVbObdH [Gr.R.Wos], darunter Nr. 91/41 g.Kdos.Chefs.) Hauptquartier OKH, den 8.6.1941: Behandlung politischer Kommissare, Ziff. I. 2., (BA-MA RH 2/2082, Fiche 1).

43 Vgl. Hespe-Bericht an die Entschädigungskammer des Landgerichts Bremen vom 15.4.1951 (StAB 4,54-E 4547 [VWE]); im Folgenden bezeichnet als: Hespe-Bericht 1951 (s. Anhang: Hespes Berichte).

44 Vgl. Feldurteil des SS-und Polizeigerichts XVI Riga vom 4.9.1942 (VWE).

45 Hespe-Bericht 1951.

46 Ebd. Auf die »weltanschauliche Erziehung« von SS, Polizei und Waffen-SS im Rahmen der »Endlösung« gehen näher ein: Jürgen Matthäus, Konrad Kwiet, Jürgen Förster, Richard Breitmann: »Ausbildungsziel Judenmord?« Weltanschauliche Erziehung von SS, Polizei und Waffen-SS im Rahmen der »Endlösung«. Frankfurt a. M. 2003.

47 Hespe-Bericht 1951.

und Führer in der SS-Verfügungstruppe zu werden,[48] meldeten »abträgliche Äußerungen«, die Hespe über das System verlauten ließ, an den Sicherheitsdienst. Hespe will die Geschehnisse bis dahin durch die Brille des Kaufmanns betrachtet, die Empörung der Welt über die »Reichskristallnacht« verfolgt, sich kritisch über die Handelseinschränkungen und Isolierung Deutschlands sowie die von Hitler angestrebte Autarkie geäußert haben. »Für mich war es der Begriff der Unnatur, dass ein Volk ohne den Güteraustausch mit anderen Völkern leben wollte.« Zweimal habe ihn deswegen sein Bataillonskamerad Hans L., der dem SD angehörte, vernommen, daraufhin verwarnt und »in die Kartei aufgenommen«. Seinem SD-Kameraden sei er später, wenn auch etwas distanziert, verbunden geblieben, berichtet Hespe.[49]

Seine Abneigung gegen die »Herrenrasse« nahm mit dem Fortschreiten des Krieges gegen die Sowjetunion zu. Sie richtete sich insbesondere gegen die Offiziere. »So hatte ich eben eine ganz andere Auffassung von Nöten des Lebens als jene verkrachten und gestrauchelten Existenzen, die mir bei der Polizei als Vorgesetzte vor die Nase gesetzt wurden. Diese hatten durchweg mit irgendeinem Beruf angefangen, waren stecken geblieben und zur SS bzw. Polizei gegangen«, beurteilte er sie nach dem Krieg. »Die Unterführer, junge Menschen von 20–25, die Führer solche von 23–30 Jahren. Sie kommen von irgendwelchen Schulen, Ordensburgen, sind vollgepfropft mit ihren weisen Lehren des Nationalsozialismus und dünken sich den Göttern gleich.«[50] In der Mannschaft fand er nur Reservisten: Intellektuelle, Kaufleute, Handwerker, Arbeiter - alles bunt durcheinandergewürfelt. Die ihm als Widerspruch erscheinende Diskrepanz zwischen Führungsposition und persönlichem Verhalten, die Hespe bei seinen unmittelbaren Vorgesetzten wahrnahm, beklagte er später auch bei Personen der Parteiführung. In seinem Bericht an die »Wiedergutmachungskammer« des Landgerichts nannte er 1951 Beispiele bodenloser Verlogenheit und Zeichen menschlicher Verworfenheit: die Glorifizierung von Persönlichkeiten (Robert Ley, Ernst Röhm, Joseph Goebbels, Horst Wessel), deren Lebensläufe angesichts des politischen Führungsanspruchs der Nationalsozialisten und ihrer Auslesegedanken ihrem Wesen und Inhalt nach geeignet erschienen, seinen Glauben an die Führung völlig zu vernichten.

Himmler nannte er in diesem Zusammenhang nicht. Auf dessen »Eigenart«, hart durchzugreifen und bei Verfehlungen auf SS- und Polizeiangehörige keinerlei Rücksicht zu nehmen, setzte er noch lange Zeit.[51]

Die Judenverfolgung, insbesondere die Missachtung der Menschenrechte und Menschenwürde, sei für ihn ein Schlag ins Gesicht gewesen, so Hespe in seinem ersten Bericht. Die Nazis seien immer von dem Grundsatz ausgegangen, dass in der Größe der Lüge ein gewisser Faktor des Geglaubtwerdens liege. Die breite Masse eines Volkes würde einer großen Lüge leichter zum Opfer fallen als einer kleinen. Auch von der frechsten Lüge werde immer etwas übrig und hängen bleiben.[52]

48 In seinem Bewerbungsschreiben vom 15.7.1935 wies er ferner darauf hin, dass sein Vater bereits 1925 Mitglied in der NSDAP gewesen sei und seine Mutter der NS-Frauenschaft angehört habe (StAB, 4,10-Akz 30-103).

49 VWE, R.-Akte I; auch Hespe-Berichte 1951 und 1964.

50 Hespe-Bericht 1951.

51 Hespe-Bericht 1964.

52 Hespe-Bericht 1951.

Bei allen Widersprüchen, die Haltung und Einstellung der Einheitsführer bei ihm hervorriefen, versuchte er differenziert zu urteilen. Bei den Unterführern fand er einige, die seiner Ansicht nach ruhiger und vernünftiger über die Theorien des Nationalsozialismus dachten. Die Mehrzahl galt ihm jedoch als verblendet. Für die Offiziere schien es indes nichts anderes als die »Bibel des Führers« zu geben. Das geistige Niveau beim Polizei-Offizierkorps bezeichnete er als ausgesprochen niedrig. »Es wäre natürlich wertlos gewesen«, versuchte er sein Verhalten zu rechtfertigen, »mit solchen dummen und vergesslichen Lügnern streiten zu wollen, und ich würde auch gar kein Wort darüber verloren haben, wenn nicht dieser Unsinn von so vielen gedankenlosen Menschen nachgeplappert worden wäre, ohne dass gerade Bosheit oder bewusste Unwahrhaftigkeit die Veranlassung dazu gegeben hätten.«[53] So ließ er sich in Diskussionen ein und vertrat seine Auffassung. »Wahrscheinlich wäre ich zurückhaltender gewesen, wenn mich die arrogante Art dieser Menschen, insbesondere der Offiziere, nicht so maßlos gereizt hätte. Die Idee des ›Herrenmenschen‹ war ihnen zur Genüge eingeimpft, und in diesem Wahn wurden sie leider von vielen meiner Kameraden bestärkt, die förmlich vor ihnen im Staube krochen. Ausdrücke, wie Pestbeulen, Banausen, Clown-Dollies und noch hässlichere waren an der Tagesordnung. Sie klopften uns mit ihrem Degen auf dem Stahlhelm herum usw. Das war mir zu viel.«[54] So sei er immer ablehnender geworden, da sich seine Ansichten über die Lügen und Widersprüche des Nationalsozialismus immer mehr erhärteten. Handelten doch diese ihm nächsten und sichtbaren Vertreter des Nationalsozialismus gerade im Gegensatz zu dem, was sie in ihren Reden lehrten und was von ihnen erwartet werden musste. Sofern er nur Gelegenheit gefunden habe, will er seinen Offizieren widersprochen haben: im Dienstbetrieb, bei ihrer Übermenschentheorie, in ihrer Religions- und Rassenauffassung.[55] Letztlich sah er sich von ihnen gehasst und schikaniert - nicht offen, dazu schienen sie ihm zu feige. Wie Hespe seine Offiziere verachtete, bezeugte später sein ehemaliger Kamerad im Bataillon Joachim Fromm: »Sieh sie dir an, diese Knechte«, habe Hespe zu ihm gesagt. »Für einen ordentlichen Beruf sind sie entweder zu dumm oder zu faul. Da werden sie also je nach Grad der Dummheit oder Faulheit Unterführer oder Offiziere. Wer die größte Klappe hat und am meisten saufen kann, wird Polizeioffizier. Mit Alkohol kann man sie sich aber kaufen, und das ist auch was wert. Die Devise der Polizei müsste sein: Trinkfest und arbeitsscheu!«[56]

Diese Aussagen sowie weitere Schilderungen stammen aus der Zeit nach dem Krieg und sollten Hespes Verfolgung durch die SS-Offiziere im Bataillon belegen.

Hinter dem Heer

Das meist kompanieweise und getrennt im Rücken der Front eingesetzte Polizeibataillon musste zunächst eine zunehmend größere Anzahl von Kriegsgefangenen bewachen. Bald schon exekutierten die Kompanien die ersten aufgegriffenen »Heckenschützen«. Sie durch-

53 Ebd.
54 Ebd.
55 Er nannte u. a. die SS-Angehörigen Borck, Dittmar, Petersen, Westphal, Heimann und Greggers. (Ebd.).
56 Schreiben Joachim Fromm an Hespes Rechtsanwälte Schroeder und Haefker vom 18.6.1951 (VWE).

suchten Wälder und Häuser nach versprengten Russen und Kommunisten und überließen »verdächtige Elemente« den Einsatzkommandos oder »erledigten« sie selbst.

Schon eine Woche nach Kriegsbeginn wurden die Polizeisoldaten von ihrem Kommandeur ermutigt, jeden Verdächtigen sofort zu erschießen, so berichtete der Bataillonsfotograf Hermann Gieschen in einem Brief nach Bremen.[57] Wenige Tage später beklagte die 2. Kompanie ihren ersten Toten. Der Hamburger Robert Baar sei von einem Heckenschützen erschossen worden, so lautete die offizielle Version.[58] Gestorben für Führer, Volk und Vaterland.

Ganz anders liest sich die Darstellung Hespes: »Über meiner Gruppe lag ein Fluch. Es fielen fast alle. Der erste Tote des Bataillons war aus meiner Gruppe - erschossen von seinem engsten Kameraden - beerdigt mit großem Pomp in Rossini. Der Vorfall wurde totgeschwiegen. Ich selbst gehörte zu denen, die die Ehrensalve schossen.«[59] Ein ehemaliger Gruppenführer seiner Kompanie bestätigte im Januar 2002, dass der Bataillonsangehörige versehentlich von eigenen Kameraden erschossen worden war.[60]

Die Zahl der Gefangenen nahm täglich zu, die Verrohung der Polizeisoldaten offensichtlich auch. Die 2. Kompanie musste jeden Tag hinausfahren, um Gefangene abzuführen: »Die Heckenschützen werden gleich an Ort und Stelle umgelegt.«[61] Fast täglich mussten Exekutionskommandos gestellt werden.

Vom litauischen Raiseiniai aus erreichten sie auf ihrem Vormarsch hinter der kämpfenden Truppe das Städtchen Kursenai, das etwa dreißig Kilometer westlich von Schaulen (Siauliai) liegt.

Eine Woche lang quartierten sie sich in »Judenwohnungen« ein und ließen sich von »Judenfrauen und -mädchen« bedienen.[62] Die Verfolgung und Ermordung der Juden in Litauen durch organisierte Pogrome und Angehörige der Einsatzgruppe A unter Stahlecker hatte begonnen.[63] Ohne offensichtlich selbst zu schießen, halfen Wehrmacht und ihr unterstellte Polizeieinheiten bei der Verfolgung »arbeitsteilig« mit. Kaum einer wollte sich später daran erinnern.

Der Stab und die 2. Kompanie des Polizeibataillons 105 zogen etwa 100 km weiter nördlich nach Mitau, das heutige Jelgava, rund 40 km vor Riga gelegen. Dort gab es schon keine

57 Der Polizeiwachtmeister Hermann Gieschen (Jg. 1902), Bremer Kaufmann, Angehöriger des Reserve-Polizeibataillons 105 und als Bataillonsfotograf eingesetzt, schrieb an seine Frau Hanna in Bremen zahlreiche Briefe, von denen 21 erhalten sind. Sie datieren aus der Zeit vom 24.6.1941 bis zum 2.10.1942 und umfassen 129 Seiten. Sie sind teilweise publiziert. Vgl. Eiber, Ludwig: »... ein bißchen die Wahrheit«. Briefe eines Bremer Kaufmanns von seinem Einsatz beim Reserve-Polizeibataillon 105 in der Sowjetunion. In: 1999. Zeitschrift für Sozialgeschichte des 20. und 21. Jahrhunderts, Bd. 1, Hamburg 1991, S. 58-83; Bay. Hauptstaatsarchiv München, OMGUS Kriegsverbrecherprozesse, Mikrofilm 170; Kopien des Mikrofilms im StAB, 7, 500-B-65 (danach zit.); die Briefe werden im Folgenden als »H.G.-Brief« bezeichnet. Vgl. Wolfgang Curilla, Die deutsche Ordnungspolizei und der Holocaust im Baltikum und in Weißrußland 1941-1944, Paderborn, München, Wien, Zürich 2006, S. 200-203. Curilla stützt sich in seinem Beitrag zum Polizeibataillon 105 im Wesentlichen auf diese Briefe.

58 H.G.-Brief, Brieffragment, undatiert (vor dem 5.7., vermutlich 4.7.).

59 Hespe-Bericht 1964.

60 Gerhard F., Jg. 1916, gehörte von 1939 bis 1945 als Aktiver zur 2. Kompanie im Res.-Polizeibataillon 105: Gespräch mit dem ehemaligen Wachtmeister vom 17.1.2002.

61 H.G.-Brief vom 5.7.1941.

62 H.G.-Brief vom 7.7.1941.

63 Vgl. u. a. Der Chef der Sicherheitspolizei und des SD, Ereignismeldung UdSSR Nr. 9 vom 1.7.1941, Nr. 14 vom 6.7.1941, vom 7.7.1941 und vom 11.7.1941 (BAB R 58/214, Fi. 1-3).

Juden mehr. Nach dem Vorrücken der Truppen und den Massakern der Einsatzkommandos und ihrer Helfer kehrten Flüchtlinge in das kleine Städtchen zurück. Außer Lebensmitteln gab es dort nichts mehr zu kaufen.[64]

Am 24. Juli 1941 traf das Bremer Polizeibataillon in Riga ein. In der Hauptstadt Lettlands, das aufgrund des Hitler-Stalin-Paktes zuvor russisch gewesen war, lag die 1. Kompanie von Ende Juli bis Anfang September 1941.[65] Von Opern- und Operettenbesuchen in Riga berichtet Walter K. aus der 1. Kompanie in seinem Tagebuch[66], von »tollen, fixen Weibern« schwärmt Hespe in einem Brief an seine Frau.[67]

Die 3. Kompanie hauste drei Wochen in Gdow am Peipussee und »sicherte« dann ein Kriegsgefangenenlager in Wesenberg (Rakvere), das schon weit im Norden, zwischen der estnischen Hauptstadt Reval (Tallinn) und Leningrad (St. Petersburg), nahe dem Finnischen Meerbusen liegt. Erschießungen waren an der Tagesordnung.[68]

Die 2. Kompanie hatte sich in Riga zunächst im jüdischen Klubhaus einquartiert und zog Anfang August weiter in das Städtchen Wenden (Cesis) nordöstlich von Riga.[69] Bei ihren »Sicherungsaufgaben« konnte den Polizeisoldaten nicht verborgen bleiben, dass überall Juden erschossen wurden.[70] Der Bataillonsfotograf berichtete darüber, Hans Hespe nicht.

Raff- und beutegierig

In Riga erlebte Hespe mit, wie die Deutschen von der Bevölkerung als Befreier zunächst enthusiastisch begrüßt wurden. »Das sah bald ganz anders aus«, erinnerte er sich nach dem Krieg, »denn das reiche Baltikum wurde ausgeplündert.« Vor einem großen Kaufhaus in Riga beobachtete er, wie Eisenbahner und Angehörige der Organisation Todt[71] mit leeren Koffern das Kaufhaus betraten und diese prall gefüllt wieder heraustrugen.

64 H.G.-Brief vom 20.7.1941.

65 Lt. Tagebuch des Bataillonsangehörigen Walter K. (1. Kompanie) vom 24.7.-9.9.1941. Bei den Tagebüchern handelt es sich um 1946/47 mit Schreibmaschine abgefasste Aufzeichnungen. Sie enthalten familiäre, berufliche und einsatzbezogene Beschreibungen, deren Daten es ermöglichen, die jeweiligen Stationenen nachzuvollziehen. Die polizeilichen Tätigkeiten im Polizeibataillon werden nur allgemein und beschönigend dargestellt. Ks Schilderungen vermitteln vielfach Bilder romantisierender Reisebeschreibungen. Die beiden DIN-A5-Ordner: 1935–1944 (212 Bl.) und 1945–1967 (195 Bl.) umfassen rund 400 meist doppelseitig beschriebene Blätter ohne Seitenangaben, teilweise Fotos und Zeichnungen (Privatbesitz).

66 Vgl. Tagebuch Walter K. (Privatbesitz).

67 »Gönne Dir die Freuden der Stadt Riga von Herzen, sogar die tollen, fixen Weiber«, antwortete Elfriede Hespe ihrem Mann im Brief Nr. 26 vom 22.8.1941. Siehe Hespe-Briefe (Anhang).

68 H.G.-Brief vom 22.8.1941.

69 Lt. Foto von Joachim V. lag die 2. Kompanie im jüdischen Klubhaus und lt. Einsatzkalender vom 10.8.1941–9.9.1941 in Wenden, lt.Fischer-Album vom 4.3.- 8.9.1942 (Privatbesitz).

70 H.G.-Brief vom 7.8.1941; vgl. Ytzhak Arad: Der Holocaust an den sowjetischen Juden in den besetzten Gebieten der Sowjetunion. In: Wassili Grossmann, Ilja Ehrenburg, Arno Lustiger (Hg.): Das Schwarzbuch. Der Genozid an den sowjetischen Juden. Reinbek bei Hamburg 1994, S. 1015–1062.

71 Die Wehrmachts- und Polizeieinheiten waren nach dem Obergruppenführer der SA und Generalmajor der Luftwaffe Fritz Todt benannt. Todt war seit 1938 Hitlers Generalbevollmächtigter für die Regelung der Bauwirtschaft, hatte 1939 die paramilitärische »Organisation Todt« für Baumaßnahmen gegründet (Westwall, Arbeitserziehungslager) und wurde im März 1941 Reichsminister für Bewaffnung und Munition. Bei einem Flugzeugabsturz bei

»Ich erlebte hässliche Szenen«, berichtet Hespe. »Später schlug die ehemalige Freude der Rigenser zu ihren ›Befreiern‹ in Hass um. Wir und die Wehrmacht durften nur noch truppweise und bewaffnet die Stadt besuchen, es waren Verluste eingetreten. Auch Kameraden von mir beteiligten sich an den Ausbeutungen.« Etwa jede dritte Frau in Bremen habe damals z. B. Silberfüchse getragen, die aus Lettland stammten. »Ich verachte die Habgier, gestehe indes, dass ich einmal ein Päckchen mit Süssigkeiten und zweimal je ein Päckchen mit Seife nach Bremen schickte. Sonst - im Gegensatz zu meinen Kameraden - nichts.«[72]

Über günstige und in Kisten gelagerte Einkäufe, von denen er nicht wusste, wie er sie nach Bremen schaffen sollte, freute sich der Bataillonsfotograf und bestellte sich zwei weitere Kisten. Besonders begeisterte ihn ein Stummfilmprojektor, der in Bremen fast unerschwinglich war und hier nur 3 800 Rubel, umgerechnet 380 Reichsmark, kostete.[73]

Die Beutegier der Offiziere kannten drei seiner Kameraden, ein späterer Gewerkschaftssekretär, ein Staatsanwalt und der gelernte Kaufmann Joachim Fromm, bereits aus der Norwegenzeit des Polizeibataillons.[74] Dort sei das Verschieben eines ganzen Dampfers mit Beutegut aufgeflogen und anschließend vertuscht worden. Aus dieser Erfahrung konnten sie lernen.

»In Litauen verschoben unsere Vorgesetzten lastwagenweise für sich gestohlene Güter in die Heimat,« schrieb Hespe 1951 dem Landgericht in Bremen, das sich dafür allerdings nicht interessierte. Als einer dieser Transporte an der Grenze beschlagnahmt wurde, sei es zu einem dramatischen Zusammenstoß zwischen Wehrmacht und SS gekommen. Dennoch sei der Transport durchgegangen.[75] Paul D., der Bursche (»Putzer«) von Westphal, habe in Raiseiniai Tag und Nacht Kisten für die Offiziere mit Beutegut genagelt, die dann per Eisenbahn nach Bremen geschickt wurden. Der Waggon sei in Königsberg gestoppt worden, doch Westphal sei mit einem anderen oder mehreren Offizieren dorthin gefahren und habe die Freigabe erreicht.[76]

Joachim V., Unterführer im Bremer Polizeibataillon, der sich in Riga mehrfach mit seinem Schwager aus dem Hamburger Polizeibataillon 103 traf, das ebenfalls in der Stadt lag, kaufte billig ein und schickte »jede Menge Zwei-Kilo-Päckchen« nach Bremen.[77] Ein Päckchen pro Woche sei erlaubt gewesen, berichtet er, doch sein Kompaniechef Westphal habe schon aus Litauen eine Kiste abgeschickt, die in Ostpreußen beanstandet worden sei: »Hier merkt man den Unterschied zwischen Führung und Mannschaft.«[78]

Rastenburg kam er am 8.2.1942 ums Leben: vgl. Ernst Klee: Das Personenlexikon zum Dritten Reich. Wer war was vor und nach 1945. Frankfurt a. M. 2003, S. 627. Im November 1942 wurde ein »SS-Polizeiregiment Todt (28)« aufgestellt; vgl. Tessin in: Tessin/Kannapin: Waffen-SS und Ordnungspolizei, S. 626.

72 Hespe-Bericht 1964.

73 H.G.-Brief vom 20.7.1941.

74 Die Zeugen in Hespes Verfahren um Wiedergutmachung und Entschädigung Staatsanwalt Borchers, Gewerkschaftssekretär Roelle und Joachim Fomm (VWE).

75 Ein Wehrmachtsgeneral: ›Darüber entscheidet das Kriegsgericht.‹ Unser Hauptmann Westphal: ›Wir haben den Transport doch noch wieder freibekommen.‹ Auch hier deckten höhere Dienststellen die Gaunerei (Hespe-Bericht 1951).

76 Hespe-Bericht 1964.

77 Handschriftliche Aufzeichnungen vom 1.5.1990 (Privatbesitz).

78 Ebd.

»Ich bedauere nur, dass Ihr von der Butter, Sahne usw. nichts abkriegen könnt«, schrieb der Bataillonsfotograf Gieschen nach Bremen. »Butter habe ich Euch ja geschickt, aber Milch, Sahne und Eier kann man nicht schicken. Wenn wir nun noch weiter von der deutschen Grenze abkommen, fährt auch kein Wagen mehr von hier aus dorthin. Sonst würde ich nochmals 50 Pfund Butter schicken. Mal sehen, was sich machen lässt. Vielleicht kann ich Euch Käse schicken und Speck. Wir kommen bald nach Riga. Da wird es auch schon allerhand zu organisieren geben.«[79]

Was Hespe sah und erlebte, bot ihm mehr als ausreichend Angriffsfläche bei seinen Offizieren: »Sie behängen sich mit Orden- und Ehrenzeichen, als wir noch gar keine Russen gesehen hatten und ziehen sich meinen Spott zu. ›Ihr Reservisten braucht keine EK's, Ihr geht später in Eueren Beruf zurück, aber für uns Aktive sind sie wichtig‹, sagte Hauptmann Westphal.«[80] In der Tat, Anfang Mai 1941, also noch vor Beginn des Russlandfeldzuges, war den ersten Bataillonsangehörigen das Kriegsverdienstkreuz für ihren Einsatz auf dem »durch feindliche Minen und U-Boote gefährdeten Seeweg« nach Norwegen verliehen worden. Mitte August folgten weitere Auszeichnungen.[81]

Karl R., damals Gruppenführer in der 1. Kompanie, hatte noch im Jahr 2000 von seinem Kompaniechef den Eindruck eines egoistischen Mannes. »Das Bild von einem beutegierigen Raffke trügt nicht. Der hat Frauen die Wäsche aus den Schubladen genommen und nach Hause geschickt.«[82] Hermann Gieschen schrieb nach Bremen, dass die Bataillonsangehörigen in Russland an Häusern und Wänden Plakate mit der Aufschrift anbringen mussten: »Wer plündert wird erschossen!« Und er schilderte seiner Frau »die Praxis« des Kompaniechefs:

»Hauptmann P. war noch mit mir in ein Haus gegangen und wollte mal sehen, ob er nichts ›schotten‹ konnte. Wir gehen in das Haus hinein und finden eine Truhe. In der Truhe befand sich u. a. ein Koffer, ein Grammophon, ein ganz neues Ding. Hauptmann P. nahm den Koffer an sich mit den Worten: ›den habe ich schon lange gesucht, jetzt habe ich wieder ein Stück für meine Schottenkiste.‹ Also einfach weggenommen! ›Wer plündert, wird erschossen‹, steht auf den Plakaten. Aus einem anderen Haus ließ er alle Stoffe herausholen, obgleich die Frau ihn flehentlich bat, den Stoff zurückzugeben und bitterlich weinte. Sie zeigte auf ihre Kleider mit dem Ausdruck, daß sie nichts anzuziehen hätten. Es wurde so getan, als wenn man nicht verstehen könne und alles ging mit. ›Wer plündert, wird erschossen!‹ – Na, das sind so Sachen, die wir so nebenbei erleben und die ein Licht auf unsere Führung werfen. Ich brachte es nicht fertig, den armen Leuten auch noch was wegzunehmen. Aber die Aktiven fragen ja nicht danach.«[83]

Vor diesem Hintergrund warb Hespe nach dem Krieg um Verständnis für seine Einstellung gegen die Offiziere. Täglich habe er die Vertreter dieser Kaste in Gestalt seiner Vorgesetzten vor sich gesehen. Feiglinge von A bis Z seien sie gewesen, die sich täglich auf Kosten der Mannschaft betrunken hätten: »Unsere Marketenderwaren wurden uns zu weit überhöhten Preisen verkauft.« Keiner habe sich bei den Männern vor dem Feind gezeigt. Jeder vom Batail-

79 H.G.-Brief vom 7.7.1941.

80 Hespe-Bericht 1951.

81 BAKM vom 29.6.1966 (VH, Bd. I, Bl. 114).

82 Karl R. im Gespräch mit dem Autor.

83 H.G.-Brief Nr. 17 vom 8.10.1941.

lon werde sich wohl noch an diese angstschlotternden Gestalten erinnern, die »auskniffen«, als die Russen gekommen seien. Durch ihr Verschulden, behauptete er, seien 40 Männer zurückgeblieben und von den Russen massakriert worden. Daraufhin habe er die Offiziere in einer wohl einmaligen Form verbal angegriffen.

Kämpfe mit »Partisanen«

Auf dem Vormarsch erreichte das Polizeibataillon Anfang September Narva, die am Abfluss des Peipussees in den Finnischen Meerbusen gelegene estnische Stadt mit ihrer massiven Ordensburg. Ihre Innenstadt war zerstört, die Ordensburg schwer beschädigt, jede Straße und jeder Platz mit Militär belagert. »Auf Euch haben wir gerade noch gewartet« oder »so gut wie Ihr möchten wir es auch mal haben«, gaben die von Kämpfen gezeichneten Soldaten den Polizisten in ihren gepflegteren Uniformen verächtlich zu verstehen. Sie wussten nicht, dass die 3. Kompanie schon an der Front war und »die tollsten Sachen« erlebt hatte. Von einem am Vortag gefangen genommenen 20-jährigen »Flintenweib«, vermutlich eine Angehörige eines Frauenbataillons, berichtete der Bataillonsfotograf. »Schwarz und düster, in Uniform und langen Stiefeln.« Ihm fiel es schwer zu verstehen, »dass Weiber sich zu solchen Sachen hergeben«. Er glaubte, dass sie »umgelegt wird«, denn er wußte, wie es lief: »Unser Frisör Sch., ein Spezialist im Umlegen, würde die Angelegenheit schnell erledigen [...] Wo die Russen noch in den Wäldern stecken, gibt es auch was zu tun. Jeder, der ergriffen wird, muss dran glauben. Vor allen Dingen Zivilisten ohne weiteres und auf der Stelle«.[84]

Etwa vierzig Kilometer ostwärts von Narva beginnt Russland. Hespe erinnerte sich später, dass sie am 9. September 1941 die ehemalige russische Grenze überschritten und über Narva nach Kempolowo in einen ehemaligen, nicht fertiggestellten russischen Fliegerhorst kamen, etwa 150 km südlich von Leningrad. Hier blieb das ständige Quartier des Stabes bis zum Abtransport des Bataillons nach Holland im Mai 1942. An diesem Standort lag auch der Stab des 26. Armeekorps (AK), den das Bataillon mit zu bewachen hatte.

Hespe verfolgte die Verhaftung harmloser Zivilisten, die Erschießung von Kriegsgefangenen und kahlköpfigen Männern. Seine Offiziere nannte er die größten Feiglinge, die man sich vorstellen könne: »Ich nehme Hauptmann Dittmar aus, wenn zwar er eine üble Angewohnheit hatte, nämlich, saßen ein oder mehrere Russen irgendwo, und sie waren kahlgeschoren, so erschoss er sie eigenhändig. Er vertrat den Standpunkt: Das sind entlaufene Soldaten oder Partisanen, sonst wären sie ja nicht kahlgeschoren.«[85] Seine Bezeichnungen der Offiziere als »Säufer, Sadisten und Hurenböcke, SS- und Polizeimarodeure, Plünderer, Mordbrenner, Hanswurste« begründete er mit deren Handlungsweisen. Dies habe man im Bataillon gewusst, auch aus seiner später in Kempolowo und Bremen abgefangenen Korrespondenz gekannt.

Abstoßend fand Hespe die Feigheit seiner Vorgesetzten an der Front und ihre Flucht in den Alkohol. Er begann, diese »Elite« des Staates als geistig verbohrt und innerlich hohl zu verachten. Dies habe zu seiner endgültigen Ablehnung des Systems geführt, beteuerte er

84 H.G.-Brief vom 7.9.1941.

85 Hespe-Bericht 1964.

1951, denn er habe schließlich an der Spitze Hitler als »Volkstyrann« und »Volksplünderer« gesehen.

Im Herbst/Winter 1941/42 lagen die Männer im Fronteinsatz am Belagerungsring vor Leningrad und am Wolchow. In Russland, in der Nähe von Krasnoje Selo, südlich von Leningrad, wurden ihre Kampfeinsätze intensiver und härter.[86] Am 11. November 1941 kam es zu einem ersten folgenschweren Gefecht. Beim Durchkämmen eines riesigen Waldgebietes stießen sie auf einen russischen Erdbunker, bestückt mit einem schweren Maschinengewehr. Taktisch unvorsichtiges Vorgehen führte im Bataillon zu vier Toten und fünf Verwundeten. Sie mussten mühsam zurückgebracht, die Verwundeten ins Lazarett nach Narva transportiert werden.[87] Alle Partisanen entkamen.

Hespe berichtete von weiteren vorausgegangenen und späteren »Partisanen-Einsätzen«, die erfolglos waren. Die kämpfenden russischen Männer seien an der Front gewesen, vielleicht einige auch bei Partisaneneinheiten. Für ihn galt es als sicher, dass die Bevölkerung die Partisanen - ob aus eigenem Willen oder unter Zwang - unterstützte. Er schilderte, wie er und seine Kameraden vorgingen, um »Partisanen« zu finden: Frauen, Kinder, alte Männer wurden auf einem Platz zusammengetrieben, die Häuser durchsucht - ohne Erfolg. Vorher habe man stets die Dörfer umzingelt, doch das Annähern sei ganz gewiss bekannt gewesen. »Trotzdem musste unsere Führung ›Erfolge‹ aufzeigen. So wurde die Bevölkerung unter Druck gesetzt, nachts in einem oder zwei Häusern zusammengepfercht, wir warteten völlig unklugerweise nachts auf das Eintreffen von Partisanen. Die NKWD hatte ihre Vorgänger. Das waren z. B. auch wir. ›Wer ist Kommunist?‹, ›Du bist Kommunist‹. So wurden einfach Männer mitgenommen und als Kommunisten oder sogar Kommissare bezeichnet. Das war heller Wahnsinn.«[88]

Die Bremer Polizeisoldaten wurden im »Partisanenkampf« auch zu Brandstiftern: »Wir sind 25 km durch den Wald gegangen und haben sämtliche Häuser und Scheunen angesteckt und in Flammen aufgehen lassen«, schildert der Bataillonsfotograf Ende September 1941. »Die Wohnungen waren verlassen. Um den Partisanen (Heckenschützen) keine Unterkunftsmöglichkeit zu geben, werden alle Unterkünfte im Wald niedergebrannt. Diese Aktion haben wir gestern durchgeführt. Wir waren ›Brandstifter‹ im wahren Sinne des Wortes. Partisanen haben wir nicht angetroffen, die Hunde sind verschwunden.«[89]

Die Leiden der Menschen in den Dörfern während dieses Kampfes lassen sich nur erahnen. »Kollaboration«, gleich mit welcher Seite, bedeutete Exekution. Kommissare, Kommunisten und Juden galten für Besatzer und für Teile der Bevölkerung als Feinde. »Die Menschen sind von den Kommunisten und Juden und Kommissaren derart eingeschüchtert und ausgebeutet, daß sie sich freuen, daß sie diese Halunken los sind und sehen in uns tatsächlich die Befreier,« schrieb der Bataillonsfotograf. Diese Darstellung, sie seien die »Erlöser«, sollte

86 Feldurteil des SS- und Polizeigerichts in Riga vom 4.9.1942 (VWE).

87 Walter K. nennt in seinem Tagebuch vier Tote, zwei Schwer- und drei Leichtverletzte bei der 2. Kompanie. Die von Hespe genannte Zahl von 12–15 Toten erscheint zu hoch, Hespe-Bericht 1964. Aus dem »Operationsgebiet« nach Bremen gemeldet sind zu diesem Datum drei bzw. vier Tote; die Zahlen sind unvollständig (StAB 4,13/1-P.1.a. Nr. 192.6); im Nachrichtenblatt des Polizeipräsidenten Bremen werden vier bzw. fünf Tote genannt (NBldPPiB vom 22.11. und 13.12.1941).

88 Hespe-Bericht 1951.

89 H.G.-Brief Nr. 15 vom 28.9.1941. Fotos belegen diese Brandstiftungen (Privatbesitz).

man in Bremen glauben. Dabei bangten die Menschen vor ihnen um ihr Leben. Ein auf den Gewehrlauf ideologisch verengter Blick nahm Widersprüche nicht mehr wahr: »Als wir in das Dorf hineinkamen, winkten die Bewohner mit weißen Taschentüchern. Das war ein eigenartiges Bild«, berichtet Hespe. »Die Leute hatten Angst, weil wir vorher schon mehrere Häuser in Brand gesteckt hatten und dachten, ihre würden ebenfalls angesteckt. Wir hatten dann alle Männer zusammengetrieben und bald stand das ganze Dorf auf einem Haufen [...] Wir fragten, ob Partisanen unter ihnen seien und ob sie etwas von Partisanen wüßten. ›Nirto Partisan, nirto Partisan‹ schrieen sie durcheinander und taten so, als wüßten sie von nichts.«[90] Einem estnischen Dolmetscher, der fließend russisch sprach, war ein Gesuchter genau beschrieben worden. Ihn holte der Dolmetscher aus der Menge heraus. Es war ein kleiner Kerl mit kleinen Augen und dunklem Schnurrbart. Er wurde festgenommen, nach Papieren und Waffen durchsucht und mitgenommen. Erschießen wollte ihn Hauptmann Petersen nicht sofort, weil er noch Aussagen machen sollte. Wer »Partisan« war, definierten die Besatzer.

Bataillonskommandeur Helwes behauptete später, dank ihres »rücksichtsvollen Vorgehens« habe die Zivilbevölkerung sehr wenig gelitten.[91]

»Ein bisschen die Wahrheit«, wie die Verrohung im »Partisanenkampf« zunahm, verschwieg der Bataillonsfotograf Hermann G. seiner Hanna in Bremen nicht und schilderte, wie gefangene Russen als Minentreter eingesetzt wurden.[92] »Partisanenjagd« mit ihren Grausamkeiten bestimmte zunehmend den Alltag und stumpfte die Gefühle der Männer ab. »Auf dem Nachhausewege haben wir am Wege an der Bahn noch einen aufgehängten Partisanen gesehen, den man dort zur Abschreckung hingehängt hatte. Das rührt uns aber gar nicht mehr, denn so etwas sehen wir ja fast jeden Tag.« Bevor ein Gefangener erschossen wurde, ließ Hauptmann Petersen ihn an einen richtigen Marterpfahl binden, der in der Nähe der Küche aufgestellt wurde, damit dem Hungernden die Düfte des Essens direkt in die Nase krochen. Vierundzwanzig Stunden, vom Mittag bis zum nächsten Mittag, musste er in der Kälte stehen. Am nächsten Morgen wurde er verhört und sagte aus. Die 2. Kompanie brachte am selben Tag einen gefangenen russischen Soldaten mit, »der sich als Partisan betätigte«. Als er fliehen wollte, traf ihn eine Kugel, die hinter dem Ohr eindrang und aus dem Auge wieder austrat. Der schwer Verwundete musste am nächsten Morgen mit in den Einsatz und verriet ein Partisanenversteck. »Wir arbeiten uns langsam heran und erreichen den Ort auch bald. Hauptmann Petersen lässt den Ort aber nicht richtig umstellen und schon laufen uns ca. 12 Partisanen davon und verschwunden waren sie. Wir haben hinterher geschossen, konnten die Burschen aber nicht mehr kriegen«.[93]

Exekutionen gehörten zum Alltag. Zwei »Leute«, eine Frau und ein Mann, die von der 2. Kompanie erschossen wurden, hinterließen keinen nachhaltigen Eindruck mehr: »Sie haben gestanden wie ein Baum, ohne zu zucken. Sie fielen sofort nach den Schüssen um und waren auf der Stelle tot. In den nächsten Tagen wird wieder einer umgelegt. So erleben wir alle Augenblicke etwas anderes, nur nichts Schönes. Aber einen großen Eindruck hat die Erschießung auf mich nicht gemacht. Wir haben uns das Schauspiel angesehen und sind dann wieder an

90 Hespe-Bericht 1964.

91 Vernehmungsprotokoll vom 16.1.1968 (VH, Bd. IV Bl. 749-751).

92 H.G.-Brief Nr. 16 vom 3.10.1941.

93 H.G.-Brief Nr. 17 vom 8.10.1941.

die Arbeit gegangen, als wenn nichts passiert wäre«, schildert der Bataillonsfotograf.[94] Die »Partisanengeschichte« wurde für die Männer im Bataillon zur »Selbstverständlichkeit«. Auch wenn sie selbst betroffen waren, währte die Wirkung nur kurz. »Nur als neulich die 2. Kompanie mit den Toten ankam, da war schon etwas gedrückte Stimmung. Heute spricht schon kein Mensch mehr darüber.« Acht Gefangene im Alter von 17 bis 22 Jahren, denen Spitzel entlockt hatten, dass sie die Posten überfallen und fliehen wollten, verurteilte Hans Helwes zum Tode und ließ sie nahe dem Bataillonsquartier exekutieren.[95]

In Kempolowo wurde Hans Hespe einem Exekutionskommando zugeteilt, um auf Befehl von Helwes angebliche Kriegsgefangene zu erschießen. Davon ließ er sich von seinem Gruppenführer befreien. »Es fanden sich, hier muss ich das ›leider‹ betonen, genug andere, die sich aus Neugier oder Sensationslüsternheit dazu bereit fanden.« So habe von den zwei mit gleichlautendem Namen N. in der Kompanie der Ferdinand alles mitgemacht.[96]

Ende Dezember 1941 verfügte das Armeekorps I über das Polizeibataillon als Reserve und unterstellte es bis Ende Januar 1942 der 11. Infanteriedivision, anschließend zwei Kompanien der 254. Infanteriedivision.[97]

In mehreren Gefechten erlebte Hespe die Unfähigkeit und Feigheit seiner Offiziere, der einige seiner Kameraden zum Opfer fielen. Er selbst zeigte sich offenbar als tapferer Soldat. Ein Killer war er nicht. Persönliche Gefahren fürchtete er dem Urteil des SS- und Polizeigerichts zufolge nicht, wich auch nicht davor zurück.[98] Da sich einzelne Offiziere nicht ebenso verhielten, hatte er in ihrem Verhalten kein Vorbild gesehen. Bei der »weltanschaulichen Schulung« habe ihn nicht interessiert, wann Göring, Goebbels oder Ley geboren wurden. »Dafür benahm ich mich aber an der Front so, wie ich es als Mann und vor meinem Gewissen verantworten konnte.« Hespe war nach dem Krieg davon überzeugt, sich vor keinem Menschen schämen zu müssen, da er sich zu den letzten Männern der 2. Kompanie im Bataillon gezählt habe, die noch vorne waren, ohne tollkühn gewesen zu sein: »Es wäre dumm, für eine nutzlose Sache zu sterben - aber ich stehe da, wo ich hingestellt werde und halte aus. Dass das Heer zusammenbrechen würde als Folge der Verbrechen, die ich gesehen hatte, als Quittung für die Fäulnis, Charakterlosigkeit, kurz Unwürdigkeit, war mir klar.«[99]

Von Feigheit und Frost

Bei verschiedenen Kämpfen sah Hespe, wie sich seine Offiziere »nach hinten« absetzten, wenn es zu Kampfhandlungen kam. Als Beispiel für das Versagen der Führung nannte Hespe den Kampf um die Ortschaft Nowaja Derewnja, die nicht gehalten werden konnte. Damals

94 H.G.-Brief Nr. 22 vom 25.10.1941.

95 H.G.-Brief Nr. 29 vom 16.11.1941.

96 Hespe-Bericht 1964.

97 Die Unterstellung des Res.-Pol.-Batl. unter die 11. ID endete am 28.1.1942; vom 28.1.-31.3.1942 erfolgte die Unterstellung unter die 254. Infanteriedivision (BA-MA RH 26-254/9).

98 Urteil des SS-und Polizeigerichts vom 4.9.1942, Gründe, Ziff. II (VWE).

99 Hespe-Bericht 1951.

sei Helwes von der Wehrmacht abgelöst worden. Sechs Tote und fünf verwundete Bataillonsangehörige habe man beklagen müssen.[100] Gruppenführer Joachim V. aus der 2. Kompanie berichtete über einen Einsatz gegen Partisanen im Winter 1941, »daß auch unser Hauptmann Westphal für manchen Einsatz nicht geeignet war, so auch am Wolchow, wo wir mit den Russen zu kämpfen hatten und er sich besoff!!!«.[101] Auch der ehemalige Unterführer Gerhard F. erinnert sich: »Kompanie-Chef Westphal war nicht bei allen Einsätzen dabei. Beim Angriff der Russen auf Krivino hat er sich mit einem kleinen Panzer nach rückwärts abgesetzt. Ein anderer musste dann die Führung übernehmen.«[102]

Die 2. Kompanie lag in Krivino. In Dörfern und Wäldern sollte sie nach »Partisanen« suchen und sah sich zunehmend in »Bunkerkämpfe« verwickelt. Über 250 dieser Stützpunkte, um die erbittert gekämpft wurde, zogen sich entlang der Verteidigungslinien.

Zu Ausfällen und Verlusten führte auch die zweite Front: Anfang Oktober fiel der erste Schnee und es herrschte eisige Kälte bis unter - 40°C, die bis April 1942 anhielt. Der Winter zermürbte die unzureichend ausgerüsteten Männer. Anfang Januar betrug die Kampfstärke der 2. und 3. Kompanie des Res.-Polizeibataillons 105 noch 156 Mann, also fast die Hälfte der ursprünglichen Besetzung. Die Kampfstärke der 2. Kompanie, der Hespe angehörte, zählte gegen Ende des Monats noch 74 Mann, die Gesamtstärke der 11. Infanteriedivision, zu der sie gehörten, rund 4500.[103]

Wie die meisten seiner Kameraden litt Hespe seit mehreren Wochen unter Erfrierungen. Er klagte über Zahnschmerzen und hatte eine geschwollene Wange. Seinen Zugführer Leutnant Prohn, den er später als Zeugen zu benennen vergaß, bat er, dafür zu sorgen, nach hinten zu kommen, da er es nicht mehr aushalten könne.[104] Deswegen wurde er am 13. Februar 1942 von seinem Kompaniechef zum Arzt nach Ljuban geschickt, das an der Bahnlinie von Leningrad (Sankt Petersburg) nach Moskau liegt. Er hatte den Auftrag, sich nach der Behandlung wieder zurückzumelden. Seine Absicht, diese Gelegenheit zu nutzen, um bei einer vorgesetzten Wehrmachtsdienststelle über die Unfähigkeit und Feigheit seiner Offiziere eine Meldung zu machen, setzte er zunächst aber nicht um. Bis voraussichtlich 21. Februar wurde er von drei Ärzten krankgeschrieben. In dieser Zeit klagte er auch über eine Nieren- und Blasenerkrankung.

Für zwei bis drei Tage sei er »getürmt« und habe Zahnschmerzen »entdeckt«, schrieb er nach Bremen. »Das reicht nicht. Blase und Niere dauern länger, kann vier Wochen dauern. Möglich, dass ich mir durch diese Tour das EK vermassle. Ich bin nicht scharf drauf. Mein eigenes ist mir lieber.«[105] Seiner Frau bereitete es Kummer, dass seine erfrorenen Zehen schwarz zu werden begannen.[106] Hespes Briefe wurden später von der Kriminalpolizei in Bremen beschlagnahmt.

100 Joachim V., Gruppenführer in der 2. Kompanie, hält in seinem Einsatzkalender 1942 unter dem 29.1. fest: »Drücke, Wagner, Viohl, Althoff, Hagelmann, Blome gefallen, 5 Mann vermisst« (Privatbesitz). Zwölf Tote werden im Staatsarchiv Bremen aufgeführt (vgl. unter StAB 4,13/1-P.1.a. Nr. 192/6).

101 Bericht Joachim V.: »Einsatz am Finnischen Meerbusen Winter 1941 (Rußland)«, o. D., o. O. (Privatbesitz).

102 Gerhard F. (Jg. 1914), ehem. Unterführer im Res.-Polizeibataillon 105 (Gespräche mit dem Autor).

103 BA-MA RH 26-11/33.

104 Brief aus dem Gefängnis Riga vom 5.9.1942.

105 Feldurteil des SS- und Polizeigerichts in Riga vom 4.9.1942 (VWE).

106 Brief Nr. 131 vom 8.4.1942 von Elfriede Hespe.

Am 24. Februar stellte ihn sein Kompaniechef in Ljuban wegen seines verlängerten Aufenthalts zur Rede. Er habe den Eindruck, hielt er ihm vor, dass er sich »verpissen« wolle. Dabei sei es zu einem heftigen Wortwechsel gekommen, bei dem ihn Hespe auf der Straße als Feigling Nr. 1 beschimpft habe. Dies sei sofort Kompaniegespräch gewesen, bezeugte später sein Kamerad Karl Roelle.

Beschwerde bei der Wehrmachtsdivision

Infolge dieser Auseinandersetzung beschloss Hespe »in seinem gerechten Zorn«, der Wehrmacht in Ljuban zu melden, »wer sich eigentlich in Wirklichkeit immer verpisst«. Er wollte die Offiziere vor ein Kriegsgericht der Wehrmacht bringen. Das Bremer Polizeibataillon unterstand derzeit der 254. Infanteriedivision, die von Oberst Graf von Schwerin kommandiert wurde.[107]

Hespe schien davon auszugehen, dass diese Division auch für kriegsgerichtliche Ermittlungen beim unterstellten Polizeibataillon zuständig sei. Dabei hatte Hitler schon vierzehn Tage nach dem Überfall auf Polen für Angehörige der SS und Polizeiverbände »bei besonderem Einsatz« eine Sondergerichtsbarkeit eingerichtet, sie der Wehrmacht entzogen und Himmler unterstellt.[108] SS- und Polizeigerichte waren 1940 an die Stelle der Kriegsgerichte getreten. Sie hatten die Vorschriften des Militärstrafgesetzbuches und der Militärstrafgerichtsordnung »sinngemäß« anzuwenden.[109] Himmler erweiterte im April 1942 das Gebiet des besonderen Einsatzes während des Krieges als »unbegrenzt« und unterstellte im August 1942 die gesamte Ordnungspolizei und ihre Hilfskräfte im besonderen Einsatz der SS- und Polizeigerichtsbarkeit.[110] Das »Hauptamt SS-Gericht« hatte seinen Sitz in München. Gerichtsherren waren neben den SS-Hauptämtern die Höheren SS- und Polizeiführer (HSSPF) mit den von ihnen gebildeten SS- und Polizeigerichten.

Hespe beklagte sich bei Major Wagner, dem ersten Generalstabsoffizier der 254. Division, über seine Offiziere im Polizeibataillon und erhob, wie später das SS-Feldgericht feststellte, mehrere Anschuldigungen:

- Die Angehörigen des Bataillons hätten kein Vertrauen zu den Offizieren und wünschten, möglichst bald andere Führer zu bekommen. Dies beziehe sich nicht nur auf rein taktische Angelegenheiten, sondern auf allgemeine Missstände innerhalb des Bataillons.
- Bei der Verteidigung des Ortes Nowaja Derewnja - Ende Januar 1942 - sei keine planmäßige Abwehr eingeleitet worden. Die Offiziere seien nicht persönlich durch die Stellung

107 Vgl. BA-MA RH 26-254/8 und VH, Bd. I, Bl. 114.

108 Verordnung über die Sondergerichtsbarkeit in Strafsachen gegen Angehörige der SS und für die Angehörigen der Polizeiverbände bei besonderem Einsatz vom 17.10.1939 (RGBl. I, S. 2107).

109 Vgl. Franz W. Seidler: Die Militärgerichtsbarkeit der Deutschen Wehrmacht 1939-1945. München, Berlin 1991, S. 201 ff.; Einzelheiten regelte die erste Verordnung zur Durchführung der Verordnung über eine Sondergerichtsbarkeit in Strafsachen für Angehörige der SS und Angehörige der Polizeiverbände bei besonderem Einsatz vom 17.10.1939 (RGBl. 1939 I S. 2107).

110 Vgl. Erlasse des RFSSuChdDtPol. vom 9.4.1940 und vom 8.8.1942 (Die SS-und Polizeigerichtsbarkeit - Leitfaden - Stand: 1.7.1944, S. 7).

gegangen. Nach Ansicht der Männer der Kompanie habe die Stellung eines leichten Maschinengewehrpostens unbedingt gehalten werden müssen, da sie für die Verteidigung des Ortes von maßgebender Bedeutung gewesen sei. Der Ort sei fluchtartig aufgegeben worden. Ein Offizier der Wehrmacht habe Hauptmann Westphal zugerufen: »Zwingen Sie Ihre Leute mit der Pistole, dass sie den Rückzug decken, das ist doch kein Rückzug, das ist doch eine regelrechte Flucht, meine Herren.« Munition sei nicht ausreichend vorhanden gewesen und sogar nach hinten geschafft worden.

- Offiziere des Bataillons, mit Ausnahme des Leutnants Drücke, hätten sich nie in den Stellungen sehen lassen.
- Der Adjutant habe Leichtkranke nach Hause geschickt, um somit die Gefechtsstärke der Truppe herabzusetzen. Ersatz sei nicht angefordert worden, obwohl er in Kempolowo vorhanden gewesen sei.
- Oberleutnant Heimann habe bei einem Mann die Stiefelsohlen mit dem Seitengewehr bearbeitet, sodass die Stiefel für einen Einsatz unbrauchbar geworden seien.

Hespes Bitte, die Offiziere gleich an Ort und Stelle vernehmen zu lassen, sei mit dem Hinweis abgelehnt worden, dass ein deutsches Gericht solche Sachen sehr sorgfältig prüfen werde. Ihm sei auch ein Kriegsgericht genannt worden, was ihn beruhigt und bestätigt habe, behauptete er später. Auf die Beeinflussung der Zeugen durch die Offiziere habe er hingewiesen. Man habe ihm gesagt, dass die Sache von einem Wehrmachtsgericht verhandelt und dann zur Beurteilung an ein SS-Gericht weitergegeben werde.

Für einen SS- und Polizeiführer ein peinlicher Vorgang. Die »Ehre« der Offiziere stand auf dem Spiel.

Hespe schien kein Fünkchen Achtung mehr für die Angehörigen der SS zu empfinden. Gelegenheiten, in die schmutzigen Geschäfte dieser »Spitzenorganisationen«, in ihre Korruption und Betrügereien Einblick zu gewinnen, waren ihm reichlich begegnet. Im Nachhinein war er sich sicher, dass er im Falle einer Anzeige sofort liquidiert worden wäre.[111] Er bekannte, vorsätzlich zur Wehrmachtsdivision und nicht zu einer SS-Stelle gegangen zu sein, wozu er verpflichtet gewesen wäre.[112] Bei der Wehrmacht hoffte er, »vielleicht noch sachliche und vernünftige Leute« zu finden. Ein weiterer Grund kam hinzu: Besonders die höheren Offiziere der Wehrmacht waren derzeit nicht gut auf die Polizei und SS zu sprechen. Die Spannungen gipfelten in einem Befehl, von Kommandeur Helwes im Oktober 1941 in Kempolowo herausgegeben, wonach die Bataillonsangehörigen keinen Wehrmachtsangehörigen - sei er General oder Schütze - grüßen sollten. Dieser Befehl sei von seinen Kameraden und ihm selbst scharf kritisiert worden. »Offenbar nahm das 26. A.K. unsere Offiziere nicht für voll, dagegen waren wir notwendig, denn wir sicherten ja das gesamte Lager ab.«[113]

Er habe die Meldung in der Überzeugung erstattet, dass die Zustände eine Änderung erforderten und dass die höhere Führung sie auch nie dulden würde, schrieb Hespe später aus Riga. Ihm sei durchaus bewusst gewesen, dass er sich selbst Unannehmlichkeiten einhandeln würde: »Nur das Bewusstsein, dass ich selbst im Kampf gestanden und einer der wenigen war,

111 Hespe-Bericht 1951.

112 Das Gericht erkannte darin »militärischen Ungehorsam«.

113 Hespe-Bericht 1951; ferner Joachim Fromm, Schreiben an RA Schroeder und Haefker vom 18.6.1951 (VWE).

die diesen durchgestanden haben (15 Mann einer ganzen Komp.), meine Pflicht bis zuletzt erfüllte, darüber hinaus mehr als meine Pflicht tat, gab mir die Kraft.«[114]

Vielleicht hätte man ihn wegen eines dienstlichen oder soldatischen Fehlers an die Wand gestellt, mutmaßte er. Doch das SS-Gericht konnte ihm, wie die spätere Hauptverhandlung ergab, deswegen nichts anhaben.

Den Spieß umgedreht

Hespe versuchte, Kameraden in seinem Sinne zu beeinflussen. Eine politische Auseinandersetzung mit zwei Kameraden, die SA-Leute waren, erlebte Karl Roelle mit. Dabei seien im Raum Tische und Stühle umgeworfen worden.[115] Hespe »hetzte« heimlich im Kameradenkreis weiter und bildete dadurch eine »Gefahr für die Manneszucht«, behaupteten seine Führer. Ständige negative und disziplinschädigende Reden in engerem Kameradenkreise hielt ihm Helwes noch 1968 vor.[116]

Hespes Beschwerden blieben nicht ohne Folgen. Hans Helwes fuhr vom Frontquartier aus zu Jeckeln. Friedrich Jeckeln war Höherer SS- und Polizeiführer (HSSPF) in »Ostland« und damit oberster Gerichtsherr der dort eingesetzten SS- und Polizeiverbände. Sein Frontquartier lag in Krasnoje Selo vor Leningrad, sein Hauptquartier in Riga. Unter seiner Führung standen die Befehlshaber der Sicherheitspolizei (BdS) und der Ordnungspolizei (BdO). »Fest steht«, schrieb Hespe, »dass unser Bataillons-Kommandeur, bevor er mich einsperrte, von der Front vor Leningrad aus zu Jeckeln nach Riga fuhr und Instruktionen holte.«[117] Dass Helwes »bei Jeckeln zu Kreuze kroch«, bezeichnete Hespe als klügsten Schachzug.

Nach der Rückkehr von Helwes, knapp einen Monat nach Hespes Beschwerde, wurde dieser am 22. März inhaftiert.[118] Im Lager Kempolowo, wo Fleckfieber herrschte, wurde er arrestiert. Auf Befehl von Helwes mussten ihn seine Kameraden ständig bewachen. »Er glaubte auch wohl, mich durch die Kraft zu zermürben und seinem Diktat gefügig zu machen, denn nach GPU-Methoden kam ich in einen fast völlig dunklen Raum.«[119] Trotz seiner Bewachung gelang es ihm, ein Schreiben an Himmler nach draußen zu schmuggeln. Sein Gang zur Wehrmacht und sein Schreiben an Himmler wurden als Dienstvergehen geahndet: Wegen »Nichteinhaltung des Dienstweges und militärischen Ungehorsams« bestrafte ihn sein Bataillonskommandeur zweimal disziplinarrechtlich mit insgesamt 15 Tagen Arrest.[120]

Hespe hatte offensichtlich vor, das Bataillon zu verlassen und sich zum Polizeibataillon 102 versetzen zu lassen, das derzeit in Bremen lag. »Schade, dass daraus nichts geworden ist«,

114 Hespe-Brief/Bericht (Fragment o.D.) vermutl. im September 1942 geschrieben und aus dem Gefängnis in Riga geschmuggelt. Künftig: »Hespe-Fragment o.D.«

115 Vgl. VWE.

116 Vgl. Vernehmung Hans Helwes vom 22.1.1968 (VH, Bd. IV, Bl. 752 ff.).

117 Hespe-Bericht 1951.

118 Am 22.3.1942 wird er zunächst in Haft genommen und vom 1.5.-21.6.1942 wieder auf freien Fuß gesetzt; vgl. Teilurteil des LG Bremen vom 9.11.1956 (VWE, Bl. 293-304).

119 Hespe-Fragment o.D.

120 Siehe Urteil des SS-und Polizeigerichts (VWE) im Anhang.

bedauerte seine Frau Elfriede Anfang April 1942.[121] Indessen war offenbar während Hespes Abwesenheit eine Entfremdung zwischen den Eheleuten eingetreten. So pflegte Elfriede Hespe während der Abwesenheit ihres Mannes Soldatenbekanntschaften, die sich aus kaufmännischen Beziehungen ergeben hatten. An Walter Bierwirth, ihren späteren zweiten Ehemann, gab sie einem Urlauber an die Wolchow-Front ein Päckchen mit[122] und erkundigte sich nach ihm.[123] »Die Zeit lässt uns alles so fern werden, unwirklich erscheinen«, philosophierte sie drei Tage später im Brief an ihren Mann und deutete an, dass die weite Entfernung über einen längeren Zeitraum hinweg auch zu einer inneren Distanz führen könne: »Man gibt sich kaum noch Rechenschaft über seine Gefühle. Es ist ein wohltuendes Resignieren und schicksalergebenes Warten was bleibt [...] Vielleicht wird auch das Wiedersehen die Erkenntnis bringen, dass neben der äußerlichen Trennung die innere Trennung mehr wiegt.«[124]

Es steht keiner auf und redet

In diesen Tagen schrieb Hespe über seine Offiziere nach Hause: »Ich habe eine dolle Wut auf diese feige Bande. Deren Feigheit sind leider verschiedene Kameraden zum Opfer gefallen. Unsere Männer sind empört, aber es steht keiner auf und redet, es sei denn, dass ich diese einmal wegjagen lasse. Du siehst, ich habe immer noch so krumme Ideen. Was würde man in Bremen wohl sagen, wenn es später heißt, der Hespe hat die Offiziere vom Batl. 105 weggejagt. Ich habe jetzt einem Generalstabsoffizier dargelegt, wer sich immer ›verpisst‹, nämlich unsere Offiziere. Unser Alter ist Feigling Nr. 1 der Kompanie.«

Er schilderte seiner Frau eine Auseinandersetzung, die sich zwischen ihm und Major Helwes abgespielt hatte: »Ich: ›Ich habe feststellen lassen; das Kriegsgericht wird weiter ermitteln, wer sich verpissen will, wenn es knallt.‹ Seine Frage: ›Wer?‹ Ich: ›Unsere Offiziere; als Feigling Nr. 1 des Bataillons gelten Sie, Herr Major, Feigling Nr. 1 der 2. Kompanie ist Hauptmann Westphal.‹ Du kannst Dir vorstellen, dass dies wie eine Bombe einschlug. In dieser Art ging die Unterhaltung weiter, die in beiderseitigem Schreien ausartete.«[125]

Aus seiner Haftzelle in Kempolowo, in dem im Wald gelegenen ehemaligen russischen Flughafengebäude, wo der Stab des 26. Armeekorps sowie der Bataillonsstab und kurzfristig die 2. Kompanie des Bremer Polizeibataillons lagen, versuchte Hespe einen Kassiber zu schmuggeln. Er wurde abgefangen. Einer seiner Kompaniekameraden sei aus eigenem Antrieb zu ihm gekommen und habe in Bezug auf Hespe den Ausdruck ›Charakterschwein‹ gebraucht, versicherte Helwes 1968: »Ich habe die Angelegenheit dienstlich nicht aufgegriffen, weil ich aus der Tatsache, dass Männer meiner Truppe freiwillig ihrem Kommandeur derartige Vorgänge anvertrauten, auf ihre anständige Haltung schließen und bauen konnte und weil die Haltung und Leistung der ganzen 2. Kompanie weiter tadelsfrei und zuverlässig war.«[126] Hespe kannte seinen ehemaligen

121 Vgl. Brief Nr. 141 von Elfriede Hespe vom 8.4.1942.
122 Brief Nr. 148 von Elfriede Hespe vom 25.4.1942.
123 Brief Nr. 150 von Elfriede Hespe vom 1.5.1942.
124 Brief Nr. 151 von Elfriede Hespe vom 3.5.1942.
125 Siehe Urteil des SS-und Polizeigerichts (VWE) im Anhang.
126 Vernehmung vom 22.1.1968 (VH, Bd. IV, Bl. 752–757).

»Kameraden«: Ludwig A., der nach dem Krieg bei der Post arbeitete. Er war es, der während seiner »Isolierungshaft« in Kempolowo seine Kassiber an Helwes übergeben hatte. Trotz Urlaubssperre habe A. anschließend in den Urlaub fahren dürfen und danach das EK erhalten.[127]

»Am 30. April 1942 tritt die Wende ein«, hielt Hespe im September in seiner Aufzeichnung fest. »Ich werde vom Reichsführer aus der Haft entlassen.« Rottwachtmeister Hans Hespe wurde zum General und SS-Obergruppenführer Friedrich Jeckeln befohlen. Anwesend waren der Ankläger des SS- und Polizeigerichts Dr. Patig und Major Helwes. »Eine solche Sache gehört sich nicht in einer solchen Zeit, wo das deutsche Volk um seine Existenz kämpft«, ließ der SS-Obergruppenführer seinen Unwillen über Hespes Meldung erkennen. Während der Unterredung zwischen den drei Herren musste Hespe wegtreten. Obwohl er in seinen Schreiben darauf hingewiesen hatte, beim Bataillon keine Aussagen machen zu können, wurde Helwes beauftragt, ihn zu verhören. Dies geschah noch am gleichen Tag bei seiner Rückkehr zum Bataillon.[128]

Die angeschuldigten Offiziere waren inzwischen gehört worden und bestritten alles. Hespe war davon überzeugt, dass die Offiziere daraufhin im Bataillon Männer verhört hatten, die entweder befangen waren oder unter Druck standen. Wie diese »Vernehmungen« durchgeführt wurden, lernte er bald darauf selbst kennen. Major Helwes, sein Bataillonsadjutant Borck sowie der Gerichtsoffizier und Chef der 3. Kompanie Dittmar nahmen ihn in die Mangel. Seine Einwände und Hinweise auf Widersprüchliches wurden mit Drohungen beantwortet. »Wie schade, dass die Russen Sie nicht geschnappt haben«, bedauerte Borck, der Ende Januar zum SS-Hauptsturmführer und Hauptmann der Schutzpolizei befördert worden war. »Was glauben Sie, wie wir uns gefreut hätten. Wenn ich könnte wie ich möchte, dann wüßte ich, was ich jetzt mit ihnen machen würde.« Dittmar zielte auf »Umkippen«, was wohl bedeutete, den Beschuldiger zum Beschuldigten zu machen, und der Major: »Diese Protokolle nehme ich nicht an.« Borck: »Melde dem Obergruppenführer, dass Sie nicht aussagen wollen, der wird dann schon wissen, was er mit Ihnen macht.« Borck diktierte das Vernehmungsergebnis. Hespes Einwand: »Das Protokoll stimmt doch gar nicht«, wischte er mit der Bemerkung zur Seite: »Wir sind doch nicht dazu da, die Protokolle immer noch mal wieder zu schreiben.« Hespe sah sich nicht in der Lage, das Protokoll richtigzustellen und unterschrieb. Er vertraute der Zusage, dass alles noch einmal bei Gericht aufgenommen würde - und besiegelt damit sein Urteil.[129] Der Spieß war umgedreht.

»Im Interesse der Disziplin« versetzte ihn Jeckeln zum 1. Mai 1942 nach Riga und befahl »strengen Wachdienst«. Jeckeln mit seiner rund 80 Mann starken Stabskompanie lag im »Gildehaus«, das mit zu bewachen war. Jeckelns Stabskompanie habe mit der Gestapo und dem SD 48 000 Juden bei Riga ermordet, erinnerte Hespe später[130] und war dankbar, dass er nicht dabei sein musste: »Das Glück war mir gnädig, dass ich erst nach diesem grauenvollen Mas-

127 Hespe-Bericht 1964.

128 Hespe-Fragment o.D.

129 Vgl. Hespe-Brief aus dem Gefängnis in Riga nach seiner Verurteilung an seine Frau Elfriede vom 5.9.1942; auch Hespe-Fragment o.D..

130 Allein im Juli 1941 waren in Riga etwa 5000 Juden ermordet worden. Am 30.11. und vom 7. bis 9.12.1941 wurden 27 000 bis 28 000 Juden aus dem Rigaer Ghetto im Rumbula-Wald erschossen. Von den 75 000 in Lettland lebenden Juden wurden 68 000 vor 1942 ermordet. Vgl. Arad: Der Holocaust an den sowjetischen Juden. Siehe auch Raul Hilberg, ebd, Bd. 2, S. 368-371 und Wolfgang Scheffler, Die Einsatzgruppe A 1941/42 in: Peter Klein (Hg.), Die Einsatzgruppen in der besetzten Sowjetunion 1941/42, S.38-42.

saker zu Jeckelns Stabskompanie kam. Ich hätte mich geweigert und wäre ohne Zweifel von dem gnadenlosen Jeckeln ebenso füsiliert worden wie die Juden.«[131]

Seine Frau konnte es kaum fassen, dass er in Riga wieder »unter Menschen« sein würde und kündigte ihren Besuch an. In ihrem Brief, den sie postlagernd geschickt hatte, teilte sie ihm mit, dass an einem Sonntagmorgen, kurz vor Ostern, seine ab Anfang Februar geschriebene Post durch zwei Beamte der Bremer Kriminalpolizei beschlagnahmt worden war.[132] Mitte Mai fuhr sie nach Riga.

Die Ereignisse begannen sich zuzuspitzen. Hespe drehte wieder an seiner Schicksalsschraube mit.

Aus der Höhle des Löwen, dem Quartier Jeckelns, hatte Hespe am 11. Mai einen sehr sexistischen Brief an einen Kameraden an die Front geschrieben, in dem er seine Genugtuung darüber ausdrückte, nun in Riga ein gutes Leben zu führen und an Mädchen und Bier keinen Mangel zu leiden. Um ein angenehmeres Leben zu führen, gab er großspurig zu verstehen, brauche man nur etwas auszufressen:

»Schöne und elegante Frauen in Mengen. Zwar sind größere Kontingente nach Deutschland geschickt. Trotzdem hält das Angebot der Nachfrage die Waage. Also kommt rasch, man wartet auf Euch! Die Lettinnen sollen in sexualibus recht bedürftig sein. Sammelt ihr indes weiter Kräfte, die erforderlich sein werden, die Rigaer Frauen aufzufrischen. Da bekannt ist, dass die mutigen Bremer Reservisten die Körung der Zuchtbullen mit Prädikat bestanden haben, dürfte es auch außer Zweifel stehen, dass Ihr die geile Begierde der Euch hingebenden Jungfrauen mit der nötigen Raffinesse zu befriedigen in der Lage seid. Ich sehe hier vor meinen Fenstern den berühmten Kaiserwald, wo die Mädchen hineinrufen können.«[133]

Hespe hatte provoziert. Der »Kamerad« übergab den Brief an Helwes. Sein Bataillonskommandeur beanstandete den Brief bei Jeckeln als »gefährlich für die Manneszucht«. Am 21. Mai befahl SS-Obergruppenführer Jeckeln Hespe zu sich. Im Vorzimmer wurde er Zeuge eines heftigen Wortwechsels zwischen Jeckeln und dem Haftrichter Zentgraf, einem SS-Hauptsturmführer.[134] Anwesend waren der BdO General Jedicke und Major Helwes.[135] Er wurde hineingerufen. Vor Jeckeln lag sein Brief: »Haben Sie das geschrieben?« »Jawohl!« »Ich erblicke darin den Versuch, die Einsatzfreudigkeit der Truppe zu untergraben. Sie sind sofort in Haft genommen.«[136] Zentgraf unterzeichnete daraufhin den ausgefertigten Haftbefehl. Helwes übergab ein Schreiben an Jeckeln, in dem sich »seine Männer« negativ über Hespes Brief aus Riga äußerten.

Die »überglücklichen Tage«, die er mit seiner Frau verbracht hatte, waren jäh zu Ende.[137] Er, der Stein des Anstoßes, der ewige Ruhestörer, wie er sich selbst bezeichnete, konnte nun nicht mehr hetzen, keine Berichte an die Wehrmacht geben, nicht mehr an Himmler schreiben.

131 Hespe-Bericht 1964.

132 Brief Nr. 154 von Elfriede Hespe vom 9.5.1942.

133 Siehe Urteil des SS-und Polizeigerichts (VWE) im Anhang.

134 Der SS-Hauptsturmführer und Chef des SS- und Polizeigerichts in Riga, Hans Zentgraf, arbeitete nach dem Krieg als Rechtsanwalt in Aachen (s. Braunbuch. Kriegs- und Naziverbrecher in der Bundesrepublik. Hg. vom Nationalrat der Nationalen Front des demokratischen Deutschland. Dokumentationszentrum der staatlichen Archivverwaltung der DDR. Berlin 1965, S. 68).

135 Generalleutnant der Schutzpolizei Jedicke war vom 22.6.1941 bis März 1944 BdO im Reichskommissariat Ostland (Tessin, ebd., S. 613).

136 Hespe-Bericht 1951; das SS-und Polizeigericht nannte als Tag der Festnahme den 24.5.1942.

137 Vgl. Brief Hespes vom 5.9.1942 an seine Frau Elfriede in Bremen.

3. Im Zentralgefängnis in Riga

Während Hespe im Gefängnis auf seinen Prozess wartete, verließ das Reserve-Polizeibataillon 105 im Juni 1942 Russland und kam nach Holland.[138] Hespe fragte sich, warum er als erster und einziger Polizeisoldat in das Zentralgefängnis nach Riga kam, in dem sich 6000 Ausländer und Juden befanden, und nicht in eines der verschiedenen Wehrmachtsgefängnisse. Er erinnerte an die Massenmorde bei Riga durch die Stabskompanie von Jeckeln - dieser wurde nach dem Krieg in Riga gehenkt - und streifte seine Erlebnisse als Häftling:

»Der Tod geht in diesen Mauern um. Diese Nervenbelastung. In eine Einzelzelle gesperrt. Fast jeden Morgen hört man die Schüsse des Exekutionskommandos, hört in den Nebenzellen Menschen vom Hunger gefoltert jammern und schreien. Die Zellentüren klappern zu ungewöhnlichen Zeiten, Menschen werden weggetragen. Wenn ich alleine im Hof dieser Kaninchenställe meine Runden drehe, starren mich aus den Fenstern im Erd- und Kellergeschoss, wo in den Kammern die Juden in Massen zusammengepfercht sind, Hunderte von Augenpaaren wie ein siebtes Weltwunder an. Ich sehe dann wieder oben, wie die Juden durch den Hof getrieben werden. Sie sind halb verhungert, täglich brechen viele zusammen, die etwas Stärkeren stützen die Schwachen. Täglich sterben hier Menschen unter Qualen. Für mich ein weiterer nur zu guter und grauenvoller Anschauungsunterricht über Art und Sinn des Nazi-Gewaltregimes. Das Gefängnis unterstand der SS.«[139]

Briefumschlag und -stempel aus dem SS-Gefängnis Riga

Von den vielen Briefen, die Hespe während seiner Haftzeit in Riga an seine Frau Elfriede nach Bremen schrieb, blieben zwölf Schreiben erhalten, wenngleich teilweise nur als Frag-

138 Das Res.-Polizeibataillon 105 wurde in Holland ab dem 21.7.1942 als III. Polizeibataillon in das Polizeiregiment 12 (III./Pol. 12) eingegliedert (Schnellbrief des Chefs der Ordnungspolizei Berlin vom 21.7.1942 - Kdo. I - Ia [1] 2 Nr. 139/42 gem. Erl. vom 9.7.1942 - 6. Kdo. I o [3] 1 Nr. 184/42; Schreiben Schutzpolizei Bremen - Executive 2 - vom 12.8.1947. Ab 29.3.1943 wurde das Bataillon in III./SS-Pol. 3 umbenannt (Schnellbrief des Chefs der Ordnungspolizei Berlin vom 29.3.1943 I o [3] 1 Nr. 131/II/43). In Holland geriet es zum Kriegsende in kanadische Gefangenschaft. (VH, Akte »Dokumentation«).

139 Hespe-Bericht 1951.

mente. Sechs Briefe wurden zensiert.[140] Einen Brief konnte er aus der Haftanstalt schmuggeln. Einen Brief datierte er offensichtlich falsch. Von einem als »Bericht« verfassten zehnseitigen Schreiben fehlen Datum sowie wenigstens zehn weitere Seiten. Um Zensur zu vermeiden, versuchte Hespe, einige Inhalte konspirativ zu formulieren. Alle Briefe, die zusammen etwa 48 Seiten umfassen, wurden mit der Hand geschrieben. Sie datieren vom Juli bis Dezember 1942.[141] Um möglichst viele Informationen auf einer Seite unterzubringen, schrieb er teilweise in sehr kleiner und gedränger Schrift. Die Briefe erlauben einen Blick hinter die Kulissen des Reserve-Polizeibataillons 105 und des Gefängnisses von Riga. Sie werfen ein Licht auf Jeckelns Gefängnis und Gericht, reflektieren das Verhalten seiner Frau und erhellen vor allem den Menschen Hans Hespe.

Anfang Juli beschwor er aus seiner Gefängniszelle heraus seine Frau in Bremen, sie müsse auf eine Verhandlung in Deutschland, in Berlin oder anderswo, drängen, falls das Verfahren gegen ihn nicht eingestellt würde. »Ich kann doch wohl allein reisen, bin schließlich kein Raubmörder«, gab er zu bedenken. Dazu brauchte er seinen früheren Anwalt Dr. Aschauer, der nicht nach Riga kommen konnte. Hespe ging es darum, eine Verurteilung und juristische Verwicklungen im Verfahren zu vermeiden. Er konnte nicht so agieren, wie er gewollt hätte und musste sich ganz auf seine Frau verlassen. Auch an den SD-Mann Hans L. wandte er sich, er möge in amtlicher Eigenschaft Zeugen verhören, wo doch die Gegenseite keine noch so unfairen Mittel gescheut habe.[142] Sechs Namen von ehemaligen Kameraden nannte er, die verwundet worden seien und sich jetzt in Bremen befänden.

Dann träumte er vom Hexenberg, vom Schinkenbrot auf der Veranda und vom Abend in Kuhsiel: » - davor die Wümme mit den Booten und Quetschkommoden. Dahin habe ich so richtig Sehnsucht. Solche Plätze gibt's doch anderswo nirgends. Wann kommt das mal wieder?«[143]

Er freute sich Mitte August über Briefe, Bilder und Päckchen mit Essbarem von seiner Frau und war überaus dankbar dafür. Die Häftlinge litten unter starkem Gewichtsverlust. Hespe erreichte beim Direktor und beim Gefängnisarzt, dass sie zusätzlich einen halben Liter Schleimsuppe erhielten. Den lettischen Mitgefangenen brachten ihre Angehörigen bei Besuchen Butter und Speck mit. Von ihnen bekäme er zwar hin und wieder etwas, »aber erstens bettle ich als deutscher Soldat nicht bei den Letten hier und zweitens weißt Du ja, dass es mir sowieso nicht liegt, um etwas zu bitten«, schrieb er nach Bremen. Von den männlichen letti-

140 Der Versuch, die mit (Tinten-)Bleistift vom Zensor durchgestrichenen Stellen mithilfe der Kriminaltechnik wieder sichtbar zu machen, ohne den darunterliegenden Text zu zerstören, gelang nur teilweise. Ich danke Herrn Röder von der Kriminaltechnischen Untersuchung im Polizeipräsidium Bremen.

141 Siehe Anhang: Hespe-Briefe.

142 Der 1910 in Braunschweig geborene und dort aufgewachsene kaufmännische Angestellte Hans L. wurde schon mit 15 Jahren Mitglied der »Brigade Erhard« und trat 1932 als Hilfswachtmeister in die Bremer Polizei ein. Mit dem Landespolizei-Infanterieregiment 65 wurde er 1935 als Unteroffizier in die Wehrmacht überführt und kam im Oktober 1936 als Revier-Oberwachtmeister zur Schutzpolizei zurück. Nach Schwierigkeiten in der Polizei und vergeblichem Bemühen, zur Kriminalpolizei zu wechseln, trat er 1937 in die Partei und im August 1938 in den Sicherheitsdienst der SS (SD) ein. Hier arbeitete er im Referat »Allgemeine Stimmung und Lage« und erreichte den Rang eines Untersturmführers. Er wurde als »Mitläufer« entnazifiziert (StAB 4,66-I). Nach dem Krieg betrieb er in Bremen ein Malergeschäft.

143 Hespe-Brief (IX. Korp. Atsevišķas) vom 8.7.1942.

schen Aufsehern, die Deutsche nicht mögen würden, bekämen sie ohnehin nichts: »Restliches Mittagessen geben sie nur ihren Landsleuten.« Aber von einem »netten Mädel« habe er schon Brot und Gurken zugesteckt bekommen. Über diesen Kontakt scheint es ihm auch gelungen zu sein, einen an Himmler gerichteten Brief nach draußen zu schmuggeln.

Er durfte lesen, Schach spielen und etwas schreiben, doch das Gefühl, grundlos im Gefängnis zu sitzen, bedrückte ihn. »Das einzige, wozu ich mich später zu zügeln wissen muss, ist meine Empörung und mein Jähzorn. Das hält ja stets schwer bei mir. Gedanken nicht aussprechen.«[144]

Hespe wäre kein Kaufmann gewesen, wenn er nicht versucht hätte, aus dem Gefängnis heraus seine Firma ein wenig zu steuern. Er gab seiner Frau zu verstehen, welchem Kunden kein Nachlass gewährt werden könne. Auch überlegte er den Verkauf seiner Waren an der Front oder dachte darüber nach, wie man die teuere Lagerhaltung aufgeben und die Ware an zwei bis drei Firmen verkaufen könnte. Ein Geschäft im besetzten Gebiet hätte ihn gereizt: »Hier ist ja erheblicher Bedarf. Verladung per Dampfer. Regulären Fabrikpreis. Überlege mal!«

Seinen Plan, in Riga eine neue Existenz aufzubauen, hatte seine Frau bereits im April mit dem Bemerken abgelehnt, sie wolle »in dem gelobten Land« nicht für den Rest ihres Lebens begraben sein.[145]

Als unmöglich bezeichnete Hespe das Ansinnen des Bremer Kaufmanns Laube, der, wie ihm später seine Frau berichtete, Kaffee in Russland verkaufen wollte: »Die Russen werden keinen Kaffee zu trinken bekommen. Das wäre ja noch schöner. Hier in Riga mag es gehen, weil hier viele Reichsdeutsche sind. Das Kaufhaus wird als erstes mit Kaffee verkaufen können.«[146]

Über das Kriegsgeschehen in Kaukasien scheint er im August 1942 informiert gewesen zu sein. Er sah seine »schönsten Hoffnungen« berechtigt und wünschte sich, dass doch »diese verflixten Russkises« nachgeben würden, da alles sinnlos sei. »Aber soviel Glück gibt es auf einmal wohl nicht für unsere Generation. Wir haben immer den Krieg gehabt und werden uns noch einige Zeit damit abfinden müssen. Unsere Kinder werden es besser haben als wir. –«[147]

Er war neun Wochen inhaftiert, da vermisste Hespe ein Päckchen mit Zigaretten, das seine Frau aufgegeben haben musste. Er empfahl ihr jetzt, die Päckchen künftig nicht über die Feldpostnummer des Bataillons, sondern direkt nach Riga, und wertvolle Sendungen per Einschreiben zu schicken. Er klagte über quälendes Ungeziefer. Seiner Frau signalisierte er Verständnis für fehlende kleinere versteckte Hinweise und »Zugaben«, die sie einstellen musste. Alle Briefe wurden zensiert. Von seit Tagen herrschender großer Hitze berichtete er ihr. Auch von einem neuen Kameraden, der von der Front kam, wo es immer noch hoch hergehen sollte. Dennoch wollte Hespe lieber dort sein als in diesem Verließ. So hatte er sich seinen Feldzug nicht vorgestellt. Die Frage, ob seine Frau nicht in Berlin vorstellig werden könne, um ihm »Verpflichtungen aufzuerlegen«, d. h. seine Entlassung aus der Untersuchungshaft gegen Kaution zu erreichen, versah der Zensor mit einem Fragezeichen. Die Frage, ob dies nach dem Militärstrafgesetzbuch möglich sei, mit einem »Nein!« Hespe hätte gern maßgebende Stellen

144 Hespe-Brief vom 12.8.1942.
145 Brief von Elfriede Hespe Nr. 141 vom 8.4.1942
146 Hespe-Brief vom Dezember 1942.
147 Hespe-Brief vom 12.8.1942.

oder auch den SD-Mann Hans L. eingeschaltet.[148] Für ihn war es fürchterlich, so lange zur Untätigkeit verdammt zu sein.

In einem weiteren Brief an seine Frau bedauerte er, von Bierwirth keine Briefe mehr zu erhalten, die er »als Plaudereien unter vier Augen« immer so witzig, geschickt zusammengefasst und graziös hingeworfen, »einfach unnachahmlich« fand.[149] Ein Jahr sei bald vergangen, wo sich »alles abgespielt« habe, resümierte er: »Der breite Strom des Lebens trennt uns von diesem Zeitpunkt, der schon in so weiter Ferne liegt. Wer umherwandelt, kann einen solchen Zeitraum kaum überblicken - vielleicht gar nicht.« Als einen unendlich langen lähmenden Augenblick empfand er seinen Aufenthalt im Gefängnis: »Wir können nur sehen, Stimmungen abzeichnen und ihre regelmäßige Wiederkehr berichten. Die Zeit schreitet nicht für uns fort. Sie dreht sich um und um. Für uns dreht sich alles um einen Mittelpunkt: was bringt die Zukunft [...] Die lähmende Unbeweglichkeit eines Lebens, das in allem und jedem nach einer unverrückbaren Schablone geregelt ist: wir essen und trinken und werden an die Luft geführt und legen uns lang - nach den unabänderlichen Satzungen einer eisernen Vorschrift - diese Unbeweglichkeit, die jeden neuen Tag bis auf die kleinste Einzelheit einem Bruder gleichen lässt. Für uns gibt es nur eine Jahreszeit - die des Wartens. Wie lange noch warten?«

»Heute beginnt der September - der letzte schöne Monat des Jahres«, hatte er seinen Brief begonnen. Er wurde zum schrecklichsten seines Lebens.[150]

Verurteilt

Völlig überraschend und unvorbereitet wurde Hespe am 3. September abgeholt und vor das SS- und Polizeigericht in Riga gestellt. Abgemagert und zermürbt stand er vor seinen Richtern.[151] Er besaß keine Unterlagen, die hatte seine Frau nach Bremen mitgenommen. Denn er hatte fest darauf vertraut, dass von Bremen aus etwas unternommen werden würde.

Er hielt sich für befangen und für einen schlechten Verteidiger in eigener Sache, der zudem über keine Redegabe verfüge. Einen promovierten Leutnant der Schutzpolizei aus Riga stellte ihm das Gericht als Pflichtverteidiger zur Seite. Vor Beginn der Verhandlung konnte er nur eine Dreiviertelstunde mit diesem sprechen.[152]

Das Gericht hielt ihm eine ganze Liste von Anklagepunkten vor: die Briefe an seine Frau, die Krankmeldungen, seine Beschwerde bei der Wehrmachtsdivision, die Beleidigungen von Helwes und Westphal, Beschuldigungen gegen seine Offiziere, die Behauptungen über Missstände im Bataillon, das Schreiben an Himmler, seinen ketzerischen Brief aus Riga.

Nach seiner Motivation gefragt, räumte er unter anderem ein, Gerechtigkeitsfanatiker zu sein. Dem Gericht bestätigte er, die in den Protokollen festgehaltenen Aussagen tatsächlich

148 Der Brief vom 23.8.1942 enthält mehrere vom Zensor durchgestrichene Stellen und die Anmerkung: »trotz beanstandeter Stellen weitergeleitet!«

149 Hespe-Brief vom 1.9.1942.

150 In dem vierseitigen Brief vom 1.9.1942 strich der Zensor einen Satz und vier Wörter.

151 Hespe-Fragment o. D.

152 Leutnant Dr. Dinandt, Riga, Kommando der Schutzpolizei. Hespe räumte später ein, dass er sich recht geschickt für ihn eingesetzt habe (Hespe-Brief vom 5.9.1942).

gemacht zu haben. Die näheren Umstände, wie diese zustande gekommen waren, interessierten die Richter nicht. Dass er seine Zahnbehandlung hatte benutzen wollen, um einer vorgesetzten Dienststelle in Ljuban über die Unfähigkeit und Feigheit der Offiziere Meldung zu machen, gab er zu. Ebenso, dass er seine Schmerzen noch eine Woche hätte aushalten können. Seine Untersuchung auf Blasen- und Nierenleiden, die sein Verbleiben hinter der Front etwas hinauszögern sollte, sei wichtigtuerisch gewesen, versuchte er dem Gericht vergeblich zu verdeutlichen. Den Beweis der Feigheit seiner Offiziere, der sich auf die Preisgabe der Ortschaft Nowaja Derewnja beschränkte, konnte er nicht führen. Doch Major Wagner, der Stabsoffizier der Wehrmachtsdivision, bezeugte, dass der Bataillonskommandeur Helwes der Lage nicht gewachsen gewesen war. Dieser sei damals aber nicht abgelöst, sondern einem Major der Wehrmacht unterstellt worden, schränkte er ein. Ein Verfahren vor dem Kriegsgericht habe es nicht gegeben. Tatsächlich war Major Helwes einem Hauptmann Mannschatz unterstellt worden. Rottwachtmeister Hespe hatte die Unterstellung eines Majors unter einen Hauptmann einer Ablösung gleichgesetzt, die er in der Unfähigkeit des Bremer Bataillonskommandeurs begründet sah.[153] »Das SS-Gericht: ›Das ist eine Lüge, Helwes ist nicht abgelöst worden. Wohl wurde er einem unteren Dienstgrad der Wehrmacht unterstellt, aber er blieb Kommandeur des Batls.‹ Ich sagte: ›Dann könnte man wohl treffender ›abgesägt‹ sagen.‹ Es blieb bei ›falscher Anschuldigung‹.« – Helwes sei doch sofort von Kriwino in das rückwärtige Quartier Kempolowo gefahren. »Feigheit« sei eine Beleidigung, habe ihm das Gericht vorgehalten. Helwes habe nur »Mangel an Härte« gezeigt.[154]

Die Vernehmungsprotokolle zu Hespes Beschuldigungen bei der Wehrmacht wurden verlesen. Überzeugende Argumente des Angeklagten erkannte das Gericht nicht. Angebliche Missstände, ausgeübter Druck auf Zeugen und Vertrauensverlust bei den Offizieren wurden von etwa einem Dutzend Unterführer abgestritten. Die Offiziere des Bataillons waren inzwischen vor dem SS- und Polizeigericht in Den Haag zu der Angelegenheit gehört worden. Sie stritten alle Vorwürfe ab.[155]

Hespe sei den Wahrheitsbeweis in jeder Weise schuldig geblieben, stellte das Gericht fest und erhob weitere Vorwürfe: In seinen Briefen nach Bremen habe er entgegen den militärischen Bestimmungen und ungeachtet der Warnungen seiner Frau Ortsnamen genannt, den Krieg in schwärzesten Farben gemalt und über die Verluste mit mehr als dreißig Toten berichtet. Seinen Einwand, dass der Bataillonskommandeur derartige Briefe erlaubt habe, ließen die Richter nicht gelten. Den Vorwurf, sein Brief aus Riga an seine Kameraden, habe die Manneszucht gefährdet, ließ das Gericht aber fallen. Die Argumente des Angeklagten, sein Brief sei »von Landser zu Landser« zu verstehen und über das Leben in Riga sei die Truppe durch Urlauber und andere Soldaten unterrichtet gewesen, hatten die SS-Richter überzeugt.

Am folgenden Tag verkündete das SS- und Polizeigericht in Riga im »Feld-Urteil im Namen des Deutschen Volkes«:

153 Laut Divisionsbefehl der 254 ID für den 31.1.1942 wurde das Res.-Pol.-Batl. 105 Hauptmann Mannschatz unterstellt. (BA-MA RH 26-254/15).

154 Hespe-Bericht 1964.

155 Hespe fragte sich, warum lediglich die Zeugen Helwes, Borck und Westphal in Holland gehört wurden. (Hespe-Fragment o. D.).

»Der Angeklagte - Rottwachtmeister d.Sch.d.Res. - Hans Hespe, wird wegen Zersetzung der Wehrkraft durch Dienstentziehung, ferner wegen fortgesetzter Beleidigung eines Vorgesetzten und wegen fortgesetzten Ungehorsams zu einer Zuchthausstrafe von 5 - fünf - Jahren verurteilt. Die bürgerlichen Ehrenrechte werden ihm auf die Dauer von 2 - zwei - Jahren aberkannt.«[156]

Das Gericht bezeichnete Hespe als »Michael-Kohlhaas-Typ«, der aus einem Minderwertigkeitskomplex heraus zur Wichtigtuerei neige. Seine Offiziere habe er der Feigheit bezichtigt, sich selbst aber habe er absetzen wollen, hielt ihm der SS-Richter vor. Er habe zwar eingeräumt, übereilt gehandelt zu haben, im Übrigen aber in der Hauptverhandlung keine Einsicht gezeigt. Von der Todesstrafe sah das Gericht ab, weil es in seinem Verhalten einen minderschweren Fall annahm. Es erkannte in ihm keinen Kriegsdienstverweigerer, sondern einen Soldaten, der sich eine Zeit lang einen guten Tag verschaffen wollte. Er habe sich durch seinen unnötigen Aufenthalt in Ljuban teilweise der Wehrkraft entzogen und diese damit zersetzt. Zugebilligt wurde ihm, dass er als älterer Reservist den körperlichen Anstrengungen im Einsatz nur noch teilweise gewachsen gewesen sei und die vorhandenen körperlichen Leiden seine moralische Widerstandskraft etwas gelähmt hätten. Dafür hielten die Richter eine Zuchthausstrafe von drei Jahren für eine angemessene Sühne.

Hespes wiederholte Vorwürfe gegen »die Ehre seiner Offiziere« wertete das Gericht als üble Nachrede und fortgesetzte Beleidigung. In diesem Punkt erkannte es auf die dafür vorgesehene gesetzliche Höchststrafe von drei Jahren Gefängnis bzw. zwei Jahren Zuchthaus. Da sämtliche Strafen zusammenzuziehen waren, kam das Gericht einschließlich der viermonatigen Gefängnisstrafe wegen militärischen Ungehorsams (Briefwechsel mit seiner Frau) zur Gesamtstrafe von fünf Jahren Zuchthaus. Wegen seiner »verwerflichen und niederen Gesinnung bei der Wehrkraftentziehung« wurden ihm die bürgerlichen Ehrenrechte für die Dauer von zwei Jahren aberkannt. Wegen seines »uneinsichtigen Verhaltens in der Hauptverhandlung« rechnete man ihm die Untersuchungshaft nicht an.

Geschockt

Hespe war geschockt und verzweifelt. Noch am selben Tag, am 4. September 1942, versuchte er, seiner Frau zu schreiben. Das linierte und mit Bleistift beidseitig beschriebene DIN-A4-Blatt scheint zensiert. Die untersten vier Zeilen sind abgerissen, auf der Rückseite fehlt der Gruß. Am 9. September ergänzte er auf der ersten Seite des ihm zurückgegebenen Briefes mit schwarzer Tinte den fehlenden Satz, indem er zwei Zeilen sehr klein und quer schrieb.

»Ich habe den unglücklichsten Tag meines bisherigen Lebens hinter mir«, begann er seine Zeilen und fuhr fort: »Es ist gleichzeitig der unglücklichste Tag für Euch und unsere Kinder. Die Sorge um Euch erdrückt mich fast, ich halte mit Mühe Tränen zurück. Ich überlege, was noch geschehen kann, und finde nichts. Muss ich dieses Schicksal als unabänderlich hinnehmen? Die Sorge um Euch ist alles, was mein ganzes Leben einnimmt. Was mich persönlich

156 Das Urteil gegen Hespe, der vom Reserve-Polizeibataillon 105 zur Reserve-Polizeikompanie Riga abgeordnet war, wurde am 4.9.1942 gesprochen. (VWE, Bl. 66-75). Siehe Urteil des SS-und Polizeigerichts im Anhang.

anbelangt, das ist mir dazu im Gegensatz gleichgültig. Meine Ehre ist dahin, das ist schlimmer als hinter Mauern zu sitzen. Ich habe um Frontbewährung gebeten. Ich kann nur hoffen, dass mir diese zugebilligt wird. Es besteht Aussicht darauf. Dann habe ich Gelegenheit, zu zeigen, was ich bin und kann. Hoffentlich klappt das wenigstens.« Mit dem Satz »Ich mache niemand Vorwürfe, ich nehme dieses ...« reißt die erste Seite des Briefes ab. Seine Ergänzung am 9. September 1942 in schwarzer Tinte lässt erkennen, dass er alles als Schicksal hinnahm, obwohl er sich daran geklammert hatte. Mit einem Freispruch, allenfalls mit einer Disziplinarstrafe »wegen einiger Formfehler«, hatte er gerechnet, nicht aber mit fünf Jahren Zuchthaus. Er blieb von seiner Unschuld überzeugt, »dass ich richtig handelte und pflichtgemäß so handeln musste.« Seiner Frau gab er zu verstehen, dass er sie nicht an sich und möglicherweise auf sie zu kommende Not ketten wolle. »Du musst daran denken, dass lange Jahre kommen, und zwar über den Krieg hinaus, wo ich nicht bei Dir bin und nicht für Euch sorgen kann. Ich will nicht, dass Dein junges Leben ohne Freude und allem dahingeht, dafür bin ich Dir zu viel Dank schuldig.« Er wollte seiner Frau gegenüber keine Ansprüche geltend machen. Sie müsse sich aber darüber klar werden, dass nicht alles bleiben könne, wie es ist. Darauf wollte er in seinem Brief am nächsten Tag eingehen.[157]

Ausführlicher versuchte Hespe am folgenden Tag, in seinem achtseitigen Brief zu reagieren, den er versehentlich in den August datiert.[158] Furchtbar fand er das »herzzerreißende Leid«, das er gebracht habe, wollte die Gedanken daran aber ausschalten: »Das Klagen und Lamentieren führt ja zu nichts. Das Schicksal hat nun einmal sehr hart zugeschlagen. Man kann doch nun nichts anderes tun, als zu versuchen, sich möglichst schnell damit abzufinden und unsere Verhältnisse darauf einzustellen und das in die Wege zu leiten, was geschehen muss. Allerdings habe ich heute ein ganz sonderbares Gefühl zu dem gestrigen Geschehen. Ich bin auf einmal viel ruhiger.«

Der veränderten Situation konnte er sich noch nicht anpassen, vermochte noch nicht zu realisieren, dass das Schicksal so hart in sein Leben eingegriffen hatte. Zu sicher hatte er geglaubt, dass ihm nichts passieren würde, dass er ins Reich fahren könne und sich alles von Bremen oder Berlin aus regeln lassen werde. Zu fest hatte er auf die Unterstützung seines Rechtsanwalts Dr. Aschauer und seines Bataillonskameraden und Hausfreundes Dr. Walter Bierwirth gebaut. Seinen »Sturz in den Abgrund« sah er, hatte aber dennoch das sichere Gefühl, dass alles noch nicht endgültig sei und noch etwas Entscheidendes passieren werde. Er blieb davon überzeugt, unschuldig zu sein und davon, dass er aufgrund der Vorkommnisse nicht anders habe handeln können. Er habe seine Pflicht immer und bis zuletzt erfüllt und sich nicht gedrückt, versuchte er sich zu beruhigen. Zersetzung der Wehrkraft sei ja auch »eine der häßlichsten Sünden, die der Krieg kennt«. Das Gericht habe sich nur auf seine Briefe gestützt.

Ein wenig Genugtuung empfand er darüber, dass man ihn wegen seines Briefes, den er an seinen Kameraden »von Landser zu Landser« geschrieben hatte und aufgrund dessen er in Riga inhaftiert wurde, freigesprochen hatte. Er wagte kaum noch daran zu glauben, dass gegen die Of-

157 Hespe-Brief vom 4.9.1942 bzw. vom 9.9.1942.

158 Ein langer Brief vom 5.9., der Ausführungen über die Verhandlung enthielt, ging nicht durch die Zensur. Er wurde Hespe am 19.9.1942 zurückgegeben. Seine Briefe vom 11.8. und vom 8.9. wurden zur Gerichtsakte genommen; vgl. Brief vom 4.10.1942.

fiziere ein Sonderverfahren laufen würde und wichtige Zeugen, die in seiner Sache nicht gehört worden waren, seine Angaben bestätigten und seine Schuldlosigkeit beweisen könnten.

Allein gelassen und ausgegrenzt kam er sich vor. Bestätigung und Orientierung, »dass alles Wahrheit ist, was ich gesagt und geschrieben habe«, suchte er bei seiner Frau zu finden. »Wir beide kennen uns durch und durch, wie sich überhaupt nur zwei Menschen kennen können [...] Findest Du eine psychologische Erklärung für mein Betragen, ist Dir das Motiv meiner Handlung erklärlich, wie bislang auch, und entschuldbar?? Das Gericht erkannte die Motive. Ich gelte als Gerechtigkeits-Phantast und Apostel. Krankhaft usw. aber nicht voll verständlich und entschuldbar. Mein Verteidiger: Ein Idealist, ein Fanatiker (Ideologen enden vielfach unglücklich!) - Ich habe Pech.« Sie möge sich doch, so Hespe weiter, ein Urteil bilden, ob sie ihm nach wie vor glaube, durch eine Verkettung besonderer Umstände nun zu Fall gekommen zu sein. Er wollte nichts beschönigen und gestand ein, stets seinen eigenen Kopf gehabt zu haben. Von »Forderungen der Ehre«, die stets seine Leitidee gewesen seien, habe er sich in den vierzehn gemeinsamen Jahren nie getrennt. Daran werde sich bei ihm nichts ändern. Jetzt sah er sich aber verurteilt, weil er dem Urteil zufolge ein schlechter Kerl sei und aus ideellen Grundsätzen heraus gehandelt habe: »Wenn ich dieses Mal daneben tappte, so keineswegs deshalb, dass ich meinen Grundsätzen auch nur in etwa untreu wurde, sondern weil ich gewisse meiner Eigenschaften auch bei anderen vermutete und - wie leider schon so oft - zu gutgläubig war. Aber urteile Du selbst über mich.« [159]

Bei seiner Vernehmung im Bataillon, die vor Gericht entscheidend ins Gewicht gefallen war, gestand er ein, eine klägliche Figur gemacht und sich selbst geschädigt zu haben. Die Aussagen bei Borck und Dittmar seien teilweise als Geständnis gewertet und ihm damit zum Verhängnis geworden. »Im Urteil heißt es nun: ›Wie Hespe in seiner derzeitigen Aussage selbst zugibt ... hätte er wegen seiner Leiden doch noch vielleicht kurze Zeit aushalten können. Das ist Zersetzung der Wehrkraft. Verurteilt.« Seinen Hinweis auf erfrorene Füße, fehlende Nägel, Fieber, eine geschwollene Wange, Schädigungen von Niere, Blase (mit Eiter, Schleim und großen Salzsubstanzen im Wasser), das schon seit zwei Monaten andauernde Leiden, die Untersuchung und Bestätigung durch vier Ärzte und das Attest habe das Gericht zwar zur Kenntnis genommen, doch ebenso wenig berücksichtigt wie seine Einwände: »- das kann doch alles nicht gezaubert werden«, »da kann der Mann unmöglich mit Dienst machen«, »wo beginnt denn eigentlich die Grenze, wo man sich krank melden darf?« Auf seinen Hinweis, dass die Aussagen der vom Bataillon vernommenen Zeugen widersprüchlich und ungültig sein müssten, sei das Gericht nicht eingegangen.

Wiederholt kam Hespe in seinen weiteren Berichten aus Riga auf diesen Punkt zurück und betonte, bei Einsätzen mehr als seine Pflicht getan zu haben. Es habe seiner soldatischen Auffassung entsprochen, trotz seiner Leiden und Erfrierungen so lange auszuhalten, wie man eben könne, obwohl eine Verpflichtung im wörtlichen Sinne nicht bestanden habe. Statt Anerkennung zu erhalten, werde ihm jetzt Pflichtverletzung vorgeworfen. Selbst dass ihn drei Ärzte ins Krankenrevier geschickt hätten und seine Erkrankung später von einem vierten festgestellt worden sei, habe die Richter nicht überzeugt. Sollten ein oder zwei Fieberthermometer unrichtig angezeigt haben? »Aus allem folgt, dass man sich an russische Methoden

159 Hespe-Brief vom 5.9.1942.

halten will, denn, wie bekannt, hat der Sowjetarmist, sofern er noch imstande ist, eine Waffe in der Hand zu halten, ungeachtet seiner Verletzungen weiterzukämpfen oder in den Kampf zurückzukehren.«[160]

Ihm wollte nicht einleuchten, dass das Gericht nicht näher auf seine Vorhaltungen gegen die Offiziere an der Front eingegangen war. Wenn die Offiziere sich nicht an Kampfhandlungen beteiligten - das habe »mit Feigheit nichts zu tun«, hatte das Gericht gesagt. Demgegenüber verwies Hespe immer wieder auf die Führer anderer Truppen, die in der Stunde der Gefahr mit ihren Männern zusammen kämpften, wie die Instruktionen gefordert hätten. Man brauche nicht unbedingt ein Generalstäbler zu sein, sich über eine Karte zu beugen, die taktischen Zeichen der Kriegsführung zu kennen, um den fraglichen Stützpunkt Novaja und alles, was zu ihm gehörte, zu begreifen. Jeder, der damals draußen war, habe diese Sache verstanden, jeder, der die Offiziere kannte, habe gewusst, was sie dachten und worum es ihnen ging - jeder habe dieses Drama von Novaja und Krivino begriffen. Weder das Gericht noch irgendeine andere Instanz prüften Hespes Einwände. So sah er das Ganze nur als einen Ausschnitt aus einem größeren System: »der Sache« durfte nicht auf den Grund gegangen werden.

Eigentlich hatte er nicht darauf eingehen wollen, was ihn seit dem Urteil fast zur Verzweiflung brachte: die Sorge um die Zukunft seiner Frau und seiner drei Kinder. Bevor ihm vielleicht die Möglichkeit dazu genommen werden würde, versuchte er, seiner Frau seine Situation zu beschreiben und ihr eine neue Lebensperspektive ohne ihn aufzuzeigen: »Du musst dir darüber klar sein, dass, wenn eine Bewährung an der Front abgelehnt wird, meine fünf Jahre erst mit Beendigung dieses Krieges beginnen. Bedenke die Dauer des Krieges und weitere fünf Jahre! Ich weiß nicht, ob und wie lange der Familienunterhalt weitergezahlt wird. Meine Barmittel sind gering. Es müssen Wege gefunden werden, die Not von Euch fernzuhalten. Welcher Art diese Wege sind, das musst du selbst überlegen [...] Ich verlange nicht und mir ist es auch absolut nicht recht, wenn ich Dich weiterhin an mein Leben kette, ein Leben, welches ja gar kein Leben mehr ist. Du bist jetzt noch zu jung, ich weiss, Du hast jede Wahl und die Möglichkeit, Dein bisheriges Leben genauso fortzusetzen ohne Entbehrung und ebenso auf Lebensfreude zu verzichten, worauf Du ein selbstverständliches Recht hast. Wie in Bezug auf Deine Person bezieht sich dieses auch auf das Wohlergehen unserer Kinder.« Er bat sie, diesen Weg nicht als lächerlich abzutun und nichts zu überstürzen. Es sei gar nicht so selbstlos, wenn er ihr und den Kindern die Möglichkeit gebe, diese Sorgen abzuwälzen: »Ich finde mich später schon zurecht.«

Er hatte sich gefreut, sie und die Kinder, nach eineinhalb Jahren demnächst wiederzusehen. Nun konnte es noch Jahre dauern. Daran zu denken, empfand er als furchtbar. »Und die Kinder fragen oft nach mir? Bitte, schreibe mir das künftig nicht mehr. Es ist mir unerträglich, das zu hören. Sage allen drei etwas Liebes von mir. Niemand ahnt ja, was man mir nun nimmt.« Gerade deshalb, weil er sie alle lieb habe, wollte er jetzt auf alles verzichten.

Seit elf Tagen hatte er kein Päckchen mehr bekommen. Seine Bitte, ihm keines mehr zu senden, da es doch wegkommen würde, korrigierte er dann doch. Er wünschte sich ein kleines Päckchen mit Rasierseife und Zigaretten. »Vielleicht bekomme ich es ja noch.«

160 Hespe-Fragment o. D.

Zunächst aber müsse die Bestätigung des Urteils abgewartet werden. Falls sie noch Rückfragen habe, schloss er seine Zeilen an seine Frau, solle sie sich an seinen Verteidiger in Riga wenden.[161] Ein kleines Fünkchen Hoffnung auf ein Wunder blieb ihm noch - eben nur ein Fünkchen.[162]

Reflexionen

Hespes Stimmung im Gefängnis blieb gedrückt, sein Alltag trübselig. An der bunten herbstlichen Jahreszeit konnte es kaum liegen. Alles lastete auf ihm: Elend, Verlassenheit, einstiges Ende. Untätigkeit drückte. Die Zeit nagte. Er sah sich mit verzerrtem Gesichtsausdruck herumlaufen, »als wenn man auf einer Schiefertafel kritzeln hört.«[163] Ihm blieb viel Raum zum Reflektieren.

Ein Päckchen von seiner Frau wirkte wie ein Sonnenstrahl. »Welch ein Glück! Es kommen die ersehnten guten Sachen! Gleich sieht alles anders aus, ganz anders. Hier hat man den Unterschied zwischen menschlichem Elend und menschlicher Glückseligkeit, d. h. den Unterschied zwischen ›Ach‹! und ›Oh‹!« Ein Mithäftling war umgefallen und hatte Hespes Brille zerbrochen. Auch ohne sie entdeckte dieser eine versteckte Überraschung, deren Fund er im Brief an seine Frau verschlüsselte: »Allerdings ist es verboten, Kassiber rauszuschmuggeln, auch nicht in Form einer Biene.«

»Hier ist das Haus der Nerven«, philosophierte er über seine Situation. »Man sollte auf dieser Welt nie lachen, aus Angst, dass die Götter es sehen könnten, höchstens in sich hinein lachen darf der Mensch.« Sein Lachen über sich selbst, nach dem ihm manchmal zumute war, »ist aber ein Lachen, das so wenig lustig klingt als die Hammerschläge auf einem Sargdeckel, ein Lachen, das nach getäuschten Hoffnungen, Groll gegen das Schicksal und Verbitterung klingt.« Er versuchte, seine Stimmung etwas zu mildern und dachte an das Lied: »Einsam bin ich nicht alleine«. Zur Erinnerung an diese Zeit wollte er sich später eine Schallplattenaufnahme des Liedes kaufen.

Er grübelte über sich nach und glaubte manchmal selbst, was man ihm früher schon gesagt hatte, nämlich, dass seine Gehirnteile nicht mehr miteinander korrespondierten. »Aber so geht es doch immer, wenn man glücklich ist!«

Wäre er sich einer tatsächlichen Schuld bewusst und ein schlechter Mensch, könnte er alles ertragen, schrieb er seiner Frau zurück. Sie habe ihn ja schon immer einen »blödsinnigen Weltverbesserer« genannt, der überempfindlich auf seine Ehre bedacht gewesen sei. »Und das ist nun der Anfang vom Ende, ist, als ob ich meinen eigenen Sarg hobeln sähe.«

Maßlos ärgerte er sich über seine Briefe mit dem Einschlag »blödester Renomisterei!«, die zu seiner Verurteilung geführt hatten. Hätte er besser Liebesbriefe geschrieben, doch das liege ihm nicht, versuchte er sich zu rechtfertigen. Seine Liebeslieder klängen wie Husten. Er könne als »Süßholzraspler« keine Briefe schreiben - höchstens Geschäftsbriefe. Darin unterscheide er sich auch von ihr, bekannte er seiner Frau. Charakterlich ähnlicher seien sie sich im Laufe

161 Hespe-Brief vom 5.9.1942 (datiert auf den 5.8.1942).

162 Hespe-Brief vom 4.9.1942, ergänzt am 9.9.1942.

163 Hespe-Brief vom 11.9.1942.

ihrer Ehejahre nicht geworden. Er müsse auch einmal in sich gehen und überlegen, ob er jeden Anspruch auf Charaktereigenschaften vermissen lasse, die sie für sich in Anspruch nehme. Dabei wollte er sich nicht in philosophischen Betrachtungen verlieren. Für ihn gab es nichts Zynischeres als Selbstbetrachtungen, die ihm »wie Grabinschriften« vorkamen.

Ihm wurde bewusst, dass er sich in dieser Zeit gewandelt hatte: »Früher immer voll von Plänen, voll von Hoffnungen, immer Optimist, gewiss auch oft genarrt von eigenen Phantasien. Was galt uns früher schon dieses abgedroschene Schlagwort Zeit? Zeit gab es überhaupt nicht, nur Bewegung, Bewegung! Und heute lässt man die Ohren hängen wie ein wunder alter Gaul, wie ein Kaninchen - liegt nur noch auf Anstand nach guten Überraschungen.«[164] Diese Erfahrungen brannten sich ein, und er wusste, dass sie sein Leben auch in Zukunft prägen würden: »Die finstere Periode in diesem Bau wird mir Mahnmal für alle Zeiten sein in meinen Handlungen gegenüber allen kleinen Machthabern des Staates.«[165]

Rationen

Ihm sei »sooo wohl, wenn einmal der Magen nicht knurrt«, schrieb Hespe nach Bremen und nannte das Essen im Gefängnis ein Abenteuer, so z. B. die Rhabarberblättersuppe mit Dill und allen Holzstängeln.[166]

Die Verpflegung war außerordentlich schlecht. In den ersten zwei Monaten verlor er fast zwanzig Kilo Körpergewicht. Ohnmachts- und Krampfanfälle stellten sich ein. Die Behandlung im Gefängnishospital erwies sich als völlig unzureichend: »Wir haben keine Medikamente - wenn Sie nicht selbst gesund werden, wir können ihnen nicht helfen«, ließ man ihn wissen.[167]

Die täglichen Todesfälle - eine Zeit lang starben mehr als zehn Häftlinge täglich (von insgesamt 4000) - ließen ihn annehmen, »dass man die Absicht verfolgt, mich durch Hunger und dem anderen Chaos hier zu zermürben und jedem Diktat gefügig zu machen.«

Vergeblich bat er um eine etwas höhere Brotration. Vergeblich blieb auch sein Bemühen, ihm die noch an seiner Rigaer Dienststelle befindlichen Lebensmittelmarken zukommen zu lassen. Sein letztes an diese Dienststelle gerichtetes Schreiben erhielt er ohne Kommentar vom Gericht zurück. Gleiches geschah mit einem Brief an seine Frau, in dem er um Medikamente gebeten hatte. Sein Blasenleiden war wieder aufgebrochen und eine Zahnwurzelentzündung verursachte eine dicke Wange. Erneut richtete er den Brief mit einem Begleitschreiben an das Gericht - wieder bekam er ihn zurück. Auf seine dringende Bitte um Abhilfe gab ihm der beim SS-Gericht zuständige Hauptscharführer Meyer nur lakonisch zur Antwort, er solle nicht spinnen. »Es ist ihm offenbar einerlei, ob ich hier zugrunde gehe - vielleicht erwünscht«, klagte Hespe und musste sich damit abfinden, dass Meyer seine Schreiben nicht weitergeleitet hatte. Rechte der Untersuchungsgefangenen schienen für Meyer und das Gericht nicht zu gelten. Monatlich stünden den Häftlingen angeblich nur noch zwanzig Schriftzeilen frei, ließ

164 Ebd.
165 Hespe-Fragment o.D.
166 Hespe-Brief vom 11.9.1942.
167 Hespe-Fragment o.D.

er sie wissen. Meyer wollte auch bestimmen, wann der Monat beginnt. Den Hinweis, dass die Frauen und Mütter sehr in Unruhe seien und mitbestraft würden, wenn sie vier Wochen keine Post erhielten, blockte er mit der Bemerkung ab, daran hätten sie denken sollen, bevor sie in Haft genommen worden seien. Aus diesem Verhalten folgerte Hespe: »Wir halten uns somit an russische Methoden, wo an den Familien der Sowjetarmisten in solchen Fällen Repressalien erfolgen.«[168]

Erst seit seiner Verurteilung erhielt er 1-Kilo-Päckchen mit Esswaren und Obstpäckchen gegen Vitaminmangel wie gegen seine ganz erheblichen Zahnschäden. Dadurch und durch die nach einem Vierteljahr einsetzende bessere Verpflegung erholte sich Hespe wieder. Die Ausgabe der Päckchen beschränkte Meyer allerdings auf eines pro Woche. Weil zwei Päckchen unter »Einschreiben« ankamen und mit Nachporto belastet waren, verweigerte er die Annahme und schickte sie mit den verderblichen Lebensmitteln wieder nach Bremen zurück. Ihm wünschte Hespe dringend Hungerrationen oder die Front, damit er Kameradschaft lerne.[169] Den etwa 200 lettischen, estnischen und litauischen Freiwilligen im Haus ging es offensichtlich besser. Sie erhielten, sofern es die Versorgungslage in ihren Ländern zuließ, von ihren Angehörigen 10-, 20- und 30-Kilo-Sendungen. Damit versorgten sie wiederum auch die Deutschen, die zehn Mark für ein Kilo Brot bezahlten oder die wenigen Tabakwaren gegen Brot tauschten. Geschachert wird wohl in jedem Gefängnis. Auf einem DIN-A5-Abriss, Mitte September 1942, skizzierte Hespe ein solches »Geschäft«: »Eben noch schnell ein Geschäft abgeschlossen. Brot gegen Zigaretten. Aber diese Letten sind kondensierte alte Juden – jedenfalls die, die hier genug Ware haben. Dazu gehört auch unser Brotverteiler. Kein Wunder, wenn der hat! Richtiger Jude, das schadet aber nichts, denn im Geschäft gibt's kein Christentum, so wenig als Heilige im Pferdehandel. Nur man knurrt, weil gefordert wird. Tabak ist bare Münze. Füllhalter haben keine Börsennotierung! Keine 100 gr. Brot dafür.«[170]

Er hatte den Eindruck, dass die kleinen, einfachen Soldaten mehr Ehrauffassung hätten als ein deutsches Gericht, »denn wir Soldaten schämen uns, etwas von Letten etc. zu erbetteln – ich habe es jedenfalls nie getan – das Gericht dagegen scheut sich nicht, uns trotz Bitten weiter hungern zu lassen.«[171]

Ungeachtet der Papierknappheit und beschränkter Erlaubnis gelang es Hespe, eine Reihe von Briefen zu schreiben. Von den acht Briefen, die er bis zum 19. September an seine Frau geschrieben hatte, gingen einige nicht durch die Zensur und wurden einige zurückgehalten, weil sie Angaben über die Verhandlung enthielten. Die Zensur des SS-und Polizeigerichts war unerbittlich. Auch alle Briefe, die an ihn gerichtet waren, mussten diese Kontrolle passieren.

Das SS- und Polizeigericht – für Regime oder Recht?

Hans Hespe fühlte sich unschuldig, er konnte den Glauben an eine Gerechtigkeit nicht aufgeben und war der felsenfesten Überzeugung, dass jemand da sei, der nicht zulassen würde, dass

168 Ebd.
169 Hespe-Brief vom Dezember 1942.
170 Hespe-Brief vom 11.9.1942.
171 Hespe-Fragment o. D.

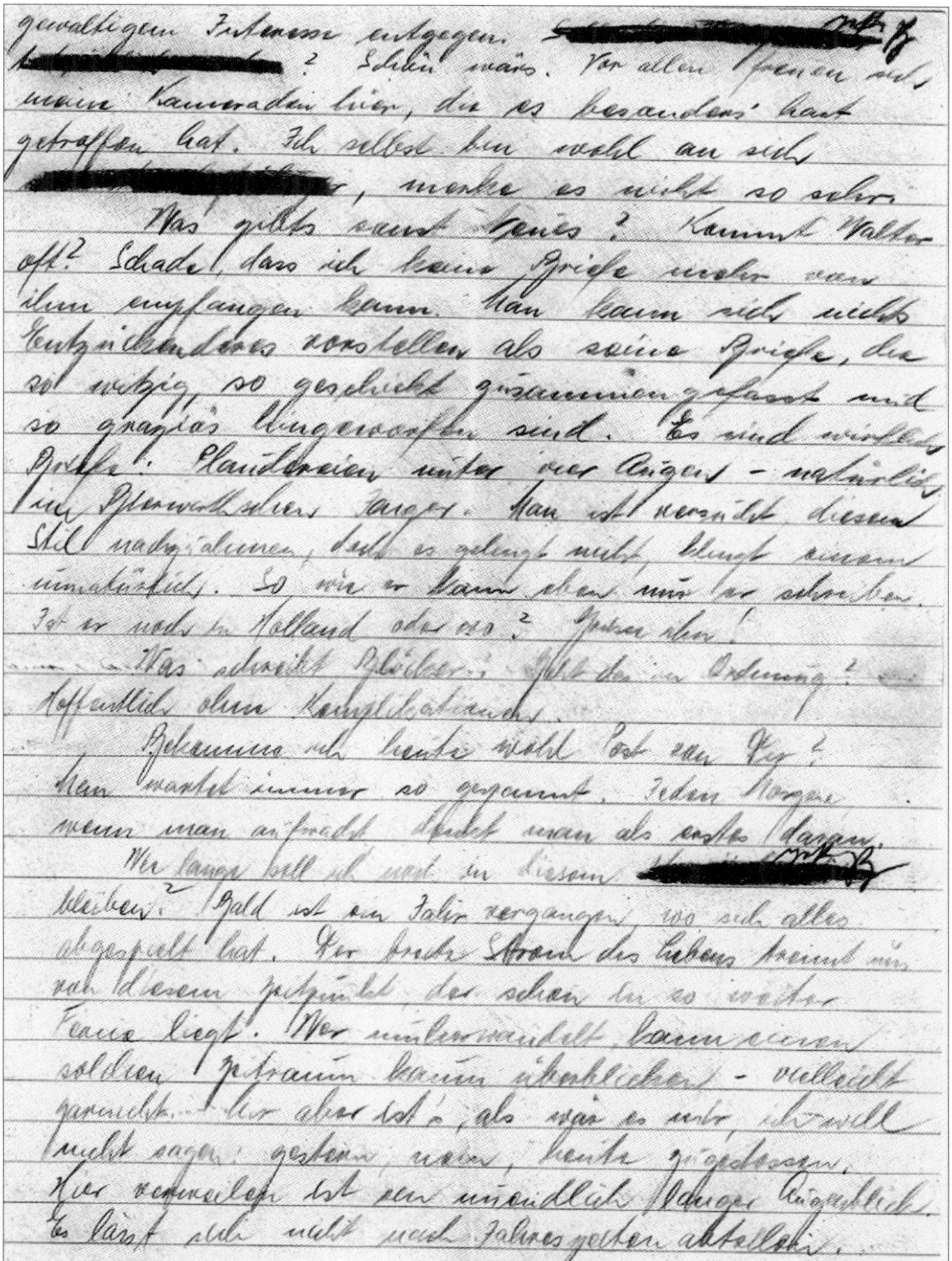

gewaltigen Interesse entgegen. [redacted]
[redacted]? Schön wär's. Vor allem freuen sich
meine Kameraden hier, die es besonders hart
getroffen hat. Ich selbst bin wohl an sich
[redacted], merke es nicht so sehr.
Was gibt's sonst Neues? Kommt Walter
oft? Schade, dass ich keine Briefe mehr von
ihm empfangen kann. Man kann sich nichts
Entzückenderes vorstellen als seine Briefe, die
so witzig, so geschickt zusammengefasst und
so graziös hingeworfen sind. Es sind wirklich
Briefe: Plaudereien unter vier Augen – natürlich
im [illegible] Jargon. Man ist versucht diesen
Stil nachzuahmen, doch es gelingt nicht, klingt einem
unnatürlich. So wie er kann eben nur er schreiben.
Ist er noch in Holland oder so? Grüsse ihn!
Was schreibt Blücher? Geht das in Ordnung?
Hoffentlich ohne Komplikationen.
Bekomme ich heute wohl Post von Dir?
Man wartet immer so gespannt. Jeden Morgen
wenn man aufwacht denkt man als erstes daran.
Wie lange soll ich noch in diesem [redacted]
bleiben? Bald ist ein Jahr vergangen, wo sich alles
abgespielt hat. Der breite Strom des Lebens trennt mich
von diesem Zeitpunkt, der schon in so weiter
Ferne liegt. Wer [illegible], kann einen
solchen Zeitraum kaum überblicken – vielleicht
garnicht. Mir aber ist's, als wär es mir, ich will
nicht sagen: gestern, nein, heute zugestossen.
Hier verweilen ist ein unendlich langer Augenblick.
Es lässt sich nicht nach Jahreszeiten abstellen.

Brief von Hespe aus dem SS-Gefängnis Riga, zensierter Ausschnitt

solch ein Urteil bestehen bliebe. Vieles war ihm unerklärlich. So hätte z. B. seine Krankheit von den Ärzten bestätigt werden können. Dennoch hatte ihn einer an die Front zurückgeschickt, zwei andere hatten ihn ins Krankenrevier eingewiesen.[172]

Sein Verfahren vor dem SS- und Polizeigericht in Riga ließ ihn nicht los, es erschütterte seine Vorstellung von Gerechtigkeit und ließ sein Vertrauen in die NS-Justiz schwinden.

Aus mehreren Gesprächen mit dem Anklagevertreter, Obersturmführer Dr. Patig, hatte Hespe zunächst den Eindruck gewonnen, dass dieser Verständnis für seine Gedanken, seinen Idealismus und für seine Situation aufbrachte und bestrebt gewesen war, aus Gründen der Menschlichkeit zu seinen Gunsten der Wahrheit zu ihrem Recht zu verhelfen. Er schloss dies aus verschiedenen Äußerungen, die Patig vielleicht auch eingesetzt hatte, um von ihm Aussagen zu erhalten: »Wir wissen wohl was los ist«, »Sie mussten die Schnauze halten«, »Sie müssen aus Riga raus«, »Die Zeugen müssen gehört werden«, »Die Zeugen müssen mit Ihnen konfrontiert werden, denn dann sagen sie aus und sagen die Wahrheit«. Patig hatte sich offenbar beim BdO Jedicke für Hespes Versetzung nach Holland eingesetzt, denn er bedauerte deren Scheitern, als dieser am nächsten Tage von Jeckeln inhaftiert wurde: »Ich kann Ihnen nicht mehr helfen, ich muss jetzt meinen vorgeschriebenen Weg gehen«, hatte er ihm zu verstehen gegeben.[173]

In Hespes Augen hatte das Gericht letztlich eine »falsche Bilanz« gezogen und aufgrund mühsam erfundener und völlig abwegiger Gründe ein Urteil gefällt, das seiner Ehrauffassung von einem deutschen Gericht Hohn sprach. Es sei dem deutschen Volke und seiner Führung verpflichtet und habe nicht nur die Ehre eines deutschen Soldaten zu respektieren, sondern vor allem eine gerechte und humane Verhandlung und Beurteilung durchzusetzen. Dies habe das Gericht völlig außer Acht gelassen.

Wer sämtliche Ereignisse vor seinem geistigen Auge prüfend vorüberziehen lasse und versuche, sich über sie Rechenschaft zu geben, dem könne nicht entgehen, dass zwischen den Beschuldigten des Bataillons 105 einerseits und der Untersuchungsbehörde andererseits grundsätzliche, tiefgehende Übereinstimmungen bestünden, meinte Hespe. Es sei darum gegangen, ihn als einen Lügner hinzustellen und all das zu bagatellisieren und zu verschleiern, was auf eine Schuld der Offiziere hinausliefe. Obwohl die Anklage gegen sie vorgelegen habe, sei keine Akte darüber angelegt worden. Nur eine Akte gegen Hespe. Aus welcher Perspektive, fragte er sich, entstanden das Bild und der Eindruck, dass er ein Verbrecher sei? Er fand diesen Schluss völlig abwegig, obwohl er einräumte, dass es bei oberflächlicher Betrachtung Zweifel an seiner Ansicht geben könnte. Tatsächlich bestünden aber sachliche und unwiderlegbare Beweise dagegen! Hätte das Gericht darüber Klarheit zu gewinnen versucht, würde es vermutlich gegen seine eigenen Interessen verstoßen haben.

Für Hespe stellten mehrere Polizeioffiziere in einem gegen sie gerichteten Verfahren eine solche Gewalt und Macht dar, die ihm als einfachen Soldaten aufgrund seiner bisherigen Erfahrung unüberwindlich erscheinen musste. Ihren Ausdruck und ihre Vollendung habe diese Macht in dem ungerechten und der Wahrheit entgegenstehenden Wirken des Gerichts gefunden: »Dieses Gericht ist mir zu einem Begriff geworden, der mehr Schrecken, Leid, Unrecht

172 Hespe-Brief vom 19.9.1942.

173 Hespe-Fragment o. D.

auszudrücken vermag, als es mir je zuvor von einem anderen als deutschen Gericht verständlich und glaubhaft erschienen wäre und alle ähnlichen Begriffe wie Revolutionstribunal oder so verblassen lässt, zumindest die Waage hält.«[174]

Jeder hellhörige Beobachter, so meinte Hespe, hätte sich wie er selbst wundern müssen, mit welcher geradezu stupiden Ruhe das Gericht und damit die Polizei diese unglaublichen Vorkommnisse hingenommen hatten. Sie hatten es scheinbar auch »natürlich« gefunden, dass sich diese »Feldherrn« mit Ehrenzeichen schmückten, dass ihnen neue Kommandos übertragen wurden und man weiterhin die Truppe ihrer Willkür und Unfähigkeit überließ.

Die Äußerungen Friedrich Jeckelns bei Hespes Festnahme und die Art des Verfahrens hätten ganz eindeutig gezeigt, dass der Richter nicht nur allgemein angehalten gewesen sei, SS-Offiziere zu schützen, sondern insbesondere, die diesbezüglich erkennbaren Wünsche des Obergruppenführers zu respektieren. Im »Hörigkeitsverhältnis des Gerichts zu seinem obersten Gerichtsherrn Jeckeln« sah er einen unheilvollen Einfluss, der ihm selbst großes Unglück beschert hatte. Ihm wurde bewusst, dass er durch die Meldung gegen Offiziere in seinem Abschnitt, auch Jeckeln persönlich angegriffen hatte – »an das habe ich vorher natürlich nicht gedacht« – denn dieser war Höherer SS- und Polizeiführer Ostland. Hespe war davon überzeugt, dass bei Himmler der Gedanke habe aufkommen müssen, was denn im Abschnitt der Kampfgruppe Jeckeln los sei. Die bestimmende und richtungsgebende Rolle des Obergruppenführers innerhalb des Verfahrens war für ihn unwiderleglich. Nicht nur das Zusammentreffen mit Jeckeln und dessen Verhalten ihm gegenüber, vielmehr noch hatten es dessen Handhabung und Methoden der Gewalt bewiesen: »Nicht allein in meiner Verhaftung, die aufgrund mühsam erfundener Gründe erfolgte, sondern in diesem Zentralgefängnis Riga sehe ich das Symbol seiner Herrschaft, die auf den Grundlagen der Gewalt aufgebaut ist.«

Er beklagte, dass hier der Mensch einen Begriff von einer Gerichtsbarkeit bekomme, der alles Gute und Schöne im deutschen Vaterland zusammenstürzen lasse. »Soll denn alles Lüge sein, was heute passiert, was unser Führer und seine Männer sagen, was die Presse und der Rundfunk bringt!?«, fragte er fast verzweifelt.

Abwegig fand er, im Richter einen Freund und Helfer, einen Kameraden des Vertrauens zu sehen, wie es der Reichsjustizminister Dr. Thierack beschreibe. Er könne einem Gericht nicht vertrauen, das, um Offiziere zu schützen, nicht objektiv aufkläre. In seinen Augen waren die Gerichtsoffiziere gewissenlos und unwürdig, eine Uniform zu tragen. Er fragte sich, wie sich das Urteil mit der Charakterisierung seiner Person durch das Gericht vertrage: »Hespe kein schlechter Kerl, kein Verbrecher, ein Gerechtigkeits-Fanatiker, Apostel, Phantast, ein Idealist, der aus ehrlicher soldatischer Überzeugung handelte in der Auffassung und dem Bewusstsein, dass zum Himmel Stinkendes passierte? Ein Gericht, das mich wie einen gemeinen Verbrecher in ein Gefängnis zu anderen Volksrassen sperrt, zu Juden, mich fast verhungern lässt!?« Den Richtern, die er kennen gelernt hatte, sprach er ab, von den Nöten und Wunden des Lebens und der Soldaten zu wissen. Sie seien bereit, einen unschuldigen Menschen, eine ganze Familie ins Unglück zu stürzen. »Der Begriff von einem Gericht der Ehre, Gerechtigkeit und Pflicht ist ihnen offenbar fremd; hier kennen sie nur ein Gericht der Wahrung eigener Interessen und da geht Gewalt und Macht vor Recht.« Dies hielt er für ein geradezu ungeheuerliches

174 Ebd.

Verbrechen. Eine Strafe, die heilsam wirken und den Menschen bessern solle, verbittere einen Schuldlosen, der nie wieder den Glauben an das Gute im Leben zurückgewinnen würde. Hespe fehlte das Vorbild im Verhalten der Führer, das gute Beispiel. »Autorität lässt sich nicht durch Strafen ersetzen. Auch kann die gute Haltung einem Menschen nicht kommandiert werden; Einsicht und Überzeugung soll stets das Ziel der Erziehung sein.«[175]

Werden Offiziere geschont?

Hespe sah sich als Soldat und verachtete seine Polizeioffiziere. Er maß ihr Verhalten an dem, was sie predigten, am »germanischen Menschen und germanischen Gewissen«. »Der germanische Mensch«, führte er im September 1942 aus, »empfindet Eintreten, Stehen, Standhalten und Vorgehen für sein Volk als Gutes, ja als Bestes und Höchstes des Lebens, als eine letzte Probe und Bewährung. Das germanische Gewissen verlangt von keinem, dem es nicht gegeben ist, dass er für sich als Einzelner ein wagender Held sei; aber es verlangt, dass er mit seinen Brüdern stehe, standhalte und mit ihnen vorgehe, sodass er, wenn auch nicht als Einzelner vorwärtsstürmend, doch in der Schar der Brüder ein Held sei. Wer sich in solchen Zeiten und Stunden beiseite drückt oder weicht, ist sich selbst und dem Volke ein verächtlicher Wicht. Dieses sage ich den bewussten Offizieren. Diese These entspricht in der Tat nicht den Gewohnheiten dieser Herren.« Er bezeichnete es als ein Charakteristikum und als eine ihnen gemäße Strategie, dass sie auf ihre Männer die Last des Kampfes abwälzten, sich selbst dagegen an sicheren Stellen aufhielten. Sie hätten gewusst, dass sie Feinde und Verräter seien und sich einer schmählichen Anprangerung schuldig gemacht, daraus werde deutlich, »dass sie unserem Wesen, unserer Art, unserer Auffassung entgegengesetzt sind und leben.« Er hatte sie lange genug beobachtet. Vor dem Osteinsatz und auch später vorne an der Front – »oft todmüde, in tiefster Gleichgültigkeit«, im Herzen aber mit verbissenem Ingrimm. Sie hassten ihn jetzt, so sah es Hespe, aufgrund seiner idealistischen Lebens- und Weltanschauung. Weil er überhaupt das große Geschehen des Krieges richtig sehe, müsse er sie ebenfalls hassen, so wegen ihres Verhaltens allgemein, ihres unwürdigen Verhaltens an der Front ihren Männern gegenüber, ihres Egoismus, ihrer Profit-, Verschwendungs- und Ausplünderungssucht. Die Abrechnung ihrer »üblichen Reisegelder« hätte jeden Steuerzahler zum Wahnsinn treiben müssen.[176] Sie auszuschalten, wäre »angesichts unserer soldatischen Ehrauffassung – erst recht derjenigen eines preußischen Offiziers – programmatisch erreicht«, wenn nicht die Obrigkeit diesen Forderungen ihres Volkes gleichgültig kalt gegenüberstünde.[177] Rechnerisch pedantisch in seiner hanseatisch-kaufmännischen Nüchternheit und Korrektheit, empörte sich Hespe darüber.

Hespe wollte nicht den Eindruck erwecken, nur Schlechtes innerhalb der Polizei zu sehen. Als vorbildlich nannte er zwei Kompanieführer des in Bremen rekrutierten Polizeibataillons

175 Ebd.

176 Inspektor Alfke habe dafür das Kriegsverdienstkreuz (KVK) erhalten, behauptete Hespe (ebd.). Carsten Alfke erhielt das KVK II. Klasse mit Schwertern (NBldPPiB Nr. 8 vom 21.2.1942, S. 25/26). Polizei-Inspektor Carsten Alfke kam im März 1941 als leitender Verwaltungsbeamter in das Reserve-Polizeibataillon 105, lt. Schnellbrief der RFSSuChdDtPol.i.RMdI (O-VuR. Pers. 152/141) vom 27.3.1941 (StAB 4,13/1-P.1.a.1 Nr. 42).

177 Hespe-Fragment o. D.

303, »die bei ihren Männern vorne im Schützengraben hausen, sich irgendein Gewehr greifen, wenn der Feind kommt«. Ihm imponierte es, wenn ein Kommandeur genauso lebte wie jeder seiner Männer, er sich beim kargen Essen nicht mehr nahm und wenn einer, der sich etwas zuschulden kommen ließ, zur Verantwortung gezogen wurde - auch wenn es ein Offizier war. Woher Hespe seine Information über die beiden ungenannten vorbildlichen Kompaniechefs hatte, bleibt unklar. Verborgen blieb ihm offenbar, dass die Männer des Polizeibataillons 303 bis dahin wohl weniger im Schützengraben hausten, als vielmehr an Massenmorden im Polizeiregiment Süd beteiligt waren.

»Weltanschaulich geschult«, erinnerte Hespe an »die heldenmütige und kameradschaftliche Haltung des SS-Obergruppenführers Eicke der SS-Totenkopfdivision[178] und an den SS-Sturmbannführer Krohn«. Männer, zu denen die Soldaten voll Achtung und Begeisterung emporsahen - Männer wie sie sein mussten! »Aber wie ist es möglich«, fragte er, »dass die Schandtaten dieser Leute verheimlicht, verschleiert werden, die Männer selbst derart geschützt werden, offenbar geschützt werden müssen?? Es muss unzweifelhaft ein höheres Interesse vorliegen, denn diese Männer selbst sind einer Schonung nicht wert.«

Als beachtenswert bezeichnete er die »Bestrafungen« innerhalb des Polizei-Offizierskorps und notierte etliche Beispiele, die seine Vermutung, dass Offiziere geschont würden, bestätigten: So sei z. B. Borck wegen finanzieller Verfehlungen »bestraft« und nach Polen versetzt worden.[179] Jetzt befinde er sich »im Bataillon 105 in der passenden Gesellschaft«, so Hespe. Hauptmann Dittmar habe »zur Strafe« Urlaub erhalten. Oberleutnant Heimann, der den Männern mit seinem Degen auf den Stahlhelmen herumgeklopft und sie »Pestbeulen« genannt habe, sei »zur Strafe« von der zweiten in die dritte Kompanie versetzt worden. Von ähnlichen Fällen erfuhr er in Riga: Ein Oberleutnant, der sich an gesammelten Geldern vergriffen hatte, wurde nur nach Hamburg »versetzt«. Ebenso erging es einem Bataillonskommandeur, der sich an Winterhilfswerk-Geldern bedient hatte.[180]

»Offiziere vergehen sich an Verpflegungsmaterial der Truppe - man hört nichts«, berichtete er und schilderte den »Fall Walter Hamburg« aus Riga, in dem der Angeklagte selbst mit der Todesstrafe gerechnet hatte. Hamburg wurden Hehlerei, Waren- und Devisenschiebung sowie Diebstahl und Falschspiel vorgeworfen. Während der Untersuchungshaft, so Hespe, habe

178 SS-Obergruppenführer Theodor Eicke baute bereits 1929 SS-Einheiten in Rheinland-Pfalz auf, wurde 1932 wegen Herstellung von etwa 80 Bomben zu zwei Jahren Haft verurteilt und im Juni 1933 Kommandant im KZ Dachau, das er zur Schulungsstätte und zum Muster des KZ-Systems machte. Er war aktiv an der Liquidierung Röhms beteiligt und wurde 1934 Inspekteur der KZs und Führer der SS-Wachverbände. Er verwaltete die KZs, baute mit den von ihm geschaffenen SS-Totenkopfverbänden eine eigene KZ-Wachtruppe auf und wurde im November 1939 Kommandeur der SS-Totenkopfdivision. 1943 kam er bei einem Aufklärungsflug ums Leben (Ernst Klee: Personenlexikon zum Dritten Reich; Ulrike Puvogel, Martin Stankowski, Ursula Graf: Gedenkstätten für die Opfer des Nationalsozialismus. Eine Dokumentation. Bd. 1. Hg. von der Bundeszentrale für politische Bildung. 2. Aufl., Bonn 1995, S. 122 ff.).

179 Eitel Borck, der bereits 1934 zur SS-Leibstandarte gehörte, erhielt mehrere Disziplinarstrafen: 1938 eine Missbilligung wegen eines Religionsvergehens, 1939 eine Warnung wegen Überschreitens der Sperrstunde und Störung einer Amtshandlung, zuletzt 1940 beim Polizeibataillon 106 in Polen acht Tage Stubenarrest wegen Sachbeschädigung im Bordell unter Alkoholeinfluss und Verleiten von Untergebenen zum Überschreiten der Sperrstunde. Daraufhin wurde er zum Res.-Polizeibataillon 105 versetzt (StAB 4,10-Akz. 30-23).

180 Hespe-Fragment o.D.

Hamburg ihm erzählt, dass er in besonderen Lokalen mit Soldaten gespielt und sie durch seine eigene Spielmethode wie durch die zweifellos von ihm angeregten hohen Spieleinsätze um ihr Geld gebracht habe. Auf »diese Soldaten«, die eben »höhere Persönlichkeiten« gewesen seien, habe das Gericht sofort zurückhaltend reagiert.

Hierin sah Hespe den Grund, weshalb das Gericht auf diese Straftaten nicht weiter eingegangen war. Es verurteilte Hamburg wegen Diebstahls zu einem Jahr Gefängnis unter Anrechnung der Untersuchungshaft und gewährte ihm Strafaufschub zur Bewährung. Alles andere sei übergangen worden. Alles andere, schreibt Hespe, sei fallen gelassen worden.

Hespe hielt es für allgemein bekannt, dass Polizeioffiziere geschützt wurden. »In meiner Eigenschaft als ›Gerechtigkeits-Fanatiker‹ hatte ich Hamburg derzeit sogleich erklärt, dass er schwerstens zu bestrafen sei, denn seine Handlungsweise wäre gemein«, betonte er in seinem Bericht und ärgerte sich, »dass abgefeimte Gauner immer gut wegkommen bei der Polizei.«

Hespe hasste Menschen wie ihn und seinen Komplizen. »Bezeichnend ist«, berichtet er, »dass die eigenen Kameraden sie angezeigt haben, denn gegen einen Kameraden tritt man nur auf, wenn er sich in hohem Masse versündigt hat. Selbst in der Gefängnisgemeinschaft lehnt man sie ab.« Anlässlich einer Zellenumgruppierung wollte niemand einen von beiden aufnehmen – schon gar nicht wollten sie selbst zusammen sein, da sie ständig aneinandergerieten. Sie hätten sich nur immer wieder zusammengefunden mit den Worten: »wir müssen ja zusammenhalten.« Schließlich seien sie in Einzelzellen gekommen.

»Nach ihrer Entlassung hat uns keiner ein Stückchen Brot gesandt«, erinnerte sich Hespe enttäuscht, »obwohl sie die ganze Zeit hier von meinen Waren gezehrt haben, die meine Frau schließlich auch kaufen muss, nicht geschenkt bekommt.« Laufend hatte er für seine letzten Tabakwaren Brot und Essen eingehandelt, weil er deren Hungerquälerei nicht mit ansehen konnte. Etwa dreißig Mark habe er für sie verauslagt und von ihnen dafür nicht das Geringste zurückerhalten. »Das ist Dank und Kameradschaft! ›Ehrliche Soldaten‹ – ›Ehrenmänner‹ – für die das Gericht sich einsetzt. Selbstverständlich ist, dass sie alle ihre zusammengeschotteten Sachen aus Wilna und da richtig und vollzählig nach hier bekommen.«

Von einer Unzahl solcher Fälle hatte er gehört, sie seien innerhalb der Polizei »leider so oft vorgekommen, dass man der Auffassung sein könnte, sie gehörten förmlich dazu«. Für ihn war es ein geradezu ungeheuerlich in Erscheinung tretendes System, was die Gerichte veranlassen musste, derartige Sachen zu verschleiern. »Dieses System trägt daher die Verantwortung für diese sich dadurch ständig wiederholenden Vorkommnisse«, urteilte er schließlich. »Der beabsichtigte Zweck liegt klar zutage. Er besteht darin, dass nur ja nichts in die Öffentlichkeit dringt. Es wird nur nie völlig erreicht, denn ein Teil sickert doch immer durch, bleibt hängen und typisch in der Polizei – blitzartig verbreitet es sich. Geheimnisse gibt es nie.«[181]

Die in seinem eigenen Fall erfolgte Verschleierung, so folgerte Hespe, dokumentiere nicht nur die Duldung, sondern darüber hinaus auch den Befehl eines besonders schweren Verstoßes gegen das Recht. Es habe sich auch gezeigt, dass es sich nicht um Einzelverfehlungen des Gerichts oder untergeordneter Dienststellen gehandelt habe, sondern dass diese aufgrund von Befehlen höherer Kommandobehörden erfolgt seien. »Und das Gericht sitzt hinter der Macht der Gewalt dieser Kreise, diese Interessenwirtschaft verschanzt und liquidiert jede unbequeme Bewegung.«

181 Ebd.

Es lag ihm fern, solche Zustände in der Polizei zu verallgemeinern, denn er habe das Unglück gehabt, neben den guten einige schlechte Fälle zu sehen. Bei ihm verfestigte sich der Eindruck, »dass der Prozentsatz sehr ungünstig liegt und da ist es natürlich, dass mir die krausesten Ideen kommen. Ich will es nicht von der Hand weisen, dass ich irre, alles zu krass sehe ...«. Damit bricht sein Bericht vom September 1942 ab.[182]

Grübeleien im Gefängnis

Als Anfang Oktober der Kamerad aus seiner Kompanie zu ihm ins Gefängnis eingewiesen wurde, dem er aus Riga jenen Brief geschrieben hatte, aufgrund dessen er inhaftiert worden war, reagierte Hespe mit Genugtuung: »Man sieht: Gottes Mühlen mahlen langsam, aber fein! Das wird auch wohl so weiter bleiben. Nur der liebe Gott hat immer die Arbeit davon.« Er durfte nicht alles sagen und noch weniger schreiben, was er dachte. Um die Zensur zu passieren, tarnte er im Brief seinen Kommandeur als »Hauptmann« und nannte ihn »einen zackigen Kerl, der Verständnis für seine Leute hat«. Natürlich meinte er das Gegenteil und er hoffte, dass seine Frau es verstehen würde. Von ihr erfuhr er, ebenfalls vorsichtig und verklausuliert formuliert, von ihren Nervenproben und von den Folgen der Fliegerangriffe auf Bremen: Das Geschäft »zertöppert«, das Haus beschädigt und die Sorge um die Kinder. Sie zu verschicken, sei wohl das Beste, meinte er und hoffte, »dass der Tommy nicht jedes Mal Deine Fensterscheiben kaputtwirft«. Über die Lage im Luftkrieg schien Hespe informiert zu sein: »Es ist damit zu rechnen – der Engländer kündigt es ganz klar an – dass von dem ›Flugzeugmutterschiff‹ laufend weiter Besuch zu Euch kommt.«[183] Was der »Tommy« mache, wollte er auch in seinem Brief zwei Tage später wissen. »Er will ja mit 1000 Maschinen gleichzeitig kommen – ist eine teuflische Absicht. Dass er nicht dazu kommt, dafür will ich – weiß Gott wen – anbeten. Trauen kann man den Burschen ja nun einmal nicht.«

Sorgen und Unausgesprochenes beschäftigten ihn täglich. Vieles wollte er sich von der Seele reden, musste sich aber immer wieder auf den augenblicklichen Zustand besinnen. Eine gewisse »betäubte Verwunderung« über sein Schicksal und über sein Leben überkam ihn: »Es ist mir vieles so seltsam, so klein, so gemein, so dumm. Es wird mir vieles zum Ekel. Ich bin ein Phantast, wie festgestellt wurde, der überall Tamtam erblickt, in dieser oder jener Sache von einer durch keine, oder vielleicht zu ideellen, Sachkenntnis getrübten Naivität gleich das Trampeln der Weltgeschichte hört.« Um sich nicht zu ärgern, mochte er am liebsten nicht denken, denn Sich-Ärgern hielt er für ärgerlich und zwecklos. Dennoch gab er (sich) nicht auf: »Trotz allem ist in mir noch jeder Mut, jede Hoffnung lebendig. Man muss einen Glauben leben, der nichts zuschanden werden lässt, einen starken Glauben an das Leben, an alles. Man gibt sich nicht auf und wird sich nicht aufgeben.« Wie ein missionarischer Auftrag klingt es in seinen Briefen, wenn er schreibt, er habe noch viel zu erfüllen und ihn erwarte noch ein Glück. Er hoffte, da er nicht alles schreiben konnte, dass seine Frau in der Lage sei, sich hineinzudenken, zu verstehen und die richtige Fährte zu lesen. Er reflektierte sein Leben und

182 Ebd.
183 Hespe-Brief vom 4.10.1942.

seinen beruflichen Erfolg: »Man mag mir vielleicht ein sicheres Urteil über die Vollendung oder Unzulänglichkeit und so anderer Dinge absprechen, desto fester saß ich im Sattel wenn es galt, kaufmännische Talente unter Beweis zu stellen.« »Steinebeißen« hätten sie auf dem Markt des Lebens erst üben müssen, erinnerte er seine Frau und zitierte Nietzsche: »Was uns nicht umbringt, macht uns härter.« Dies könnten sie von sich auch sagen und sich über Katastrophen freuen, »die uns zur vollkommenen Erkenntnis brachten, dass man von niemand in der Welt etwas zu erwarten hat, sondern ganz allein auf sich angewiesen ist. Somit, es leben alle Schmerzen, die uns herrliche Früchte getragen haben und noch tragen werden!« Er brauche sich keinen Zweck ins Leben hineinzulügen, behauptete er selbstbewusst.

Bei seinen Grübeleien warf er selbstkritisch die Frage nach seiner Normalität auf: »Bin ich ein Außenseiter? Wahrscheinlich, denn da die Anderen die Mehrzahl bilden, sind sie die Normalen, und ich bin nicht normal.«[184] Oft habe er darüber nachgedacht und sich dabei an die bösartige Konkurrenz, an diese Musterbeispiele von Neidern, erinnert. Der Reihe nach habe er sie zuweilen angeguckt: »Sie reden und schwatzen und kümmern sich um Dinge, die sie nichts angehen.« Sie sollten, so meinte er, besser ihre Zeit verwenden, als anderen Übles nachzureden, wovon sie doch keinen Nutzen hätten. Aber sie könnten es eben nicht ändern, »dass sie sind, wie sie sind«. Als »Erzeugnisse aus Landesbrauch und allgemeinem Herkommen« bezeichnete er sie. Alles sei noch quergestreift durch persönliche Erlebnisse, die sie erfahren, halbgar aufgenommen und nie durchdacht hätten. Beim ersten Gefühl blieben sie stehen, verdienten sie ihr Geld, suchten sie sich zu zerstreuen und dächten nie nach. »Sie halten mich, der ich anders bin als sie, für etwas verrückt. Sie fühlen sich eben vollkommen in Ordnung. Es gefällt ihnen, was ihnen gefällt, sonst aber lehnen sie ohne Besinnen ab, sind davon überzeugt, Recht zu haben. Denn warum nicht? Sie sind die Majorität.« Dass die anderen sich vollkommen in Ordnung fanden, hätten sie ihm mehrfach erläutert, sogar mit etwas Mitleid. So blieben sein familiäres Zuhause und sein beruflicher Erfolg sein Lebensbrunnen.

Sich um die Sachen anderer zu kümmern sei nicht das A und O, sondern das Ach und Weh, nicht das Wichtigste, nicht der Sinn des Lebens, konstatierte Hespe. Der Inhalt ihrer Reden habe ihn wenig interessiert und nachher gelangweilt. »Sie mögen über die Eigenarten reden und etwa, dass ich diesen oder jenen Fimmel hätte. Ich will es ihnen nicht übel nehmen, solange es mich nicht schädigt.« Die meisten von ihnen würden eben abwartend leben, verhalten, um nicht zu sagen gleichgültig. Ihnen fehle der innere Auf- und Antrieb, der ausgeprägte Sinn für das Morgen. Sie ließen sich treiben wie ein Stück Holz im Strom, statt mit beiden Händen aus eigenem Antrieb fest zuzupacken. Sie hätten noch nicht begriffen, dass die Zeit zum Schaffen, die Zeit zur Leistungs- und Erfolgssteigerung bereits da gewesen sei.

Für später, den Wiederanfang, »wenn wir den Krieg heil hinter uns bringen«, schmiedete er Pläne. Er würde sich einen Laden bauen, »wo alles dran sein wird«. Nach weit draußen müssten sie, denn die Bremer Obrigkeit würde sie nicht in der Stadt dulden, da sie damals schon Schwierigkeiten gehabt hätten. Und es ginge ja auch nicht. »Die Russen bei ihrer Witz- und Sinnlosigkeit konnten sich dieses wohl erlauben und jeglichen Ordnungssinn außer acht lassen, so etwa, wenn sie mitten in der Stadt einen schönen Blumenladen ausräumten und darin ein Munitionsdepot eröffneten.« Er wollte nach Huckelriede oder zur Industriestraße. So ger-

184 Ebd.

ne würde er schaffen, nun aber war er zu Untätigkeit verurteilt. »Geduld haben!«, heiße es immer wieder. Diese beiden Worte habe er in den letzten Monaten hassen gelernt. »Aber das könnt Ihr gar nicht begreifen. Dazu muss man das durchmachen wie ich. Es ist schon eine Nervenprobe.« Noch lag nicht alles hinter ihm und war nicht alles geklärt. Ungewissheit macht mürbe.

Die Sorge um seine Frau, die mit den drei Kindern allein fertig werden musste, beschäftigte ihn. Er wusste nicht, ob nach seiner Verurteilung noch Unterhalt gezahlt werden würde. Noch im Dezember 1942 ging er davon aus, dass sich ihre Lebensführung nicht so sehr ändern würde, »denn mir wurde doch Frontbewährung zugestanden, weil meine Haltung nicht unehrenhaft war«. Andererseits blieb er skeptisch: Zuchthaus und Frontbewährung? Beides zusammen gäbe es eigentlich nicht. »Also es ändert sich doch nichts!! Es sei denn, dass die Bestätigung des Urteils anders ausgefallen wäre bezw. würde«, zweifelte er.[185]

Seine Frau hatte ihn wissen lassen, dass es Schwierigkeiten mit der Firma gab und sie daran dachte, ihr Kollier zu verkaufen. Dafür würde sie hier, in Riga, 500 Mark mehr als zu Hause in Bremen bekommen, gab er ihr zu verstehen und bat sie, öfter als bisher Tabak zu schicken. Dafür könne man alles bekommen. Und er kündigte ihr an, in den nächsten Wochen 350 Mark zu überweisen. Nicht von Riga aus.

Dass ihm wenigstens seine Frau glaubte, bis zuletzt seine Pflicht getan zu haben, baute ihn wieder auf. Selbstverständlich sei es für ihn gewesen, stets bei den Einsätzen dabei zu sein und sich nicht zurückstellen zu lassen. Mehr als seine Pflicht habe er getan, indem er zum Schluss Woche für Woche so lange ausgehalten habe wie es ging, um sich später nichts vorwerfen zu müssen. Er kannte sich nicht mehr aus, verfiel wieder in Resignation: »So habe ich eben geirrt und muss für meinen Irrtum die Folgen tragen. Hoffentlich hat das Schicksal dieses Mal noch ein einsehen mit mir!«

Hespes Hoffnung ruhte auf einer Nachuntersuchung und einer entsprechenden Entscheidung durch Himmler. Gerne wollte er noch ausharren, wenn sich dadurch seine Unschuld ergäbe. Dann würde es sich erübrigen, »das kommende Schwere zu überstehen«, wovon seine Frau schrieb.[186]

Seit einem Monat wartete er auf die Bestätigung seines Urteils.

Hoffnung auf Himmler

Schon bei seiner Inhaftierung in Kempolowo hatte Hespe versucht, sich direkt an Himmler zu wenden, denn er war davon überzeugt, dass der Reichsführer diese Missstände nicht billigen würde. Major Helwes habe dies zu verhindern gewusst und ihn jetzt unschädlich gemacht.[187] Auch in seinem Brief aus dem Gefängnis in Riga an den Reichsführer vertraute er darauf, dass Himmler bei Verfehlungen seiner SS und Polizei keinerlei Rücksicht nehmen würde. Um weitere Komplikationen zu vermeiden, wollte er vor der Bestätigung des Urteils noch einmal gehört werden.

185 Hespe-Brief von Mitte Dezember 1942 (o. D.).

186 Hespe-Brief vom 6.10.1942.

187 Hespe-Brief/Bericht (Hespe-Fragment o. D.).

Da er Himmler nicht offen berichten konnte, versuchte er seine Frau und seinen Anwalt Dr. Aschauer dazu zu bewegen: »Wir wissen, dass sich unser Reichsführer durch besondere Klugheit + Schlauheit auszeichnet. Darum wird er merken, was hier los ist. Und er würde ein ganz anderes Bild gewinnen, wenn ich selbst ihm erzählen könnte, als wenn er sich auf Berichte verlassen muß. Oder wenn ich ihm schriftlich offen berichten könnte!! Dies gilt auch für Euch!!«[188] Er habe derzeit die Sache dem Reichsführer unterbreitet in der Überlegung, dass dann über der Sache das große und eherne Gesetz der Gerechtigkeit stehen würde. »Er ist mir der Garant einer gerechten Beurteilung + Rechtsprechung. Ich bin überzeugt, dass er mich nicht enttäuscht und Gelegenheit gibt, mich zu verteidigen und darum habe ich mit meinem Antrag v. 24.9. nochmals gebeten.«[189] Sollte Himmler sich nicht persönlich für diesen Fall interessieren, so würde es gewiss für solche Sachen Männer geben, die dessen Unbestechlichkeit teilten und ihm, Hespe, Garanten für einen gerechten Urteilsspruch wären.

Im Oktober versuchte sich Hespe erneut an Himmler zu wenden.[190] In seinem Brief, den er Mitte Dezember über einen Letten seiner Frau zukommen ließ, schrieb er, er wisse nicht, ob sein Schreiben in München beim SS-Gericht angekommen sei. Er wolle feststellen, ob der Reichsführer der Kerl sei, für den er ihn halte, der die Sache durchschaute. »Ich selbst kann eine Bestrafung nicht hinnehmen.« Er hoffte auf die Unterstützung seiner Frau, wollte sich durchbeißen, »und wenn man über die Führerkanzlei geht«.[191]

Hoffnung auf Frieden

Mitte Dezember schickte Hespe eine »Hintertreppenparole« nach Bremen: Im Februar werde es Frieden geben, nur noch nicht zwischen Deutschland und Russland. »Russisches Gebiet werden wir übernehmen - auf alles übrige verzichten. Na, und?« Für ihn, so glaubte er, würde es das Beste sein, wenn der Krieg morgen schon zu Ende wäre.

»Ich bin kein Reaktionär«, betonte er, »ich bin schon ein ordentlicher Soldat [...] Mehr noch - ich habe Ideale was mir auch vom Gericht zugestanden wurde. Das Genie Moltkes verlangt, dass der Soldat denke. Das habe ich getan und eben nicht nur, wenn wir den Russen gegenüberstanden. Ich habe nicht gelernt, nur zu besonderen Gelegenheiten zu denken und nicht dann zu denken, wenn es den Vorgesetzten erwünscht ist.« Von diesen hätte ausgerechnet er »Blüten« kennengelernt - und niemand könne ihn darin irremachen -, dass die Polizei im Vergleich zur Wehrmacht doch »ein Sauhaufen« wäre. Das erschien ihm ganz natürlich und verständlich: »Beamte sind keine Soldaten.« Dem Polizisten, der einen kleinen Wirkungsbereich habe, unterstünde jetzt auf einmal eine größere Anzahl Menschen; er würde größenwahnsinnig. »Jeder ist Knecht für ihn und er behandelt ihn danach.« Wer gelernt habe, Knecht zu sein, dem möge es nichts ausmachen. Er dagegen habe in seinem ganzen Leben nicht so oft um etwas zu bitten brauchen und sich oft so gedemütigt fühlen müssen wie in

188 Hespe-Brief vom 6.10.1942.

189 Von diesem Schreiben an Himmler gab er eine Kopie an seinen Anwalt Dr. Aschauer (Hespe-Brief vom 6.10.1942).

190 Hespe-Brief von Mitte Dezember 1942 (o. D.).

191 Ebd.

65

Abschrift! (aus Akte „Hespe" der Schutzpolizei)

Reichsführer-SS
und
Chef der Deutschen Polizei

Feld-Kommandostelle, den 14. Nov. 1942

V e r f ü g u n g

Betr.: Rottwachtmeister d.Sch. d.Res. Hans Hespe, geb. 21.6.
07 in Brake/Oldenburg, 2./Res.Pol.Stl.10
Res.Pol.Kompanie Riga.

Bezug: Feldurteil des SS- und Polizeigerichts XVI Riga
vom 4.September 1942, St.L. I Nr. 102/42

1. Ich bestätige das Urteil vom 4.9.42.
2. Die Strafvollstreckung wird angeordnet; die in die Zeit des Kriegszustandes fallende Vollzugszeit ist in die Strafzeit nicht ~~an~~einzurechnen.
3. Die zwischen Verkündung und Bestätigung des Urteils erlittene Freiheitsentziehung wird nicht angerechnet.
4. Der Verurteilte ist in die Abt.Z. des Straflagers der SS und Polizei zu überstellen.
5. Der jeweils zuständige Gerichtsherr wird zur nachträglichen Änderung der Vollstreckungsentscheidung ermächtigt.

Die Richtigkeit der Abschrift
beglaubigt
Riga, den 30.12.42
gez. Unterschrift
SS-Hauptscharführer (F.A.)

Der Gerichtsherr:
gez. H. Himmler

F.d.R.d.A.
W.Hoffmann
Hoffmann
Bremen, den 19.9.1950

Himmler bestätigt das Urteil persönlich. Hespe wird nach Dachau überstellt den Jahren bei der Polizei. Das Schlimmste für ihn sei, dass die Kerls vielfach so furchtbar dumm seien. Allein schon deswegen müsse er es als eine Beleidigung auffassen, wenn sie einen von oben herab behandelten. »Ich kriege jedes Mal die Wut und schwöre mir, nicht nachzugeben bis sich das Recht durchgesetzt hat. Aber allein kann ich gegen eine große Clique, die dazu noch die Macht hat, nicht an.« Er hoffte, seine Frau würde das Haus voller tüchtige Anwälte haben, die sich verschiedener Zeugen versicherten und vielleicht durch Hans L. vom SD die Aussagen protokollieren ließen. Walter Bierwirth war ihm zu ängstlich und engherzig. In einem Unternehmen wie der Polizei möge man damit weiterkommen, aber nicht allgemein im Leben. Sehr viele große Männer hätten es im Leben gewiss nicht so weit gebracht, hätten sie die Tugend, Recht und Gesetz an die Spitze ihres Handelns gestellt, so glaubte er. Auch er sei gezwungen gewesen, krumme Wege zu gehen. Hätte man nicht alles durch pure Gewalt verbaut, wäre alles gut gegangen.

Walter und Hans ließ er mit der Bemerkung grüßen: »Sage ihnen, ich hätte sie für schneidiger gehalten.«[192]

Das Kameradschaftsverhältnis bei der Wehrmacht zwischen Offizier und Mann hielt er für besser. Diese Einschätzung werde ihm auch von allen Kameraden bestätigt. »Aber was soll ich mich immer wieder darüber ereifern, ich ändere doch nichts daran. Möglichst bald Friede! Das rettet alles!«

Im November 1942 bestätigte Himmler das Urteil persönlich und überstellte Hespe nach Dachau in die Abteilung Z des Straflagers der SS und Polizei.[193] Hespe selbst war darüber Mitte Dezember 1942 noch nicht informiert.

192 Ebd.

193 Verfügung des RFSSuChdDtPol., Feldkommandostelle, den 14.11.1942, und Schreiben SS- und Polizeigericht XVI Riga vom 3.5.1943 an Elfriede Hespe (VWE).

4. Im KZ Dachau

Anfang 1943 wurde Hespe in das Konzentrationslager nach Dachau überstellt. Das KZ Dachau war bereits im März 1933 eingerichtet worden, um politische Gegner (»Schutzhäftlinge«), überwiegend Sozialdemokraten und Kommunisten, zu internieren. Während des Krieges waren Häftlinge aus 27 Nationen eingesperrt. In den zwölf Jahren wurden insgesamt 200 000 Menschen interniert, etwa 30 000 starben an Epidemien, Typhus, Tuberkulose und an anderen Krankheiten. Mehrere tausend sowjetische Kriegsgefangene wurden exekutiert.[194]

Dort hatte die SS Mitte März 1941 den östlichen Teil des Bunkers (Lagerarrest) abgetrennt, eine Baracke angebaut und hinter der Gittertür ein SS-Straflager errichtet.[195] Bis dahin besaß die SS keine eigenen Strafvollzugsanstalten. Nun wurden in dieses Lager durch SS- und Polizeigerichte Verurteilte zur Strafverbüßung gebracht: SS-Mitglieder, Polizeibeamte und Angehörige der Luftschutzpolizei. Es gab dort eine Abteilung G (Gefängnis), eine Abteilung V (Verurteilte mit Straflagerverwahrung) und eine Abteilung Z (Zuchthaus). Für alle SS- und Polizeiangehörigen galt Dachau als der schlimmste Platz der Welt.[196] Nicht für Hespe. Aus seiner Haftzeit sind sechs Briefe erhalten, die er aus dem Lager an seine Frau schrieb.[197] Sie belegen, dass er ein Jahr nach seiner Inhaftierung in Dachau als Funktionshäftling aufzusteigen begann, im Hauptwirtschaftslager des Außenlagers Allach relative Freiheit und Macht genoss und keinesfalls hungerte - bis er aufflog. Er betrachtete seine Situation im Lager als geringeres Übel, wog sich in relativer Sicherheit und sann auf Vergeltung gegen seine Offiziere. Im Hauptverwaltungslager nutzte die Lagerleitung seine kaufmännischen Kenntnisse und er nutzte seinerseits die Lagerleitung aus. Auch durch Korruption im Kleinen versuchte er, seine Funktion zu festigen und zu erweitern, stieg in der Häftlinghierarchie auf und schickte sogar Päckchen.[198] Seine Vormachtstellung im Vorratslager kostete er aus, erwies sich selbst als korrupt und korrumpierte andere. Sein Glaube an den »Endsieg« und an Himmler ging verloren, nicht aber die Überzeugung an seinen eigenen juristischen Sieg. Von Unterlagen, die er nach Hamburg bringen ließ, versprach er sich immer noch Hilfe, bis zuletzt auch von seinem juristischen Hausfreund in Bremen. Der Inhalt seiner wenigen Briefe ergänzt und relativiert bisweilen das Bild von seinem Leben im KZ Dachau, das er nach dem Krieg den Behörden beschrieb. Dennoch zeichnen seine Zeilen eine mitunter gespenstische Stimmung und lassen persönliche Betroffenheit ahnen - nicht nur vor seinem späteren Abmarsch mit einer Bewährungseinheit aus Dachau:

194 Vgl. Puvogel, Ulrike, Martin Stankowski, Ursula Graf: Gedenkstätten für die Opfer des Nationalsozialismus [Eine Dokumentation. Hg. von der Bundeszentrale für politische Bildung. Bd.1. 2. Aufl., Bonn 1995], S. 122 ff.

195 Vgl. Konzentrationslager Dachau. 1933-1945. Text- und Bilddokumente zur Ausstellung [Kat. zur gleichnamigen Ausstellung; Neugestaltung der Ausstellungen der KZ-Gedenkstätte Dachau]. Hg. von Barbara Distel. München 2005 (s. Hans Hespe als Mitglied des Polizeibataillons 105, S. 153).

196 Vgl. Seidler: Die Militärgerichtsbarkeit der Deutschen Wehrmacht 1939-1945, S. 251/252; auch: www.gedenkstaettenpaedagogik-bayern de/f-bunker.htm [Stand: 05.05.2006].

197 Die Briefe datieren vom 23.5.1943, 6.2.1944, 27.3.1944, 21.12.1944, 14.2.1945 und vom 17./18.2.1945.

198 Siehe Hespe-Briefe vom 23.5.1943 und vom 21.12.1944, vgl. Frank Bajohr: Parvenüs und Profiteure. Korruption in der NS-Zeit. Frankfurt a. M. 2001.

»Nur so hin und wieder - vorzugsweise nachts - überkommt es mich und dann packt mich die Wut und festigt weiter in mir den Entschluss, meine Sache solange zu verfechten, bis sich das Recht durchgesetzt hat«, schrieb Hespe im Mai 1943 nach Bremen. »Ich kann nicht schreiben, was ich denke und es ist selbstverständlich, dass ich auch nur Unterhaltungen entgegen meiner inneren Überzeugung pflege - muss Komödiant sein - sonst wäre es ja auch Selbstmord.« Seine Zeilen lassen keine Zweifel, dass er die SS-Gerichtsbarkeit als ein System betrachtete, welches sich auf die Dauer nicht würde halten können. Er sah nicht nur seinen eigenen Fall. Viele ähnliche Fälle konnte er inzwischen im Lager beobachten, viele junge Kerle, die wegen geringer Verfehlungen mit mehreren Jahren Zuchthaus bestraft worden und deren Vergehen zumindest sehr zweifelhaft waren. Andererseits gediehen Korruption und Schiebungen, die geduldet wurden, weshalb er sich die Frage stellte: »Ist das ein Zeichen von Schwäche - ist solch ein System von Bestand? [...] Wohin führt das alles? Ich persönlich sehe jetzt alles mit voller Klarheit vor mir und ich sehe, dass etwas passieren muss.«[199]

Hespe glaubte fest an seine Bestimmung, an den Zweck, hier im Lager zu sein, und daran, dass er einmal die Zeit, die er hatte durchstehen müssen und die er nun in Dachau durchmachte, gar nicht werde missen mögen. Er war überzeugt, dass das Schicksal mit ihm noch Großes vorhabe. Schon die Zeit in Russland habe ihm dies gezeigt, andernfalls wäre er wohl trotz äußerst kritischer Situationen, die hinter ihm lagen, nicht mit heilen Knochen zurückgekommen.

»Und was wäre mit mir geschehen, wenn ich nicht jetzt hier wäre«?, fragte er sich. »Vielleicht wäre ich irgendwo an der Front oder hätte schon Arm oder Bein verloren oder läge schon irgendwo in der russischen Erde. Ob mich mein Glück verlassen hat, das wird erst die Zukunft zeigen.« Er glaubte zu fühlen, dass ihn diese Zeit im Lager stärker denn je machte. Er wusste, dass anfängliche Erschütterungen und derartige Enttäuschungen nicht so leicht an einem Menschen vorübergingen, dass die Zeit der Vergeltung, der Genugtuung kommen würde - kommen müsse. »Es kommt ganz zwangsläufig eine allgemeine Änderung, denn was ich so gesehen habe, das hat keine Existenzberechtigung. Und wenn ich nicht wüsste, dass ein Knall kommen muss, so wäre mir das ganze Leben unerträglich.«[200] Vieles wäre anders, so meinte er, wenn ihn nicht die Sorge und Verantwortung für seine Frau und Kinder beeinflussten. Zerrissen und zwiespältig kam seine Situation ihm vor. Einerseits glaubte er zu fühlen, dass seine Frau ihm etwas verheimlichte, gab gleichzeitig aber vor, von ihr zu wissen, dass seine Sache sie vielleicht mehr getroffen hatte als ihn selbst. Vor dem Hintergrund seiner gegenwärtigen Situation machte er ihr wieder Mut für eine gemeinsame Zukunft.

Funktionshäftling Hespe

»In Dachau und Allach habe ich viel Glück. Hier erklimme ich höchste Stufen. Ausgerechnet in einem Straflager. Ironie des Schicksals - bei der Truppe hatte ich grossen Ehrgeiz ohne Erfolg - hier fällt mir alles in den Schoß.« Darüber wollte Hespe noch ausführlich berichten.

199 Hespe-Brief vom 23.5.1943.
200 Ebd.

Vierhundert Mann seien in Allach, »wir zählen ja nur Prominenz«-, schrieb er im Mai 1943 nach Bremen.

Hespe wohnte bei seinem Barackenchef in der Stube. Er musste jetzt für etwa drei Tage nach Dachau zur Einweisung in die Küchenbuchhaltung, um diese Funktion dann in Allach zu übernehmen. »Ich hatte die letzte Zeit schon so viel Vergünstigungen - hatte nebenbei immer gute Sachen zu essen, sodass ich Backen wie ein Posaunenengel bekommen habe«, schrieb er. »Jetzt fange ich an zu fasten, denn es geht so nicht mehr weiter. Gerade jetzt, wo mir alles zur Verfügung steht.« Um seine Position noch mehr zu festigen, erbat er von seiner Frau unter »Eilt!« eine Flasche Schnaps, auch etwas Rum, ein halbes Pfund gemahlenen Kaffee, Bonbons, Kuchen, Zigaretten und Tabak. Außerdem winkte der Posten eines Kuriers zwischen Dachau und Allach. Auf den spekulierte er: »Dann fahre ich alleine täglich in der Weltgeschichte rum.« Deshalb brauchte er dieses Mal schnellstens die angeforderten Sachen, auch Taschentücher und Socken. Die Pakete bekam er mittags mit den Kochkesseln hereingereicht. »Das geht prima!«, beteuerte er und legte seinen Grüßen weitere Bitten und Wünsche bei: »Gut verpacken! Evtl. 2 Pakete machen! Zig. können billige sein. Am liebsten Gold-Dollar. Hier schmecken auch die billigen gut. Besonders G.D. Briefpäckchen Couverts bitte! Rasierklingen + billigen Pinsel + Apparat (Besitz ist verboten) etwas Geld bräuchte ich. Brief oder Briefpäckchen beilegen. Alles Einschreiben + mit Inhaltsverzeichnis natürlich. Taback! Taback! Blättchen.«[201]

Bewährungseinheit »Dirlewanger«

Ein Jahr später, Anfang Februar 1944:[202] Elfriede Hespe war inzwischen vor den Bomben aus Bremen nach Gotenhafen geflüchtet. Sie wollte sich erholen. Manche Neuigkeiten konnte Hespe erfahren, auch von ehemaligen Bataillonsangehörigen. Er erkundigte sich nach einem Angehörigen der 1. Kompanie, von dem ihm seine Frau berichtet hatte, dass er mit dem Eisernen Kreuz II. Klasse ausgezeichnet worden war und fragte: »Wo hat sich der Pulver denn ausgezeichnet?«[203] Das Bataillon sei doch nicht eingesetzt und wohl noch in Holland. Vielleicht aufgrund seiner Sache, meinte er, die ihm keine Ruhe ließ. Es genügte ihm nicht, dass sein Schriftsatz in der Akte lag. Irgendwo müsse doch der Hebel angesetzt werden. Dem SD-Mann Hans L. könne er gewisse Vorwürfe nicht ersparen.

201 Ebd.

202 Hespe-Brief vom 6.2.1944.

203 Robert Pulver (Jg.1909) war Angehöriger der Polizeihundertschaft, die im Polizeibataillon 105 aufging. Als Angehöriger der 1. Kompanie nahm er mit dem Bataillon am Krieg gegen Russland teil und erhielt die Kriegsauszeichnung (NBldPPiB. Nr. 10 vom 7.3.1942, S. 36). Nach seiner Teilnahme am 18. Offiziers-Anwärterlehrgang in Berlin-Köpenick im Sommer 1942 wurde er Leutnant in der 10. Kompanie im Polizeiregiment 2 (vgl. Tessin, Kannapin: Waffen-SS und Ordnungspolizei, S. 615). Am 3.7.1944 erlitt er bei einem Einsatz (»Bandenkampf«) zwischen Borissow und Minsk eine schwere Verwundung und verlor einen Arm (VH, Bd. IV, Bl. 764). Im Verfahren (Az. 45 Js 16/73) gegen Förster u. a. (2. Polizeiregiment) wurde er am 3.7.1981 von der Staatsanwaltschaft Dortmund vernommen. Näheres zu den Ermittlungen gegen das Polizeiregiment 2 bei Stefan Klemp: »Nicht ermittelt«. Polizeibataillone und die Nachkriegsjustiz - ein Handbuch. Essen 2005, S. 192 ff. Der schwerverletzte Pulver - ihm fehlte der rechte Arm - wurde nach dem Krieg bei der Schutzpolizei Bremen wieder eingestellt und ging als Polizeirat in den Ruhestand.

Indessen wurden in Dachau »Bewährungseinheiten« zusammengestellt: die »Dirlewanger«. »Das Himmelfahrtskommando ist noch hier«, berichtete Hespe. »Man rechne mit dem Abtransport in ca. einer Woche.« Also noch im Februar 1944.[204]

Die als Sonderkommando der Waffen-SS rekrutierte Einheit bestand ursprünglich aus »anständigen« Wilderern, die 1940 im KZ Sachsenhausen zusammengestellt und als Scharfschützenkompanie der SS angegliedert wurden. Als »Sonderkommando der Waffen-SS« kam sie bereits 1941/42 im Distrikt Lublin zum Einsatz. In der von Dr. Oskar Dirlewanger geführten Einheit sollten die in der Regel treffsicheren Männer im Einsatz die Chance erhalten, sich zu bewähren und straffrei zu werden.[205] Die Einheit wurde durch Zuweisung von Mannschaften zur »SS-Sturmbrigade Dirlewanger« erweitert. 1943 nahm sie auch Gewaltverbrecher in ihre Reihen auf. Sie setzte sich ferner aus von Kriegsgerichten Verurteilten, aus SS-Häftlingen und »Wehrunwürdigen« zusammen. Bei den in den KZs zusammengestellten Einheiten handelte es sich nicht um einen Waffenverband der SS. Die Uniformen der Männer trugen keine Sig-Runen.[206] Als besondere Abzeichen erhielten sie ab Februar 1943 am Kragenspiegel eine waagerechte Handgranate unter gekreuzten Karabinern. Für ihre Angehörigen glich die Bewährungseinheit »Dirlewanger« einem Himmelfahrtskommando. Bei der Führung war sie wegen der brutalen Kampfesweisen »geschätzt«. 1944 wurde sie zur Niederschlagung des Warschauer Aufstandes eingesetzt.[207]

Den Abmarsch einer solchen »Freiwilligeneinheit« aus Dachau erlebte Hespe mit, bevor er selbst mitmarschieren musste.[208] Er sah einige Kameraden, die sich zum Sondereinsatz meldeten, die alles, auch jeglichen Glauben, verloren hatten. »Ich kann mir vorstellen, dass diesen das Sterben leicht fällt. Und warum das? Nur um dieses kleine Polen? [...] Das war der ganze Anlass?« Den Vergleich mit Friedrich dem Großen, der gerne zitiert werde, weil er sich auch in verzweifelten Situationen befunden hatte, ließ er nicht gelten. Damals seien es ja nur kleine Länder gewesen, »heute rast der Krieg durch Kontinente [...] Aber hoffen wir weiter auf den Sieg.«[209]

204 Hespe-Brief vom 6.2.1944.

205 Oskar Dirlewanger war seit 1923 Pg. und 1931 SA-Führer in Esslingen. Er wurde 1934 wegen Verführung einer Minderjährigen zu zwei Jahren Haft verurteilt und kurzzeitig im Schutzhaftlager Welsheim interniert; 1937 bei der Legion Condor. Ein 1942 vor dem Hauptamt SS-Gericht begonnenes Ermittlungsverfahren wegen extremer Grausamkeiten bei der »Partisanenbekämpfung« wurde im Januar 1945 von Himmler eingestellt. (Ernst Klee: Personenlexikon zum Dritten Reich, Frankfurt a.M. 2003, TB 2005, S. 113; ferner Heinz Höhne: Der Orden unter dem Totenkopf. Die Geschichte der SS. Hamburg 1966 (wieder: Gütersloh 1967), S. 431, S. 503, auch Knut Stang: Dr. Oskar Dirlewanger - Protagonist der Terrorbekämpfung. In: Klaus-Michael Mallmann, Gerhard Paul (Hg.): Karrieren der Gewalt. Nationalsozialistische Täterbiographien. Darmstadt 2004, S. 66-75.

206 Zum Tag der Deutschen Polizei am 16.1.1937 ordnete Himmler an, dass die Angehörigen der Ordnungspolizei, die SS-Männer waren, die beiden Sig-Runen der SS auf ihren Polizeiuniformen unterhalb der linken Brusttasche aufgestickt zu tragen hatten (RdErl. RFSSuChdDtPol.i.RMdI. vom 10.5.1937 [O-Kdo P (1a), Nr. 4/37 II]: RMBliV. Nr. 20 vom 19.5.1937, S. 758; StAB 4,13/1-P.1.b.Nr. 121). - Ab April 1940 erhielten die Angehörigen der Polizei, die in die SS aufgenommen wurden, keine Urkunde mehr. Dafür durften sie mit dem Tag ihrer Aufnahme die Sig-Runen tragen (RdERlRFSSuChdDtPol.i.RMdI. vom 16.4.1940 [O-Kdo P I (1a) Nr.164/40]: RMBliV.40, S. 798; ebd.).

207 Vgl. Höhne, ebd., S. 431, S. 503; Franz Seidler: Militärgerichtsbarkeit der Deutschen Wehrmacht 1939-1945, München/Berlin 1991, S. 267-285, S. 323 zu Bildtext 28-29; Klee, ebd.; Tessin, S. 112.

208 Vgl. Eugen Kogon: Der SS-Staat. 35. Aufl., München 1998, S. 342 ff.

209 Hespe-Brief vom 6.2.1944.

KZ Dachau – Außenlager Allach

Das 1938 fertiggestellte Werk in Allach bei München diente dem Bau und der Reparatur von Flugzeugmotoren. »Allach-BMW, Bau und Fertigung« lautete die offizielle Bezeichnung der mit den benachbarten Bayerischen Motorenwerken verbundenen Fabrikationseinheit.[210] Das KZ-Außenlager der SS wurde im Februar 1943 eröffnet. Es bestand aus 30 Baracken.[211] Die nach Kriegsbeginn entstandenen Lücken an Arbeitskräften füllten kriegsgefangene Russen, Franzosen, Holländer und KZ-Sträflinge wieder auf. Die Werksbelegschaft wuchs von 5500 Arbeitern 1941 bis auf über 17 000 im Jahr 1944, die täglich bis zu 25 Triebwerke fertigen.[212] Unter den Häftlingen befanden sich auch etwa 700 SS-Strafgefangene, die zusammen mit den deutschen Arbeitern im Wohnlager »Karlsfeld« interniert waren. Im Februar 1945, als sich das nahende Kriegsende auch im Lager abzeichnete, waren in Allach bei BMW noch 3434 Häftlinge eingesetzt.[213]

Im vorderen Teil des KZ-Arbeitslagers, das sich in zwei Teile gliederte, waren die KZ-Häftlinge von BMW untergebracht, im rückwärtigen Teil, dem Außenlager Karlsfeld, die für die Organisation Todt arbeitenden jüdischen KZ-Häftlinge.

Ein elektrisch geladener Stacheldrahtzaun, an dessen Ecken hohe Wachtürme standen, umgab das von bis zu 800 SS-Männern bewachte Gelände. Lagerkommandanten von Allach waren der SS-Untersturmführer Jarolin und der ebenso grausame und brutale SS-Hauptscharführer Eberl als sein Stellvertreter. Viele Funktionshäftlinge waren Deutsche. Ehemalige Insassen schilderten die Verpflegung als äußerst miserabel. Die normalen Zuteilungen seien oft genug von der SS geschmälert und verschoben worden. Der Lagerälteste Karl Wagner, der sich später weigerte, die Prügelstrafe an Mithäftlingen zu vollziehen, deshalb degradiert und ins Hauptlager zurückgeschickt wurde, habe um Verbesserungen gekämpft.[214] BMW hatte Interesse an ausreichend ernährten Arbeitssklaven. So berichtete der für Wachmannschaften und Häftlinge in der Küche tätige Alfred Carl, dass die Verpflegung durch zusätzliche Lebensmittel aufgebessert wurde.[215] Die Misshandlungen und Strafen durch Schläge und Prellbock entsprachen denen im Hauptlager. Wegen »Sabotage« oder Fluchtversuchs wurden in Allach zahlreiche Häftlinge exekutiert, andere durch Übergießen mit Wasser und Stehenlassen in der Winterkälte von der SS ermordet.[216]

210 Vgl. Zdenek Zofka: Allach – Sklaven für BMW. In: Dachauer Hefte 2 (1986), S. 68–78. Zur Firmengeschichte BMW auch: Horst Mönnich: BMW. Eine deutsche Geschichte. Wien, Darmstadt 1988.

211 Nach Angaben des SS-Lagerkommandanten Jarolin am 22.2.1943; vgl. Ludwig Eiber: KZ-Außenlager in München. In: Dachauer Hefte 12 (1996), S. 62. Auch: Konzentrationslager Dachau. 1933–1945 [Katalog 2005], Kap. 10.2 A.

212 Vgl. Zofka: Allach, S. 70. Eiber gibt die Zahl der SS-Strafhäftlinge mit 300 an (KZ-Außenlager in München, S. 62).

213 Vgl. Eiber: KZ-Außenlager in München; auch: Comité International de Dachau (Hg.): Konzentrationslager Dachau 1933–1945 [Katalog], 7. Aufl., Brüssel 1978, S. 112.

214 Vgl. Eiber: KZ-Außenlager in München, S. 63.

215 Ebd., S. 65, und Zofka: Allach – Sklaven für BMW, S. 74.

216 Eiber: KZ-Außenlager in München, S. 65.

Privilegiert

Hespe war Kaufmann und verstand es, seinen Vorteil zu nutzen: in besserer Bekleidung, in gutem Essen, in relativer Freiheit und günstigeren Tauschgeschäften. Dafür passte er sich ohne Empörung der Ordnung im SS-Sonderlager an. Doch in seinem Inneren wuchs der Zorn weiter. Er war vorsichtig geworden und vertraute sich keinem anderen an. Dass er sich seiner privilegierten Funktion nicht zu sicher sein durfte, erlebte er unmittelbar: Kommandoführer Schubert wurde abgelöst. Eine Meldung gegen ihn wegen Rauchens hatte genügt. »Die Intrigen und Schikanen seitens der Unterführer nehmen ja sowieso kein Ende«, berichtete Hespe, ohne Einzelheiten zu nennen. »Sie können es ihm nicht vergessen, dass er ihnen die Tour vermasselte und sie in einer für das Straflager unfasslichen Form beleidigte.«

Sein Bemühen, das Körpergewicht zu vermindern, lässt erkennen, wie ausgezeichnet es ihm selbst ging: »Heute sogar keine einzige Kartoffel gegessen. Wenn man dann zwar zwei Koteletts und zwei Stück Braten und sich satt an Pudding isst, so nützt es nichts, wenn man die Kartoffeln weglässt.«

Anfang Februar 1944 machte Hespe im KZ Karriere in der Häftlingshierarchie: »Seit gestern bin ich nun so ein kleiner Fürst im Straflager geworden und zwar erster Schreiber bei meinem Chef. Ich sitze bei unserem Sturmführer Schwaiger selbst im Zimmer. Drüben in der Führer-Baracke.«[217]

Er konnte es kaum fassen, ohne Drahtzaun und ohne Sicherung herumzulaufen. Die regulären Schreibarbeiten erledigten zwei andere Schreiber. Er hatte einen sehr ehrenvollen Vertrauensposten. Seine Hauptaufgabe war es jetzt, Beurteilungen der zur Entlassung stehenden Männer zu schreiben. Diese gingen an die Gerichte, die daraufhin entschieden, ob der Mann entlassen wurde oder nicht. Aufgrund der »Leistungen« der Männer und im Hinblick auf ihre Führung wurde eine Entlassung entweder befürwortet oder abgelehnt. Ihm standen sämtliche Akten aller Männer, auch die Geheimakten, zur Verfügung. Das Straflager erhielt von den Gerichten jeweils die Durchschriften. Hespe fand das alles sehr interessant. Er war jetzt »der Sekretär oder Adjutant vom Alten«: Er erledigte den besonderen Schriftverkehr für den Chef, hatte bei den Strafrapporten und den allgemeinen Rapporten anwesend zu sein, überwachte die verhängten Arreste und sonstigen Strafen und erteilte Besuchserlaubnis. Er wunderte sich sehr, dass ihn »der Alte« nach dem Fiasko mit seinem Vorgänger Schubert genommen hatte. Hespe erhielt eine entsprechende Standpauke: »Was hier vorgeht, geht niemand etwas an - auch ihren besten Freund Sch [ubert, d. Verf.] nicht. Schnauze halten!« Auf seine Frage: »Wie denken Sie über Ihre Straftat?« gab ihm Hespe eine kurze und ehrliche Antwort: Vielleicht habe er voreilig und falsch gehandelt, seine Schuld könne er aber niemals zugeben. Sein Chef schien ihm das nicht weiter krummnehmen. Vielleicht gab er ihm insgeheim Recht. Er bekam einen Ausweis. Damit konnte er überall hingehen. Sogar nach München durfte er jetzt fahren und in Allach offiziell Veranstaltungen besuchen. Sein Vorgänger hatte ständig das Theater und Kinos besucht. Hespe durfte auf ein Extrazimmer ziehen, in dem er sogar Radio hören konnte.

Auf »schönem Geschirr« bekam er mittags »das Führeressen« von eigens dafür abgestellten Häftlingsordonanzen serviert. Anzüge und Wäsche wurden gewaschen und gebügelt. Er trug

217 Hespe-Brief vom 6.2.1944.

die weiße Uniform seines Vorgängers. »So gebe ich für Straflagerbegriffe gross an. Wenn ich nicht wüsste, man ist Gefangener, so würde ich es gar nicht spüren.« Der Zugang zur Küche stand ihm offen und er konnte »abstauben«, was er brauchte. Seine Post legte er auf das Postamt in Allach um, um sie dort selbst abzuholen. Seiner jüngsten Tochter Renate schickte er ein Spielzeug, das er von einem Russen gegen Esswaren »gekauft« hatte. Auch andere »Kleinigkeiten«, wie ein Fotoalbum oder ein Hemd, adressierte er an sein Geburtshaus nach Brake. »Das zuletzt gesandte Paar braune Schuhe geht in den nächsten Tagen gegen 200 Zig. weg«, schrieb er seiner Frau im Februar und bat sie, sich in Gotenhafen nicht häuslich niederzulassen. »Du musst bald einen großen Satz machen - nach Bremen zurück [...] Mein hochwohllöbliches Gericht in Riga, an der Spitze Herr Jeck[eln, d.Verf.] packt auch wohl schon die Koffer.«[218]

Hespe sah auf der Karte die russischen Truppen wieder in Richtung Riga vorrücken. Über die eingebrochene Nordfront schien er gut informiert zu sein. Im Dezember war der Belagerungsring um Leningrad von den Russen aufgebrochen worden. Die Heeresgruppe Nord musste Anfang Februar 1944 ihre Truppen auf die Narva-Stellungen zurücknehmen.[219]

Bis dahin hatten die Menschen in Bremen schon unter schweren Bombenangriffen zu leiden, im August 1944 unter dem folgenreichsten.[220] Im September wurde Hespes Haus in der Vahrer Straße von Bomben getroffen. Frau und Kinder siedelten in sein Geburtshaus nach Brake um.

Für ihn verging die Zeit im Lager Allach nicht mehr so schnell. Auf seinem neuen Posten war er weniger ausgelastet. Vor acht Uhr brauchte er nicht aufzustehen, erst drei Stunden später als die anderen. »Auch dieses lästig Ausrücken bleibt mir erspart. Zum Stacheldrahttor hinaus, begleitet von Posten und Karabinern. Noch widerlicher war dieses in Dachau durch ein grosses Eisentor. Da standen denn auch tausende KZ-Leute angetreten. Das machte stets einen fürchterlichen Eindruck auf mich.«

Er bedauerte die Leute, die nach Dachau zurückversetzt wurden, was ständig vorkam. Dabei war er der Ansicht, dass sie selbst Schuld hätten, denn sie würden irgendetwas ausfressen, seien faul oder mit Mädchen aufgefallen. »Ein großer Herr kam zurück, weil ein zu reichlicher Kindersegen festgestellt wurde.« Solche Fälle erledige man zwar ohne viel Aufhebens, dennoch gerate die Lagerleitung in ein ungünstiges Licht: »Man darf schon viel Verbotenes tun, doch darf man sich nicht erwischen lassen.«[221]

Seine Erfahrungen an der Front, seine augenblickliche Freiheit und die Möglichkeit, sich ein wenig über den Rundfunk und mehr noch durch Gespräche zu informieren, erlaubten Hespe eine bessere Lagebeurteilung. »Ich glaube heute nicht mehr an die vor zwei Jahren ausgesprochenen Worte des Führers: ›Die russische Armee hat aufgehört zu existieren‹«, bekannte er. In seinen Augen schien die Rote Armee zur Zeit recht lebhaft zu bestehen. »Überhaupt habe ich gelernt, seit einem Jahre die Heeresberichte mit einiger Skepsis zu lesen. Heute liest man die Orte Narwa, Luga, Krasnoje Selo etc. - Orte die ich selbst miterlebte, an die sich besondere Erinnerungen knüpfen.« In Narva hielt sich Hespe öfter auf. Dort hatte er auch verwundete Kameraden besucht und seinen Kompaniekameraden Beckmann beerdigt. Als

218 Ebd.
219 Vgl. KTB-OKW, Bd. 7, S. 101.
220 Vgl. Schwarzwälder, ebd., S. 586 ff.
221 Hespe-Brief vom 6.2.1944.

»[v]erdammt traurig« bezeichnete er die derzeitige Situation, fand es aber auch verständlich, wenn der Führer nach all den Anstrengungen und Opfern den »größten Sieg« kommen sah. Würde der Hoffnungslosigkeit erkennen lassen, ginge doch sofort alles kopfüber.

Glückliche Menschen würden es sein, versuchte er sich vorzustellen, die aus diesem Krieg mit heilen Knochen herauskommen. Wie viele Menschen würden kein Heim mehr besitzen und wenn, dann angefüllt mit Fremden, noch auf Jahre hinaus - auch in Bremen. Wahrscheinlich würden die Besitzenden sowieso enteignet werden.

Herrscher im Hauptwirtschaftslager

Die Front war inzwischen näher gerückt. Im Westen lagen die Alliierten vor den Vogesen und im Süden waren sie bis Bologna vorgedrungen. Im Osten standen die Russen an der Weichsel, hatten schon große Teile Polens besetzt und sich bis Budapest herangekämpft. Der deutsche und österreichische Raum war unmittelbar gefährdet.[222] Die letzten Tage des sechsten Kriegsjahres ließen sich fast schon an zehn Fingern abzählen.

Drei Tage vor Weihnachten 1944 hatte Hespe viel zu tun, weil immer mehr Männer an die Front mussten. Sein neuer Chef war am Tag zuvor aus Berlin zurückgekommen und hatte aktuelle Befehle vom Wirtschaftsverwaltungshauptamt mitgebracht. Nun zitterte mancher dieser Herren, dass er an die Front müsste. Aber Hespe hielt sie für zu gewitzt, um an die Front zu gehen. Im September wurden von den SS-Leuten in Dachau neun Mann abkommandiert. Einer kam nach Italien, alle Übrigen in andere Verwaltungsstellen. Zwei weitere waren eine Woche zuvor nach Passau gegangen. »Unser Chef holt dafür nette Mädchen heran. Er kennt sich gut aus, er ist dafür bekannt.«[223]

Was vorher vier oder fünf Mann erledigt hatten, musste jetzt in der Abteilung II von zweien bewältigt werden, vom Leiter und von ihm selbst. Zusätzlich war nun die Abteilung I mit zu übernehmen. Der Hauptlagerführer hatte Urlaub. Kamen noch die Einheiten, um Verpflegung zu fassen, dann häufte sich die Arbeit. Dennoch sah sich der hanseatische Kaufmann Hespe als Herrscher über das Verpflegungs- und Ausrüstungslager am richtigen Platz.

Nahezu die gesamte Polizei aus München und Umgebung, auch die aus Fürstenfeldbruck, fassten in der dritten Dezemberwoche Marschverpflegung, weil sie damit rechneten, plötzlich zum Fronteinsatz zu kommen. »Wenn bei uns die Polizei-Einheiten kommen und ihre Verpflegung fassen, wird mir immer schlecht«, hielt Hespe in seinem Brief fest. Er gab den Männern nichts extra. Es sei denn, er konnte schachern wie einige Tage zuvor: Der Inspektor schmierte ihn mit zwei Schachteln Zigaretten, dafür rückte er einige Dosen Gurken, Obstkonserven und zehn Kilo-Dosen Konservensahne heraus, über die er selbstständig verfügen konnte. Daraus machte er bei seinen näheren Vorgesetzten auch gar keinen Hehl: »Denn die gammeln ja genau so.«

Hespe begann zu horten, denn er versprach sich davon großen Nutzen nach seiner Entlassung. Dies alles schien im Einvernehmen mit seinen Herren zu geschehen, denen er ebenfalls

222 KTB-OKW, Bd. 7, S. 477, S. 864, Bd. 8, S. 1324 ff.
223 Hespe-Brief vom 21.12.1944.

vieles »besorgen« musste. »Wie viel Paar Bergschuhe habe ich schon besorgt und wie viel italienische Decken usw. von Straflagerbeständen«, stellte er fest. Ein Unterführer aus dem Straflager brachte ihm die Sachen direkt zum Hauptwirtschaftslager. »Und solche Leute platzen doch nie auf.« Sollten sie einmal auffliegen, dann müssten sie, so meinte er, mit nicht weniger als mit fünfzehn Jahren Zuchthaus rechnen. Weil die Post im Außenlager Allach nichts annahm und er mit einem Honigpaket, das nach Hause ging, große Schwierigkeiten hatte, entschloss er sich, nur noch ab und zu etwas zu schicken. Zwei Tage vor Heiligabend kündigte er seiner Frau noch ein Expresspaket mit »überzähligen« Strümpfen und Pullovern an, um nicht soviel schleppen zu müssen, wenn er unverhofft wegkommen sollte. Auch »Fettigkeiten« fügte er noch bei. »Im Übrigen lasse ich mir meinen Verdienst an Schnaps und Wein hier auszahlen und besaufe mich. Das ist noch das Reellste und man bekommt nicht so blöde Gedanken.«

Die Sekretärin seines Chefs war Hespes Vertraute. Sie verwaltete seinen Zigarettenschatz, der sich immerhin schon auf ca. 600 Stück angehäuft hatte, und verwahrte ihn zu Hause. Über sie lief auch ein Teil seiner Post. Dies alles tat sie nicht selbstlos: »Sie war Anfang der Woche hier und holte sich Bergschuhe von mir.« Ihm schuldete sie noch eine Flasche Schnaps gegen fünfzig Zigaretten.

Zum Mittagessen konnte er sich in die Küche setzen. Sein »Kumpel Karl« [vermutlich Alfred Carl, d.Verf.] kochte sonntags mit. Es gab Schweinebraten mit Kartoffelsalat und eine üppige Portion Pudding mit Kirschen. Konserven und Obst aß Hespe in rauen Mengen. Obstkonserven waren im Lager »in gewaltigen Massen« gehortet. Über hundert Dosen, die ihm kurz zuvor geliefert worden waren, sollten nicht mehr einwandfrei sein. Die meisten waren dennoch gut, der kleinere Teil gärig. Dieser wurde von anderen Männern noch gegessen: »Es kommt ordentlich Zucker darüber und schmeckt wunderbar.« Laut Befehl mussten im Dezember 1944 alle Ernten bis 1943 an die Einheiten verteilt werden. 14 000 kg Äpfel kamen aus Italien, sie wurden am nächsten Tag ausgegeben, weil sie Frost bekommen hatten. Hespe suchte sich einen Zentner gute Äpfel heraus und hatte so seinen notwendigen Bedarf. Dennoch war ihm nicht ganz wohl dabei: »Ich denke immer an die Kinder, die keine haben und ich habe hier alles im Überfluss. An diese Zeiten des Überflusses werde ich ewig zurückdenken. Es ist doch wohl nur wenigen Menschen vergönnt so zu leben wie wir jetzt.«[224]

Neues vom Bremer Polizeibataillon

Immer wieder fragte Hespe nach seinem ehemaligen Bataillon und erfuhr von seiner Frau Neuigkeiten. Offensichtlich hatte ihn auch die Nachricht erreicht, dass die Männer noch in Holland im Einsatz waren (»Die machen doch nur noch mehr Mist«) und dass sein Kompaniechef in Holland verwundet worden war. »Warum hat Westphal sich nicht gleich ganz totschießen lassen? Dann bliebe ihm doch später der Galgen erspart«, kommentierte er gehässig.[225]

224 Ebd.

225 Die 2. Kompanie wurde im September 1944 bei Appeldoorn gegen Luftlandetruppen der Engländer eingesetzt. Westphal wurde verwundet. Im Lazarett musste ihm später der Oberschenkel amputiert werden (StAB 4,10-Akz. 30).

Am 30. August 1944 war inzwischen Hespes Reservistenkamerad Joachim Fromm aus dem Reserve-Polizeibataillon 105 im Lager eingetroffen. Auch er hatte sich mehr und mehr vom Betragen der aktiven Offiziere und Unterführer gegen ihre Untergebenen abgestoßen gefühlt und war nach einigen ernsthaften Zusammenstößen eines Tages zusammengeschlagen worden.[226] Im Mai 1944 hatte er mit der Pistole in der Hand einen Vorgesetzten angegriffen, der seine Verlobte beleidigt hatte.[227]

Wegen dieses tätlichen Angriffs, wegen Zersetzung der Wehrkraft und Beleidigung von Vorgesetzten war er vom SS-und Polizeigericht X in Den Haag und Ende Juli in Kleve am Niederrhein zu zehn Jahren Zuchthaus (die Todesstrafe war beantragt) verurteilt und ins KZ Dachau eingewiesen worden. Hier traf er im Außenkommando Allach beim Arbeitsdienst im SS-Hauptwirtschaftslager wieder mit Hespe zusammen. Der freute sich und versorgte ihn mit »organisierten« Lebensmitteln. Ihm habe er später seine Gesundheit verdankt, wenn nicht sein Leben, so Fromm. Hespe tat es leid, dass Fromm dann nach Heidelberg »in die Rüstung« kam, »da ist es ungemütlich«, berichtete er nach Bremen.[228] Von den Männern hätten schon etliche dran glauben müssen. Viele von ihnen seien in die Rüstung gekommen. Sein Kommando war jetzt nur noch elf Mann stark. Vorher waren es etwa dreißig gewesen. Diese elf Mann sollten nun endgültig bleiben. Zurzeit müssten sie Kartoffeln aus den Mieten buddeln, was keine schöne Arbeit sei. Damit wollte Hespe nichts zu tun haben. Er saß lieber an seinem Ofen, hörte schöne Musik und dachte an seine Frau.

Dachau – der sicherste Platz?

Die Post war lange unterwegs. Drei bis vier Wochen von Bremen bis Dachau galten als normal. Städte, Betriebe und Bahnverbindungen wurden von Bombern zerstört: »Alle paar Tage ist die Strecke nach München zertöppert. Dann kann der Verkehr nur notdürftig mittels Kraftwagen versehen werden.« München sehe schlimm aus, hatte Hespe gehört. Keine Fenster, kein Licht, Gas, Wasser, keine Kohlen. »Die Knödelgermanen fluchen nicht schlecht«, versuchte er zu scherzen. »Ganz zackige Angriffe« hätten auch sie erlebt. »Hier kommt auch mal was heruntergepurzelt. Direkt neben mir gingen mal Brandbomben runter. Ein Kamerad kam dabei zu Tode. Andere verletzt. Kleinigkeiten gegen das, was die Menschen in den Städten erleben.« Zumindest in dieser Hinsicht schien wirklich zu stimmen, was er seiner Elfriede nach Bremen schrieb: »Dachau ist wohl der sicherste Platz im ganzen Reich. Wenn unser Lager mal was abbekommt, so ist das immer ungewollt. Nachts wird das Lager daher auch mit

226 StAB 4,66-I.

227 Karl R., damals Zugwachtmeister und Zugführer im Polizeibataillon, schilderte 2002 im Gespräch mit dem Autor: »In Holland versuchte er, mich im betrunkenen Zustand mit der Pistole zu bedrohen, doch ich hatte meine Pistole schneller gezogen. Als er desertiert war und gesucht wurde, habe ich ihn aus einem Versteck unter dem Fußboden herausgeholt. Er wurde zu Zuchthaus verurteilt und kam nach Dachau.«

228 Fromm kam im März 1945 zu einer Bewährungseinheit, wurde bei Krems in Österreich gegen die Rote Armee eingesetzt und durch Schussverletzungen in beiden Armen verwundet. In einem Lazarett in der Tschechoslowakei geriet er in russische Kriegsgefangenschaft, aus der er im August 1945 wegen seiner Verwundung und Unterernährung nach Bremen entlassen wurde (StAB 4,66-I).

Waffen-SS
SS- und Polizeigericht XVI
Riga

Riga, den 3. Mai 1943 57
Carl-Schirren-Str. 28 = Postschließfach 115
Fernruf: 29 268, 30 131

St.L. I Nr. 1o2/42

Betr.: Strafsache gegen Ihren Ehemann.
Bezug: Ihr Gnadengesuch v. 6.1.1943.

An
Frau H e s p e
B r e m e n
Vahrerstrasse 38o/82

Auf Ihr Gesuch an den Reichsführer-SS und Chef der Dtsch.Pol. vom 6.1.43, das zur weiteren Bearbeitung an das oben bezeichnete Gericht weitergeleitet wurde, teile ich Ihnen mit, dass das Urteil gegen Ihren Mann vom Reichsführer-SS am 14.11.42 persönlich bestätigt worden ist. Dabei hat der Reichsführer-SS angeordnet, dass die in die Kriegszeit fallende Vollzugszeit auf die Strafe nicht anzurechnen ist, und dass Ihr Mann in die Abteilung Z des Straflagers der SS und Polizei zu überstellen sei.

Aus der Erfahrung heraus, dass ein Gnadengesuch bei dieser Lage des Verfahrens und der Kürze der seit der Verurteilung vergangenen Zeit keine Aussicht auf Erfolg bietet, frage ich an, ob Sie unter diesen Umständen Ihr Gesuch aufrecht erhalten wollen. Im allgemeinen hat ein Gnadengesuch nur Erfolg, wenn etwa 1/3 der Strafzeit bereits verstrichen ist, und auch dann hängt es hauptsächlich von der Führung des Verurteilten ab, vor allem von seiner Einsichtigkeit, seinem Diensteifer und seiner persönlichen Reue, ob der Reichsführer-SS einem Gnadenerweis nähertritt.

Ich bitte Sie daher, sich nochmals dazu zu äussern, ob Sie das Gnadengesuch aufrecht erhalten wollen. Wenn Sie sich innerhalb dreier Wochen nicht dazu geäussert haben, nehme ich an, dass Sie auf eine weitere Behandlung zunächst verzichten wollen.

Der Chef des SS-und Polizeigerichts XVI
Riga

SS-Sturmbannführer und SS-Richter

Hespe hat kaum Aussicht auf Gnade

Leuchtbomben markiert, dass uns nichts passiert. Wir schlafen daher weiter.«[229] Die alliierten Bomber kannten das KZ Dachau. Es wurde nie bombardiert.[230]

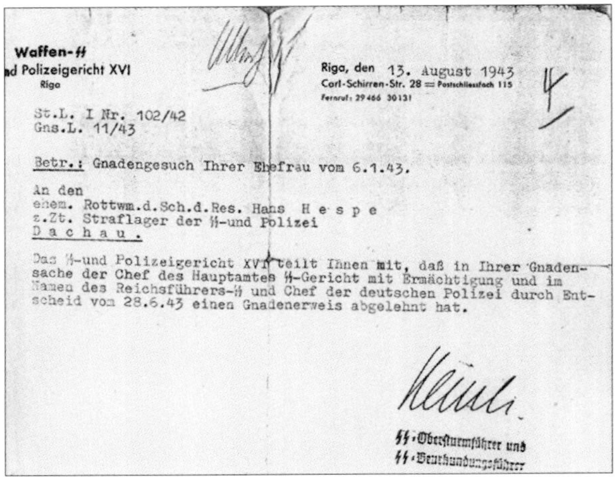

Waffen-ϟϟ
und Polizeigericht XVI
Riga

Riga, den 13. August 1943
Carl-Schirren-Str. 28 = Postschliessfach 115
Fernruf: 29466 30131

St.L. I Nr. 102/42
Gns.L. 11/43

Betr.: Gnadengesuch Ihrer Ehefrau vom 6.1.43.

An den
ehem. Rottwm.d.Sch.d.Res. Hans H e s p e
z.Zt. Straflager der ϟϟ-und Polizei
D a c h a u .

Das ϟϟ-und Polizeigericht XVI teilt Ihnen mit, daß in Ihrer Gnadensache der Chef des Hauptamtes ϟϟ-Gericht mit Ermächtigung und im Namen des Reichsführers-ϟϟ und Chef der deutschen Polizei durch Entscheid vom 28.6.43 einen Gnadenerweis abgelehnt hat.

ϟϟ-Obersturmführer und
ϟϟ-Beurkundungsführer

Das SS- und Polizeigericht lehnt das Gnadengesuch ab

Hespe war es möglich, für sich und für andere aus dem Lager verschiedene Artikel zu beschaffen, nicht aber eine neue Brille. Seine fehlte ihm seit zwei Wochen, und ohne sie konnte er kaum sehen. Der Vater eines seiner Herren, der in Salzburg und Umgebung mehrere Brillengeschäfte, besonders für Wehrmachtslieferungen, besaß, wollte ihm eine neue besorgen. Doch den passenden Rahmen fand er nicht. In München konnte er nicht einmal eine Dienstbrille auftreiben. Alle Optikergeschäfte waren zerbombt.

Nun wollte ihm Hauser, der sonst alles beschaffte, eine Brille aus dem KZ besorgen. Der in Saarbrücken geborene ehemalige Reichstagsabgeordnete, mit dem er in näherem Kontakt stand, sollte früher ein »großer Mann der KPD« gewesen sein. Schon 13 Jahre saß er im KZ, wie Hespe schrieb, ohne seine Gesinnung geändert zu haben. Auf ihn und auf einige andere ehemalige große Persönlichkeiten schaue das gesamte Konzentrationslager. In ihnen sehe man die kommenden Männer. Er konnte es kaum glauben, »wer hier alle eingesperrt ist, auch auf den verschiedenen Schlössern in der Umgebung und in Tirol, die hier ihre Verpflegung fassen. Viele ausländische Größen.« Während Hespe schon auf der sechsten Seite seines Briefes schrieb, hörte er die 3-Uhr-Nachrichten und beendete seine Zeilen: »Mensch! Mensch! Memel, Tilsit, Budapest, Krakau, Litzmannstadt usw. alles dran! Reise Gotenhafen aus.«[231]

Keine Gnade – kein Ausweg?

Im Januar 1943 hatte sich Hespes Frau mit einem Gnadengesuch an Himmler gewandt. Es wurde ebenso abgelehnt wie das im Juni des gleichen Jahres direkt an die Kanzlei des Führers gerichtete.[232] Im Allgemeinen habe ein Gnadengesuch nur Erfolg, wenn ein Drittel der Strafzeit abge-

229 Hespe-Brief vom 21.12.1944.
230 Lt. Auskunft Dr. Barbara Distel vom 30.5.2006. Eine eigene Untersuchung darüber gebe es nicht.
231 Hespe-Brief vom 21.12.1944.
232 Vgl. Gnadengesuche vom 6.1.1943, 3.4.1943 (an den Führer) und vom 23.12.1943; Ablehnung vom 28.6.1943 und vom 13.8.1943. Mitteilung durch Schreiben vom 3.5.1943 und 8.1.1944 (VWE).

Abschrift.

Der Reichsführer SS
Hauptamt SS-Gericht
Nr. IIIa 1 G.L. 721/43

München 33, den 8. Jan. 1944
Karlstraße 10

Betr.: Gnadensache Hans H e s p e , geb. 21.6.1907
Bezug: Dort. Schreiben vom 23.12.1943, Az.: III p 65/43 Dr.Ps./IK

An die
Kanzlei des Führers der NSDAP.
Hauptamt für Gnadensachen
B e r l i n W 8

Auf das o.a. Schreiben teilt das Hauptamt SS-Gericht mit, daß der Chef des Hauptamtes SS-Gericht mit Entscheidung vom 28.6.1943 einen Gnadenerweis für Hespe abgelehnt hat. Dieses Gnadenverfahren wurde aufgrund des Gesuches der Frau Hespe durchgeführt, das diese unter dem 6.1.1943 an den Reichsführer-SS gerichtet hatte. Da das von dort übersandte Gnadengesuch an den Führer vom 3.4.1943 datiert ist, wird von der Entscheidung vom 28.6.1943 miterfaßt, sodaß die neuerliche Durchführung eines Gnadenverfahrens nicht notwendig ist, dies umsomehr als nach der ganzen Sachlage und der Führung des Verurteilten ein Gnadenerweis verfrüht wäre.

Der Chef des Hauptamtes SS-Gericht
I.A. gez. Unterschrift
SS-Obersturmbannführer und Amtschef.

NSDAP. Gaustabsamt
Gausachbearbeiter für Gnadensachen

Oldenburg, den 12.2.1944
C

Obige Abschrift gelangt zur Kenntnis
an den Sicherheitsdienst Oldenburg.

Heil Hitler!
i.V.
(Albrecht)
Ortsgemeinschaftsleiter

Erneute Ablehnung des Gnadengesuchs Hespes durch das SS- und Polizeigericht. Hespe hatte es auch an Hitler gerichtet sessen sei, war sie belehrt worden. Und auch dann hänge der Erfolg des Gesuches hauptsächlich von der guten Führung des Häftlings, seiner Einsichtsfähigkeit, seinem Diensteifer und seiner persönlichen Reue ab. Hespe lernte einzusehen, dass er auf »legalem Weg« nicht vorankommen würde. Der »normale Weg der Bewährung«, den seine Frau im letzten Brief angesprochen hatte, erschien ihm aussichtslos. »Du willst es mir glauben, ich kenne die Gerichte zu genau. Die haben doch Angst mich herauszulassen, weil sie genau wissen, dass ich dann etwas unternehme«, vermutete er. Per Einschreiben schickte er ihr Papiere, die sie einem geeigneten Anwalt »zwecks Durchfechtung des Rechts« zuleiten sollte. Als Verbindung diente Frau W., die mit Anwälten von Rang eng zusammenarbeitete und die Sache an den geeigneten Mann weitergeben würde. Sie kannte diese Papiere bereits, durfte sie aber von Hespe nicht in Empfang nehmen. »Schreibe ihr, dass mir die Angelegenheit sehr eilt, denn hier wird es sehr unangenehm für mich.« Im Augenblick müsse er vorsichtig sein und könne erst mehr schreiben, wenn es besser würde.[233]

»Die Verlogenheit und Tatsachenverdrehung der Urteilsbegründung« ließ ihn nicht ruhen. Immer wieder kribbelte es ihm in den Fingern, an Himmler oder Hitler zu schreiben und seine Sache zur Sprache zu bringen. Seine Kameraden, fast ausnahmslos ehemalige Offiziere, rieten ihm ab, von sich aus etwas zu unternehmen. Eine Revision erfolgte, sagten sie ihm, wenn das Gesuch an den Reichsführer, an Dr. Bender[234] oder direkt an den Führer herangetragen werden könnte. Da solle es tatsächlich Wunderdinge geben. Nach ihnen suchte er. Er könne von sich aus nichts unternehmen, das ginge nur »von außen her und dazu hast Du ja keinen Schneid mehr. Nicht??«, gab er seiner Frau im Brief zu verstehen. Sie könne sich dann Dr. Bandarf ersparen, der schon ein älterer Herr sein solle, von dem aber jeder als von dem »besten Anwalt« spreche. Für diesen würde es schwer sein, zu ihm nach Dachau zu kommen. Der Reichsführer würde schon durchgreifen, meinte Hespe immer noch. Er kenne dessen Geheimbefehle, die der Chef gestern aus Berlin mitgebracht habe. Die Sekretärin hielt ihn auf dem Laufenden. »Danach habe ich noch immer eine gute Meinung vom Reichsheini.« Seiner Frau hielt er ihren Pessimismus in dieser Sache vor. Dies bedeute, dass schon vorher die Hälfte verloren sei. Doch glaubte er am Horizont eine Lösung zu erkennen: »An sich regelt sich schon bald die Sache von selbst. Die Ereignisse an der Front zeichnen unser Schicksal schon ab und es wird bald wieder objektive Gerichte geben.«[235]

Endphase

Mitte Februar standen die amerikanischen Truppen schon im Elsass am Rhein und vor den Alpen.[236] Fliegerangriffe zerstörten die Städte, unterbrachen die Versorgungswege immer stärker und vernichteten die Infrastruktur und Logistik. Tiefflieger beschossen die Menschen. »Die Post war gesperrt [...] Man bekommt nichts raus hier«, versuchte Hespe ausbleibende

233 Hespe-Brief vom 27.3.1944. Es ist der einzige mit Schreibmaschine geschriebene und nicht unterschriebene Brief; er endet mit dem Hinweis: »Pers. Unterschrift z. Zt. nicht möglich!«

234 Dr. Horst Bender hatte die Funktion des obersten SS- und Polizeirichters im Stab Himmlers. Der SS-Gruppenführer war nach 1945 Rechtsanwalt in Stuttgart. Er starb im November 1987, vgl. Klee, S. 37.

235 Hespe-Brief vom 21.12.1944.

236 Vgl. Percy E. Schramm: Lagebuch 1.2.-28.2.1945; in: KTB-OKW, Bd. 8, S. 1061 ff.

Sendungen nach Bremen zu erklären. Ihm ging es als Häftling nach wie vor gut. Er wollte sich nicht anmerken lassen, dass er sich geändert hatte. Wahrscheinlich habe er sich auch nicht geändert, wie sie festzustellen glaubte, schrieb er seiner Frau.[237] Mit »Galgenhumor« und »dümmsten Streichen« gebe er sich wie ein kleiner Junge. Er kompensierte seine Situation: »Wenn ich nicht so empfinde, so liegt das wohl daran, dass ich keinem Menschen zeigen kann, was eigentlich mit mir los ist.«

Den vorsichtig formulierten Brief seiner Frau, der ihn Mitte Februar erreicht hatte, interpretierte er ganz richtig: Beide seien sie wohl charakterlich und weltanschaulich zu gegensätzlich und es sei vielleicht besser, wenn ihre Wege gar nicht erst wieder zusammenführten. Dafür äußerte er Verständnis. Schließlich habe er die Situation herbeigeführt und kein Recht, ihr Vorhaltungen zu machen, wenn sie daraus die Konsequenzen ziehe. Sollten ihre Wege nicht wieder zusammenführen, versicherte er ihr stete Dankbarkeit und erklärte sich willens, »alle sich daraus ergebenden Fragen mit Anständigkeit zu lösen«.[238] An seinem Recht hielt er fest, weil er vorausschauend klar zu sehen und genau zu wissen glaubte, seine Legitimation zu finden. »Ich denke die Ereignisse an den Fronten sprechen eine genug klare Sprache. Wenn ich heute schon einen Vorstoss unternehme, so ist das nur das Mittel zum Zweck und der Versuch zu erforschen, ob die Herren unter dem Druck der Verhältnisse schon heute geneigt sind ein objektives Urteil zu fällen. Wenn nicht jetzt, so eben später. Ich habe jetzt noch Zeit.«

Viel Zeit blieb ihm dennoch nicht mehr. Ende Januar hatte das Hauptamt SS-Gericht in Prien am Chiemsee einen »Gnadenerweis« gewährt. Seine Zuchthausstrafe wurde mit Wirkung vom 15. Februar 1945 widerruflich in eine Gefängnisstrafe von gleicher Dauer umgewandelt. Die »Wehrwürdigkeit« und die »bürgerlichen Ehrenrechte« wurden ihm dadurch (einstweilen) wieder zuerkannt, die Vollstreckung der Reststrafe ausgesetzt. Mit diesem Datum erhielt er »Gelegenheit zur Bewährung bei der SS-Sturmbrigade Dirlewanger«.[239] Seit dem Vortag lösten Bomber in Tag- und Nachtangriffen auf Dresden vernichtende Feuerstürme aus. Wien und Graz wurden bombardiert. Die amerikanischen Truppen standen bei Colmar.[240]

Seit Anfang Februar wusste Hespe, dass seine Entlassung in den nächsten Tagen zu erwarten sei. Umgehend meldete er sich beim Chef zum Rapport. Er wollte vorher seine Angelegenheit geregelt haben und machte Ansprüche geltend, die aus dem Urteil und seiner Inhaftierung resultieren und sich nach seiner Berechnung auf ca. eine halbe Million Mark belaufen würden. Gleichzeitig setzte er seinen Anwalt Dr. B. (vermutl. Bandarf, d. Verf.) entsprechend in Kenntnis. Er bat ihn, für sich eine Aufenthaltsgenehmigung beim Hauptamt zu erwirken, um seine Sache regeln zu können. Ebenso wies er auf seine gestörte eheliche Situation hin.

Die SS begann das KZ zu räumen. »Hier sind in den letzten Wochen einige Hundert Mann entlassen [...] Es geht jetzt sehr rasch. Das Danziger Lager ist ganz geräumt.« Bis auf die Amputierten und Schwerkranken wurden alle Kriegsverwendungsfähigen (Kv) gleich an der Front eingesetzt. Jeder im Hauptwirtschaftslager musste sich untersuchen lassen. »Die Kv-Leute kommen weg, die Anderen exerzieren mit der Panzerfaust. Nun ja, es geht hier um den Hals und darum, ihn so lange als eben möglich zu behalten. – Die Ernährungslage scheint sehr

237 Hespe-Brief vom 14.2.1945.

238 Ebd.

239 Der Reichsführer SS Hauptamt SS-Gericht (E II 8224/44 [g.L.]) vom 27.1.1945 (VWE).

240 Vgl. KTB-OKW, Bd. 8, S. 1095 ff.

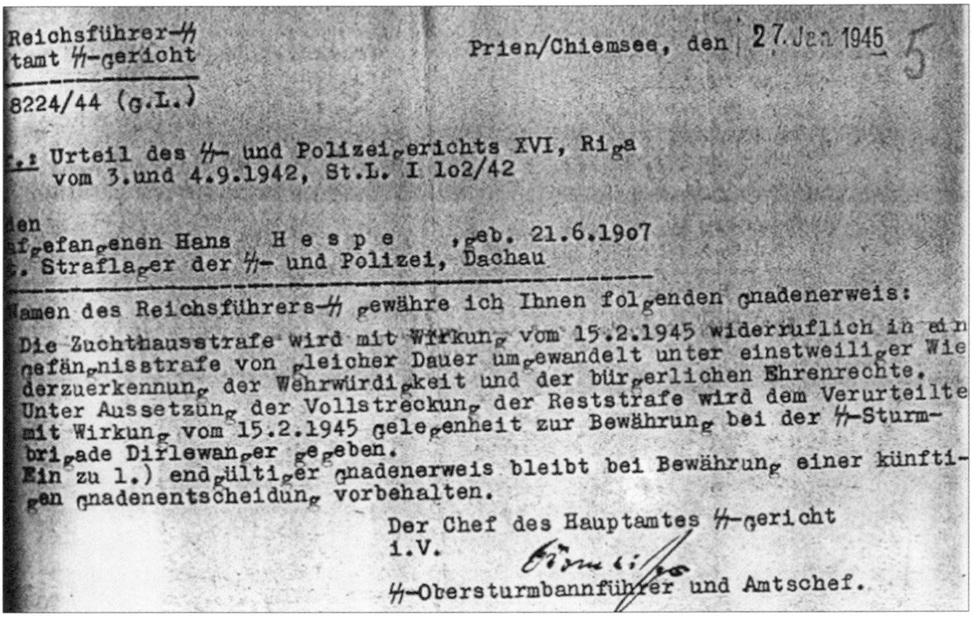

Reichsführer-SS
tamt SS-gericht

Prien/Chiemsee, den 27. Jan 1945 5

8224/44 (g.L.)

.: Urteil des SS- und Polizeigerichts XVI, Riga
vom 3.und 4.9.1942, St.L. I 1o2/42

en
fgefangenen Hans H e s p e ,geb. 21.6.19o7
. Straflager der SS- und Polizei, Dachau

amen des Reichsführers-SS gewähre ich Ihnen folgenden Gnadenerweis:
Die Zuchthausstrafe wird mit Wirkung vom 15.2.1945 widerruflich in ein
Gefängnisstrafe von gleicher Dauer umgewandelt unter einstweiliger Wie
derzuerkennung der Wehrwürdigkeit und der bürgerlichen Ehrenrechte.
Unter Aussetzung der Vollstreckung der Reststrafe wird dem Verurteilte
mit Wirkung vom 15.2.1945 Gelegenheit zur Bewährung bei der SS-Sturm-
brigade Dirlewanger gegeben.
Ein zu 1.) endgültiger Gnadenerweis bleibt bei Bewährung einer künfti-
gen Gnadenentscheidung vorbehalten.

Der Chef des Hauptamtes SS-Gericht
i.V.

SS-Obersturmbannführer und Amtschef.

Das Urteil wird umgewandelt und Hespe »zur Bewährung bei der SS-Sturmbrigade Dirlewanger« versetzt

schlecht zu sein. Im KL sterben täglich ca. 100 Mann. Unsere Männer sind, soweit sie nicht auf Kommandos sind, auch alle unterernährt. Vor wenigen Tagen starb einer, der mir sonst nahe stand und für den ich immer etwas sorgte. Gut, dass jetzt die meisten rauskommen.«[241]

Plötzlich wurde Hespe versetzt und mit ihm sämtliche Strafgefangene seiner Abteilung: Sein Briefschmuggel war aufgeflogen. Von einem Kollegen von BMW, mit dem er jetzt auf der Stube lag und mit dem er zusammen bei (der Abteilung) Götz gearbeitet hatte, erfuhr er den Anlass seiner Versetzung: Eifersüchteleien eines Mädchens, das ihn gerne gemocht habe, seien es gewesen. Sie habe ihn bei einem Unterführer denunziert. Dieser habe ihn dann beobachtet und später mit Nachdruck seine Versetzung betrieben. Seine sämtlichen Verbindungen waren aufgeflogen. Götz wurde mit den Frauen im Lager allein nicht fertig und beschwerte sich. Daraufhin stellte der Chef Männer zur Verfügung und ließ die etwa dreißig Frauen aus der Abteilung entfernen. Hespes größte Sorge galt dann Ida H. und G. G., mit denen er zusammengearbeitet hatte. Sie sollten erst festgenommen werden und wurden dann mit je 50 Mark Bußgeld belegt. Da für sie nun zu allem Schrecken auch noch finanzieller Verlust eingetreten war, bat er seine Frau, an Ida H., die jetzt in großer Angst lebte, 100 Mark zu überweisen. Bei seiner Entlassung beabsichtigte er noch, bei den beiden Frauen vorzusprechen, obwohl ihn mancher Vorwurf erwarten würde.[242]

241 Hespe-Brief vom 14.2.1945.
242 Hespe-Brief vom 17.2.1945.

Aufbruch

Sonntag, der 18. Februar war wieder ein finsterer Tag - ebenso finster war Hespes Stimmung. Am Vorabend hatte er inoffiziell erfahren, dass er am Dienstag reisen würde: nach Dublovik bei Prag.

Er fürchtete, dass ihm keine Zeit mehr bliebe, um eingehend mit Dr. B. zu sprechen. Ob er ihn überhaupt antreffen würde, ob schon etwas unternommen wurde, ob seine Post angekommen war, blieb ungewiss. Ihn erreichte jetzt Post, die schon sechs Wochen unterwegs gewesen war.

Er hatte viel eingepackt. Von den »Klamotten« ließ er einige bei einem Mädchen in Dachau. Dort wollte er sie später wieder abholen oder von dort senden lassen, wenn die Sperre vorüber wäre.

Cremes, Seife und verschiedene kleine Sachen hätte er lieber mitgenommen. Er fürchtete, dass sie ihm nachher fehlen würden. Eine neue Hose, zwei Pullover, einige Paar Strümpfe und ein Paar Bergschuhe ließ er zurück. Bei manchen Effekten im Lager waren auch noch überflüssige Dinge, von denen er nicht wusste, wo er sie lassen sollte. Er konnte sie weder tragen noch mit der Post senden. Ohnehin war er gespannt, ob noch sein restlicher Besitz und die anderen Pakete in Bremen ankämen. Die letzten Sachen, auch das Paket Honig, musste er zurücknehmen, da schon keine Möglichkeit mehr zum Abschicken bestand. Es blieb ihm nichts anderes übrig, als sie zu verschenken. Gern hätte er sie für seine Kinder gehabt, die sich bestimmt gefreut hätten. Nun konnte das Kommando von der Wurst zweimal Erbsensuppe mit Fleischbeilage kochen. Die Butter aß er selbst.

Um sich einige Wochen selbst verpflegen zu können, nahm er genug zu essen mit, ebenso seine tausend Zigaretten. »Wer weiss, wenn wir draussen mal rennen müssen, dann ist auch dort alles zum Teufel.«[243] Seinem Chef glaubte er nicht, der ihm zuvor beim Rapport gesagt hatte, dass er von Dirlewanger aus Urlaub bzw. Ersatzurlaub bekäme. Spannung lag über dem Lager. Wahrsager und Kartenleser hatten Konjunktur. »Ich werde bald für immer in den Urlaub fahren. Ich erwarte in den nächsten Tagen grössere Dinge. Die weissen Bohnen, woraus die bei uns einsitzenden SS-Muselmanen die Zukunft lesen, sagen, dass ich nicht mehr ins Feuer komme.[244] Auch die Karten bringen mir grosses Glück. Mensch, man glaubt schon an solchen Mist. In wenigen Tagen wird unser Lager leer sein. Ich hatte mir ja vorgenommen, hier die Tage abzuschließen und die Schlüssel zu übergeben - aber das Schicksal bestimmt es nun anders.«

Nach Allach konnte er nicht mehr telefonieren. Auch von München aus nicht. Gerne hätte er noch Ida G. gesprochen. Ob sich noch eine Gelegenheit finden würde, blieb ungewiss. Dass ihm noch eingehende Post nachgesandt würde, wollte er veranlassen. Von München aus sah er keine Gelegenheit mehr zum Schreiben. Die Zeit würde zu knapp, die Minuten zu kostbar sein. Selbst bei einem oder mehreren Tagen Aufenthaltsgenehmigung in München hätte

243 Hespe-Brief vom 17./18.2.1942.

244 Vollständiger Schwund des Fettgewebes und teilweise auch des Muskelgewebes machte den Häftling zum »Muselmann«. Es war der Lagerausdruck für die Erschöpften: Indem der völlig Geschwächte soviel als möglich sitzen blieb und die dünne Decke über seinen gebeugten Kopf zerrte, um seine schwachen Kräfte zusammenzuhalten, glich er einem Moslem (Muselmann) im Gebet.Vgl. Wolfgang Scheffler: Judenverfolgung im Dritten Reich. Berlin 1964, S. 78.

er zu wenig Geld. Für zwei neue Brillen musste er tief in die Tasche greifen. Etwas zu leihen, war ihm unangenehm. »Vor dem Tag meiner Abreise bangte mir schon immer«, bekannte er und versuchte in seinem letzten Brief aus Dachau ein Fazit:

»Wenn ich an die hier erlebte Zeit zurückdenke, so muss ich eigentlich sagen, dass sie recht ereignisreich und gar nicht mal schlecht war. Ich habe es verstanden, mich gut durchzuschlängeln. Viele, die nicht robust genug waren, sind physisch und seelisch zugrunde gegangen. Andere wieder sind Verbrecher geworden. Eine Lehre haben wohl alle bekommen und zwar die, sie haben die heutige SS kennen gelernt und damit den heutigen Rückhalt des Staates. Jeder weiß warum heute der Krieg noch fortgeführt wird. - Die nächste Zeit wird für mich nicht so ruhig sein wie die hier erlebte. Aber lassen wir uns erschüttern? Nein! Den Nacken weiterhin steif halten!«[245]

Mit »Dirlewanger« an die Ostfront

Am 20. Februar 1945 wurden die uniformierten und gehfähigen Häftlinge von Dachau an die Ostfront geschickt. Unter ihnen auch solche, die schon zehn oder mehr Jahre in dem Lager inhaftiert gewesen waren. Es war eine »bunte Mischung« bei »Dirlewanger«: kriminelle und politische Häftlinge, auch Offiziere des 20. Juli, die der Beteiligung am Attentat gegen Hitler verdächtig waren.[246] Die »SS-Sturmbrigade Dirlewanger« wurde zur 36. SS-Division umgegliedert.[247] Er habe, so Hespe, vergeblich beim Dachauer Kommandanten protestiert, der ihm selbst vorher persönlich gesagt hatte: »Glauben Sie doch nicht, dass Sie jemals wieder hier herauskommen!« Häftlinge, welche die Eingliederung bei »Dirlewanger« verweigerten, wurden exekutiert. Auf dem Truppenübungsplatz »Kurmark« in Jamlitz bei Lieberose, das ca. 30 Kilometer nördlich von Cottbus liegt, wurden die Dirlewanger-Männer etwa 14 Tage lang an Karabinern, Panzerfaust und Panzerschreck ausgebildet und dann an die Front in Marsch gesetzt. In Jamlitz, wo auch das SS-Gericht Dirlewanger saß, habe es fast jeden Tag Exekutionen gegeben. Das »Todeskommando Dirlewanger«, zu dem im letzten Moment Tausende von KZ-Häftlingen abkommandiert wurden, sei später von den Russen restlos zusammengeschossen worden.[248]

Sie kamen an die Neisse, ca. 7 km von Forst entfernt. Am Ufer gegenüber lagen die Russen. »Ich wurde dort auch verschüttet, blieb aber nach einigen Tagen Behelfslazarett dort«, berichtete Hespe 1964.[249] Als die Offensive anrollte und an anderen Stellen die Russen durchbrachen, zogen sich die »Dirlewanger« im Zuge einer Frontbegradigung kampflos zurück. Die russische Armee folgte. Dabei wurde Hespe leicht verwundet.[250] Eine schwerere Verwundung

245 Hespe-Brief vom 17./18.2.1945.

246 Hespe-Bericht 1964.

247 Ebd.; vgl.Tessin, ebd., S. 112. Die Einheit war noch am 19.2.1945 als 36. Grenadier-Division in die Waffen-SS aufgenommen worden; vgl. Stang: Dr. Oskar Dirlewanger.

248 Hespe-Bericht 1951; vgl. auch Schreiben Hespes an die Staatsanwaltschaft Bremen vom 6.10.1945.

249 Vgl. Hespe-Bericht 1964.

250 Hespes mit Bleistift geschriebener Brief vom 21.12.1944 trägt auf der Rückseite des letzten (sechsten) Blattes eine offensichtlich nachträglich mit Tinte gezeichnete Skizze der Frontstellung. Demnach lagen sich die 5. Kompanie und der »Iwan« 500 Meter gegenüber.

Hespes Frontskizze vom Einsatz der 5. Kompanie der »Dirlewanger« gegen die in die Niederlausitz vorgedrungenen Sowjetsoldaten Mitte April 1945

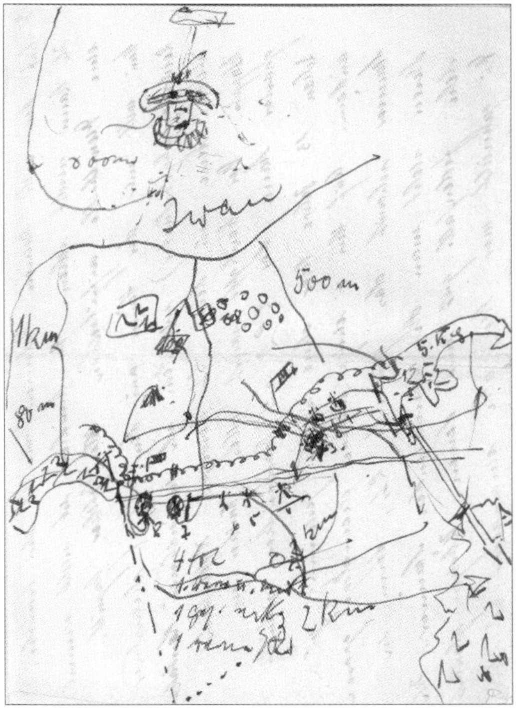

Entlassungsschein aus der sowjetischen Kriegsgefangenschaft (Lazarett)

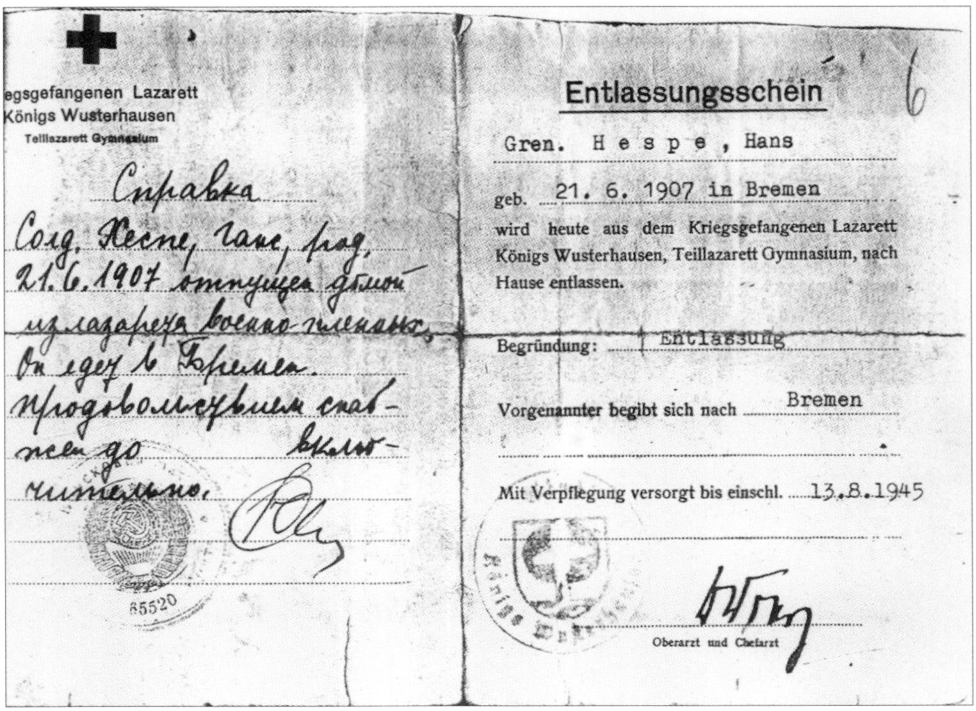

egsgefangenen Lazarett
Königs Wusterhausen
Teillazarett Gymnasium

Справка
Солд. Хеспе, Ганс, род. 21.6.1907 отпущен домой из лазарета военно-пленных. Он едет в Бремен. Продовольствием снабжен до включительно.

65520

Entlassungsschein 6

Gren. H e s p e , Hans

geb. 21. 6. 1907 in Bremen

wird heute aus dem Kriegsgefangenen Lazarett Königs Wusterhausen, Teillazarett Gymnasium, nach Hause entlassen.

Begründung: Entlassung

Vorgenannter begibt sich nach Bremen

Mit Verpflegung versorgt bis einschl. 13.8.1945

Oberarzt und Chefarzt

trug er am 21. April 1945 in der Niederlausitz davon beim Kampf um das Dorf Horno, das die Russen einnahmen. Granatsplitter drangen in der rechten Nierengegend in seinen Rücken ein. Auf Umwegen gelangte er nach Königs Wusterhausen. »Ich selbst versuchte dreimal, nach Berlin durchzukommen - teilweise truppweise, dann mal mit Zivilisten. Wir schafften es nicht, denn die Russen waren schon vor oder in Berlin. So verblieb ich im Lazarett Königs Wusterhausen, das dann die Russen eroberten. Damit war ich Kriegsgefangener.«[251] Die Russen untersuchten jeden Kriegsgefangenen nach dem Blutgruppenabzeichen. Hespe wurde als SS- und Polizeiangehöriger entdeckt und geriet in die Mühlen des NKWD (Narodnyj Komissariat Vnutrennich Del/Volkskommissariat für innere Angelegenheiten).[252] Einem höhereren sowjetischen Offizier sei er vorgestellt worden, der sich für seine Erlebnisse in Russland und in Dachau interessiere, schrieb Hespe. Er habe über den Einsatz des Polizeibataillons 105 in Russland vor Leningrad und am Wolchow berichtet. Seine Schilderung scheint sogar einen General interessiert zu haben. »Ich musste einen kurzen Bericht per Schreibmaschine schreiben, worin ich Helwes und seine Offiziere nannte.« Die Frage nach dem Aufenthalt der Offiziere konnte er nicht beantworten, da er Ende April aus dem Bataillon entfernt worden war. »Ich erhielt von dem russischen General den Auftrag, nachzuforschen und ihm zu berichten, wo Helwes und seine Offiziere seien.« Hespe bekam die Durchschrift seiner erstellten Namensliste und des kurzen schriftlichen Berichtes und wurde am 13. August 1945 aus dem Lazarett Königs Wusterhausen als Invalide entlassen. Zwar hatte er jetzt von den Russen den Entlassungsschein, doch ließen sie ihn nicht offiziell passieren. Nach mehreren vergeblichen Versuchen gelangte er schließlich nachts über die »Grüne Grenze« nach Westen. Am 3. September 1945, vier Monate nach seiner Verwundung und dreieinhalb Jahre nach seiner Rekrutierung im Polizeibataillon, kam er nach Bremen zurück.[253]

Wieder in Bremen

»Als ich hier zurückgekehrt war«, schrieb Hans Hespe Anfang Oktober 1945 in einem Brief an die Staatsanwaltschaft Bremen, »war meine Frau nicht anwesend. Sie kam abends mit einem Verehrer in mein Haus.« »Polaratmosphäre« habe geherrscht. Daraufhin habe er das Scheidungsverfahren eingeleitet.

Schon am nächsten Tag begab er sich zur Polizeidirektion und fragte nach Männern seines ehemaligen Polizeibataillons und nach Helwes. Dabei erfuhr er, dass »der schon immer Ehrgeizige« im Begriff sei, als Rangältester Polizeipräsident von Bremen zu werden.

Der Beamte bat ihn, am nächsten Tag wiederzukommen, dann würde er die Anschrift erhalten. Hespe war aber höchst erstaunt, als er noch am selben Tag mit einem amerikanischen Jeep abgeholt und ins Polizeihaus gebracht wurde. Dort stand er im II. Stock Major Boyd und dessen Stab gegenüber. »Ich wurde ob meiner Haltung sehr belobigt, man betonte auch die

251 Hespe-Bericht 1964.

252 Die 1922 gegründete Staatlich Politische Verwaltung (GPU) [Polizei] wurde 1934 in den NKWD eingegliedert, 1941 als Volkskommissariat für Staatssicherheit (NKGB) herausgelöst, 1946 in Ministerium für Staatssicherheit (MWD) umbenannt und 1954 als Komitee für Staatssicherheit (KGB) bezeichnet.

253 Hespe-Bericht 1964.

›politische Grosstat‹.«[254] Die Militärs erklärten ihm, dass nun der amerikanische Public Safety die Ermittlungen durchführen werde. Auf seinen Einwand hin, dass er doch den Auftrag russischer Offiziere habe, gaben sie ihm zu verstehen, dass es ganz gleichgültig wäre, wer die Verbrechen ahnde, Amerikaner, Engländer, Franzosen oder Russen.[255]

Am 14. September 1945 wurde Hans Helwes vom amerikanischen CIC in seiner Wohnung festgenommen und anschließend im ehemaligen KZ in Dachau interniert.[256] Hier hatten die Amerikaner ein Internierungslager eingerichtet. Von dort überstellten sie ihn später nach Holland.[257] Sein Traum vom Amt des Polizeipräsidenten sei aus gewesen, stellte Hespe mit Genugtuung fest. Auch Offiziere aus den Kriegsgefangenenlagern in Holland, Ostfriesland und Emsland seien inhaftiert worden. Für ihn überraschend habe eine große Aktion begonnen, die wochenlang gedauert habe. Etwa 50 von ihm benannte Zeugen des ehemaligen Bataillons 105 seien gehört worden, die man zum großen Teil anlässlich seiner Inhaftierung und Verurteilung 1942 in Riga nicht vernommen hatte. »Man hätte mich ja, wenn man diese Zeugen in Riga gehört hätte, gar nicht verurteilen können, denn alles, was ich vorher der 254. I.D. und dann dem SS-Gericht Riga vorgetragen hatte, bestätigte sich ja nun in Bremen. In Bremen wurde ich voll rehabilitiert.«[258]

Diese »Aktion« nahm seine Frau, die sich von ihm scheiden lassen wollte, Anfang Oktober zum Anlass, zwei Briefe an die Militärregierung in Bremen zu richten.[259] Nur vom Wunsch getragen, »der Gerechtigkeit zu dienen«, begründete sie ihr Schreiben, in dem sie ihren Noch-Ehemann diskreditierte.[260] Sie schien um ihren neuen Lebenspartner zu bangen, den ehemaligen Offizier im Reserve-Polizeibataillon 105 und künftigen Ehemann.

Ihr Mann lasse seiner Rache freien Lauf, erklärte sie. Jetzt verfolge er diejenigen bei den amerikanischen Stellen mit ungerechtfertigten bzw. übertriebenen Anzeigen, von denen er sich 1942 ungerechtfertigt behandelt glaubte. Er sei von Hass erfüllt, und um seine Zwecke, die Verhaftung irgendwelcher Personen, zu erreichen, erscheine ihm jedes Mittel recht. Sie bezichtigte ihn wahrheitswidriger Angaben. Bereits vor der Machtergreifung sei er nationalsozi-

254 Major John W. Boyd war Angehöriger der kanadischen Militärpolizei (CMP) (StAB 16,1/2-OMGEBRE FHMG A.I, Part. II).

255 Hespe-Bericht 1964.

256 Schreiben von Hans Helwes an Mr. Beyl aus dem Lager Vught vom 20.6.1947 (NL Nationaal Archief) und Dossier Hans Helwes (NL Nationaal Archief, COOM, inv.nr. 986, nr. 3246 und inv.nr. 4051, nr. 181).

257 Vgl. Gabriele Hammermann: Das Internierungslager Dachau 1945–1948. In: Dachauer Hefte 19 (2003), S. 48–70. Von Dachau aus wurde Helwes am 2[illegible].3.1947 von den Amerikanern nach Holland überstellt, da sein Bataillon u. a. Transporte mit holländischen Juden nach Auschwitz begleitet hatte. Helwes kehrte nicht im Juni 1947 wieder nach Bremen zurück (wie im Schreiben des Rejksinstituut voor Oorlosdocumentatie Amsterdam vom 4.3.1966 [van der Leew], vdL/NS, an LKA Bremen berichtet (vgl.VH, Bd.1, Bl. 89/90). Er wurde erst am 22.10.1947 aus dem Lager Vught wieder nach Dachau überstellt; vgl. Schreiben Netherlands WAR CRIMES COMMISSION (Oberstl. Van Velzen) vom 16.10.1947 aus Bad Salzuflen an Helwes Tochter (NL Nationaal Archief, COOM, inv.nr. 986, nr. 3246). 1950 bewarb er sich um das Amt des Polizeipräsidenten in Bremen (und kam in die Auswahl); der Vorzug wurde dem ehemaligen Angehörigen der Landespolizei in Hamburg und Offizier im Wehrmachts-Generalstab Erich von Bock und Polach gegeben (StAB 4,13/1-P.1.a.Nr. 200.34).

258 Hespe-Bericht 1964.

259 Briefe vom 28.10. und vom 29.10.1945.

260 Hans Hespe hatte bereits am 6.10.1945 ein Schreiben an die Staatsanwaltschaft Bremen gerichtet und seine Frau der Untreue und Verschwendung von Familiengeldern bezichtigt.

alistischer Gesinnung und im KZ kein Häftling aus politischen Gründen gewesen. Mangelnden Mut und die Unfähigkeit der Offiziere in der Truppenführung nannte sie als Motiv seiner Beschwerde bei der Wehrmacht, nicht Zersetzung der Wehrkraft. Er habe den »kriminell verurteilten« Jochen Fromm instrumentalisiert und der Ehefrau seines Freundes, dem verhafteten Untersturmführer des SD Hans L., bereitwillig seine Hilfe zugesichert.[261]

Im September 1945 erhielt Hespe von der Hansestadt Bremen einen Ausweis, in dem sie ihn als politisch Verfolgten anerkannte. Die Betreuungsstelle für entlassene KZ-Häftlinge registrierte ihn unter Nr. 785. Auf der Suche nach einer Existenz fehlte ihm das Geld, denn nach seiner Verurteilung in Riga hatte man ihm den Familienunterhalt gesperrt, der bis dahin monatlich 1.223,50 RM betragen hatte. Daher bat er das Stadtamt Bremen, ihm den seither erlittenen Schaden von 31.811,00 RM auszuzahlen.[262]

In einem mehrseitigen Schreiben vom November 1945 an das Landgericht Bremen, in dem es um seine Ehescheidung ging, versuchte er nicht nur sein Verhalten gegenüber den ehemaligen Offizieren zu rechtfertigen (»Ich habe die Offiziere nicht beleidigt. Ich habe ihnen die Wahrheit gesagt [...]«). Er hielt ihnen auch »Übergriffe und Morde an vielen Menschen fremder Staatsangehörigkeit« vor. Die Zivilkammer des Landgerichts sah darin offensichtlich keinen Anlass, die Staatsanwaltschaft einzuschalten.[263]

Ende März 1946 wurde die Ehe geschieden. Das Landgericht Bremen sprach Elfriede Hespe schuldig, da sie seit längerer Zeit »mindestens ehewidrige Beziehungen zu Dr. Bierwirth« unterhalten habe. Die Kinder, die ihren Vater vor fünf Jahren zuletzt gesehen hatten, waren elf, neuneinhalb und acht Jahre alt.[264] Im Oktober heiratete die geschiedene Ehefrau den promovierten Juristen Dr. Walter Bierwirth, den ehemaligen Adjutanten seines Bataillonskommandeurs Helwes.[265]

261 Von März 1945 bis Januar 1948 befand sich Hans L. in Sandbostel in Internierungshaft. Im November 1945 versuchte ihm Hespe mit einer Erklärung beizustehen. Hans L. habe ihm als Einziger mit allen zur Verfügung stehenden Mitteln vergeblich zu helfen versucht.

262 Schreiben vom 27.11.1945 (VWE).

263 Schreiben Hespes vom 24.11.1945. Auch in seinem Bericht vom 16.4.1951 an die Entschädigungskammer des Landgerichts Bremen hatte er von »Erschießung von Kriegsgefangenen« gesprochen, ohne dass eine Reaktion erfolgte (VWE). Erst 1964 wurde auf Hinweis des Bundesjustizministeriums (Anlass wiederum durch Hespe) ein Strafverfahren gegen das Polizeibataillon 105 wegen nationalsozialistischer Gewaltverbrechen eingeleitet (s. VH).

264 Das Urteil des Landgerichts Bremen vom 26.3.1946 wurde am 3.4.1946 rechtskräftig (Privatbesitz).

265 Dr. Walter Bierwirth war nach dem Krieg Syndikus im Hafenbetriebsverein. Er heiratete Elfriede Hespe am 1.10.1946 (vgl. VWE, Ermittlungsbericht vom 17.4.1950).

5. Im Speziallager Sachsenhausen

Mit dem Sieg der Alliierten über »Großdeutschland« war Deutschland in vier Besatzungszonen eingeteilt. In der Sowjetischen Besatzungszone (SBZ), auch im geteilten Berlin, bestimmte die Sowjetische Militäradministration (SMAD) als oberste Gewalt. Zwischen den beiden Militärblöcken, der stalinistischen Diktatur im Osten und dem Vorhaben der westlichen Alliierten, in ihren Zonen ein demokratisch-pluralistisches Staatswesen zu errichten, hatte der ideologische Vorhang zu fallen begonnen und der Kalte Krieg eingesetzt.

Hespe konzentrierte sich auf einen Neuanfang. Ihn drückten psychische Belastungen und seit seiner Verwundung körperliche Beschwerden. Ohne sich in Bremen abzumelden, fuhr er Anfang Mai 1946 nach Berlin.[266] War ihm die Veränderung des politischen Klimas verborgen geblieben oder versuchten ihn Sowjets und Amerikaner für eigene Zwecke zu benutzen? Anworten darauf bleiben spekulativ. Es fällt auf, dass ihn offensichtlich weder vorher die Sowjets noch jetzt die Amerikaner mit einem schriftlichen Auftrag oder Ergebnisbericht losgeschickt hatten. Dennoch beteuerte er 1950 gegenüber dem Landesamt für Wiedergutmachung: »In dieser Angelegenheit fuhr ich dann mit Wissen und im Auftrag des Public Safety am 9. Mai 1946 nach Berlin, um dem russ. Kommandanten Bericht zu erstatten, wie es mir ergangen war. - Ich machte dort auch davon Mitteilung, dass die Angelegenheit auch von amerikanischen Dienststellen aufgerollt worden sei.« [267] Er berichtete den Russen von seinen Erfolgserlebnissen in Bremen. Doch die Sowjets sahen in seinem Verhalten »Agententätigkeit für den britisch-amerikanischen Geheimdienst«. Am 15. Mai 1946 nahm ihn eine sowjetische Spezialeinheit fest und internierte ihn unter Nr. 87427 im ehemaligen KZ Sachsenhausen.[268] »Mitarbeiter der Straforgane« lautet der offizielle Verhaftungsgrund im Lagerjournal.[269]

Im Sommer 1936, nachdem Himmler zum Reichsführer der SS und zum Chef der Deutschen Polizei ernannt worden war, hatten Häftlinge aus den Emslandlagern das KZ in der Nähe von Berlin (Oranienburg) errichtet. Mehr als 200 000 politische Gegner, Angehörige von »biologisch und rassisch minderwertigen Gruppen« und nach 1939 Bürger aus den besetzten Gebieten wurden dort bis 1945 inhaftiert. Zehntausende kamen durch Hunger, Krankheiten, Zwangsarbeit und Misshandlungen um oder wurden durch die SS systematisch ermordet. Als es am 22. April 1945 von russischen und polnischen Einheiten der Roten Armee befreit wurde, waren trotz vorheriger Räumung und anschließender Todesmärsche etwa 3000 Kranke zurückgeblieben.

Dieses KZ der SS diente den Sowjets von Mai bis Juni 1945 als »Überprüfungs- und Filtrationslager Nr. 229« für zurückkehrende Sowjetbürger, die pauschal der Kollaboration verdächtigt wurden. Anschließend wurde es als Internierungslager (Speziallager Nr.7/Nr.1) weiter betrieben.[270] Fast alle Einrichtungen des KZs der SS wie Stacheldrahtzaun, Wachtürme,

266 Am 5.5.1946 meldet er sich lt. Ermittlungsbericht vom 17.4.1950 ab. Später stellte sich heraus, dass nicht er, sondern die Inhaberin die Wohnung aufgegeben hatte, als er in der SBZ in Internierungshaft saß.

267 Eigenen Angaben zufolge fuhr Hespe am 9.5.1946 nach Berlin (VWE, Protokoll vom 13.9.1950).

268 Die 3. Abteilung spez. Sektion: Lagerjournal Sachsenhausen, GuMS (GARF, f.9409, op.1, d.384,1.84).

269 Vernehmungsprotokoll vom 22.12.1954 (MfS-E, Bl. 73-83).

270 Vgl. Barbara Kühle, Wolfgang Titz: Speziallager Nr. 7 Sachsenhausen 1945-1950. Berlin 1990, ferner: Gedenkstätte und Museum Sachsenhausen, Informationsblatt. 3. Aufl. 2001, insbesondere Günter Morsch, Ines Reich

Baracken, Küche und Zellenbau wurden weiter genutzt, nicht aber das Krematorium. Auch gab es keine Hinrichtungen.[271]

Das Speziallager

Die Siegermächte waren sich bereits im Februar 1945 auf der Jalta-Konferenz einig, dass die Niederwerfung Deutschlands nicht ausreichen würde. Alle nationalsozialistischen Organisationen, Einrichtungen und Parteien gelte es zu beseitigen und »solche Maßnahmen zu ergreifen, die für den künftigen Frieden und die Sicherheit der ganzen Welt notwendig sind«. Auf der Potsdamer Konferenz vereinbarten die Alliierten u. a.: »Nazistische Parteiführer, einflussreiche Nazianhänger und Leiter der nazistischen Ämter und Organisationen und alle anderen Personen, die für die Besetzung und ihre Ziele gefährlich sind, sind zu verhaften und zu internieren.« Um eine möglichst übereinstimmende Praxis zu gewährleisten, erfolgte eine Präzisierung dieser Zielsetzung u. a. in der Kontrollratsdirektive Nr. 38 durch das 10. Kontrollratsgesetz. Danach sollten Personen bestraft werden, die sich Kriegsverbrechen, Verbrechen gegen den Frieden und gegen die Menschlichkeit schuldig gemacht hatten.[272] Vor dem Hintergrund der völlig unterschiedlichen Weltanschauungen und Erfahrungen mit den Lagersystemen in der Sowjetunion (GULAG) und bei den Westmächten ein untauglicher Versuch, wie sich zeigte.

Das Bestreben der politischen Führung unter Stalin war es, auf schnellstem Wege Andersdenkende und Widersetzliche auszuschalten, in der sowjetischen Besatzungszone die gleiche geistige Ausrichtung zu erreichen und die Gesellschaft zu »sowjetisieren«. Die »bewährte« Praxis, zu internieren und zu deportieren, erfolgte 1944/45 durch die gleichen Kräfte des NKWD und mit den gleichen Methoden wie vorher bei der Deportation der Sowjetdeutschen und der anderen Volksgruppen. »Die Denazifizierung wurde mit den gleichen Methoden durchgesetzt, die in Russland nach der Oktoberrevolution gang und gäbe waren.«[273]

Bereits im Dezember 1944 hatte das sowjetische Verteidigungskomitee der UdSSR angeordnet, alle deutschen Männer zwischen 17 und 45 und alle Frauen zwischen 18 und 30 Jahren »zwecks Zuführung zu Arbeiten in der UdSSR aus den von der Roten Armee besetzten Gebieten [...] zu mobilisieren und zu internieren«.[274] Das damit beauftragte Volkskommissariat für innere Angelegenheiten (NKWD) erfasste rund 270 000 Menschen.

(Hg.): Sowjetisches Speziallager Nr.7/Nr.1 in Sachsenhausen (1945-1950), Katalog der Ausstellung in der Gedenkstätte und Museum Sachsenhausen, Schriftenreihe der Stiftung Brandenburgische Gedenkstätten Bd. 14, Berlin 2005; im Folgenden: Katalog Sachsenhausen 2005.

271 Vgl. Annette Leo: Das Speziallager Nr. 7 Sachsenhausen 1945-1950. In: Dachauer Hefte 19 (2003), S. 258.

272 Auch in den Kontrollratsdirektiven Nr. 19 und 21; vgl. 10. Kontrollratsgesetz vom 20.12.1945 (Zur Kontrollratsdirektive Nr. 38 siehe Anhang).

273 L.P. Kopelin, Oberst des Justizdienstes und Leiter der Rehabilitationsabteilung - Gehilfe des Hauptmilitärstaatsanwalts Russlands, in dem Vortrag »Die juristischen Grundlagen für die Rehabilitierung unrechtmäßig repressierter deutscher Staatsangehöriger«, gehalten am 15.3.2000 in der Stiftung Sächsische Gedenkstätten, Dresden; zit. nach dem Ms.

274 Vgl. Kap. Vorgeschichte der Speziallager in der SBZ/DDR, in: Volkhard Knigge u.a: Konzentrationslager Buchenwald 1937-1945, Speziallager Nr. 2 1945-1950. Weimar, Buchenwald 1998, S. 110 ff.

Im Januar 1945 hatte Berija, der Volkskommissar für den NKWD und Generalkommissar für die Sicherheit in der Sowjetunion, einen Grundsatzbefehl erlassen »über Maßnahmen zur Säuberung des Hinterlandes der Roten Armee von feindlichen Elementen«: »Frontbevollmächtigte« sollten durch umfangreiche Verhaftungen einen reibungslosen Vormarsch der Truppen gewährleisten.[275] Verhaftet wurden jedoch nicht nur Verantwortliche faschistischer Organisationen in Wirtschaft und Verwaltung, wie Bürgermeister und Zeitungsredakteure, sondern auch »andere verdächtige Elemente«. Diese Ausweitung führte zu Massenverhaftungen, jedoch nicht zum gewünschten Erfolg. Sie förderten eher den Widerstand.

Berijas neue Verhaftungsrichtlinien vom April 1946 bildeten die Basis für die Einrichtung der Speziallager, die neben GULAG und Kriegsgefangenenlagern entstanden. Im Mai 1945 existierten 28 Lager und Gefängnisse, davon zwei auf dem späteren Gebiet der SBZ, im September waren es dort bereits zwölf. Das ehemalige KZ der SS in Sachsenhausen erhielt die Bezeichnung Nr. 7 und nach Auflösung einiger Lager und Gefängnisse (von September 1946 bis April 1947) die Bezeichnung »Speziallager Nr. 1«, das ehemalige KZ Buchenwald die Nr. 2. In diesen Lagern inhaftierte der sowjetische Geheimdienst neben Kriegsverbrechern auch Unschuldige unter unmenschlichen Bedingungen.[276] Unter ihnen war als Jüngster ein 13-Jähriger aus Berlin, der unter »Werwolf-Verdacht« stand.[277] SS-Angehörige, KZ-Personal und Führerkorps der SS deportierten die Sowjets gleich zur Zwangsarbeit in die Sowjetunion, sodass sich wesentlich mehr gering oder nicht belastete Personen in den Speziallagern befunden haben müssen.[278] Das Speziallager unterstand einem sowjetischen Kommandanten, dem Major Kostjuchin. Dieser stützte sich auf bis zu 30 Offiziere und über 120 Soldaten sowie – ähnlich wie in den KZs der SS üblich – bei der Durchführung seiner Befehle auch auf deutsche Funktionshäftlinge.[279] Der NKWD förderte das Denunziantentum. Wer andere Menschen als »Faschisten« anzeigte, konnte seine eigene Haut retten.

In Sachsenhausen, diesem größten NKWD-Lager auf deutschem Boden, hielt der sowjetische Geheimdienst in den Jahren von 1945 bis 1950 rund 60 000 Menschen, überwiegend Deutsche, in feuchtkalten Baracken interniert. Zwei Lagerbereiche waren strikt voneinander getrennt und jede Baracke durch Stacheldraht abgesperrt. Die ohne Verurteilung Internierten befanden sich in Zone I, die verurteilten Strafgefangenen in Zone II. Zone I war in sechs Bataillone aufgeteilt. Hespe gehörte zum dritten Bataillon. Worauf die Trennung der Häftlingskategorien beruhte, ist bis heute ungeklärt.[280] Die einzelnen Baracken bildeten die Kompanien. Isolierung, Unterernährung und Kälte, mangelnde hygienische Verhältnisse sowie

275 Der Grundsatzbefehl datiert vom 11.1.1945; vgl. Katalog Sachsenhausen 2005, S. 70 ff.

276 Vgl. Kühle/Titz: Speziallager Nr. 7 Sachsenhausen und Katalog Sachsenhausen 2005, S. 139 ff.

277 Die NS-Propaganda hatte angekündigt, dass die Wehrmacht nach ihrer Niederlage den Kampf gegen die alliierten Truppen aus dem Untergrund als »Werwölfe« weiterführen werde; vgl. Gisela Gneist, Horst Neundorf: Nachkriegsunrecht an Wittenberger Jungen und Mädchen. In: Rocco Räbiger: »Allenfalls kommt man für ein halbes Jahr in ein Umschulungslager ...« Nachkriegsunrecht an Wittenberger Jugendlichen. Hg. von der Arbeitsgemeinschaft Lager Sachsenhausen 1945–1950 e. V., Torgau 1998, S. 27 ff.

278 Vgl. Leo: Das Speziallager Nr. 7 Sachsenhausen, S. 252.

279 Vgl. Katalog Sachsenhausen 2005, S. 105 ff. und Kogon, S. 81 ff.

280 Vgl. Leo, ebd.

erzwungene Untätigkeit führten zu schweren physischen und psychischen Schädigungen. Jeder Fünfte überlebte das Lager nicht.[281] Zum Massensterben kam es in den Wintern 1945/46 und 1946/47, als die bisher schon unzureichenden Lebensmittelrationen um die Hälfte gekürzt wurden.[282] In den Wintermonaten 1946/47 starben in Sachsenhausen durchschnittlich 705 Häftlinge im Monat oder 23 pro Tag.[283] Die genaue Anzahl der im Lager ums Leben gekommenen Häftlinge wird nie mehr zu ermitteln sein; geschätzt wird sie auf wenigstens 12 000.[284]

Etwa die Hälfte der Lagerinsassen bestand aus Nazi- und Kriegsverbrechern, Verbrechern an Kriegsgefangenen usw.,[285] die andere Hälfte der politisch internierten »Verdächtigen« aus Intelligenz, Parteimitgliedern und Studenten, aus Denunzierten, angeblichen »Werwölfen« oder solchen, die das Pech hatten, mit einer westlichen Besatzungsmacht in Beziehung zu stehen. Hespe gehörte zu den Letzteren. Bei den ersten Entlassungswellen 1948 und 1949 kamen überwiegend die kleinen Parteigenossen der NSDAP und ihrer Gliederungen frei.

Wenige Monate nach Gründung der DDR am 7. Oktober 1949, im März 1950, lösten die Sowjets das Internierungslager in Sachsenhausen auf. Am 18. Januar 1950 wurde Hespe, physisch und psychisch angeschlagen, aus dem Speziallager Nr. 7/1 entlassen.

Im Frühjahr 1950 entließ der NKWD/MWD rund 8000 noch dort Inhaftierte, aber nicht die Altsozialdemokraten.[286] Die Sowjets deportierten eine kleine Gruppe in die Sowjetunion und überstellten etwa 5500 Häftlinge den Behörden der DDR. In den »Waldheimer Prozessen«, die allen rechtsstaatlichen Grundsätzen widersprachen, wurden 550 von ihnen erneut verurteilt.[287]

Bei ihrer Entlassung mussten sich die Häftlinge verpflichten, nicht über die Lager zu sprechen.[288] Die DDR verschwieg sie bis 1990. Auch nach 1950 erfuhren die Familien nicht, wann und wo ihre Angehörigen gestorben waren, die man im sogenannten Kommandantenhof im Lagerbereich und hinter dem Lager im Schmachtenhagener Forst namenlos nachts verscharrt hatte, um die Spuren der Massengräber zu verwischen.

281 In der Zeit von 1945-1950 starben in den ostdeutschen (marxistisch-leninistischen) KZ- und Arbeitslagern von 156 000 Häftlingen ca. 96 000 (61 %). Im gesamten GULAG von 1918-1991 ca. 39 Mio. Menschen (Gunnar Heinsohn: Lexikon der Völkermorde. Reinbek 1998, S. 156 ff.). Die KgU hatte am 15.1.1950 insgesamt 180 000 KZ-Häftlinge ermittelt, von denen 96 000 in den Lagern verstorben waren: vgl. Günther Birkenfeld: Der NKWD-Staat. In: Der Monat 2 (1950), Nr. 18, S. 630.

282 Vgl. Kühle/Titz: Speziallager Nr. 7 Sachsenhausen, S. 12 ff.

283 Jan Lipinsky: Sowjetische Lager in Deutschland. Hg. von der Arbeitsgemeinschaft Lager Sachsenhausen 1945-1950 e.V., Hamburg, o. J., URL: www.uokg.de/Text2/Mit-Sachs03.htm [Stand: 30.05.2006].

284 Vgl. Katalog Sachsenhausen 2005, S.49 und S. 376 ff.

285 Auch ein großer Teil der Angehörigen des Polizeibataillons 9, das an der Ermordung von Zehntausenden Zivilisten, zumeist Juden, in der Sowjetunion beteiligt war, wurde 1947 in Sachsenhausen inhaftiert (Katalog Sachsenhausen 2005, S. 209, 217/218).

286 Vgl. Birkenfeld: Der NKWD-Staat; Annette Leo nennt als Zahl der 1950 Entlassenen: 1900 Internierte und 5300 Verurteilte, vgl. Leo: Das Speziallager Nr. 7 Sachsenhausen, S. 259.

287 Von den 32 zum Tode Verurteilten wurden 26 am 3./4.11.1950 hingerichtet: Kühle/Titz: Speziallager Nr. 7 Sachsenhausen.

288 Vgl. Ursula Fischer: Zum Schweigen verurteilt. Denunziert - verhaftet - interniert, S. 166 ff.

Kampfgruppe gegen Unmenschlichkeit (KgU)

Nach seiner Entlassung blieb Hespe zunächst in Berlin, »da ich jeglichen Halt verloren hatte und mich erst mal wieder ins Leben zurückfinden musste«.[289]

Nicht wenige seiner ehemaligen »Kameraden« des Polizeibataillons betätigten sich inzwischen wieder in kaufmännischen Berufen oder verrichteten Polizeidienst in Bremen.

Am Tag seiner Entlassung kam er mit etwa 50 ehemaligen Häftlingen von Oranienburg nach Westberlin zum Bahnhof Zoo. Dort empfing und registrierte das Rote Kreuz die Entlassenen und brachte sie am nächsten Morgen in die Kuno-Fischer-Straße, wo sie erneut registriert und befragt wurden. Ein Bus fuhr sie anschließend nach Berlin-Nikolassee zur »Kampfgruppe gegen Unmenschlichkeit« (KgU).[290] Rainer Hildebrandt, der Leiter dieses 1948 gegründeten Zusammenschlusses ehemaliger politischer Häftlinge, begrüßte die Angekommenen.[291]

Ehemalige politische Häftlinge aus sowjetischen Speziallagern, damals noch Konzentrationslager genannt, sprachen am 17. Oktober 1948 in Westberlin erstmals öffentlich mit Geflüchteten aus dem Uranbergbau um Aue über die unglaublich schlechten Verhältnisse in den sowjetischen Lagern. Verschiedene Parteien und die Studentenschaft der Freien Universität (FU) hatten sie eingeladen. »Nichtstun ist Mord« lautete ihr Motto, später: »Schweigen ist Selbstmord«. Sie beschlossen, sich zu organisieren, gegen das neue System der Unmenschlichkeit zu kämpfen und gaben sich den Namen »Kampfgruppe gegen Unmenschlichkeit«.[292] Als Ziele setzten sie sich zunächst, Informationen über den Terror in der Ostzone zusammenzutragen und einen zentralen Suchdienst aufzubauen, da Zehntausende von Deutschen verschwunden waren und immer neue verschwanden. Die Alliierte Kommandantur hatte der KgU am 23. April 1949 die Zulassung erteilt. Zu den Lizenzträgern zählten neben Rainer Hildebrandt auch der junge Schriftsteller Dr. Günther Birkenfeld, Ernst Tillich sowie der damalige Student und spätere Bundesinnenminister und Bundesrichter Dr. Ernst Benda. Auf den großen Zulauf an jungen Leuten und auf deren Aktivitäten reagierte das Ministerium für Staatssicherheit (MfS) überaus scharf: Jeder mit Flugblättern Gefasste erhielt hohe Zuchthausstrafen. Der im Februar 1952 nach Ostberlin entführte 28-jährige Chemiestudent Kaiser wurde zum Tode verurteilt und hingerichtet, weil er aus Buttersäure Stinkbomben hergestellt und später Abwurfvorrichtungen für Flugblattballons konstruiert hatte.[293] Als die KgU nach und

289 Hespe-Bericht 1951.

290 Vernehmungsprotokoll vom 22.12.1954 (BStU 653/58-1, Bl. 73–83).

291 Der Publizist Rainer Hildebrandt war als Mitglied der Widerstandsgruppe um Albrecht Haushofer von 1943 bis 1945 in Haft; vgl. Karl Heinz Roth, Angelika Ebbinghaus (Hg.): Rote Kapellen – Kreisauer Kreise – Schwarze Kapellen. Neue Sichtweisen auf den Widerstand gegen die NS-Diktatur 1938–1945. Hamburg 2004, S. 64.

292 Mitbegründer der KgU war der aus dem Lager Sachsenhausen entflohene Erich Maedler. Er versuchte, die ehemaligen Häftlinge als Widerstandskämpfer gegen die kommunistische Terrorherrschaft zu instrumentalisieren. Im fortschreitenden deutsch-deutschen Entspannungsprozess wurde auch am 17. Juni nur formelhaft an die »Opfer der Gewaltherrschaft« erinnert und die konkrete Erinnerung an diese Opfer als zunehmend störend empfunden. Das verbitterte die Betroffenen und ihre Angehörigen. Vgl. Leo: Das Speziallager Nr. 7 Sachsenhausen.

293 Vgl. Gerhard Finn: Die Widerstandsarbeit der Kampfgruppe gegen Unmenschlichkeit. In: Unrecht überwinden. SED-Diktatur und Widerstand (= Aktuelle Fragen der Politik 38, hg. von der Konrad-Adenauer-Stiftung). Sankt Augustin 1996, S. 23 ff.

nach zu aggressiveren Kampfformen überging - sie verschickte z. B. Drohbriefe an linientreue Funktionäre - und eine Untergrundstrategie entwickelte, die auch militante bis militärische Komponenten enthielt, entfernte sie sich von den friedlichen Zielen ihrer Gründer. Bei dieser Bewertung bleibt zu bedenken, dass von der Stasi Festgenommene teilweise misshandelt, gefoltert, unter Drogen gesetzt und zu Aussagen genötigt wurden, die weit entfernt von der Wirklichkeit waren. Die DDR-Propaganda stempelte die KgU jedenfalls zur Terrororganisation ab.[294] Die MfS-Propaganda verstand es zunehmend besser, die Politik sowie einige Medien zu beeinflussen und die KgU als Gefahr für den Weltfrieden hinzustellen. Politischer Druck führte im März 1959 zur Selbstauflösung der Organisation. Wegen tatsächlicher oder vermeintlicher Verbindung zu ihr waren bis dahin 14 Menschen zum Tode verurteilt und hingerichtet worden, 9 hatte man zu lebenslänglicher Haft, 73 zu 330 Jahren Arbeitslager und 52 zu insgesamt 397 Jahren Zuchthaus verurteilt.[295]

Vereinigung der Opfer des Stalinismus (VOS)

In einer Villa der Ernst-Ring-Straße registrierten KgU-Mitarbeiter Hespe erneut und befragten ihn ausführlich über die Lagerverhältnisse in Sachsenhausen. Besonders interessierten sie sich für die Namen von Angehörigen der sowjetischen und deutschen Lagerverwaltung sowie der sowjetischen Wachmannschaft. Die Namen während der Haftzeit verstorbener sowie den deutschen Gerichten übergebener Personen wurden aufgelistet und besondere Vorkommnisse während der Inhaftierung festgehalten. Hespe erklärte, mit der sowjetischen Wachmannschaft nie in Berührung gekommen zu sein, er kannte aber die gesamte deutsche Lagerleitung, die ausnahmslos aus Häftlingen bestand. Auch 30 bis 40 während seiner vierjährigen Haftzeit Verstorbene nannte er. In einem Nebengebäude lernte er Professor Dr. Bolko von Richthofen, alias »Richter«, kennen, dieser habe sich ihm als »Professor« vorgestellt, so Hespe. »Richter« forderte ihn auf, einen ausführlichen Bericht über die Lagerverhältnisse zu schreiben und unterstützte ihn durch seine Sekretärin, Frau Fels. Zwei Tage später wurde Hespe in das städtische Wohnheim in Berlin-Neukölln, Teublitzerstraße, eingewiesen, in das 1950 etwa 150 bis 200 ehemalige Internierte gekommen waren.[296]

Zusammen mit »Richter« und dessen Sekretärin, mit der er sich später noch öfter privat traf, erstellte Hespe in den folgenden drei Tagen einen ausführlichen Bericht über die Verhältnisse in Sachsenhausen. Darin klagte er besonders die deutsche Lagerleitung, aber auch die sowjetische Seite an. Die deutsche Lagerleitung beschuldigte er des Mordes, der fahrlässigen Tötung und des Betruges und die sowjetische Seite, diese Delikte durch Vernachlässigung der Aufsichtspflicht begünstigt zu haben. Wegen völlig unzureichender Ernährung seien viele Insassen gestorben. Deswegen erstattete er bei der Westberliner Staatsanwaltschaft Anzeige gegen die deutsche Lagerleitung. Er prangerte die uferlose Korruption an und bezeichnete

294 Roger Engelmann: Die Kampfgruppe gegen Unmenschlichkeit, in: Klaus-Dieter Henke, Peter Steinbach, Johannes Tuchel (Hg): Widerstand und Opposition in der DDR (= Schriften des Hannah-Arendt-Instituts für Totalitarismusforschung 9). Köln, Weimar, Wien 1999, S. 183 ff.

295 Finn, a.a.o., S. 32.

296 Vernehmungsprotokoll vom 22.12.1954 (MfS-E, Bl. 73–83).

das Internierungslager als ein »sowjetisches KZ«. Von Richthofen, der ihn bei verschiedenen Schreiben an führende Persönlichkeiten der DDR und der SMAD unterstützte, suchte er mehrfach bei der KgU auf.

Im städtischen Wohnheim in Berlin-Neukölln lernte er Wilhelm Kalweit kennen, der aus dem Internierungslager Buchenwald kam. Zusammen mit dem Journalisten Georg Duwe - beide kannten sich aus Sachsenhausen - einigten sich im Januar 1950 etwa 150 ehemalige Internierte, die »Vereinigung der Opfer des Stalinismus« (VOS) zu gründen.[297] Dazu wurden Lizenzträger benötigt, die nicht der NSDAP angehört hatten. Da die meisten ehemaligen Insassen auch ehemalige Parteigenossen waren, kamen sie nicht infrage. Als fünfter Lizenzträger unterschrieb Hespe die von Kalweit und Duwe ausgearbeitete Gründungserklärung.[298] Darin forderten die Mitglieder Unterstützung beim Beschaffen von Wohnraum, Arbeit und Haftentschädigung und verpflichteten sich zur Öffentlichkeitsarbeit, um noch inhaftierte politische Gefangene freizubekommen. Die VOS verteilte Flugblätter und gab Publikationen heraus, u. a. »Die Freiheitsglocke«, »Tarantel« und »Deutsche Rundschau«. Nach nur fünf Monaten zog sich Hespe im Mai 1950 von der VOS zurück, da er nicht gleichzeitig dem Verein der »Politisch-rassisch-religiös-Verfolgten« (PrV) und der VOS angehören konnte und von dieser auch keine Rente erhalten hätte. Dennoch blieb er mit der VOS im Kontakt, auch mit ihrem Geschäftsführer (Glemnitz) in Bremen.[299]

Vom Leiden im Lager

Das ganze Ausmaß des brutalen Umgangs der Sowjets mit den Menschen im Speziallager schlug sich im März 1950 in einem Bericht nieder, den die Zeitschrift »Der Monat« veröffentlichte. Aussagen und Überlebensberichte von 25 ehemaligen Häftlingen, darunter auch Hespe, bildeten die Grundlage des 16-seitigen Berichtes. Dr. Günther Birkenfeld, Publizist, Rundfunkkommentator und Mitbegründer des neuen PEN-Clubs, analysierte und charakterisierte das System. »Der NKWD-Staat«, so nannte er seinen Beitrag, der den wahren Charakter des Lagers enthüllte.[300]

Nachdem Generaloberst Bersarin, der Militärkommandant im sowjetisch besetzten Teil Berlins, am 25. Mai 1945 erlaubt hatte, die Stadtpolizei, das Gericht und die Staatsanwaltschaft zu organisieren, schlug die Geburtsstunde der Volkspolizei.[301] Sie wurde unter Leitung des NKWD zunehmend mit der Durchführung von Verhaftungen beauftragt. Die Opfer wurden meist im Tiefschlaf morgens gegen drei Uhr überrascht, auch in Verkehrsmittel, Lokale,

297 Hespe hatte vorgeschlagen, sie »Vereinigung der ehemaligen Insassen sowjetischer Konzentrationslager« zu nennen (ebd.).

298 Die Gründungserklärung unterschrieben u. a. Kalweit, Duwe, Walter Nitz und Johannes Flittner; vgl. Schreiben Hespes an die Bundesgeschäftsstelle VOS vom 7.3.1963 (SSGD-VOS).

299 Hespe sollte 1950 die Geschäftsführung der VOS in Bremen übernehmen, lehnte aber aus gesundheitlichen Gründen und wegen der geringen Mitgliederzahl (fünf) ab. Vgl. Vernehmungsprotokoll vom 22.12.1954 (MfS-E, Bl. 73-83).

300 Zu den Haftbedingungen siehe auch Katalog Sachsenhausen 2005, S. 297 ff.

301 Geschichte der deutschen Volkspolizei. Hg. vom Ministerium für Staatssicherheit. 2 Bde. Berlin 1979/1983, Bd. 1, S. 19.

öffentliche Einrichtungen oder Wohnungen gelockt. An der nächsten Straßenecke stand der »Privatwagen«, in den das Opfer mit List hineinverfrachtet wurde.[302]

Verhaftung, Vernehmung und Verurteilung folgten stets in gleichen zielsicheren Schritten. Methoden und Mittel variierten: Zuckerbrot und Peitsche, Züchtigungen und Zigaretten, Suggestivfragen und Drohungen. Sie ließen nach Wochen den Widerstand weichen. Kinder denunzierten ihre Eltern und Lehrer, Geschwister sich gegenseitig.

Abgeschirmt in den Kellern und Bunkern, schreckte der NKWD vor keiner körperlichen oder seelischen Folter zurück: Schwere Züchtigungen durch Fußtritte, Peitschenhiebe mit Kabelenden oder Stahlruten bis hin zur Bedrohung mit der Waffe führten zum gewünschten Geständnis. Nach abwechselndem Übergießen des nackten Körpers mit brühendem und eiskaltem Wasser, tage- und nächtelangem Anstrahlen mit hellem Licht und Wecken im 2-Stunden-Takt, unterschrieb fast jeder, was ihm vorgelegt wurde. Isolierung im Karzer brach bei manchem den letzten Widerstand: In einem dunklen engen Loch, mit Unrat und Ungeziefer, mussten die Häftlinge, nur mit Hemd und Hose bekleidet, auf nassem Steinboden kauern oder schlafen. Besonders gefürchtet war in Sachsenhausen der vier Meter tiefe Stehbunker und der Bunker des NKWD-Leutnants Golowatenko, der die Eingesperrten Tag und Nacht prügeln ließ.[303] Für viele Internierte bedeutete die Bunkerstrafe das Todesurteil. Dem Geständnis folgte die Urteilsverkündung in russischer Sprache durch einen NKWD-Offizier. Keiner der Beschuldigten bekam einen Verteidiger.

Bis Ende 1947 schliefen die Häftlinge in ihrer schon bei der Einlieferung getragenen Kleidung auf den Holzbrettern der Bettgestelle und Pritschen. Eine Decke oder ein Mantel mussten zum Zudecken reichen. Die Häftlinge wurden massenhaft von Wanzen, Läusen und Flöhen belästigt, die sich auch in die verbundenen Wunden fraßen. Viele rissen sich vor Schmerz den Verband vom Leibe. Unter den Baracken suchten Ratten nach Nahrung.

Der »Sensenmann« im Lager hieß Hunger, seine Sense Dystrophie. Drei Stufen des Vernichtungsprozesses schilderten die ehemaligen Häftlinge: die Hungerstufe, die Schwundstufe und die in Dystrophie endende Zerstörung der physischen und psychischen Widerstandskraft mit nicht selten tödlichem Ausgang. Zu essen gab es pro Person morgens regelmäßig eine Wassersuppe mit 60 Gramm Graupen und einer eingeriebenen Kartoffel, mittags dieselbe Suppe und nach 17 Uhr einen halben Liter »Gesundheitstee« oder Gerstenkaffee mit der durchschnittlichen Tagesration Brot von 450 Gramm, das meist durch stockiges Mehl bitter schmeckte und fast immer klitschig war. Dennoch lebten die Häftlinge täglich der »Brotstunde« entgegen. Der Nährwert der täglichen Ration lag zwischen 500 und 1200 Kalorien.

Physischer und psychischer Verfall waren die Folgen der »Todesrationen«, wie sie die Häftlinge nannten. Eiweiß- und Vitaminmangel führten zu schweren Störungen und Organveränderungen. Fast alle litten unter Entzündungen, ein hoher Prozentsatz unter Ruhr, Gesichtsrose, Hungerödemen und Wassersucht. Manche magerten bis zur Unkenntlichkeit ab, andere wurden durch Wassereinlagerungen immer dicker und verloren bei Punktierungen bis zu acht Liter Flüssigkeit. Die meisten Todesopfer forderte die Tuberkulose.

302 Birkenfeld: Der NKWD-Staat, S. 628 ff.

303 Ebd. und Katalog Sachsenhausen 2005, S. 107.

Rigoroser Egoismus und brutale Rücksichtslosigkeit machten sich breit. Für eine Scheibe Brot wurden todgeweihten Dystrophikern tausend Mark nach der gemeinsamen Entlassung zugesichert. Diebstahl von Essbarem, selbst von Brotkrumen, war an der Tagesordnung. Die Korruption war grenzenlos. Lagerleitung und Wachmannschaften schacherten mit den Häftlingsrationen. Hespe war die deutsche Lagerleitung, bei der es sich um Häftlinge handelte, vollständig bekannt. Mit der sowjetischen Wachmannschaft sei er nie in Berührung gekommen. Er erstattete später in Berlin Anzeige gegen den Korpsführer Weber und andere. Otto Weber war Korpsführer des 3. Internierten-Bataillons.[304] »W. ist und bleibt mitschuldig an dem Tod vieler Sachsenhausener Häftlinge«, behauptete Hespe. Für ihn und andere Kameraden waren die Angeschuldigten »Verbrecher - Massenmörder.« »Uferloser Betrug und die Korruption« der deutschen Lagerführung unter Weber könnten bezeugt werden. Seien die Lebensmittelzuweisungen 1945/46 durch die Russen auch unzureichend gewesen, davon war Hespe überzeugt, so hätte zu späterer Zeit kein Mensch mehr an Hunger zu sterben brauchen. 20 bis 30 Mann waren ihm während seiner Haftzeit bekannt geworden, die im Lager verstarben. 1946 habe es täglich für jeden Häftling 600 Gramm Brot, morgens und abends einen halben Liter Suppe und mittags einen Liter warmes Essen gegeben, dann drei Monate nur eine Brotration von 300 Gramm, die danach auf 400 Gramm und Ende 1947 auf 450 Gramm erhöht worden sei.[305] »Wieso kam [nach Auflösung des Lagers, d.Verf.] ein beachtlicher Teil [der Häftlinge] in allerbester körperlicher Verfassung nach Hause«, fragte er, »sodass die ostzonalen Zeitungen und Illustrierten voll Stolz Veranlassung nehmen konnten, diese in Film, Bild und der Öffentlichkeit vorzustellen - andererseits aber der größte Teil der Häftlinge als Skelette?« Nicht die Russen, sondern einzig und allein die deutsche Lagerführung und insbesondere Weber hätten dies zu verantworten. Er, Hespe, habe gegen diese Missstände protestiert und sei, wie alle anderen auch, die sich gegen das Treiben der korrupten Lagerführung stemmten, in die Sperrbaracke eingeschlossen worden.

Auch Schiebungen mit zugeteilten Tabakrationen, die manche gegen lebensnotwendige Lebensmittel tauschten, ließen sich durch den Kompanieführer Sonntag bezeugen. Korpsführer Weber habe den Tabak nicht ordnungsgemäß verteilen lassen, sondern der Allgemeinheit entzogen, ihn säckeweise in seinem Haus gehortet und seinen Günstlingen zukommen lassen.

Noch wenige Tage vor der Entlassungsaktion im Januar 1950 wurde ein Häftling von Weber gemeldet und mit Karzer bestraft: Er wollte nur einen Nagel in die Wand schlagen, um seine Kleidung daran aufzuhängen.[306]

Die Häftlinge litten unter ihrer Isolierung. Erst ab 1949 bekamen sie vereinzelte zensierte Informationen aus Tageszeitungen der DDR und aus Rundfunk-Tagesmeldungen. In den ersten Monaten wurden ihnen die Zeitungen vorgelesen, doch war ihnen ausdrücklich verboten, über die Artikel zu diskutieren. Ein klares Bild konnten sie sich daraus nicht machen.[307]

304 Vgl. Schreiben vom 26.8.1954 an den Generalstaatsanwalt beim Landgericht Berlin (MfS-Z, Bl. 89) und Vernehmungsprotokoll vom 22.12.1954 (MfS-E, Bl. 73–83).

305 Vernehmungsprotokoll vom 22.12.1954 (ebd.).

306 Die Anschuldigungen Hespes in der Anzeige beziehen sich ferner auf den Lagerführer Klemm sowie auf einen Herrn Fischer (MfS-Z, Bl. 89).

307 Hespe in seinem Brief vom 29.3.1955 an die Staatsanwaltschaft (MfS-G, Bl. 185-200).

Auf die Meldung eines deutschen Lagerinsassen über die erschreckend hohe Anzahl der Toten in Sachsenhausen erwiderte ein Major: »Die Ernährung ist so gehalten, dass es täglich abwärts geht, dem Ende zu.« Deutlicher sei nur noch der Lagerarzt in Buchenwald geworden: »Bei uns stirbt jeder zweimal! Nämlich zuerst seelisch und dann körperlich.«[308]

Der seelische Terror bestand in der völligen Isolierung von der Außenwelt. Der Internierte sollte ganz vergessen werden. Gleichzeitig wurde verhindert, dass jemand für sich allein sein konnte. Niemand durfte sich betätigen.[309] Es war verboten, sich zu schulen und zu lesen (bis 1948), zu schreiben (bis 1949), zu singen oder einen Spiegel zu benutzen. Nur das Schachspiel war erlaubt. Kein Lebenszeichen, keine (Todes-)Nachricht drangen nach draußen. In dieser totalen Isolation jahrelang keinerlei Nachricht zu erfahren, quälte manchen schlimmer als der Hunger.

308 Birkenfeld: Der NKWD-Staat, S. 631.

309 Weniger als 5 % hatten Beschäftigung, die fast ausschließlich der Lagererhaltung diente; vgl. Kühle/Titz: Speziallager Nr. 7 Sachsenhausen S. 25.

6. Wer hilft weiter?

Hans Hespe versuchte nach seiner Entlassung, bei verschiedenen hochrangigen Stellen, Institutionen und Organisationen, Unterstützung, Entschädigung und sein Recht zu finden: Noch im Januar 1950 überreichte er dem Minister für Justiz Max Fechner in Berlin Kopien eines Schriftsatzes für den Botschafter G. M. Puschkin mit der Bitte um Weiterleitung an Generalissimus Stalin. Er forderte Entschädigung für seine »rechtswidrige Verhaftung und Einlieferung in das Konzentrationslager Sachsenhausen« sowie für die damit zusammenhängende rechtswidrige Behandlung und Wegnahme seines Eigentums.[310]

An den Außenminister Dertinger, Berlin, schickte er ein Schreiben etwa gleichen Inhalts.[311] Er wandte sich an die Parteiführung der SED und an Präsident Pieck. Mehrere Briefe richtete er an den russischen Armeegeneral Tschuikow in Karlshorst.

Sein Bemühen blieb ohne Antwort. SED und Stalin schwiegen. Fest überzeugt, bei der sowjetischen höheren Führung Verständnis für seine Angelegenheit zu finden, verwies er auf einen offenen Brief an den sowjetischen Botschafter. In ihm hatte er die Situation im Konzentrationslager Sachsenhausen geschildert. Dabei hatte er auf eventuelle Versäumnisse der Militärkommandantur hingewiesen, aber auch auf »die Verbrechen der deutschen Lagerselbstverwaltung, die diese bekannten fürchterlichen Folgen und das so grauenvolle Massensterben zeitigten«. An das Präsidium des Obersten Sowjet richtete er vier Schreiben[312] und machte seine Schadensforderung in Höhe von 178.000,– Mark geltend, wegen »weggenommener Werte« sowie »unverständlicher und rechtswidriger vierjähriger Inhaftierung in Sachsenhausen«.[313]

Hespe erklärte seine Bereitschaft, sich einem Entscheid des Rechtsausschusses der UNO zu unterwerfen. Dem General gegenüber bezeichnete er sich als der Initiator eines Prozesses gegen die SS-Organisationen wegen willkürlicher Erschießungen, der Drangsalierung und menschenunwürdiger Behandlung russischer Zivilpersonen und russischer Kriegsgefangener. Wegen seines entschiedenen Eintretens für Recht und Menschlichkeit, insbesondere für die Interessen der Sowjetunion und sowjetischer Staatsbürger, habe ihn die SS verfolgt und er habe im KZ Dachau Torturen erleiden müssen. Er beschwerte sich über den NKWD und über die etwa 16 unbeantwortet gebliebenen Schreiben, in denen er insbesondere gegen seine Haftgründe schärfstens protestiert hatte: »Die Annahme, dass ich ein british-amerikanischer Agent sei, ist so kindlich und absurd, dass sie von vornherein ausschaltet.«

In der bisher ausgebliebenen Resonanz auf seine Schreiben sah er keine Billigung »unsinniger Verfahrensweisen des NKWD« gegen sich. Vielmehr war er der Meinung, es habe sich bei diesen brutalen und rechtswidrigen Maßnahmen des NKWD um unverantwortliche Übergriffe untergeordneter Dienststellen gehandelt. Diese hätten zu den schärfsten Ausfällen der öffentlichen Meinung gegen die Sowjetunion geführt, wie ein Blick in die Weltpresse bestätige. Sie würden doch niemals die Billigung der höheren sowjetischen Führung finden, glaubte er.

310 Mit Schreiben (geheim) vom 24.1.1950 (VWE).

311 Schreiben vom 24.1.1950 (VWE).

312 Schreiben vom 24.1., 9.2., 13.2. und 16.3.1950 (VWE).

313 Schreiben vom 12.4.1950 (VWE).

Er betonte seine Neutralität und Loyalität und erwartete von sowjetischer Seite Entschädigung für das ihm zugefügte Unrecht. »An der Justiz erkennt man die Kultur eines Volkes«, zitierte er einen ungenannten Philosophen. In seiner Hilflosigkeit versuchte er, drohend zu imponieren: »Sollten Sie nicht geneigt sein, meiner Forderung auf mein Recht näherzutreten, so bin ich gezwungen, meine Interessen beim Rechtsausschuss der UNO, in der die Sowjetunion ja auch an hervorragender Stelle vertreten ist, anzumelden.«

Auf der Suche nach seinem Recht bemühte er das Oberkommissariat der alliierten Mächte in Bonn-Petersberg um Unterstützung und beschrieb seine NKWD-Internierung im KZ Sachsenhausen. Die Russen hätten ihm aus seiner Wohnung 58.000,- Mark und Wertsachen mit Taxatbriefen vom Mai 1946 für 120.000,- Mark gestohlen.[314]

Die Hilfsstelle für Entlassene aus Konzentrationslagern in Bremen bat er um Bestätigung seiner Verurteilung durch das SS- und Polizeigericht und verwies auf seine Rehabilitierung durch den amerikanischen Public Safety Officer.[315] Auch versuchte er, über die Hilfsstelle seinen ehemaligen Kameraden Fromm zu finden, den er bisher vergeblich angeschrieben hatte.[316] Ihn bat er dann über das Landesamt für Wiedergutmachung und die Polizeistation in Moorhausen bei Lilienthal, eine von ihm vorbereitete eidesstattliche Erklärung unterschreiben zu lassen.[317]

Die »Kampfgruppe gegen Unmenschlichkeit« in Berlin nannte Hans Hespe ein Opfer des Faschismus, bescheinigte ihm, dass er im KZ Dachau eingesessen hatte und zum Strafbataillon Dirlewanger abgestellt worden war. Seine Verhaftung und Internierung im KZ Sachsenhausen durch den NKWD hätten in ursächlichem Zusammenhang mit dem von der 7. amerikanischen Kriegsverbrecherkommission in Bremen geführten Prozess gegen die Urheber seines Unglücks gestanden.[318]

Auch die »Vereinigung der Opfer des Stalinismus« bezeugte seine Inhaftierungen und versuchte, sein Bemühen um einen neuen Existenzaufbau zu fördern.

Ist Hespe ein politisch Verfolgter?

In Berlin-Neukölln in der Teuplitzer Straße wohnte Hespe im städtischen Wohnheim. Im April 1950 teilte die dortige Behörde der Geschäftsstelle für politisch, rassisch und religiös Verfolgte in Bremen mit, dass er einen Antrag auf Anerkennung stelle. Er habe der Berliner Dienststelle u. a. einen von der Hansestadt Bremen am 3. September 1945 ausgestellten Anerkennungsausweis vorgelegt, doch »aus den Originalunterlagen des SS-Gerichts, die hier vorgelegt wurden, ist nicht zu ersehen, daß H. aus politischen Gründen während der Nazizeit inhaftiert war«.[319]

314 Schreiben vom 30.3.1950 (VWE).

315 Schreiben vom 18.4.50 (VWE).

316 Fromm, der perfekt Englisch beherrschte, wurde nach seiner Entlassung aus russischer Kriegsgefangenschaft von der Militärregierung in Bremen beschäftigt, anfangs als ziviler Wachmann, ab März 1946 als Supervisor der Zivilpolizei (StAB 4,66-I).

317 Über die Polizeistation Lilienthal, Polizeikreis Osterholz, erfuhr er zunächst von Fromms Weigerung, Schreiben vom 10.5.1950 (Tgb.-Nr. 493/50); im weiteren Verfahren unterstützte dieser Hespe.

318 Schreiben vom 16.6.1950 und 19.8.1950 (VWE).

319 Unter Nr. 785, Schreiben vom 5.4.1950 (VWE).

Sein ehemaliger Kamerad im Reserve-Polizeibataillon 105, Karl Roelle, jetzt Gewerkschaftssekretär, versuchte bei der Klärung zu helfen. Eidesstattlich versicherte er als ehemaliger Bremer Bürger, Hans Hespe genauestens zu kennen. Er bezeugte die gemeinsame Dienstverpflichtung als Polizeireservist mit Kriegsbeginn, Hespes Meldung gegen den Bataillonskommandeur Helwes bei der Wehrmacht »wegen Übergriffen gegen die russische Zivilbevölkerung und russische Kriegsgefangene«, seine Verhaftung und Verurteilung durch das SS- und Polizeigericht in Riga. »Jeder Angehörige des Bataillons 105 wusste, dass Hespe in seiner Meldung an die 254. Infanterie Division die Wahrheit gesagt hatte. Trotzdem wurde er wegen ›falscher‹ Anschuldigung verurteilt.« Helwes habe das Gerichtsurteil später vor angetretenem Bataillon verlesen. Er sei mit Hespe im russischen Kriegsgefangenenlager Königs Wusterhausen wieder zusammengetroffen. Sie seien beide zusammen im August 1945 als Invaliden entlassen worden.[320] Hespe habe im Lazarett einen ausführlichen Bericht an den russischen Kommandanten von Berlin gefertigt und diesen in Berlin übergeben.

Roelle kannte das Verfahren der amerikanischen Militärbehörde in Bremen gegen Helwes und andere Angehörige des Bataillons 105 wegen Verbrechen gegen die Menschlichkeit, dessen Initiator Hespe war. Er gab deshalb an, auch die amerikanische Militärbehörde habe die Wahrheit der Angaben Hespes festgestellt. Helwes und andere Personen seien als Kriegsverbrecher überführt worden. Wegen seines Kampfes gegen Willkür und den Terror der SS-Organisationen werde Hespe von der Hansestadt als Opfer des Faschismus anerkannt.[321]

Im Mai 1950 erhielt dieser vom Magistrat von »Gross-Berlin« die Anerkennung als politisch Verfolgter. Alle Amtsstellen wurden gebeten, Hespe bevorzugt abzufertigen und ihm jede finanzielle Hilfe und Fürsorge zuteil werden zu lassen.[322]

Zu seiner Entnazifizierung teilten ihm Ende August die Spruchkammer Bremen und der Senator für politische Befreiung mit, dass er als nicht Betroffener gelte. Nach dem Gesetz zum Abschluss der politischen Befreiung unterlag er keinen tatsächlichen oder rechtlichen Beschränkungen.[323]

Soforthilfe – Wer ist zuständig, Berlin oder Bremen?

Im behördlichen Verwaltungshandeln prüfen »Amtswalter« bekanntlich als Erstes, ob sie zuständig sind. Nicht anders bei Hespe, als er im Juni 1950 in Berlin Soforthilfe beantragte.[324] Im gleichen Monat teilte ihm die Abteilung Sozialwesen des Magistrats mit, dass die Voraussetzungen dafür nicht vorlägen, da er im fraglichen Zeitraum nicht in Berlin gewohnt habe.[325] Er müsse sich daher an die Stadt Bremen wenden.[326]

320 Am 13.8.45 (VWE).

321 Affidavit vom 14.4.1950 (VWE).

322 Bescheinigung vom 26.5.1950, 785/W 17117 3.9.1945 (VWE, Bl. 35).

323 Seit dem 18.5.1950; Hespe war aufgrund der Angaben im Meldebogen G 1026 vom 9.5.1947 nicht betroffen; das Verfahren des Öffentlichen Klägers bei der Spruchkammer Bremen wurde am 30.8.1950 eingestellt (StAB, 4, 66 -XXV.1.c).

324 Schreiben vom 7. und 16.6.1950.

325 Zwischen dem 30.1.1933 und 8.5.1945 und am 1.1.1946.

326 Schreiben vom 23.6.1950 (VWE).

Daraufhin bat Hespe die Hilfsstelle für KZ-Entlassene in Bremen, sein Anliegen - mit einem beigefügten Schriftsatz an den Bremer Senat - »betreffs einer Soforthilfe« weiterzuleiten, da ihm die Behörde nicht bekannt sei.[327]

Die Entschädigungsbehörde in Bremen teilte ihm jedoch mit, dass sie Ansprüche nur für diejenigen anerkennen dürfe, die am 1. Januar 1947 ihren Wohnsitz im Gebiet des Landes Bremen hatten. Er habe sich aber am 5. Mai 1946 nach Berlin abgemeldet.[328] Hespe wurde beschieden, dort seine Ansprüche geltend zu machen. Dabei gehe man davon aus, dass sich Berlin mit dem Stichtag 1. Januar 1947 den üblichen Regelungen der Westzonen unterwerfen würde. Doch Berlin wies ab: Bremen sei zuständig. Hespe habe nach seiner Entlassung aus dem sowjetischen KZ Sachsenhausen seinen Wohnsitz zunächst in Berlin-Neukölln, Weigandufer, genommen. Die bereits 1945 in Bremen ausgesprochene Anerkennung als Verfolgter des Naziregimes habe man für die Dauer seines Aufenthaltes in Berlin übernommen. Zur Wahrnehmung eines Prozesses sei er im Mai 1946 nach Berlin gefahren, dort verhaftet und in das Konzentrationslager Sachsenhausen eingeliefert worden. Seinen Wohnsitz in Bremen habe er nicht aufgegeben; er sei durch die Inhaftierung auch nicht aufgehoben worden.[329]

Die KgU in Berlin bescheinigte ihm, dass er sich von Mai 1946 bis Januar 1950 als Internierter in den Händen des NKWD befand, sich daher nicht in Bremen aufhalten konnte und materiell und gesundheitlich schwerstens geschädigt sei.[330]

Durch seine Verwundung galt er als zu 70% schwerbeschädigt. Seit August 1950 erhielt er vom Versorgungsamt Bremen eine monatliche Kriegsbeschädigtenrente von 140 DM.[331]

Am Anfang steht der Antrag

Im August 1950, acht Monate nach seiner Entlassung aus dem Internierungslager Sachsenhausen, verließ Hespe Berlin und fuhr nach Bremen, erst 1952 sollte er nach Berlin zurückkehren.[332] In Bremen stellte er beim Amt für Wiedergutmachung einen »Antrag auf Grund des Gesetzes zur Wiedergutmachung nationalsozialistischen Unrechts« und am folgenden Tag einen »Antrag auf Anerkennung der Voraussetzungen als politisch, rassisch oder religiös durch den Nationalsozialismus Verfolgter«.[333] Er hoffte auf »Ersatz für Schäden an Körper und Gesundheit, für erlittene Nieren- und Herzleiden, Haftentschädigung für die Zeit von Februar 1942 bis Februar 1945, und Ersatz von Schaden an Eigentum und Vermögen in Höhe von 58.050,00 DM«.

327 Handschriftlich verfasst im Kurheim Westfälischer Hof in Wildungen am 30.6.1950.

328 Diese Angabe des Amtes für Wiedergutmachung vom 27.7.1950, Bl. 49, erwies sich als falsch: Es stellte sich heraus, dass sich Hespe nicht aus Bremen abmeldete, sondern von Amts wegen abgemeldet wurde.

329 Schreiben Magistrat von Groß-Berlin, Abteilung Sozialwesen (PrV -, III 1 Lö/G.) vom 3.8.1950 an das Landesamt für Wiedergutmachung Bremen - Entschädigungsbehörde.

330 Die KgU bescheinigte ihm, dass er sich bis 18.1.1950 in Sachsenhausen aufgehalten habe: Schreiben an das Landesamt für Wiedergutmachung vom 3.8.1950 und Schreiben vom 19.8.1950.

331 Urteil des Stadtgerichts Berlin vom 24.3.1955 (BAB-DP 1 SE 2797 und MfS-G, Bl. 155-161).

332 Vgl. Gerichtsprotokoll vom 24.3.1955 (MfS-G, Bl. 146).

333 Die Angaben hierzu und folgend nach VWE.

Eine neue Existenz wollte er sich schaffen. Daher wandte er sich im September erneut hilfesuchend an die Bremer Entschädigungsstelle und bat um bevorzugte Bearbeitung seiner Akte, da er nach 88 Monaten Inhaftierung alle Bindungen in Bremen verloren habe.

Senator Spitta im Senat der Freien Hansestadt Bremen versuchte er, mit einem Schreiben für seine Sache zu interessieren, ersuchte um eine persönliche Vorsprache und wies darauf hin, dass die »Kaffeegroßrösterei Hans Hespe, Bremen« über eine Million Mark Jahresumsatz erzielt hatte. Nach neun Jahren Abwesenheit, als politischer Häftling im KZ Dachau und im russischen KZ Sachsenhausen interniert, verfüge er über keinerlei Geldmittel und könne nicht mehr länger warten.

»Zuständigkeitshalber« reichte der Senator für Justiz und Verfassung Hespes Schreiben an den Senator für Arbeit und Wohlfahrt weiter. »Der Antrag kommt am 9. Oktober 1950 im beratenden Ausschuß zur Verhandlung, mit Ablehnung des Antrages ist zu rechnen«, wurde auf seinem Schreiben mit Bleistift vermerkt. Gleichzeitig bat das Amt für Soforthilfe das Amt für Wiedergutmachung um Auskunft, ob Hespe politisch Geschädigter bzw. Verfolgter im Sinne des Soforthilfegesetzes sei.

Dazu wurde Hans Hespe vom Amt für Wiedergutmachung im September 1950 vernommen (s. Anhang). Er machte seine Verhaftung durch das Polizeibataillon geltend, seine Untersuchungshaft, seine Verurteilung durch das SS- und Polizeigericht in Riga, seinen Aufenthalt im KZ Dachau und seine Verwundung bei »Dirlewanger«. Unter »Politischer Lebenslauf und Bemerkungen« vermerkte er handschriftlich:

»Ich war selbstverständlich nicht in der NSDAP oder einer ihrer Gliederungen. Auch nicht in der Arbeitsfront oder Luftschutzbund oder dergleichen. Ich war Kaufmann und stand in ewiger Opposition. Das ging aus meiner Korrespondenz hervor, die 1942 auf Anordnung der SS und Polizei in meinem Hause beschlagnahmt wurde [...] Diese gesamte Korrespondenz lag bei der Gerichtsverhandlung am 3. + 4. Sept. 1942 in Riga vor und war zum Teil Gegenstand der Anklage. Das Urteil wurde 1945 der KZ-Stelle eingereicht. Aufgrund dessen erfolgte meine Anerkennung.«

Menschlichkeit oder achtbare politische Überzeugung?

Drei Tage nach seiner Anhörung stand für den Sachbearbeiter als Fazit seiner Vorprüfung fest: Hespe könne nicht als politisch Verfolgter gelten. An seiner KPD-Zugehörigkeit bestünden zwar Zweifel, doch glaubte man die entscheidenden Gründe in seiner Haltung zu sehen: Seine Verfolgung sei aufgrund von militärischen Vorgängen erfolgt. »Hespe stellte sich krank, um ›nach hinten‹ zu kommen, ging auf Kosten der Kameraden. – Sein Verbleib hinter der Front wurde entdeckt; erst dann entschloß er sich, Meldung über unliebsame Vorfälle vorzubringen, die jedoch keine Bestätigung fanden«. Diesem Urteil schloss sich der Fünfer-Ausschuss an und lehnte den Antrag ab, da keine »Überzeugungstäterschaft« vorliege. Der vernehmende Beamte fertigte seinen Schlussbericht mit der entscheidenden Aussage: »Der § 1 des E.G. [Entschädigungs-Gesetz] erscheint nicht erfüllt, da eine politische Überzeugungstat dem vorliegenden Beweismaterial nicht entnommen werden kann.«

Die in der Begründung vorgebrachten Argumente stützten sich im Wesentlichen auf die Argumente des SS- und Polizeigerichts in Riga und scheinen von Vorbehalten getragen zu sein. Eine am 5. Mai 1950 in Bremen von Amts wegen vorgenommene Abmeldung verharmloste

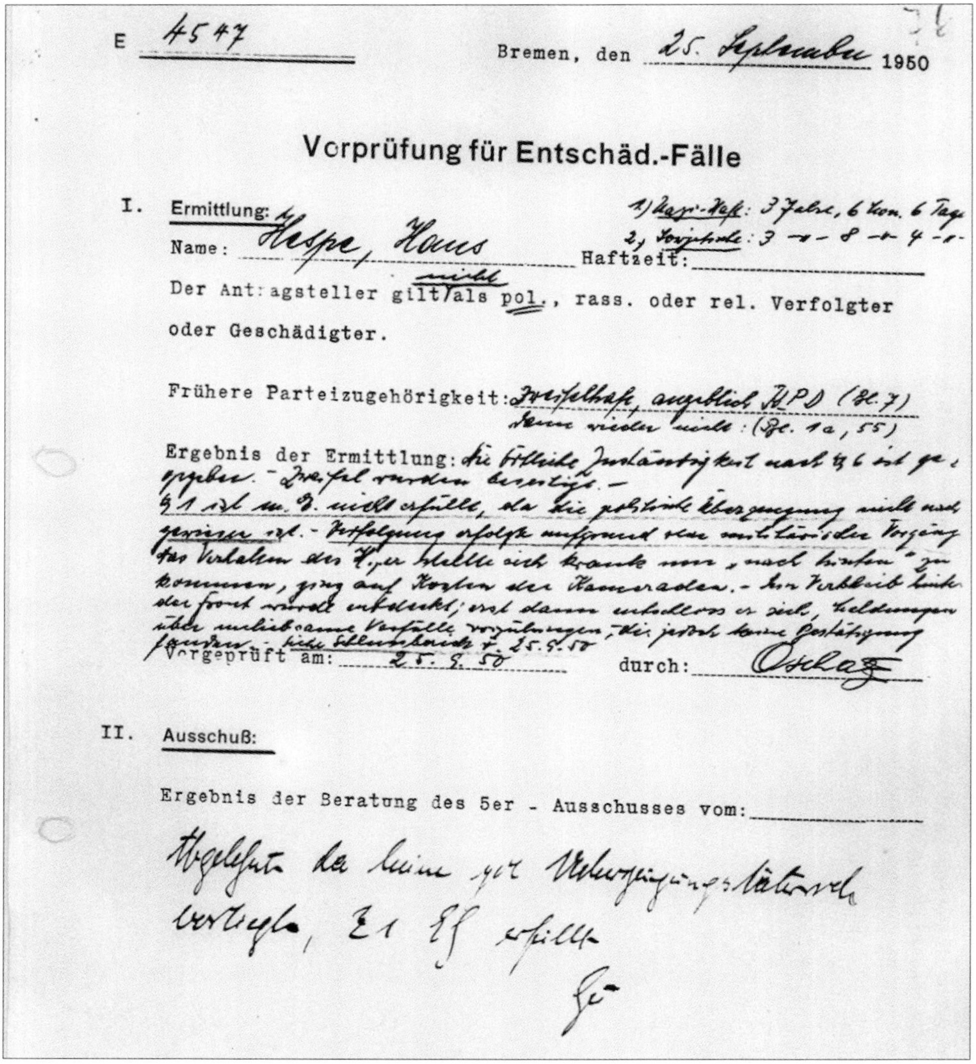

E 4547 Bremen, den 25. September 1950

Vorprüfung für Entschäd.-Fälle

I. Ermittlung:

Name: Hespe, Hans Haftzeit: 1) Nazi-Haft: 3 Jahre, 6 Mon. 6 Tage; 2) Sowjetzone: 3 – " – 8 – " – 4 – " –

Der Antragsteller gilt nicht als pol., rass. oder rel. Verfolgter oder Geschädigter.

Frühere Parteizugehörigkeit: Zweifelhaft, angeblich KPD (Bl. 7) dann wieder nicht: (Bl. 1a, 55)

Ergebnis der Ermittlung: Die örtliche Zuständigkeit nach § 6 ist gegeben. – Zweifel wurden beseitigt. –
§ 1 ist m. E. nicht erfüllt, da die politische Überzeugung nicht nachgewiesen ist. – Verfolgung erfolgte aufgrund eines militärischen Vorgangs: das Verhalten des H., er stellte sich krank um, „nach hinten" zu kommen, ging auf Kosten der Kameraden. – Der Verbleib hinter der Front wurde entdeckt; erst dann entschloss er sich, Meldungen über unliebsame Vorfälle vorzubringen, die jedoch keine Bestätigung fanden. – siehe Schlussbericht v. 25.9.50

Vorgeprüft am: 25.9.50 durch: Oschatz

II. Ausschuß:

Ergebnis der Beratung des 5er - Ausschusses vom:

Abgelehnt, da keine pol. Überzeugungstäterschaft vorliegt, § 1 EG erfüllt

Hespes Antrag auf Entschädigung wird in der Vorprüfung abgelehnt

man als »Unterbrechung«. Hespe habe sie selbst zu vertreten, da er sich in Bremen angeblich nicht mehr aufgehalten habe. Die Behörde rechtfertigte sich und bedauerte den Betroffenen: »In Wirklichkeit war er zwecks Regelung seiner Haftsache während der Nazi-Zeit nach Berlin gefahren und war dort von den russischen Behörden in Internierungshaft genommen worden [...] Der Fall Hespe ist sehr bedauerlich, da er einmal unter dem Nazi-Regime drei Jahre, sechs Monate und 6 Tage und zum anderen von den Russen drei Jahre, acht Monate und vier Tage in Haft gehalten wurde.« Die Nazihaft gelte als teilweise erwiesen, doch die angeführten Zeugen bestätigten »lediglich eidesstattlich« Hespes Haft im KZ und dass er sich dort einwandfrei geführt habe. Die Aussagen des Zeugen Roelle wurden im Wesentlichen als glaubhaft angesehen, doch habe er nicht erkennen lassen, ob Hespe damals »aus politischer Überzeugung oder aus Gründen der Menschlichkeit« handelte. Bezeichnend sei es jedoch, dass ein weiterer Zeuge sich geweigert habe, die ausgefertigte Bestätigung zu unterschreiben.[334] Und es falle auf, dass Hespe immer angebe, in einem »Geheimverfahren« verurteilt worden zu sein. Das inzwischen abschriftlich beigezogene Urteil weise aber keinen Geheimvermerk auf. Von der Anklage wegen »Zersetzung der Wehrkraft« sei Hespe [in einem Punkt] freigesprochen worden. Dass die Öffentlichkeit ausgeschlossen worden war und er sich durch keinen Anwalt seines Vertrauens vertreten lassen durfte, schien den beurteilenden Sachbearbeiter nicht zu interessieren. Er empfahl, vor der endgültigen Entscheidung das Feldurteil in seiner Gesamtheit durchzulesen. Dabei wurde seine Sichtweise deutlich:

»Soldat ist er zu keiner Zeit gewesen, außer kriegsbedingtem Einsatz bei der Polizei. Es soll ihm gern zugestanden werden, dass er ein ausgesprochenes Gerechtigkeitsempfinden besitzt. Im Urteil wurde er geradezu als ›Michael-Kohlhaas-Natur‹ bezeichnet. Als er dann zum Kriegseinsatz gekommen ist, war es ihm schwer, sich als Untergebener mil.[itärischen, d. Verf.] Befehlen unterzuordnen. H. ist gegen sogenannte ›Schweinereien‹, die zweifellos vorgekommen sind, eben aus seinem persönlichen Empfinden heraus, vorgegangen. Es hat allerdings auch teilweise den Anschein, daß er dieses verschiedentlich auf Kosten seiner Kameraden getan hat, indem er sich krank meldete, um einige Zeit hinter die Front zu kommen. Daß die Handlungen aus pol.[itischer, d. Verf.] Überzeugung heraus erfolgten, scheint nicht nachgewiesen; im Urteil tauchen jedenfalls pol. Momente überhaupt nicht auf.«

Schließlich »würdigte« der Sachbearbeiter Hespes Handeln im Spiegel stalinistischer Praktiken und fand die Entscheidung des SS- und Polizeigerichts in Riga noch vergleichsweise milde:

»Ich glaube auch, dass die Überlegung nicht abwegig ist, was H. widerfahren wäre, wenn er einer anderen, z. B. der russischen Armee angehört hätte und sich verhalten hätte, wie er dieses getan hat. Es ist bezeichnend, daß H. auf die vielen Schreiben, die er nach seiner Haftentlassung 1950 an russische Dienststellen richtete, bisher keine Antwort erhalten hat [...] Ich selbst komme zu der Überzeugung, dass hier eine Handlung aus achtbarer pol. Überzeugung nicht stattgefunden hat.«

Hespes Antrag auf Wiedergutmachung nationalsozialistischen Unrechts wurde nach Gehör des beratenden Ausschusses als unbegründet abgelehnt. Die bei Hespe festgestellten strafbaren Handlungen erschöpften sich in Vergehen gegen Dienstvorschriften, die auch von demokratischen Staaten nicht nur im Kriege, sondern auch in Friedenszeiten bestraft würden. Seine Bestrafung aus politischen Gründen sei nicht erwiesen. Aus den Briefen seiner Frau gehe hervor, dass er die Führung des Polizeibataillons bemängelt habe. Auch die Beweisaufnahme des SS-und Polizeigerichts ergebe, dass er die Vorgesetzten zu Unrecht der Feigheit bezichtigt habe. Dem beigebrachten Zeugnis des ehemaligen SD-Angehörigen Hans L. könne »keinerlei Wert« beigemessen werden. Dieser habe sich erst nach der Verurteilung mit den Akten Hespes befasst und die Begründung des SS- und Polizeigerichts nicht zu widerlegen vermocht.

Hespes Rechtsanwalt und Notar, mit dem er schon 25 Jahre zusammengearbeitet hatte, der auch vorübergehend als Abwesenheitspfleger bestellt war, attestierte ihm – verspätet – politische Motive. Dass Hespe die Entscheidung erstmals über eine fremde Behörde,

334 Gemeint war Joachim Fromm, der später als Zeuge für Hespe aussagte.

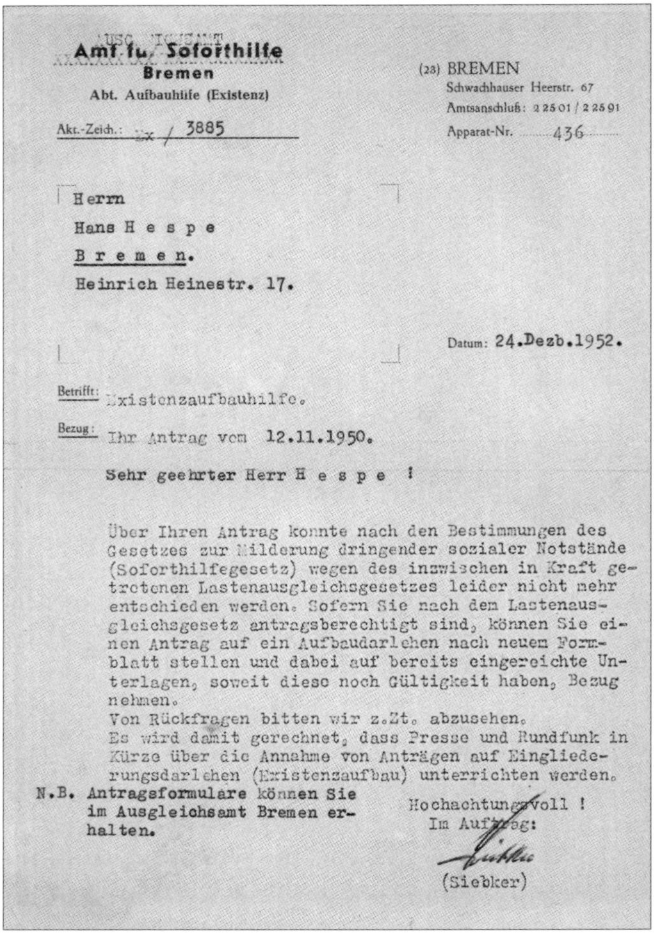

Amt fu. Soforthilfe
Bremen
Abt. Aufbauhilfe (Existenz)

Akt.-Zeich.: / 3885

(23) BREMEN
Schwachhauser Heerstr. 67
Amtsanschluß: 22501 / 22591
Apparat-Nr. 436

Herrn
Hans H e s p e
B r e m e n.
Heinrich Heinestr. 17.

Datum: 24.Dezb.1952.

Betrifft: Existenzaufbauhilfe.

Bezug: Ihr Antrag vom 12.11.1950.

Sehr geehrter Herr H e s p e !

Über Ihren Antrag konnte nach den Bestimmungen des Gesetzes zur Milderung dringender sozialer Notstände (Soforthilfegesetz) wegen des inzwischen in Kraft getretenen Lastenausgleichsgesetzes leider nicht mehr entschieden werden. Sofern Sie nach dem Lastenausgleichsgesetz antragsberechtigt sind, können Sie einen Antrag auf ein Aufbaudarlehen nach neuem Formblatt stellen und dabei auf bereits eingereichte Unterlagen, soweit diese noch Gültigkeit haben, Bezug nehmen.
Von Rückfragen bitten wir z.Zt. abzusehen.
Es wird damit gerechnet, dass Presse und Rundfunk in Kürze über die Annahme von Anträgen auf Eingliederungsdarlehen (Existenzaufbau) unterrichten werden.

N.B. Antragsformulare können Sie im Ausgleichsamt Bremen erhalten.

Hochachtungsvoll !
Im Auftrag:
(Siebker)

Hespe wollte sich eine neue Existenz aufbauen

den Soforthilfeausschuss, erfuhr, wurde von der Entschädigungsbehörde als »peinlich« vermerkt.

Noch während seiner Internierung in Sachsenhausen 1949 hatte ihm das Amt seine Verurteilung durch das SS- und Polizeigericht bescheinigt, auch, dass er seit Januar 1943 im Konzentrationslager Dachau eingesessen hatte, und argumentiert: »Da er vor 1933 Mitglied einer antifaschistischen Partei gewesen ist, dürfte die politische Tendenz seiner Haft außer allem Zweifel liegen. Wir können ihm bei erneuter Beantragung des KL-Ausweises den Paß nicht absprechen.«

Bereits im November 1945 hatte Hespe bei der KPD Hilfe zu finden versucht und mit dem Hinweis, dass er vor 1933 in der KPD tätig gewesen sei, der KZ-Betreuungsstelle Bremen, Schüsselkorb Nr. 3, geschrieben: »Ich trete hiermit wieder in die K.P.D. ein, bitte daher, das weitere zu veranlassen.« Doch darüber fanden sich weder im Antrag noch in seiner Vernehmungsniederschrift Hinweise. Auch in seinem Meldebogen zur Entnazifizierung hatte er angegeben, in keiner Partei gewesen zu sein.[335]

335 Angaben im Meldebogen G 1026 vom 9.5.1947 (StAB, 4, 66 -XXV.1.c.).

7. Der Rechtsstreit

Gegen den ablehnenden Bescheid der Behörde legte Hespe Widerspruch ein. Damit begann ein Rechtsstreit, der erst viele Jahre später beendet sein sollte. Dieses Verfahren dokumentiert nicht nur Hespes Hartnäckigkeit im Kampf um seine Auffassung von Recht und Gerechtigkeit. Es wurde zum Schlüssel, der verschiedene Türen einen Spalt öffnete: im Kriegseinsatz, im KZ Dachau und im neuen Deutschland. Sein Rechtsstreit offenbart alte und neue Denkstrukturen, erlaubt Eindrücke von den Männern im Polizeibataillon, von Korpsgeist und Korruption, Manipulation und Subordination, Egoismus und Opportunismus. Auf die bundesdeutsche Entschädigungsjustiz fallen »braune« Schatten.

Als Erstes verwies Hespe auf fehlende Zeugenaussagen vor der Entscheidung. Auch habe er niemals behauptet, der KP angehört zu haben, betonte er und blieb dabei, dass es sich in Riga um ein Geheimverfahren gehandelt habe.

Seinen Bataillonskommandeur als »Feigling Nr. 1« und den Kompanieführer Theodor Westphal als »Feigling Nr. 1 der 2. Kompanie« bezeichnet zu haben, bestritt er nicht. Er bekannte, sich nicht zu schämen, Meldung bei der Wehrmacht gemacht zu haben. Doch er bestritt die Rechtsgültigkeit der Entscheidung des SS- und Polizeigerichts, verwies auf seine mehrfachen Vorladungen beim SD und ersuchte um erneute Überprüfung im beratenden Ausschuss. Man folgte seiner Bitte, ihn zu dieser Verhandlung ins »Haus des Reichs« zum Vortrag einzuladen.[336]

Drei Zeugen, ehemalige Angehörige des Reserve-Polizeibataillons 105, versuchten, den politischen Charakter seiner Verurteilung zu untermauern. Ihre eidesstattlichen Erklärungen ließen den Hass Hespes auf die SS erkennen, verdeutlichten den Korpsgeist seiner »Kameraden«, den offenen und subtilen Terror in der Truppe und in der Justiz, sprachen vom Hass gegen Helwes und dem Machtpoker zwischen Wehrmacht und SS.

Seinem ersten Zeugen Hans L., dem ehemaligen SD-Mann, habe er zu verdanken, dass es nach den Vorladungen zum SD bei Verwarnungen geblieben sei. Der habe das fast Unmögliche geschafft, für 24 Stunden Einsicht in die damalige Original-(Geheim-)Akte in Riga zu bekommen. Hespe, der ihn bereits vor dem Krieg kannte, wollte ihm zwar verbunden gewesen sein, aber niemals ganz nahegestanden haben.

Der Inhaber eines Malergeschäfts in der Humboldtstraße bezeugte, dass er sich beim SD bereits vor der Verurteilung öfter mit Hespe befassen musste. Er erinnerte sich an einen Zusammenstoß mit Hespe, den die Chefs der 1. und 3. Kompanie, Petersen und Dittmar, an ihn herangetragen hatten.[337] Durch diese SS-Angehörigen sei Hespe in Verruf gekommen. Die internen Kenntnisse des Zeugen, der »allerlei Männer in der Polizei« kannte, kennzeichneten nicht nur Hespes Einstellung und Verhalten. Aus den Schilderungen der Männer, gab er vor, auch die Vorgänge im Polizeibataillon 105 zu kennen und offenbarte sein eigenes Verhalten: »Heute kann ich feststellen – damals durfte ich es nicht – dass Hespe grundsätzlich voll im

336 Ladung für den 25.10.1950, Schreiben vom 13.10.1950 (VWE).

337 Ernst Petersen und Fritz Dittmar waren SS-Angehörige, Hauptleute der Schutzpolizei und Kompaniechefs im Res.-Pol.Batl. 105: Petersen in der 1. Kompanie, Dittmar in der 3. Kompanie.

Recht war. Es herrschten tolle Zustände. Aber man konnte derzeit Hespes Art nicht durchgehen lassen.« Das Gericht habe ihn als einen Fanatiker, als Fantasten und als überempfindlich bezeichnet und zu verstehen gegeben: »Aber was sollen wir machen, wenn wir nur Hespes in der Armee hätten.« Jeckeln habe zu Hespe gesagt: »Das ist schwer, was sie sagen, - aber trotzdem, das gehört sich nicht - und wehe, wenn Sie darüber sprechen, ich lasse Sie in Ketten legen. Ich möchte in Ihrer Haut nicht stecken.« Der habe schon gewusst, was er mit Hespe machen wollte! Der Ankläger habe diesen als »seinen schwierigsten Fall« bezeichnet. Hespes Verhalten sei wohl einmalig in der Geschichte dieses Krieges gewesen. Wiederholte Vorhalte wegen seiner soldatischen und politischen Auffassung hätten ihn nicht einsichtig und vorsichtig gemacht. »Die SS war ihm wohl besonders verhaßt, dass er sie immer wieder reizte, obwohl er doch nun wußte, dass er hinreichend genug belastet war. Es bedurfte doch nur eines kleinen Funkens, um ihn zu verderben.«

Die beschlagnahmte Korrespondenz habe ihn dann völlig kompromittiert, denn es sei zu weit gegangen, die SS als Säufer, Sadisten, Hurenböcke, SS-Halunken, Mörder, Verbrecher, Gangster, SS-Marodeure und Plünderer zu bezeichnen. Seine Gegnerschaft zum Nazismus hätte er nicht in »offenen Briefen« so zu erkennen geben dürfen. Deswegen habe er »ausgemerzt« werden müssen. Und irgendwelche Gnadengesuche seien daher völlig aussichtslos gewesen.[338]

Auch die beiden ehemaligen Angehörigen seiner Einheit, Karl Roelle und Joachim Fromm, versuchten den politischen Charakter der Verurteilung Hespes eidesstattlich zu bestätigen. Karl Roelle, der sich bereits früher für ihn eingesetzt hatte, ergänzte seine Aussagen. Der politische Gegensatz in den Auffassungen der vorgesetzten Führer und Unterführer des Bataillons habe zwangsläufig Differenzen ergeben, die sich in dem vor dem SS- und Polizeigericht anhängigen Verfahren ausgewirkt hätten. Die Offiziere hätten sich in gemeinster Weise gegen die Mannschaft benommen, seien notorische Feiglinge gewesen, deren Fahrlässigkeit den Tod vieler Kameraden verursacht habe. Ihr Verhalten gegenüber Kriegsgefangenen, »Partisanen« oder der russischen Zivilbevölkerung blieb unerwähnt.

Die Wehrmacht habe das Verfahren an das SS- und Polizeigericht in Riga abgeben müssen. Die damaligen Umstände und die Justizauffassung der SS habe Hespe keine Chance gelassen. »Er war ein Widerspruchsgeist und als Antifaschist verschrieen und musste weg [...] Jeder wußte, dass Hespe die Wahrheit gesagt hatte und hier wurde er wegen falscher Anschuldigung verurteilt. Jeder Mann wusste, daß hier uferloses Unrecht geschehen war. Wir haßten alle Helwes und seine Clique und glaubten alle, daß diese anläßlich dieses Prozesses zur Verantwortung gezogen würden.« Keiner habe sich dagegengestellt. Der Fall Hespe sei eindeutig genug gewesen. Das Urteil gegen Hespe bezeichnete Roelle als glattes Fehlurteil oder als ein Urteil, dem ganz besondere Beweggründe zugrunde gelegen hätten, nämlich die, den unbequemen und politisch unzuverlässigen Hespe zu beseitigen. Es habe eine Terrorjustiz geherrscht und Hespe sei ihr Opfer geworden.

Roelle wies auf das amerikanische Kriegsverbrechergericht hin, das den Fall Hespe 1945 aufgerollt und ihn rehabilitiert habe. Hespe habe 1942 die volle Wahrheit gesagt. Von ihm benannte Zeugen habe man 1942 nicht gehört, weil man die Wahrheit nicht wissen wollte

338 Schreiben Hans L. vom 10.10.1950 (VWE).

und nur Grund gesucht habe, Hespe zu vernichten. Hespes Kampf gegen die Willkür des Nazitums hätten die Amerikaner als »eine politische Großtat« bezeichnet.«[339]

Joachim Fromm, der zuvor eine vorbereitete eidesstattliche Erklärung nicht unterschrieben hatte, versuchte jetzt, Hespe zur Seite zu stehen. Die Aussagen Roelles bestätigte er in vollem Umfang, auch die ständigen Differenzen Hespes gegenüber dem Offizierskorps und den Wahrheitscharakter seiner Beschwerden. Er ging auf die Unfähigkeit seiner Offiziere ein und berichtete, dass die Einheit Ende 1941/Anfang 1942 in Kämpfe verwickelt gewesen sei, die dem Bataillon erhebliche Verluste eingebracht hätten. Die 2. Kompanie sei zum Schluss nur noch mit etwa 15 Mann im Fronteinsatz vertreten gewesen.

Hespe habe keinerlei nationalsozialistischen Organisationen angehört und aus seiner Meinung kein Hehl gemacht. Seine »staatsfeindlichen Äußerungen« hätten mehrfach die Aufmerksamkeit seiner Vorgesetzten auf sich gezogen. Ein persönlicher Zusammenstoß Hespes mit den SS-Offizieren Dittmar und Petersen habe sich sehr nachteilig auf sein »politisches Führungszeugnis« ausgewirkt. Fromm gab sich überzeugt, dass es in erster Linie Hespes allgemein bekannte staatsfeindliche Einstellung gewesen war, die zu seiner Verhaftung geführt hatte.

Wie Roelle verwies er darauf, dass der Bataillonskommandeur das Urteil von Riga später in Holland als abschreckendes Beispiel verlesen habe. Im Kameradenkreise sei es mit größter Empörung aufgenommen worden, »aber keiner wagte, etwas dagegen zu unternehmen, um nicht in eine gleiche oder ähnliche Lage wie Hespe zu geraten«. Hespe sei zu offen und als Querulant unbequem gewesen und habe verschwinden müssen. Im Unterschied zu Riga, wo keinerlei Zeugen zugelassen gewesen seien, hätten die Amerikaner 1945 über 50 Zeugen verhört.[340]

In der zweiten Oktoberhälfte scheiterte die Verhandlung vor der Behörde, da eine gütliche Einigung nicht möglich war. Hespes Antrag wurde als unbegründet zurückgewiesen, »da ein Nachweis, daß der Antragsteller aus Gründen seiner politischen Überzeugung inhaftiert gewesen ist, nicht erbracht wurde«. Jetzt sollte ihm Justitia helfen.

Was kann die Wiedergutmachungskammer wiedergutmachen?

Hespe klagte im November 1950 vor der Wiedergutmachungskammer (Entschädigungskammer) des Landgerichts Bremen.[341] Er trug seine inzwischen bekannten Argumente vor. Das Verfahren vor dem SS- und Polizeigericht bezeichnete er als »Farce«, die Anklagepunkte als konstruiert, um ihn auf diese Weise als politischen Gegner unschädlich zu machen.

Um zu klären, ob er als politisch Verfolgter anerkannt werden könne, forderte die Enschädgungskammer Hespe auf, die bezeichneten Hergänge chronologisch und systematisch mit allen wesentlichen Einzelheiten darzulegen und dabei auch die einzelnen Vorgänge - nicht summarisch - zu beweisen.[342] Die Kammer bat ihn, zu den Geschehnissen und seiner damaligen politischen Einstellung Stellung zu nehmen.

339 Vgl. Affidavit (VWE, Bl. 22).

340 Affidavit E.F., o. D., Bl. 99 (ebd.).

341 Schreiben des RA J. J. Schroeder vom 2.11.1950 (VWE, R.-Akte I).

342 Beweisbeschluss der Entschädigungskammer vom 9.4.1951 (VWE).

Daraufhin verfasste Hespe im April 1951, sechs Jahre nach Kriegsende, einen 16-seitigen weitschweifigen Bericht, in dem er auf verschiedene persönliche und politische Aspekte einzugehen versuchte.[343] Zu Beginn bat er darum, an sein Gedächtnis nicht allzu hohe Ansprüche zu stellen und er verwies auf die Zeugen, die nicht ganz so schwere Jahre hinter sich hätten.

An der Art der Verhandlung sowie an den Bemerkungen des Anklägers und des Richters in Riga meinte er erkannt zu haben, dass der seinerzeitige Prozess gegen ihn den Zweck hatte, ihn als politischen Gegner unschädlich zu machen.

Er ging auf seine politische Einstellung, Haltung und Betätigung ein. Einerseits sei er zu jung gewesen, erklärte er, um sich ernsthaft mit politischen Dingen zu beschäftigen, andererseits habe er ganz andere Sorgen und Ziele gehabt, und er betonte, nicht der NSDAP oder irgendeiner ihrer Gliederungen angehört zu haben. Er erinnerte an den Verlust seiner Eltern und Geschwister, an seine schweren Jahre bei fremden Leuten und daran, dass er mit 17 Jahren auf eigenen Füßen gestanden hatte. Eine ganz andere Auffassung von Nöten des Lebens habe er kennengelernt, »als jene verkrachten und gestrauchelten Existenzen«, die ihm bei der Polizei als Vorgesetzte vor die Nase gesetzt worden seien. Erst ab 1933 will er sich mit den Problemen des Nationalsozialismus beschäftigt und ihnen zunächst abwartend gegenübergestanden haben. Nach und nach aber sei er zu der klaren Überzeugung gelangt, dass eine Diktatur, die solch widersinnige Ziele und Methoden verfolge, zu Chaos und Weltkrieg führen werde. Die vorgesetzten Lügen, die Stimmen der Welt und erst recht das Jahr 1938 hätten wohl jedem klar denkenden Menschen die Folgen eines derartigen Lügen- und Gewaltregimes angezeigt. Er bekräftigte seine grundsätzlich ablehnende Einstellung. Der Krieg habe nur zu gut seine Gedankengänge bestätigt. »Mein eigenes Erleben während des Krieges und all das Unbarmherzige und Grässliche, was man am Rande sah, führte zu restloser Ablehnung und Abscheu. Doch wenn man dieses allzu offen kundtat, kam man nach Dachau.« Zuneigung oder Zugehörigkeit zum Kommunismus wies er von sich, wollte auch niemals erklärt haben, der KP angehört zu haben. Ein in der Akte vorliegendes Schreiben sei nicht von ihm. Das Datum dieses Schreibens erweise, dass er zu der Zeit im KZ Sachsenhausen gewesen sei.

Er beschrieb sein gestörtes Verhältnis zu den Führern und Angehörigen der SS im Reserve-Polizeibataillon 105 und verdeutlichte, dass er sich durch ihre »weltanschauliche Schulung«, ihre Unfähigkeit und Verlogenheit herausgefordert gesehen hatte. Er habe die Geschehnisse aus der Perspektive des Kaufmanns betrachtet, der es zu etwas gebracht hat. Durch seine Verbindungen zum Ausland habe er die Auffassung der Ausländer gekannt und die Einschränkung des Handels erlebt, die von Hitler angestrebte Autarkie einerseits und die Isolierung Deutschlands seitens des Auslandes andererseits, sowie die Empörung der Welt über die Reichskristallnacht, den Reichstagsbrand, den Vierteljahresplan und vieles mehr. Danach habe er sich ein Urteil gebildet: Ablehnung. Als »Inbegriff der Unnatur« habe er es betrachtet, dass ein Volk ohne den Güteraustausch mit anderen Völkern leben wollte.

Die Glorifizierung von Persönlichkeiten nannte er als Beispiele bodenloser Verlogenheit und Zeichen menschlicher Verworfenheit. Die Auseinandersetzungen mit den Offizieren und sein gestörtes Verhältnis zu den meisten von ihnen bildeten den Kern seiner Argumentation.

343 Bericht (14 Seiten mit zweiseitiger Ergänzung) vom 16.4.1951, betr.: AZ 2024/1950 (E) - (s. Anhang: Hespes Berichte).

Er zielte auf ihre kampflos erworbenen Orden- und Ehrenzeichen, ihren Umgang mit harmlosen Zivilisten, die Erschießung von Kriegsgefangenen, ihre Beutegier und Korruptheit. Daraus hätten sich auch seine Motivation und sein Mut zur Meldung ergeben. Er habe die Meldung in der Überzeugung erstattet, dass die Zustände eine Änderung erforderten und dass die höhere Führung sie auch nie dulden würde. Es habe ihm Kraft gegeben, dass er seine Pflicht bis zum Schluss erfüllt habe. Doch der Spieß sei umgedreht worden.

Einer »höheren Fügung« schrieb es Hespe zu, dass er wegen seines Verhaltens und seiner Äußerungen nicht schon längst liquidiert und dass er »vor dem Allerletzten bewahrt« worden sei. Gründe, ihn einzusperren, hätten genug vorgelegen, ohne dass es eines so umfangreichen und verzerrten Urteils bedurft hätte. Seiner Erbitterung habe er Luft gemacht, die Wege und Methoden des seinerzeitigen Regimes kritisiert und die Vorgesetzten seine Verachtung fühlen lassen. Sich selbst habe er von dem Gefühl leiten lassen, dass ihm ja keiner etwas antun könne. Denn als Schuldbeladene würden diese still sein und sie seien ja auch viel zu feige – eine Fehleinschätzung.

Als er in der Tinte saß, sei ihm bewusst geworden, in welcher Gefahr er schwebte. Fast alle, die später KZs kennenlernten, hätten diesen Moment erlebt, vermutete er. Viel zu verbittert sei er gewesen, um dabei an sich selbst zu denken, doch der Gedanke an seine Familie habe zu erheblichen Selbstvorwürfen geführt: »Ich glaube, ich hätte in dieser Situation einen Pakt mit dem Teufel geschlossen.«

Er schilderte seine Begegnungen und Erlebnisse im Verfahren mit Jeckeln und im Gefängnis von Riga.

Er behauptete, dasselbe wie in Riga anschließend in Dachau erlebt zu haben und überzeichnete: 36 Todesurteile gegen die Lagerführung allein im ersten Dachauprozess nach dem Zusammenbruch nannte er einen deutlichen Beweis für die Geschehnisse im Lager. Bei jedem Rapport sei er zugegen gewesen. Vom Hauptamt SS-Gericht München seien höhere Offiziere gekommen, auch einer aus Berlin, um mit ihm zu sprechen. Für die Kommandantur sei er ein rotes Tuch gewesen. Bei der letzten Vorstellung vor seiner Kommandierung zu Dirlewanger habe er sich zum Rapport gemeldet. Dem Kommandanten habe er zu verstehen gegeben, »fünf Minuten vor zwölf« kein Interesse zu haben, noch an die Front zu gehen, sich Löcher in den Bauch schießen zu lassen und für eine verlorene Sache zu sterben. Dieser habe ihn ganz fürchterlich angebrüllt und mit dem »Pfahl« [Erschießen, d. Verf.] gedroht. Dann habe er ihm »gute Ratschläge« erteilt, bevor sich am 20. Februar 1945 »der letzte Akt« mit einer Ansprache an die etwa 70 Dirlewanger-Männer geschlossen habe. Hier sei er erwähnt und ermahnt worden. Er sei dem Rat des Kommandanten gefolgt, habe sich in München in ein Wehrmachtsheim gesetzt und an Himmler einen Protest geschrieben, der an Deutlichkeit nichts zu wünschen übrig gelassen habe, doch unbeantwortet geblieben sei. Himmler, nach dem 20. Juli 1944 auch Chef des Ersatzheeres, hatte ganz offensichtlich anderes zu tun.

Hespe gestand ein, gar keine Veranlassung gehabt zu haben, mit irgendjemand anderem als mit sich selbst darüber zu hadern, nach Dachau gekommen zu sein: »Ich hatte mein Schicksal selbst verschuldet und war mir selbst dafür verantwortlich.« Er habe sich durchbeißen müssen und sich selbst gegenüber verpflichtet gesehen, Haltung zu bewahren.

Erneut bat er darum »auf Zeugen zurückzugreifen, die nicht ganz so schwere Jahre hinter sich haben und in deren Erinnerung die seinerzeitigen Vorgänge besser haften blieben«. 88 Monate KZ hätten sein Gedächtnis getrübt.

Er verwies auf Staatsanwalt Borchers, einen der vorzüglichsten Männer im Bataillon, der auch das Tagebuch geführt habe.[344] Dieser allen als vernünftig und besonnen bekannte Mann sei im Januar 1942 »explodiert« und habe in seinem Zorn alle Offiziere als Verbrecher und Feiglinge bezeichnet, die an die Wand gestellt werden müssten. Der mit Helwes befreundete Stabsarzt habe ihn zur Rede gestellt und von Borchers als Antwort erhalten, dass er genau so einer sei und aufgehängt gehörte. Nachdem der Stabsarzt Meldung gemacht hatte, sei Borchers am nächsten Morgen zum Kommandeur befohlen worden, doch habe man diese Affäre totgeschwiegen. Borchers würde bestätigen, dass er seinerzeit zur Meldung gebracht worden wäre, hätte nicht gerade wenige Tage vorher der Skandal mit Hespe begonnen.[345]

Im Unterschied zu den anderen, seien in der 3. Kompanie viele alte Angehörige der Sozialdemokratie gewesen. Zu dieser Kompanie habe auch der Zeuge Fromm gehört, zu dem er sich hingezogen gefühlt habe. Er sei in Ungnade gefallen, als man ihn zum Offizier befördern wollte und er mit den Worten abgelehnt habe: »Ich werde meinen Geburtsschein nicht vergessen. Ich stelle mich nicht mit Lumpen und Verbrechern auf eine Stufe.« Das sei verdammt kühn gewesen, aber kennzeichnend für die Einstellung der Mannschaft zum Offizierskorps.

Hespe berief sich auf den Zeugen Walter Hahnemann, der vor wenigen Wochen aus Amerika nach Bremen zurückgekehrt war. Dieser habe vor dem Kriege fast täglich in seinem Hause verkehrt, auch in den ersten zwei Jahren des Krieges. Er könne Aufschluss über seine politische Einstellung geben.

Allein schon durch seine Isolierung in Riga und die Überstellung in das KZ Dachau sah Hespe den politischen Charakter der Sache unterstrichen. Er verwies auf seine Anerkennung durch die amerikanische 7. Kriegsverbrecherkommission. Major Boyd habe in diesem Zusammenhang seine Handlung »als eine politische Grosstat« bezeichnet. Rege Anteilnahme maßgeblicher Berliner Persönlichkeiten an seinem seltsamen und harten Schicksal habe er feststellen können und viel Förderung erfahren – insbesondere durch die Stadtverordnete Frau Jeanette Wolff – mit der ihn Erinnerungen an gemeinsame schwere Zeiten in Riga verbunden hätten.[346]

Zum Schluss des Berichtes raffte Hespe sein Kriegs- und Nachkriegsschicksal. Als »Gipfel allen Unglücks« nannte er sein »widersinniges« Festhalten durch die Russen im berüchtigten Sachsenhausen, wo er das Sterben von 30 000 unglücklichen Menschen erlebt habe.[347]

Hindernisse statt Hilfe seien ihm bisher in der Hansestadt begegnet, hielt er den Verantwortlichen in Bremen vor und versuchte sie zu erweichen: »Lässt die besondere Tragik eines

344 Der1902 geborene Wilhelm Borchers war Jurist. Im Juni 1945 bat der Senator für Justiz und Verfassung den Kommandeur der Schutzpolizei Bremen darum, den Hilfspolizisten Borchers zu entlassen, um ihn in Bremen als Hilfsrichter einzusetzen (StAB 3-P.1.a. Nr. 1315). Am 30. Juni 1945 vereidigte ihn der Gerichtsoffizier der Militärregierung. Ende 1945 schied er als Hilfsrichter beim Grundbuchamt aus. Seine Zulassung als Rechtsanwalt gab er zum Jahresende 1950 auf. Seine Rechtsanwaltsakten sind nicht auffindbar (Schreiben LG Bremen, Der Präsident, vom 2.9.2005 an Staatsarchiv Bremen). Er verstarb am 21.10.1958 (VH, Bd. IV, Bl. 839).

345 Vgl. Hespe-Bericht 1964.

346 Wo und wie sich beide begegneten, bleibt dunkel. Im Zeitrahmen seines Aufenthalts in Riga war Jeanette Wolff hauptsächlich einem »Nähkommando« zugeordnet. Vgl. Deportation ins Rigaer Getto in: Gunter Lange: Jeanette Wolff: 1888 bis 1978. Eine Biographie. Bonn 1988, S. 42–62.

347 Die genaue Zahl der Toten im Speziallager Sachsenhausen wird nicht mehr zu ermitteln sein. Von den etwa 60 000 Internierten seien etwa 13 000 ums Leben gekommen (Pressemitteilung der »Gedenkstätte und Museum Sachsenhausen« Nr. 024/00 vom 20.3.2000), mindestens 12 000 nach Katalog Sachsenhausen 2005, S. 378.

derart harten Schicksals es unsere Stadtväter nicht angeraten erscheinen, einem Menschen [...] die helfende Hand zu reichen und ihm die Möglichkeit zu geben, sich wieder eine Existenz zu schaffen und ihm so den Weg zurück in das Leben zu ebnen?«

Das Gericht will Beweise

Sieben Zeugen sollten vor Gericht bekunden, dass Hespe als politischer Gegner vom SS- und Polizeigericht »unschädlich« gemacht worden war.[348] Vor der Entschädigungskammer des Landgerichts Bremen erschien im Juli 1951 als Erster der 43-jährige Kaufmann Karl Roelle. Zweimal hatte er sich im Vorverfahren bereits schriftlich geäußert. Er kannte Hespe schon seit 1939 aus der gemeinsamen Ausbildungszeit in Bremen, aus Unterhaltungen in der Lettow-Vorbeck-Kaserne und aus dem späteren gemeinsamen Einsatz im Polizeibataillon in Russland. Die Angehörigen des Reserve-Polizeibataillons 105 bezeichnete er insofern als eine homogene Schicht, als sie alle schon um die dreißig waren, außerdem als Kaufleute oder in ähnlichen gehobenen Berufen tätig waren und sich unter den Mannschaften relativ wenige Nationalsozialisten befunden hätten. Und über Hespe bemerkte er vorab: »Schon gleich fiel er mir auf durch seinen Charakterkopf [...] auch durch seine Art als Widerspruchsgeist und jemand, der kein Blatt vor den Mund nahm.« Bereits in Oberneuland sei es mit dem Führer der 1. Kompanie, Hauptmann Ernst Petersen, einem typischen SS-Offizier, häufig zu Differenzen gekommen, die diesen wiederum veranlasst hätten, Hespe beim SD wegen Wehrkraftzersetzung zu denunzieren. Dies sei im Bataillon Tagesgespräch gewesen. Nicht nur die Politik der nationalen Autarkie der Nazis habe Hespe abgelehnt. Den Krieg und die Judenverfolgung habe er ebenso verurteilt wie die Rassentheorie. »Der Adolf ist so blöde, daß er gegen die ganze Welt Krieg führen will, und er wird ihn verlieren,« habe er geäußert, und als in Bremen die ersten Bomben fielen: »Die Nazis schaffen es, daß unsere ganze schöne Heimat zerstört wird; wenn das so weiter geht, wird man ganz Deutschland in Schutt und Asche legen; wir müssen etwas dagegen tun.«[349]

Roelle erinnerte sich an Russland und daran, dass die 2. Kompanie, der Hespe und er angehörten, kurz vor seiner Verhaftung in Kempolowo lag. Dort habe er Kameraden in seinem Sinne zu beeinflussen versucht und es sei zu heftigen politischen Auseinandersetzungen mit zwei Kameraden gekommen, die SA-Leute waren. Dass Hespe in Ljuban, einige Kilometer entfernt, auf der Straße den Hauptmann Westphal als Feigling beschimpft habe, sei Kompaniegespräch gewesen.

Als Hespe von der nahe gelegenen Wehrmachtstation zurückgekommen war, um die Offiziere des Polizeibataillons wegen ihres Verhaltens, ihrer Feigheit, der Partisanenbehandlung und Gefangenenerschießung anzuzeigen, sei er eingesperrt worden. Dass er die Offiziere vor ein Wehrmachtsgericht bringen wollte, um sie zu entlarven, habe er bereits vorher geäußert und sich vier Kameraden anvertraut, von denen er annehmen konnte, dass sie die Courage

348 Karl Roelle, Albert Laube, Hans L., Gustav Heuss, RA Schroeder, Joachim Fromm und RA Borchers, vgl. Schreiben des RA J. J. Schroeder vom 2.11.1950 (VWE, R.-Akte I).

349 Aussage Karl Roelle am 14.7.1951 in der Öffentl. Sitzung vor der Entschädigungskammer des LG Bremen unter dem Einzelrichter Friedmann (VWE).

aufbrächten, auch vor einem Kriegsgericht für ihn auszusagen, darunter er und Staatsanwalt Borchers.

Die kurz nach der Festnahme Hespes im Bataillon gehörten Zeugen hätten jedoch ausgesagt, dass sie gegen ihren Hauptmann nichts Schlechtes sagen könnten. Die Betreffenden, so habe man erzählt, seien in diesem Zusammenhang kurze Zeit später befördert worden. Er berichtete von Hespes »Strafversetzung« und von den aus Riga geschriebenen Briefen, die geöffnet wurden und in denen er seine Meldung an die Wehrmacht sowie die näheren Umstände beschrieben habe.

Erzählt worden sei auch, die Clique der Offiziere, und zwar sowohl die des Bataillons als auch die in Riga, habe mithilfe des Reichsführers Himmler die Sache der Wehrmacht aus der Hand genommen und ein Verfahren gegen den Kläger vor dem SS-Polizeigericht in Szene gesetzt. Auf diesem Wege sei es nunmehr gelungen, den Kläger zum Schweigen zu bringen.

Erst im Sommer, als die Polizeieinheit in Holland lag, hätten alle in Tilburg von Hespes Verurteilung erfahren. Dort habe Major Helwes vor dem ganzen Bataillon die Urteilsformel verlesen und daran eine Ansprache geknüpft. Dem Sinne nach habe er ausgeführt, alle sollten sich dies als Mahnung dienen lassen und sehen, wohin es führen würde, wenn man Zersetzungspolitik betriebe und sich gegen den Führer auflehne.

In Holland sei auch erzählt worden, man hätte sich nicht gescheut, den Kläger wegen seines früheren Verhaltens einen Kopf kürzer zu machen, wenn man nicht befürchtet hätte, dass ein solches Urteil einige Kameraden veranlasst hätte, den Fall erneut aufzugreifen.[350]

Der 62-jährige Rechtsanwalt Schroeder erklärte, Hespe nur aus gelegentlichen Gesprächen mit seinem verstorbenen Sozius Dr. Aschauer zu kennen. Doch wusste er, dass dieser seinen damaligen Mandanten gewarnt habe, antinazistische Äußerungen in der Öffentlichkeit zu machen.[351]

Hans L., der bereits im Vorverfahren gehörte 40-jährige Kaufmann, konnte damals als Zugführer und Angehöriger des SD seine Kameraden bespitzeln. Den »Fall Hespe« beim SD habe er »bearbeitet«, räumte er ein, nachdem es mit den SS-Offizieren Petersen und Dittmar in Bremen 1940 oder 1941 einen Zusammenstoß gegeben hatte. Um »abträgliche Äußerungen in Hinsicht auf den Krieg und auch gegenüber dem System« sei es gegangen. Der Bericht von Dittmar sei damals Anlass gewesen, Hespe in die SD-Kartei aufzunehmen.

Die vor der Verurteilung beschlagnahmte Korrespondenz habe Hans L. als Zeuge selbst gelesen. Deren Inhalt hätte ausgereicht, Hespe sofort durch die Gestapo festnehmen zu lassen. Nachdem Frau Hespe ein Gnadengesuch eingereicht hatte, seien die Akten als Strafakten des SS- und Polizeigerichts an den SD gelangt. Sie hätten mit einem Bericht von Major Helwes begonnen. Er erinnerte sich an die in der Strafakte niedergelegten inkriminierten Äußerungen des Klägers. Auch ein an den HSSPF Jeckeln gerichteter Bericht des Kommandeurs der Infanteriedivision, bei der Hespe Anzeige erstattet hatte, habe sich mit einer Stellungnahme zu den erhobenen Vorwürfen in der Strafakte befunden. Darin seien die Bewaffnung der Truppe als unzulänglich bezeichnet, der Führer des Polizeibataillons Helwes als militärisch

350 Ebd.

351 Sonderniederschrift der Öffentl. Sitzung der Entschädigungskammer des LG Bremen vom 10.9.1951 (VWE).

und menschlich ungeeignet zur Führung einer solchen Truppe, die Mannschaften als weder ausgebildet noch genügend politisch geschult und auch als zu alt für einen Einsatz in der Gegend beurteilt worden.

Zwei Kategorien Briefe unterschied er später, an die er sich aus der Akte Hespe erinnerte: an Briefe aus Hespes Dienstzeit im Bataillon und an Briefe aus Riga, wohin er abkommandiert worden und wo er inhaftiert gewesen war. Die weitaus größte Anzahl der Briefe sei an seine Frau, einige auch an Kameraden adressiert, alle jedoch »nazigegnerisch« gewesen. An einen, den Hespe auf Zeitungspapier geschriebenen hatte, erinnerte er sich besonders. Briefe nach der Verurteilung kannte er nicht, da Hespe hermetisch abgeriegelt war.

Hans L. berichtete von drei Urteilsentwürfen in der Akte. Das erste Urteil, von Richtern unterschrieben, habe die Verurteilung auf »rein militärische« Vorgänge (Ungehorsam usw.) gestellt. Der zweite »Entwurf«, mit »Tenor und Urteilsgründen«, sei nach einer Verhandlung von anderen Richtern unterschrieben worden. Beide Versionen seien von Himmler abgezeichnet gewesen. Der dritte »Entwurf« sei im Reichssicherheitshauptamt von einem hohen Funktionär verfasst und unterschrieben worden. Dieser habe die Verurteilung ganz »auf politische Momente und die darin zutage tretende politische Beurteilung der Persönlichkeit des Klägers und seiner Handlungsweise« abgestellt. Darin sei zum Ausdruck gekommen, dass zwar das Strafmaß in Ordnung sei, nicht jedoch die Begründung der anderen »Entwürfe«. Er habe die Überstellung Hespes nach Dachau empfohlen, da es sich um eine politische Angelegenheit handle. Die Akte habe ferner Berichte des Lagerführers enthalten, aus denen hervorging, dass sich Hespe nicht geändert habe. Vielmehr zählte er »zu einer Clique von Leuten im Lager, die ideologisch zu den Urhebern der Ereignisse des 20. Juli 1944« zu rechnen seien.[352] Seiner Darstellung von den drei Urteilsentwürfen zu folgen fällt schwer.

Hespe sah sich selbst durch seine aus dem Arrest und aus dem Gefängnis in Riga an seine Kameraden geschriebenen Briefe am meisten belastet.

Dem 65-jährigen Architekten Gustav Heuss, der von 1935 bis 1948 bei Hespe wohnte, wurde eine von ihm unterschriebene Erklärung vorgelesen, von der sich auf Befragen he rausstellte, dass sie von Hans L. stammte. Seine Aussagen würden sich nur auf Erzählungen von Frau Hespe stützen, bekundete er. Schriftstücke habe er weder gesehen noch gelesen, bis auf ein Konvolut, das sich auf das Verfahren und die Verurteilung vor dem SS-und Polizeigericht bezog. Er erinnerte sich aber, dass Hespe mehrfach vom Blockleiter aufgefordert worden war, »die Flagge zu zeigen«, und dass er bei den NSV-Versammlungen nichts gegeben habe.

Zusätzlich vernommen wurde Walter Hahnemann, ein 41-jähriger mit einer Amerikanerin verheirateter Kaufmann, der 1938 nach achtjähriger Abwesenheit nach Bremen zurückgekehrt war. Er kannte Hespe seit 1916, auch als Klassenkameraden seines Bruders. Hahnemann war zu einer Fliegerstaffel eingezogen und zum Unteroffizier befördert worden. Hespe habe ihm damals abgeraten, in die Partei einzutreten, sich gegen das Regime ausgesprochen und die Nationalsozialisten als »Nazischweine« bezeichnet. Er habe Hespe ermahnt, auf seine Frau und seine Kinder Rücksicht zu nehmen und mit Äußerungen vorsichtig zu sein. Doch der habe ihm zu verstehen gegeben, dass es sich nicht nur um seine

352 Protokoll vom 7.11.1951 (VWE, R-Akte I, Bl. 190-191R).

Frau und seine Kinder handle, sondern auch um die Frauen und Kinder anderer. Briefe, die ihm Frau Hespe zum Lesen gab, hätten ohne Weiteres Veranlassung gegeben, ihn zu verhaften: Die Vorgesetzten würden saufen, sich mit Frauen herumtreiben und ein Spiegel des Naziregimes sein. 1941 sei er in Bremen auf Urlaub und bei Hespe eingeladen gewesen, als ein Fliegerangriff kam. Während dieses Angriffs habe er sich ihm gegenüber geäußert, dass er nicht daran dächte, sich für diese Gesellschaft totschießen zu lassen. Als Soldat würde er alles tun, um seine Anschauung geltend zu machen und dabei keine Rücksicht auf seine Sicherheit nehmen.[353]

Fromm war schon im Herbst 1933 SA-Mitglied, jedoch nie Parteigenosse. Im Juni 1951 und bei seiner Vernehmung im November vor dem Einzelrichter Friedmann bezeugte er, Hespe als Anhänger des Motorsports kennengelernt zu haben. Von 1933 bis 1941 sei er sehr viel mit ihm zusammengekommen. Als »entschiedenen Gegner des Systems« habe er ihn kennengelernt. Auch Fromm erwähnte die politischen Zusammenstöße mit den Offizieren im Polizeibataillon bei der Ausbildung von Februar bis Mai 1941 in Oberneuland und charakterisierte Hespe als »Kampfhahn«. Seit der seinerzeitigen Auseinandersetzung mit Dittmar und Petersen sei dieser in großer Gefahr, dem Offizierskorps ein Dorn im Auge und ein »politisch unsicherer Kantonist« gewesen. Die Meinungsunterschiede seien immer von der wirtschaftspolitischen Haltung des Systems aus- und auf die Rassenideologie und die Juden übergegangen, worüber Hespe sehr erbost gewesen sei. Alles hätte letztlich darin gegipfelt, dass er die SS hinsichtlich ihrer Qualifizierung als »hervorragende nordische Rasse« besonders gegeißelt habe.

Fromm selbst bekannte, damals von der Richtigkeit des Nationalsozialismus und der Unantastbarkeit des Führers überzeugt gewesen zu sein. Umso stärker habe ihn die Schärfe und Bitterkeit Hespes gegen das nazistische Wirtschaftssystem und gegen führende Persönlichkeiten beeindruckt. Er sprach von »Tollkühnheit«, mit der Hespe 1941 im Reserve-Polizeibataillon 105 seine Ansichten über das Offizierskorps und über die allgemein herrschenden politischen und militärischen Auffassungen geäußert habe. Als »Zersetzung der Wehrkraft« im wahrsten Sinne des Wortes bezeichnete er sein Verhalten und seine Äußerungen gegenüber den Polizeioffizieren.

Auch Fromm bestätigte Auseinandersetzungen zwischen Hespe und verschiedenen Offizieren während des Russlandeinsatzes. Der Rat seiner Kameraden, sich mehr zurückzuhalten, habe Hespes Aggressivität nicht gemindert. Als er nach seiner Klage bei der Wehrmachtsdivision schließlich beim Bataillonsstab in Novo Kempolowo inhaftiert worden war, habe er selbst es zwei- bis dreimal »einzurichten gewusst«, sich mit Hespe zu treffen, wenn dieser aus dem Haftlokal zum Austreten herausgeführt worden sei. Dabei habe Hespe sich sehr zuversichtlich über seine Klage beim Kriegsgericht geäußert und geglaubt, dass die SS-Offiziere des Polizeibataillons wenigstens abgelöst würden. Diese Erwartung schien nicht unberechtigt, da die Wehrmachtsoffiziere auf die Offiziere der Polizeieinheit nicht gut zu sprechen gewesen seien. Zwar konnte er über die weitere Inhaftierung keine Aussagen machen, doch wusste er von Kameraden, auch vom Vizefeldwebel im Bataillonsstab, dass die von Hespe genannten Zeugen vom SS-und Polizeigericht nicht vernommen worden waren.

353 Sonderniederschrift der Öffentl. Sitzung der Entschädigungskammer des LG Bremen vom 10.9.1951 (VWE, R.-Akte I, Bl. 205 ff.).

Übereinstimmend mit Roelle bezeugte Fromm, dass der Bataillonskommandeur das Urteil in Holland verlesen und den angetretenen Männern sinngemäß zu verstehen gegeben habe: »So geht es Feinden des Führers oder Leuten, die sich gegen die Befehle des Führers stemmen.« Die Mannschaften seien entrüstet gewesen, denn jedem im Bataillon seien »die Arroganz, Feigheit und Korruption der von Hespe angegriffenen Offiziere so augenscheinlich geworden, dass das gegen Hespe erlassene Urteil als ausgesprochene Ungerechtigkeit und als Schandurteil betrachtet wurde«.

Im September 1944 sei er mit Hespe im KZ Dachau wieder zusammengetroffen und von ihm mit Lebensmitteln versorgt worden. »Hespe hat unter höchster Gefahr Leib und Leben mit Worten und Handlungen Widerspruch erhoben und Widerstand geleistet und außerdem wahre Menschlichkeit geübt,« bekräftigte Fromm.

Er selbst sei wegen guter Führung zur Bekleidungskammer abgestellt gewesen und habe sich allabendlich mit Hespe treffen können, bezeugte Fromm. Hespe habe es verstanden, vom Außenkommando einen gebastelten Radioempfänger zu besorgen, mit dem es möglich geworden sei, abends »den Londoner Sender« abzuhören. Um sich vor Überraschungen durch die SS-Bewachung zu sichern, hätten sie sich ein Alarmsystem ausgedacht. Dennoch sei der Empfänger den Bewachern nicht verborgen geblieben: »Es ist nur dem Wohlwollen eines anständigen und menschlich denkenden SS-Postens zu verdanken, dass Hespe nicht als derjenige entdeckt wurde, der den Apparat trotz der strengen Kontrollen ins Lager geschmuggelt hatte. Die Todesstrafe wäre ihm und uns anderen sicher gewesen. Hespe hat den Sender bewusst zu dem Zweck besorgt, uns dadurch ein klares Bild der militärischen und politischen Situation zu vermitteln, trotzdem er sehr wohl wusste, dass er im Falle einer Entdeckung mit dem Todesurteil zu rechnen hatte.«[354] In der Folgezeit seien beide zu verschiedenen Bewährungseinheiten kommandiert worden und hätten sich dann aus den Augen verloren. Auch er sei im März 1945 verwundet in russische Kriegsgefangenschaft geraten und bald darauf entlassen worden.

Staatsanwalt Wilhelm Borchers, von September 1939 bis Herbst 1942 Angehöriger der 2. Kompanie des Polizeibataillons 105, versicherte, dass Hespe offen seine Meinung gegen das damalige System ausgesprochen habe. In Riga seien die Kompanie und auch er selbst von einem Offizier vor Hespe wegen dessen antinationalsozialistischer Gesinnung gewarnt worden: Es sei besser, mit ihm nicht viel zusammenzukommen, weil man dadurch unangenehm auffallen könne. Während seiner Inhaftierung musste er einmal Hespe als Bewacher auf einem Spaziergang begleiten. Dabei habe dieser ihm Ansichten anvertraut, die gegen das Hitlerregime, insbesondere gegen die SS, gerichtet waren. Hespe habe ihm auch zu verstehen gegeben, dass seine Anzeige besonders gegen die SS-Offiziere gerichtet war. Sie wollten etwas Besonderes sein, in ihrem ganzen Verhalten wiedersprächen sie aber dem, was man von SS-Leuten als Vorbildern erwarten müsse. Hespe habe deren Verhalten als unerträglich empfunden und insbesondere die SS als die besonderen Repräsentanten des damaligen Regimes treffen wollen. Obwohl ihn Hespe als Zeugen im Verfahren in Riga genannt hatte, sei er niemals vernommen worden.[355]

354 Schreiben Fromm vom 18.6.1951 an die RA Schroeder und Haefker und Protokoll vom 7.11.1951 (VWE, Bl.190-197).

355 Schreiben vom 16.9.1951 (VWE).

In der Öffentlichen Sitzung der Entschädigungskammer Anfang Juni 1952 forderte Hespes Anwalt, seine Anträge beim Landesamt für Wiedergutmachung vom August 1950 anzuerkennen.[356] Im Übrigen wolle er gegen die Haftzeit keine Einwendungen erheben.[357]

Das Gericht beschloss, Personalakten der Schutzpolizei vom Polizeihaus anzufordern, ferner beim Document Center Berlin etwas über Hespes Mitgliedschaft in der NSDAP oder einer ihrer Organisationen zu erfragen. Die frühere Ehefrau des Klägers, Frau Bierwirth, sollte als Zeugin vernommen werden, auch der »Feldwebel NN«[358] über die betreffenden Vorgänge in Kempolowo. Hespe sollte sich über seine Wohnungssituation in Bremen bis Mai 1946 äußern, also darüber, ob er eine eigene Wohnung hatte oder zur Untermiete wohnte, über seine Mietverhältnisse, An- und Ummeldungen, auch darüber, ob und welche Sachen er bei seinem Fortgang im Mai 1946 mitnahm. Erforderlichenfalls sollte der Vermieter vernommen werden. Die weitere Bearbeitung wurde dem Berichterstatter als Einzelrichter übertragen.

Relativ schnell konnte geklärt werden, dass Hespe das Grundstück in der Vahrer Straße von Eduscho gepachtet hatte und in diesem Haus bis August 1948 seine geschiedene Frau Elfriede mit den drei Kindern sowie deren Mutter wohnten. Diese seien dann zu Dr. Bierwirth, dem neuen Ehemann der ehemaligen Frau Hespe, in die Parkallee gezogen. Elfriede Bierwirth machte von ihrem Zeugnisverweigerungsrecht Gebrauch.

Der von Staatsanwalt Borchers benannte »Feldwebel NN« beim Bataillonsstab (»Spieß«) im Polizeibataillon 105, der in Kempolowo das Tagebuch führte und als Zeuge aussagen sollte, wurde als Polizeioberwachtmeister Friedrich B. ermittelt. Ohne nähere Angaben wurde dem LG mitgeteilt, er solle in Bremen wohnen, obwohl er wieder im Polizeidienst war.[359]

Mithilfe der ehemaligen Vermieterin Hespes wurde aufgeklärt, dass die polizeiliche Abmeldung am 5. Mai 1946 nicht auf Hespes Veranlassung, sondern ohne seinen Willen erfolgt war. Er habe seine Wohnung in der Vahrer Straße nicht aufgegeben, sondern sei an diesem Tag nach Berlin gefahren. Bis Mitte Mai wollte er wieder zurück sein. Als sie jedoch von ihm bis 1948 nichts mehr gehört habe, sei die Wohnung aufgegeben worden.

Wieder Helwes gegen Hespe?

Das Landgericht fragte im September 1952 beim Stadt- und Polizeiamt Bremen nach Adressen von früheren Angehörigen des Reserve-Polizeibataillons 105. Ihm wurden lediglich sieben Anschriften mitgeteilt: ausgerechnet die von Hespes ehemaligen Offizieren und ihm wenig

356 Der Antrag vom 26.8.1950 lautete auf Haftentschädigung für die Zeit von Februar 1942 bis Februar 1945 (für 88 Monate); er umfasste Forderungen nach: Ersatz von Schaden an Körper und Gesundheit (für in der Haft und bei »Dirlewanger« erlittene Nieren- und Herzleiden); Ersatz von Schaden an Eigentum und Vermögen (58.050,00 DM); Ersatz von Schaden im wirtschaftlichen Fortkommen (27.468,40 DM).

357 Am 9.6.1952 unter Vorsitz der Richter Friedmann und Dr. Beckmann. RA Dr. Biehl vertrat die Hansestadt Bremen als Beklagte.

358 Die Bezeichnung Feldwebel war kein polizeilicher Dienstrang; er war weder im Soldbuch noch im Polizei-Dienstpass eingetragen; der vergleichbare polizeiliche Dienstrang war Hauptwachtmeister.

359 Schreiben Stadt- und Polizeiamt Bremen an die 2. Entschädigungskammer des Landgerichts vom 13.10.1952 (VWE).

gut gesinnten »Kameraden«.[360] Die Kompaniechefs Ernst Petersen und Fritz Dittmar waren im Krieg gefallen, doch standen immerhin etwa siebzig ehemalige Bataillonsangehörige derzeit in Bremen wieder im Polizeidienst.[361]

Diese sieben ehemaligen Polizeisoldaten lud die Kammer zur öffentlichen Sitzung im November: den damaligen Bataillonskommandeur Hans Helwes und den Kompaniechef Theodor Westphal, die Hespe vor das SS- und Polizeigericht in Riga gebracht hatten, sowie fünf ehemalige »Kameraden« aus dessen Kompanie: Friedrich B., Heinrich B., Ludwig A., Edwin B., Willi B. und Ernst H.[362]

Die Aussagen der Zeugen, bis hin zu ihren Erinnerungslücken, wirkten wie abgesprochen. Der 54-jährige Oberstleutnant der Schutzpolizei i. R. Hans Helwes schilderte, dass Hespe im Frühjahr 1941 in sein Polizeibataillon kam, nachdem dieses aus Norwegen zurückgekommen war. Dienstlich hervorgetreten sei er zunächst nicht. Über eine Einladung in seine Privatwohnung, als das Bataillon noch in Bremen lag, sei er sehr erstaunt gewesen.[363] Er habe sie abgelehnt, zumal er Hespe von früher her überhaupt nicht gekannt habe. Erst mitten in einem Gefecht bei Kriwino vor Leningrad sei er ihm wieder aufgefallen. Dort sei er zu ihm in den Gefechtsstand gekommen und habe aus geschäftlichen Gründen um sofortigen Urlaub gebeten. Mit der Bemerkung, dass das jetzt nicht der richtige Zeitpunkt dafür sei, habe er ihn hinausgeworfen.

Einige Wochen nach diesem Vorfall habe ihm sein Kompaniechef Hauptmann Westphal gemeldet, dass sich der Kläger zur Zahnbehandlung nach hinten begeben habe und anscheinend nicht rechtzeitig oder überhaupt nicht zurückgekehrt sei. »Ich gab dem Kompanie-Chef den Befehl, dafür zu sorgen, dass der Kläger zurückkehrte. Soweit ich mich erinnere, blieb der Kläger aber eine Woche fort, und da es den Anschein hatte, dass er nicht die Absicht hatte, zurückzukehren, ließ ich ihn festnehmen.« Trotz Aufforderung, zur Truppe nach vorn zurückzukehren, habe Hespe sich aber geweigert und gegen die Offiziere Anschuldigungen erhoben, wie: »Westphal sei der Schweinehund Nr. 1 und ich der Schweinehund Nr. 2. Weshalb er uns so bezeichnete, sagte er nicht. Politische Gespräche haben wir miteinander niemals geführt.«

Immer wieder habe er Hespe zugeredet, vernünftig zu sein und zu seiner Kompanie zurückzukehren. Er habe keine Lust und keine Veranlassung, seinen Kopf hinzuhalten, habe er ihm zu verstehen gegeben. Daraufhin habe er ihm eröffnet, er müsse einen Tatbericht einreichen und werde die Sache dem Kriegsgericht übergeben.

Während Hespe bei ihm in Kempolowo in Haft saß, habe er erfahren, dass es diesem gelungen sei, Briefe an den Stab Himmlers herauszuschmuggeln. Daraufhin sei Hespe nach Riga überführt worden. Bei der Gerichtsverhandlung sei er selbst nicht zugegen gewesen, weil das Bataillon inzwischen nach Holland verlegt worden war. »Wir wurden vorher vom Gericht

360 Auf die Anfrage des Landgerichts Bremen vom 26.9.1952 antwortete das Stadt- und Polizeiamt Bremen mit Schreiben vom 30.10.1952 (VWE).

361 Vgl. Schreiben des LKA Bremen vom 11.8.1966 (VH, Bd.I, Bl. 132) und Schlussbericht im Ermittlungsverfahren gegen den ehemaligen Kommandeur des Polizeibataillons 105 Major Helwes u. a. vom 8. 2. 1968 (VH, Bd. IV, S. 810 ff.).

362 Für die öffentliche Sitzung am 20.11.1952 (VWE, R-Akte I).

363 Hespe bestritt 1964 heftig, eine solche Einladung an Helwes ausgesprochen zu haben: »Eine Einladung war absurd – angesichts dessen, dass sein verhasster Rivale Schallert bei mir verkehrte.« (vgl. Hespe-Bericht 1964).

vernommen. Bei der Vernehmung war nur mein Tatbericht als Grundlage genommen, dass er sich von der Truppe entfernt hatte. Irgendwelche politischen Gesichtspunkte kamen nicht zur Sprache«, behauptete Helwes. Im Herbst desselben Jahres habe man ihm dann das Urteil zugestellt. Daraus habe sich ergeben, dass der Kläger zu mehreren Jahren Zuchthaus verurteilt worden war. Der Truppe habe er das Urteil bekannt gegeben. »Ich glaube aber nicht, dass ich viele Worte dazu gemacht habe. Es kann sein, dass ich einige Warnungen allgemeiner Natur hinzugefügt habe, aber keine politischen Äußerungen. Ich habe auf keinen Fall gesagt, dass es so jedem ergehen müsse, der sich gegen den Nationalsozialismus auflehne, sondern meine Äußerungen waren nur rein militärischer Art.« Helwes' Ausführungen gipfelten in der Behauptung: »Ich füge noch hinzu, dass ich während meiner ganzen Dienstzeit mich grundsätzlich überhaupt nicht mit Politik befasst habe.«[364]

Von den Beschwerden bei der Wehrmacht hatte er zunächst kein Wort erwähnt. Erst als er nach der Vernehmung Westphals erneut aufgerufen wurde, ging Helwes auf Hespes Beschwerde bei der Wehrmachtsdivision ein. Diese habe sich darauf bezogen, »dass wir in Nowaja Derewnja geräumt hätten, obwohl wir noch genügend Munition gehabt hätten. Diese Angaben widersprechen den Tatsachen. Ich hatte mich inzwischen schon über den General Behschnitt[365], den Divisionskommandeur, beschwert, weil dieser mir den Vorwurf gemacht hatte, ich hätte den vorerwähnten Ort unberechtigt geräumt.« In dem Bescheid, den er auf seine Beschwerde hin von dem Korpskommandeur bekommen habe, sei ihm Recht gegeben worden. »Es hatte sich um einen rein militärischen Vorwurf gehandelt. Politische Sachen waren zwischen mir und meinen Vorgesetzten nicht zur Sprache gekommen.«[366]

Helwes hatte wieder Gelegenheit, alte Rechnungen zu begleichen, und nicht vergessen, dass ihn Hespe gleich nach Kriegsschluss ins Gefängnis gebracht hatte. »Denunziation eines wegen Feigheit mit Zuchthaus bestraften Mannes« seines ehemaligen Bataillons sei es gewesen, weshalb er festgenommen worden sei, hatte er im Juni 1947 aus dem holländischen Strafgefängnis Vught geschrieben.[367] 1968 beklagte er bei seiner Vernehmung, wegen Hespe für zweieinviertel Jahre an die Holländer als angeblicher Kriegsverbrecher ausgeliefert worden zu sein.

Jetzt stellte sich Helwes gar als Hespes Lebensretter dar: Das Kriegesgericht habe ihn wahrscheinlich nur zu fünf oder sechs Jahren Zuchthaus verurteilt, »weil ich den Bericht aus menschlichen Gründen und mit Rücksicht auf seine Frau und zwei Kinder, bloß auf den nackten Tatbestand, Fahnenflucht, beschränkte. Hätte ich das nicht getan, so zweifle ich nicht daran, dass das Todesurteil für ihn gefallen wäre.«[368]

364 Protokoll der öffentlichen Sitzung der Entschädigungskammer des LG Bremen vom 20.11.1952 (VWE, R-Akte I, Bl. 135–138).

365 Divisionskommandeur Behschnitt unterschrieb KVK-Listen für Angehörige des Bataillons am 8.5., 17.8., 18.9. und 13.11.1941 (BAKM vom 29.6.1966 in VH, Bd.I, Bl. 114).

366 Protokoll der öffentlichen Sitzung der Entschädigungskammer vom 20.11.1952 (VWE, ebd.).

367 In dem Gesuch, das Helwes am 20.6.1947 aus dem Lager Vught schrieb, um freigelassen zu werden, verwahrte er sich dagegen, durch die einem Rache- und Vergeltungstrieb entsprungenen Behauptungen eines »sehr zweifelhaften Menschen« zum Verbrecher gestempelt und so behandelt zu werden. Sein Gewissen sei nicht belastet und kein Holländer werde ihm, Helwes, Verletzungen des Rechts, der Gerechtigkeit und Menschlichkeit vorwerfen können NL (Nationaal Archief, COOM, inv. nr. 986, nr. 3246).

368 Vernehmung vom 22.1.1968 (VH, Bd.3, Bl. 752–757).

Auch der beinamputierte 42-jährige Theodor Westphal, damals strammer SS-Hauptsturmführer und Kompaniechef, jetzt Buchhalter in der Hafenwirtschaft und Hauptmann der Schutzpolizei i. R., wurde vernommen. Er und die weiteren Zeugen wiederholten bzw. bestätigten im Wesentlichen die Aussagen ihres damaligen Kommandeurs. Besonders betonten sie die häufigen Freistellungs- und Urlaubsgesuche Hespes und bestritten, aus politischen Motiven gehandelt oder politische Gespräche geführt zu haben. Antworten auf ihnen unbequem erscheinende Fragen umgingen sie durch Erinnerungslücken oder Nichtwissen. Ihren damaligen Major ließen sie nicht allein.

Hespes ehemaliger Kompaniechef wusste nicht mehr, ob dieser »auf Veranlassung von Major Helwes verhaftet wurde [...] Was der Kläger mir darauf erwiderte, weiß ich nicht mehr [...] Ich bin dann auch einmal vernommen worden, nicht vom Gericht, sondern von einem Gerichtsoffizier, der zu uns kam. Ob das schon in Russland oder in Holland, und ob das im Falle Hespe oder einem anderen Falle war, weiß ich nicht mehr. Das Urteil wurde uns in Holland durch Major Helwes verlesen. Ob er irgendwelche Erläuterungen dazu gegeben hat, weiß ich nicht. Politische Äußerungen hat er meiner Ansicht nach nicht dazu gegeben. Dazu war ja auch gar keine Grundlage vorhanden. Wir haben keinen einzigen Fall in unserer Einheit gehabt, in dem wir gegen irgend jemanden aus politischen Gründen vorgegangen wären. In meiner Kompanie ist das jedenfalls nicht passiert.«[369]

Friederich B., 37 Jahre alt und Polizeimeister in Bremen, seinerzeit geschäftsführender Hauptwachtmeister im Bataillonsstab (»Spieß«), besann sich auf Hespe »nur insoweit, als öfters Freistellungsgesuche von ihm eingingen«. Womit diese begründet wurden, wusste er nicht mehr, ebensowenig Einzelheiten über die Vorgänge in Kriwino, Kempolowo, Tosno und Ljuban. »Es ist sehr wohl möglich, dass ich Major Helwes in die Zelle begleitet habe, wenn er mit dem Kläger sprechen wollte. Major Helwes ging niemals allein in die Zelle, wenn er mit dem Kläger sprach. Politische Gespräche habe ich weder vom Major noch von Hespe gehört.« Es habe auch nicht der Natur des Kommandeurs entsprochen, »irgendwie politische Sachen« zur Sprache zu bringen.

Der 47-jährige Heinrich B., Büroangestellter in Bremen, kannte Hespe seit der Rückkehr des Bataillons aus Norwegen. Als ehemaliger Schreiber in der 2. Kompanie erinnerte er sich, dass Hespes Gesuche während der Zeit in Russland abgelehnt worden waren, da Urlaubssperre herrschte. Über Politik wollte er sich »niemals« mit ihm unterhalten haben. Über Einzelheiten seiner Festnahme in Russland konnte er nichts sagen oder wollte er nichts mehr wissen. Noch vierzehn Jahre später, im Ermittlungsverfahren gegen Helwes und andere Bataillonsangehörige, stand er zu seinem Major, erinnerte sich an Differenzen zwischen diesem und Hespe wegen unterschiedlicher Auffassungen und erklärte: »Über Major Helwes kann ich keine nachteiligen Angaben machen.«[370]

Auch Ludwig A., der 49-jährige Postfacharbeiter und damalige Unterführer, lernte Hespe im Frühjahr 1941 kennen, als das Bataillon von Bremen nach Russland zog. Den Grund von Hespes Festnahme, sagte er aus, kenne er nicht, da er bis Mai 1942 in Kriwino gewesen und erst in Kempolowo wieder mit ihm zusammengekommen sei. Dort habe er ihn auffordern

369 Protokoll der öffentlichen Sitzung der Entschädigungskammer des LG Bremen vom 20.11.1952 (VWE, ebd.).
370 Vernehmung vom 14.11.1968 (VH, Bd. I, Bl. 183/184).

müssen, seine Wäsche abzugeben. »In der Wäsche befand sich ein an mich gerichteter Brief, den ich an Major Helwes abgab.« In dem Brief habe ihm Hespe vorgehalten, dass er nicht zu ihm stünde. Vermutlich, »weil er als Soldat aus der Reihe tanzte«. Nur über Angelegenheiten, die die Truppe und den Dienst angingen, habe er sich mit ihm unterhalten, »niemals« über Politik. Als sie den Ort Nowaja Derewnja räumen mussten und beide in einer Scheune in Krivino Posten gestanden hätten, habe ihm Hespe seine Unzufriedenheit ausgedrückt. Daraufhin habe er ihm entgegnet, »die Schwäche unserer Offiziere sei doch unser Glück; denn sie hätten uns ja auch mit der Pistole zum Vorgehen zwingen können«.

Wilhelm B., der 47-jährige Kaufmann aus Kiel, kannte Hespe schon vor der »Norwegen-Zeit«. Er wusste zwar auch nicht, ob Hespe aus politischer Überzeugung nicht mehr bei der Truppe bleiben wollte, hatte aber als Einziger den Eindruck, Hespe sei bestimmt »kein Freund des Nationalsozialismus« gewesen. Er versicherte, dass es auch keiner in der Einheit gewagt hätte, auf Hitler zu schimpfen. Hespes Festnahme und seine Äußerungen, dass die Offiziere Feiglinge seien, habe er nur »vom Hörensagen« erfahren. Siebzehn Jahre später im Ermittlungsverfahren gegen Helwes u. a. verweigert er ebenso die Aussage wie der 43-jährige Polizeimeister Edwin B., auf dessen Anhörung die Kammer hier verzichtete. Die Anhörung ehemaliger »Kameraden« aus dem Polizeibataillon 105 war damit beendet. [371]

Zu Dachau und zu Dirlewanger

Im Oktober 1951 hatte Hespes Anwalt das Landgericht gebeten, auf die Vernehmung seines Mandanten zu verzichten, da er sich »geschäftlich in Ost-Berlin« aufhalte. Um den politischen Charakter der Inhaftierung Hespes zu untermauern, beantragte er, weitere Zeugen zu vernehmen: den Bataillonskommandeur der Sondereinheit Dirlewanger (36. Grenadierdivision), Major a. D. Herbert Meyer und den Kaufmann Johannes Hempel, der vom Herbst 1942 bis August 1944 mit dem Kläger zusammen in Dachau eingesessen hatte.[372]

Johannes Hempel hatte Hespes Anwalt bereits schriftlich darauf hingewiesen, dass die Häftlinge nicht nach Art ihrer Delikte getrennt in verschiedenen KZs untergebracht gewesen seien. Gewahrsame für nur politische Häftlinge habe es nicht gegeben. Auch in dem »zivilen Teile des KZ« hätten sich die Häftlinge nur durch die verschiedenfarbigen Winkel unterschieden.[373] »Bei dem gespannten Verhältnis zwischen SS und Wehrmacht wurden die Angehörigen der Polizei und SS nicht in Wehrmachtsgefängnissen inhaftiert. Die zu Gefängnis Verurteilten wurden dem Lager Danzig-Matzkau und die zu Zuchthaus Verurteilten dem KZ Dachau über-

371 Karl R., der ehemalige Unterführer im Res.-Polizeibataillon 105, war offensichtlich von seinen ehemaligen »Kameraden« enttäuscht und äußerte sich im Sommer 2000 zur Kameradschaft im ehemaligen Bataillon: »Im Einsatz waren wir ein Herz und eine Seele. Nach dem Krieg kannte keiner mehr den anderen.« (Gespräch mit dem Autor).

372 Schreiben RA Haefker vom 13.10.1951 (VWE).

373 Alle KZ-Häftlingsgruppen mussten u.a. durch einen auf ihrer Kleidung aufgenähten farbigen Dreieckswinkel erkennbar sein: Rot für die Politischen, Grün für die Kriminellen, Violett für Bibelforscher, Schwarz für Asoziale, Rosa für Homosexuelle, Braun für Zigeuner. Vgl. Eugen Kogon, Der SS-Staat, S. 67–70; Wolfgang Sofsky, Die Ordnung des Terrors: Das Konzentrationslager, S. 137–151; Konzentrationslager Dachau 1933 bis 1945, Kap.41, Nr.1612.

stellt.« Hespe sei aus politischen Gründen nach Dachau gekommen, und zwar aufgrund seiner antinationalsozialistischen Einstellung, bekräftigte Johannes Hempel. »Wenn sich Hespe nur militärisch vergangen hätte, wäre er bestimmt wie die meisten derartigen Verurteilten gleich nach der Verhandlung einer Bewährungseinheit [...] überstellt worden.«[374]

Die Entschädigungskammer folgte dem Ersuchen[375] und bat die zuständigen Gerichte Erbach und Berlin-Mitte[376] um Vernehmung der Zeugen. Geklärt werden sollte, aus welchen Gründen der Kläger in das Bataillon Dirlewanger gekommen war, aus »welchen Elementen« sich diese Einheit zusammensetzte, ob Hespe dieser Einheit als »politisch Verdächtiger« und »aus welchen Gründen« er ihr angehörte. »Welche politische Einstellung und Haltung zeigte bzw. offenbarte der Kläger im KZ Dachau?«

Doch das Gericht in Berlin antwortete auf das zweieinhalbseitige Schreiben nicht. Dann erkannte das LG Bremen – »irrtümlich und ohne Akten« –, das falsche Gericht, nämlich Ostberlin, angeschrieben zu haben. Um Hempel zu erreichen, wandte es sich nun in Westberlin an das Amtsgericht in Berlin-Schöneberg.[377]

Im Februar 1952 erschien der 56-jährige Kaufmann und Major a. D. Herbert Meyer zur richterlichen Vernehmung vor dem Landgericht Bremen. Er erklärte, dass ein Bataillon Dirlewanger Anfang 1945 nicht mehr bestanden habe, sondern sich aus ihm »mittlerweile die 36. Grenadier-Division« entwickelt hatte, die eine »Bewährungseinheit« gewesen sei. Er gab sich als Führer des 72. Regiments in dieser Division aus. Auf Hespe sei er durch den Kompanieführer der 1. Kompanie, Hans Hempel aus Berlin, aufmerksam gemacht worden, der ihn wiederum von Dachau her gekannte habe. Hespe sei Anfang 1945 »auf seinen Antrag hin zur Frontbewährung« in dessen Kompanie gekommen. Eine Notiz in seiner Personalakte habe ihn ohne nähere Gründe als »politisch unzuverlässig« ausgewiesen. Die 36. Grenadierdivision habe sich Anfang 1945 nicht mehr ausschließlich aus »straffällig« gewordenen Männern zusammengesetzt. Wegen der großen Verluste seien zu dieser Zeit auch »normaler Ersatz« zugewiesen und die »Wehrmachtshaftanstalten grundsätzlich entleert« worden. »Frontbewährung« hätten die Angehörigen der Division wegen aller möglicher Delikte bekommen. Aus den Konzentrationslagern seien Leute zur Division »versetzt« worden, die sich in der Regel freiwillig gemeldet hätten.[378]

Der 49-jährige Diplom-Kaufmann Johannes Hempel versicherte dem Amtsgericht Berlin-Schöneberg, Hespe aus seiner Zeit in Dachau zu kennen. Beide hätten im Außenkommando bei den BMW-Werken in München-Allach gearbeitet. Aus vielen Bemerkungen habe er ihn als Gegner des Nationalsozialismus kennengelernt. In diesem Lager habe die Möglichkeit bestanden, mithilfe von Zivilarbeitern mit der Außenwelt brieflich Kontakt aufzunehmen. Doch Hespe sei ertappt und etwa im August 1944 wieder nach Dachau zurückgebracht worden. Er selbst sei zu den Dirlewangern gekommen. Dass Hespe erst im April in seine Einheit abgestellt worden sei, spreche dafür, dass er »politisch sehr unzuverlässig« gewesen sei.

Hempel erinnerte sich, mit Hespe über die Zeit seiner Zugehörigkeit zum Polizeibataillon in Russland gesprochen zu haben, über seine Beschwerde bei der Wehrmacht und über seine

374 Schreiben vom 4.10.1951. Hier und folgend, wenn nicht anders angegeben, VWE.

375 Beschluss vom 14.12.1951.

376 Ersuchen vom 20.1.1952 in Sachen Meyer und Hempel.

377 Ersuchen vom 29.2.1952.

378 Vernehmung vom 18.2.1952 (Az.: OH 2024/50[E]).

Haft in Riga: »Hiervon ist mir nur noch in Erinnerung, dass er sich geärgert hat über den unmoralischen Lebenswandel der Offiziere an der Front, den er als einen Widerspruch ansah zu den Lehren des Nationalsozialismus.«

Diese Aussagen reichten der Entschädigungskammer nicht und sie beschloss im Juni 1952, Auskünfte über Hespes Haftzeit im KZ Dachau von Januar 1943 bis Februar 1945 einzuholen. Geklärt werden sollten die näheren Umstände und Gründe seiner Inhaftierung und weshalb er zum Bewährungsbataillon Dirlewanger abgestellt worden war. Zwar hatte der Publizist Eugen Kogon, der selbst von 1939 bis Kriegsende im Konzentrationslager Buchenwald eingesessen hatte, bereits im Dezember 1945 in der ersten Auflage seines Buches »Der SS-Staat« das System der deutschen Konzentrationslager beschrieben, doch blieb für das Gericht in Bremen noch die Fragen offen, ob es im KZ Dachau eine Abteilung »Z« als Straflager der SS gegeben hatte.[379] Darüber versprach man sich vom Internationalen Suchdienst in Arolsen Auskunft.

Zeugen zur Abteilung »Z« im KZ Dachau

Da man in Arolsen die Abteilung »Z« im KZ Dachau nicht kannte, wandte sich Hespes Rechtsanwalt an die Allied High Commission for Germany und erhielt die Antwort, dass diese Einrichtung zum Straflager der SS und Polizei gehört habe. Sie sei kein Disziplinarlager, sondern eine Abteilung gewesen, für die besonders scharfe Bestimmungen angeordnet waren. Dort sei militärisch gedrillt worden, Rauchen und Auslieferung von Paketen verboten gewesen, auf Ausbruchsversuch oder Befehlsverweigerung habe die Todesstrafe gestanden. Jede Woche sei es zu Exekutionen gekommen. Auf der Lagerkleidung, Hose, Rock und Mantel sei ein ca. 25 cm großes »Z« aufgenäht gewesen, auch bei den Häftlingen in den Außenlagern. Der Rechtsanwalt verwies auf den Zeugen Hempel, der ebenfalls in diesem Lager untergebracht war.[380] Hespe behauptete, dass es im Lager keine Häftlingsnummern gegeben habe.[381] Um die Frage nach dem »Z« zu klären, erkundigte sich der Senator für Finanzen bei fünf staatlichen Stellen.[382]

Die Vertreter des Bayerischen Landesinteresses in München kannten keine solche Abteilung »Z«, konnten sich aber auf die Aussage eines Häftlings stützen, der dort acht Jahre verbracht hatte. Diesem zufolge soll sich innerhalb des KZ-Areals in Dachau ein »Disziplinarlager« mit verurteilten SS- und Polizeiangehörigen befunden haben, das zwar räumlich, nicht aber organisatorisch mit dem KZ verbunden gewesen sei. Es werde für wahrscheinlich gehalten, dass »Z« in diesem Zusammenhang die zu Zuchthaus verurteilten Häftlinge kennzeichnete. Die Auskunftsperson habe solche Häftlinge allerdings nicht gesehen. Gleichzeitig sah sich München veranlasst mitzuteilen, dass bei der Zweigstelle Oberbayern des Bayerischen Landesentschädigungsamtes (BLEA) München Wiedergutmachungsanträge mehrerer Insassen

379 Vgl. Kogon: Der SS-Staat, S. 6.

380 Schreiben vom 11.9.1952.

381 Schreiben vom 27.9.1952.

382 Schreiben vom 24.9.1952 an: den Vertreter des Landesinteresses in München, das Hess. Ministerium der Finanzen in Wiesbaden, das Justizministerium in Baden-Württemberg in Stuttgart, die Abt. VI. Wiedergutmachung im Justizministerium Baden-Württemberg, das Landesamt für Wiedergutmachung in Karlsruhe.

des »Disziplinarlagers« abgelehnt wurden.[383] In einem weiteren Schreiben erfuhr man in Bremen, dass ein ehemaliger Häftling das Kennzeichen »Z« auf der Kleidung von Lagerinsassen gesehen habe, als Zeuge wurde das Mitglied des Bayerischen Landtages, Heinrich Stöhr, genannt, der als Pfleger im Krankenbau des Lagers gewesen sei.[384]

Das Justizministerium in Baden-Württemberg konnte im Hinblick auf die Anfragen nicht weiterhelfen,[385] auch nicht der Hessische Minister der Finanzen.[386] Das Landesamt für Wiedergutmachung aus Karlsruhe schickte eine Zeugenvernehmung von Willi Opel, der angeblich 1938 wegen Vorbereitung zum Hochverrat verurteilt und in das KZ Dachau als »politischer Gefangener« eingeliefert worden war.[387] Dieser wusste, dass Ende 1941 etwa 70 Häftlinge in abgetragenen blaugrünen Polizeiuniformen in einem Bunker des Lagers und etwa im Mai 1943 in einer besonderen Baracke in der Nähe des Wirtschaftsgebäudes untergebracht waren. Eine Verbindung sei nicht möglich gewesen, da ein Tor die Baracke getrennt habe. Die Anzahl der Häftlinge habe sich in der Zwischenzeit auf drei- bis vierhundert erhöht. Als Häftlingspfleger habe er 1944 Zugang zu dieser Sonderabteilung gehabt und erfahren, dass es sich um Angehörige der SS und der Polizei handelte, die wegen Kameradendiebstahls oder anderer schwerer Delikte verurteilt worden waren, die Strafe jedoch erst nach Kriegsende abzubüßen hatten. Leichtere Fälle, die etwa zu einem Jahr bis zu fünf Jahren Zuchthaus verurteilt worden waren, wurden später aus den Lagern herausgezogen und Straf- oder Bewährungseinheiten zugeteilt. Er könne mit Sicherheit sagen, dass es sich bei diesen Häftlingen nicht um politische, sondern durchweg um kriminelle Häftlinge der SS und der Polizei gehandelt habe. Bei diesen Häftlingen habe sich auch der Neffe Himmlers befunden, der wegen fortgesetzten Vergehens nach § 175 (Homosexualität) als Angehöriger der SS (Obersturmführer) auf dem Schießplatz exekutiert worden sei. Hätte es sich um politische Häftlinge gehandelt, wäre es ihm als politischen Menschen zweifellos gelungen, Kontakt herzustellen, so glaubte er. Die Verpflegung sei »SS-Verpflegung« gewesen und durch die SS-Küche geliefert worden.

Eine Kennzeichnung mit »Z« kannte auch er nicht und betonte, dass die Behandlung dieser Insassen außerordentlich streng gewesen sei. »Die Häftlinge wurden zu Erdarbeiten herangezogen und mußten Marschlieder singen, wobei sie sich mitunter auf den Rücken legen mußten, Arme und Beine nach oben gestreckt, um so laut singend Marschlieder zu üben.«[388]

Von Kriminellen, Kennzeichnungen und Knochenmännern

Lief die Beweisaufnahme in eine falsche Richtung? Zur Abteilung »Z« sollten im Februar 1953 weitere Beweise ermittelt werden. Die Kammer wollte wissen,

383 Schreiben vom 7.10.1952.
384 Schreiben vom 16.10.1952.
385 Schreiben vom 10.10.1952.
386 Schreiben vom 20.10.1952.
387 Angeblich am 5.5.1938 aus dem Strafvollzug in das KZ Dachau als »politischer Gefangener« eingeliefert.
388 Landesamt für Wiedergutmachung Karlsruhe, Vernehmungsprotokoll vom 20.10.1952.

- ob die Häftlinge auf der Kleidung ein »Z« tragen mussten,
- ob es sich dabei um politische Häftlinge oder um sog. »Kriegsaussetzer«, d.h. um Angehörige der SS und Polizei gehandelt habe, die wegen Kameradendiebstahls oder anderer schwerer Delikte verurteilt waren und die Strafe erst nach Kriegsende abzubüßen hatten,
- ob die Abteilung ein »Disziplinarlager« gewesen sei, nur die zu ein bis fünf Jahren Verurteilten später »herausgezogen und Straf- und Bewährungseinheiten (Dirlewanger?) zugeführt« wurden und
- wie die Häftlinge behandelt, untergebracht und verpflegt wurden.

Der Finanzsenator hatte sich zunächst auf vorliegende schriftliche Aussagen von Willi Opel gestützt und dann beantragt, diesen und den Abgeordneten des Bayerischen Landtages, Heinrich Stöhr, als Zeugen vernehmen zu lassen.[389]

Die beiden Zeugen Willi Opel aus Karlsruhe und Heinrich Stöhr aus Weißenburg sollten gerichtlich gehört werden, ferner Johann Hempel aus Berlin.[390]

Der 49-jährige Heinrich Stöhr, als Sozialdemokrat von 1940 bis Kriegsende selbst politischer Häftling im KZ Dachau, versicherte vor dem Amtsgericht in Weißenburg, dass ihm die Abteilung »Z« nicht bekannt sei und er »nie« ein besonderes Kennzeichen im Trakt des Arrestbaues der »SS- und Polizei-Leute« gesehen habe. Die von SS-Gerichten verurteilten und inhaftierten Personen seien während der ersten Zeit ihres Aufenthalts im KZ Dachau nicht zur Arbeit eingesetzt, sondern militärisch gedrillt worden. Sie hätten häufig - auch mit Spaten und Pickel - exerzieren müssen, sie seien »hart angefasst« und von den anderen getrennt verpflegt worden. Rauchen sei verboten gewesen. Verwaltungsmäßig sei diese Abteilung, für die ein eigener Sturmbannführer zuständig war, gesondert behandelt worden.

Im Lazarett, in dem er selbst einige SS- und Polizeileute betreuen musste, wusste er die Kranken getrennt in Baracke 1 untergebracht. Durch persönlichen Kontakt - und er habe mit vielen gesprochen - sei sein Eindruck entstanden, dass es sich nicht um politische Häftlinge gehandelt habe, da von ihnen zugegeben worden sei, »daß sie wegen krimineller Taten, beispielsweise wegen Diebstahls und ähnlicher Delikte verurteilt worden sind und zwar zu Zuchthaus«. Danach seien sie in die Sonderabteilung gekommen und »sukzessiv zum Bataillon Dirlewanger zur Bewährung an die Front abgestellt« worden. Ihm war bekannt, dass es unter ihnen häufig Exekutionen gab. Ein eigenes Kommando sei aufgestellt worden, um die Leichen der hingerichteten »Schutzhäftlinge« wegzuschaffen und dem Krematorium zuzuführen.

Es scheint keineswegs nur bayerische Praxis, was der Zeuge als Abgeordneter und Mitglied des Exekutivausschusses im Beirat für Wiedergutmachung in Bayern versicherte: »Es ist mir nicht bekannt, daß jemals Wiedergutmachungsanträge solcher Insassen anerkannt und befriedigt worden sind. Bisher wurden bloß Anträge von ehem. pol. Häftlingen anerkannt, welche einwandfreien Nachweis darüber erbringen konnten, daß sie aus rein politischen Gründen und wegen ihrer pol. Einstellung gegen das nat. Regime in einem KZ untergebracht waren. Oder daß sie sich aus solchen Gründen in U-Haft befanden oder in ihrer persönlichen Freiheit beschränkt waren.« Falls der Antrag eines Insassen der Abteilung der verurteilten SS- und Polizeileute tatsächlich anerkannt worden sei, so könne dies bloß irrtümlich erfolgt sein, es sei denn,

389 Schreiben vom 4.11.1952.
390 In der Verhandlung am 14. April 1953, Beweis-Beschluss vom 6.2.1953.

dass der betreffende Antragsteller einen einwandfreien Beweis dafür erbringen konnte, aus rein politischen Gründen zu dieser Abteilung in das KZ Dachau verbracht worden zu sein.[391]

»Die Wiedergutmachungspraxis hatte System«, schreibt Ingo Müller in seinem Buch »Furchtbare Juristen« über die unbewältigte Vergangenheit unserer Justiz: »War jemand mit dem Dritten Reich in Konflikt geraten, der nicht politisch organisiert war, wurde sein Widerstandsakt als ›lediglich humanitär‹ eingestuft, und er bekam keinerlei Entschädigung für Zuchthaus- oder Lagerhaft und deren Folgen.«[392]

Vor dem Amtsgericht Berlin-Schöneberg erschien der 50-jährige Diplom-Kaufmann Johannes Hempel. Im August 1944 war er selbst als Kompanieführer ohne Dienstgrad zur Strafeinheit Dirlewanger gekommen, Hespe kam etwa im März oder April aus Dachau in seine Einheit. Zur besonderen Kennzeichnung der Häftlinge aus dem Straflager der SS und Polizei erklärte er: »Ein Kreis auf dem Rücken des Rockes bedeutete Fluchtverdacht. Ein Kreis mit einem Punkt in der Mitte, ebenfalls auf dem Rücken getragen, bedeutete: ›Bereits einmal geflohen, nach Ablehnung des Gnadengesuches sofort zu erschießen.‹ Ein ›S‹ auch auf dem Rücken getragen bedeutete: ›Strafaussetzer‹.« Es habe sich dabei um keine 5 % aller Häftlinge gehandelt, die wegen krimineller Verstöße eingeliefert worden waren und bei denen die Strafverbüßung erst nach Beendigung des Krieges beginnen sollte. »Die Häftlinge, die das Kennzeichen ›Z‹ trugen, waren politische Häftlinge, die zur Außenarbeit unter strengster Bewachung eingesetzt wurden, in der Hauptsache bei den BMW-Werken München Allach,« gab Hempel zu Protokoll. Diese Häftlinge seien nach Dachau gekommen auf Anordnung von SS-Gerichten, durch das SS-Hauptamt und durch Himmler persönlich. Bei der Abteilung in Dachau habe es sich nicht um ein Disziplinarlager, sondern um ein Straflager mit der Bezeichnung »Straflager der SS- und Polizei« gehandelt. Diese sei auch als Anschrift auf Briefumschlägen aufgedruckt gewesen.

Hempel zufolge kamen die Kriminellen zu einer Strafeinheit mit der Nr. 999 nach Prag. Die politischen Häftlinge seien erst ziemlich spät an die Straf- und Bewährungseinheiten abgegeben worden, ehemalige Offiziere erst im Herbst 1944.

Die Behandlung in diesem Straflager bezeichnete er als im Verhältnis zu den übrigen Häftlingen »sehr scharf und sehr streng«. Wiederholt sei das Wort gefallen: »Hier herrscht Standrecht.« Misshandlungen, Erschießungen und Erhängungen seien in diesem Straflager an der Tagesordnung gewesen. Die Unterbringung erfolgte in Einzelzellen oder in Gemeinschaftsstuben, Aufenthalt auf der Lagerstraße war verboten. Im Unterschied zum allgemeinen Lager sei in dieser Abteilung auch keine Kantine vorhanden gewesen. »Nur zu Weihnachten war es erlaubt Pakete zu empfangen, aber man erhielt nicht den ganzen Inhalt.«[393]

Der 50-jährige Metallschleifer aus Karlsruhe Willi Opel war von 1938 bis November 1944 Häftling im KZ Dachau, ab 1942 als Helfer im Revier. Er lernte »alle möglichen Arten von Gefangenen« kennen, doch keine Abteilung »Z«, bezeugte er vor dem Amtsgericht in Karlsruhe: »Ich erinnere mich nur, daß hinter dem Arrestlokal, das wir ›Bunker‹ nannten, eine besondere Abteilung existierte von anfänglich 70 und später 500 Mann. Diese Leute nann-

391 Vernehmungsprotokoll vom 6.3.1953.

392 Vgl. Ingo Müller: Furchtbare Juristen – Die unbewältigte Vergangenheit unserer Justiz. München 1989, S. 270.

393 Vernehmungsprotokoll vom 13.3.1953 in der nichtöffentlichen Sitzung des Amtsgerichts Schöneberg 18 AR. 271.

ten wir ›Knochenmänner‹ [...] weil auf ihren SS-Abzeichen auf der Schulter nur die beiden gekreuzten Knochen, nicht aber der Totenkopf zu sehen war. Mit diesen Leuten sind wir nie zusammen gekommen. Wir haben uns als politische Gefangene von ihnen auch ferngehalten.« Opel wiederholte im Wesentlichen, was er in der Vernehmung durch das Landesamt für Wiedergutmachtung in Karlsruhe bereits zu Protokoll gegeben hatte: dass es sich angeblich um keine politischen, sondern kriminelle Häftlinge gehandelt habe, die z. T. ihre Strafen nach dem Krieg verbüßen sollten. Ihm war außerdem bekannt, dass die »Knochenmänner«, die sich in ihrer Abteilung im Lager gut geführt und sofern sie keine allzu hohen Zuchthausstrafen hatten, zum Bataillon Dirlewanger kamen. »Die Kost bei den ›Knochenmännern‹ war besser als bei uns politischen Häftlingen. Sie wurden im Drill wie eine militärische Einheit behandelt und trugen statt eines Gewehres einen Spaten.«[394]

Auf Antrag von Hespes Anwalt hatte das Gericht beschlossen, den 35-jährigen Textilkaufmann Josef Schuck aus Stuttgart vernehmen zu lassen, der ebenfalls als Häftling in Dachau im Lager »Z« eingesessen hatte. Anders als Opel bezeugte er in seiner vom LG Stuttgart-Degerloch übermittelten eidesstattlichen Erklärung, das Lager »Z« als »Straflager der SS und Polizei« zu kennen, das der Gestapo bzw. dem SS-Hauptamt unterstand. Die Zusammensetzung der Insassen sei gemischt gewesen, vorherrschend Männer, die sich politisch missliebig gemacht hatten: »Nicht alle, aber der größte Teil stammte aus Einheiten der SS und Polizei.« Im Lager seien nur Männer verblieben, die ihre verhängte Strafzeit bereits abgesessen hatten. Andererseits seien Männer, die zur Todesstrafe verurteilt waren, nach kurzer Zeit zu Dirlewanger gekommen. Ferner Männer, die aus Anlass des 20. Juli verhaftet worden waren. »Wir haben viele gar nicht zu Gesicht bekommen. Diese waren im Zellenbau des früheren Arrestgebäudes des KZs untergebracht. Viele warteten die Bestätigung ihrer Todesstrafe ab, wurden erschossen oder man legte ihnen die Pistole auf den Tisch und ein Offizier der Kommandantur nahm vor der Zellentür Posten und wartete ab, bis sich der betreffende Häftling – zumeist waren es Offiziere – selbst erschossen hatte. Andere Todeskandidaten (sie hatten ein Kreuz an der Zellentür) wurden begnadigt, kamen zu uns oder gleich an die Front.«

Sie hätten alle gefärbte Uniformen getragen, die mit einem »Z« versehen waren. Fluchtverdächtige trugen einen weißen Kreis, andere einen Kreis mit Punkt in der Mitte, »Kriegs- und Strafaussetzer« ein »S«. Die Bestrafungen während des Krieges seien meist so vollzogen worden: Männer mit Zuchthausstrafe und Politische seien ins Lager »Z« gekommen, mit Gefängnis Bestrafte nach Danzig-Matzkau, Kriminelle nach Papenburg-Ems, Fluchtverdächtige ins Lager Z. Feldpostpäckchendiebe seien ja gleich erschossen worden. Homosexuelle ebenfalls – wenn sie nicht begnadigt wurden und ebenfalls ins Lager Z kamen. Schuck berichtete, dass wegen Kameradendiebstahls Verurteilte, Kriminelle oder sonstige, besonders mit Gefängnis Bestrafte, gleich zur Einheit »500« über Prag an die Front geschickt wurden. Die Verpflegung habe aus der allgemeinen Küche gestammt, Wäsche, Schuhe und Fußlappen seien aus der allgemeinen KZ-Kammer gekommen. Zunächst sei das Lager nur eine kleine Abteilung gewesen, dann aber mit dem Außenlager Allach auf etwa 1500 Mann angewachsen, welches später viel umfangreicher als Dachau gewesen sei. Er bestätigte die »viel, viel schärfere« Behandlung als im allgemeinen KZ: »Wir durften nicht rauchen. Schärfste Bestrafungen. Flucht oder

394 Vernehmungsprotokoll des Amtsgerichts Karlsruhe vom 10.3.1953.

Fluchtversuche wurde meist mit sofortiger Erschießung geahndet. Alle sechs Wochen ein Brief mit vorgeschriebener Zeilenzahl. Alle Vierteljahr ein Paket mit Zahnpasta, Bürsten, Taschentüchern, Waschmittel etc. Zu Weihnachten ein 2- oder 3-Kilo-Paket mit Lebensmitteln.« Das meiste sei vorher von der Wachmannschaft gestohlen worden. Sie hätten es trotzdem quittieren müssen und es aus Furcht vor Schikanen selbstverständlich auch getan. Zwei Ausländer, erinnert er sich noch, hätten sich geweigert zu unterschreiben. Da habe der Kammeroberscharführer eben selbst quittiert. »Die Strafen und Schikanen waren ganz fürchterlich. Strafexerzieren, d. h. stundenlang nach Kommandos oder bestimmten Pfeifensignalen im Dreck wälzen, Laufschritt, ›abrollen‹ etc. Männer wurden bewußtlos weggetragen - Befehlsverweigerung bedeutete den Tod.« Selbst alte Männer seien nicht ausgenommen worden, selbst das Flehen auf Knien habe die entmenschlichte Wachmannschaft nicht zu erschüttern vermocht. Schuck berichtete von fast täglichen Exekutionen. Fast ständig hätten einer oder mehrere auf dem Hof »Spaten« gestanden, was Strammstehen mit geschultertem Spaten bedeutete. Sogar barfuß bei Frost, in Unterhemd und Unterhose - bis sie umfielen und weggetragen werden mussten oder mit einem Eimer Wasser übergossen wurden. »Das waren keine Einzelfälle sondern ein fast tägliches Bild.« Josef Schuck vermutete, dass bei einer siegreichen Beendigung des Krieges keiner der politischen Männer entlassen worden wäre.

Bei ihrer Einlieferung seien alle Häftlinge mit einer Nummer in der Hand fotografiert und ihre Fingerabdrücke registriert worden. Sie mussten das allgemeine KZ-Bad benutzen und die Männer seien »wie drüben im KZ« an Hungertyphus, Ödemen usw. gestorben. Die Kranken hätten »ebenfalls drüben im KZ-Krankenrevier - zunächst gesondert, nachher alles durcheinander« - gelegen. In besonderen Fällen sei Diätverpflegung aus der KZ-Küche geholt worden. Einen organisatorischen Zusammenhang mit dem KZ bejahte er: »Unsere Toten wurden im KZ-Krematorium verbrannt durch Häftlinge des KZ's.«[395]

Schucks eidesstattliche Erklärung reichte dem Landgericht Bremen nicht aus. Klärungsbedarf sah es auch im Hinblick auf die Aussagen von Stöhr und Hempel. Ende April wurde der 35-jährige Textilkaufmann vom Amtsgericht Stuttgart vernommen. Er bestätigte, dass die Häftlinge dieser Abteilung auch auf dem Rücken das Kennzeichen »Z« tragen mussten. Die Kleidung habe sich von der üblichen gestreiften KZ-Kleidung unterschieden: Es habe sich um polnische Beuteuniformen gehandelt, vermutete er. Wegen Führerbeleidigung, Wehrkraftzersetzung und Verstoßes gegen das Heimtückegesetz sei er selbst zu fünf Jahren Zuchthaus verurteilt gewesen. Nach zehnmonatiger Haft sei er in die Abteilung »Z« eingeliefert worden. Er habe in vollem Umfang Wiedergutmachung erhalten. Die Gründe für Hespes Verurteilung und Überstellung nach Dachau kannte er nicht, erklärte aber, dass in dieser Abteilung eine große Anzahl der Männer wegen Kameradendiebstahl oder Fahnenflucht inhaftiert war, ein Teil jedoch auch aus rein politischen Gründen. Das Lager sei hoffnungslos überfüllt gewesen, sodass ein großer Teil der Gefangenen auf dem Boden schlafen musste. Als größtes Übel im Lager habe die starke Ungezieferplage gegolten.

Die Behandlung bezeichnete er als sehr unterschiedlich und auf den Einzelfall abgestellt. Auch aus diesem Lager seien laufend Insassen in die besonders eingerichteten Todeszellen ge-

395 Affidavit vom 17.3.1953.

kommen, ihre Anzahl betrug bei einer Gesamtbelegung des Lagers »Z« von 2000 Mann etwa 200 bis 300 Häftlinge.[396]

Um Hespe zu unterstützen, meldete sich der mit ihm befreundete Wilhelm Beck vor dem Gesandtschaftsrat der Bundesrepublik Deutschland aus Den Haag zu Wort, ein in den Niederlanden anerkannter Widerstandskämpfer.

Auch er sei »wegen eines politischen Sabotageaktes« 1943 in den Niederlanden durch das SS-und Polizeigericht 10 anfänglich zum Tode verurteilt und Anfang Juli 1943 in das Straflager Dachau überführt worden. Seine Strafe habe man später in 15 Jahre Zuchthaus umgewandelt. Sein Freund, der Niederländer Dr. C. A. Honig, sei wegen der gleichen politischen Aktivitäten verurteilt worden und im Straflager Dachau gewesen. Ihre Aussagen erscheinen zwar weniger verwirrend, doch auch wenig ergiebig.[397]

Ludwig M. aus Winterbach, »Lager-Capo« (Lagerältester) in Dachau, wurde gehört. Der 48-jährige Zurichter versicherte in seiner richterlichen Vernehmung, vom Herbst 1944 bis gegen Ende des Krieges als Häftling im KZ Dachau in der Abteilung »Z« gewesen zu sein.[398] Die Zahl der Häftlinge habe etwa zwischen 300 und 800 geschwankt, die Zahl der Todeskandidaten zwischen 120 und 150. Jede Woche seien Todesurteile vollstreckt worden, dafür neue Verurteilte wieder hinzugekommen.

Ludwig M. skizzierte Lager und Außenlager: »Das Straflager der SS und Polizei im KZ Dachau, die Abteilung ›Z‹, befand sich in einer Ecke des Lagers Dachau und war nur durch die Stellung der Holzbaracke und den sich daran anschließenden Bretterzaun abgetrennt.« Einige Außenlager seien mit 1000 bis 1200 Mann belegt gewesen, wie zum Beispiel die BMW-Werke München-Allach.[399] Die Einlieferung der Häftlinge, so der Zeuge, erfolgte durchweg auf Veranlassung von SS- und Polizeigerichten oder von Feldgerichten des SS-Hauptamtes 3, im Falle eines norwegischen Kapitäns auf unmittelbare Veranlassung Hitlers selbst. Davon habe er bei seiner Tätigkeit in der Verwaltung erfahren. Zum überwiegenden Teil seien im Lager politische Häftlinge gewesen, doch zu einem erheblichen Teil auch solche aus kriminellen Gründen.

Er beschrieb das Lager Dachau und die Abteilung »Z« als organisatorisch zusammengehörig und bezeugte, dass in der Abteilung »Z« nicht nur Männer der SS und Polizei oder deren Gliederungen, sondern auch Zivilisten einsaßen, Holländer und Dänen, die sich am Widerstand beteiligt hatten, ebenso wie deutsche und ausländische Fahnenflüchtige.

Die Kranken hätten im KZ-Lazarett mit den anderen KZ-Häftlingen zusammengelegen, bis auf die letzten Monate, dann seien innerhalb des allgemeinen KZs gesonderte Räume der »Z«-Abteilung eingerichtet worden.

Die wirtschaftliche Betreuung schilderte er als einheitlich, das Essen mit Ausnahme der Diätküche als dasselbe. In Kleidung und Ausrüstung hätten sie sich von den übrigen Lagerinsassen unterschieden: »Die Insassen der Abteilung ›Z‹ trugen im Gegensatz zu den übrigen KZ'lern gefärbte Uniformen. Die besonderen Kennzeichen auf den Arbeitsanzügen ›Z‹, ›S‹

396 Amtsgericht Stuttgart, Vernehmungsprotokoll vom 29.4.1953.

397 Protokoll vom 19.3.1953.

398 Vom 28.9.1944 bis 27.4.1945.

399 Der BMW-Firmengeschichte ist zu entnehmen, dass sich im Außenlager Allach etwa 20 000 Zwangsarbeiter und Kriegsgefangene befanden (s. Mönnich: BMW – Eine deutsche Geschichte).

und weißer Kreis seien gegen Ende des Krieges auf den Uniformen nicht mehr erneuert, ein besonderer Wert hierauf nur in den Außenlagern gelegt worden. »Militärische Rangabzeichen waren nicht auf der Kleidung.« Er versicherte, dass Hespe gegen das Dritte Reich eingestellt gewesen sei: »Ich war sehr viel mit ihm zusammen und im Gegensatz zu den anderen deutschen Insassen machte er kein Hehl daraus, dass er gegen das Naziregime war«, erinnerte sich der ehemalige Capo.[400]

Auf Ersuchen der Entschädigungskammer vernahm das Amtsgericht Nürnberg im Juni 1953 einen ehemaligen KZ-Arzt als Zeugen. Der 41-jährige wieder praktizierende Arzt Dr. med. Leonhard R. erklärte in einer nicht öffentlichen Sitzung, zwei Monate lang auch in dieser Abteilung als Arzt eingesetzt gewesen zu sein. Er kenne daher die dortigen Verhältnisse nur oberflächlich. An Bezeichnungen des Lagers oder auf der Häftlingskleidung mit »Z« erinnerte er sich nicht. »Im SS- Polizei-Straflager des KZ in Dachau gab es zwei Abteilungen, den Zellenbau für Todeskandidaten und eine andere offene auch außerhalb des Lagers arbeitende Abteilung.« Er bestätigte die Kennzeichnung der Todeskandidaten, die als »Knochenmänner« oder durch »ein auf dem Rücken des Rockes gemaltes Zeichen« gekennzeichnet waren. Die wenigen weiteren Aussagen des ehemaligen Lagerarztes wirkten technokratisch und durch ihre Wiederholungen noch weniger glaubhaft: »Diese Häftlinge waren meines Wissens von SS-Polizeigerichten eingewiesen worden und es dürfte sich mit überwiegender Wahrscheinlichkeit um vorwiegend kriminell gewordene und nur zum geringen Teil auch wegen politischer Delikte Bestrafte gehandelt haben. Etwas Eindeutiges kann ich nicht aussagen, weil ich dieser Abteilung nicht angehörte [...] Die Behandlung war dort nach meiner Erinnerung streng militärisch, nicht schikanös, die Unterbringung genügend und die Verpflegung qualitativ sehr schlecht und quantitativ gerade noch ausreichend.« Untergebracht gewesen seien sie in einer großen Holzbaracke. Jeder Häftling habe ein hölzernes, räumlich noch ausreichendes Bettgestell mit darüberliegenden Drahtmatratzen besessen. Die Vereidigung des Zeugen wurde dem Prozessgericht überlassen.[401] Bremen verzichtete auf ihn.

Im Gerichtshaus an der Domsheide wurde im Oktober 1953 mündlich weiter verhandelt.[402] Hespes Anwalt beantragte, die Freie Hansestadt Bremen zu verurteilen und Hespe die beantragte Entschädigung zu gewähren. Der Senator für Finanzen stellte den Antrag, die Klage abzuweisen.

Welche Maßstäbe gelten? Ein politisches Urteil, keine politische Verurteilung?

Über die letzte Verhandlung fertigte der Vertreter des Senators für Finanzen, Dr. Biehl, am 19. Oktober 1953 einen Vermerk, der sich im Wesentlichen im anschließenden Bericht an die Entschädigungskammer wiederfindet. Über die rechtliche Beurteilung des Falles sei ausführlich verhandelt worden, vermerkte er, doch schienen ihm »die Beweisaufnahmen der letzten

400 AG Schorndorf, Vernehmungsprotokoll vom 24.7.1953.

401 AG Nürnberg, Vernehmungsprotokoll vom 10.6.1953.

402 Die Verhandlung wurde am 9.10.1953, Zimmer 76, vor der 2. Wirtschaftskammer des LG fortgesetzt.

Zeit in eine falsche Richtung zu laufen«. Deshalb habe er nochmals über den Beginn der behaupteten Verfolgung verhandelt. Ausgangspunkt war für ihn das Urteil des SS- und Polizeigerichts in Riga und Hespes Verurteilung zu fünf Jahren Zuchthaus. Dieses Urteil, schrieb Dr. Biehl dem Landgericht, sei »entsprechend den Vorschriften der Kriegssonderstrafverfahrensordnung« ergangen, »in Verbindung mit den Verordnungen über die Sondergerichtsbarkeit in Strafsachen für Angehörige der SS und für die Angehörigen der Polizeiverbände bei besonderem Einsatz«.[403] Das Urteil sei durch den Obersten Befehlshaber der SS- und Polizeiverbände Himmler in seiner Eigenschaft als Gerichtsherr bestätigt worden. Mit der Verurteilung sei Hespe wehrunwürdig geworden. Da die Strafverbüßung erst nach Kriegsende einsetzte, war er zwischenzeitlich einem Lager zu »überweisen«. Seine Einlieferung in die Abteilung »Z« des Straflagers der SS und Polizei stellte sich für den Referatsleiter als »eine normale Maßnahme« dar, die nicht als Verfolgungsmaßnahme angesehen werden könne. Diese Strafe sei dann Ende Januar 1945 durch Gnadenerweis in eine Gefängnisstrafe umgewandelt worden. Die Tatsache, dass Hespe die Wehrwürdigkeit bedingt wieder verliehen und er zur Brigade Dirlewanger zwecks Bewährung überstellt worden sei, entspreche dem »normalen Verlauf«. Ab 1944 sei infolge der Verluste angeordnet worden, Zuchthausstrafen grundsätzlich in Gefängnisstrafen umzuwandeln: »Das Urteil ist äußerlich absolut unpolitisch [...] Die in diesem Urteil ausgesprochene Strafe hält sich im angemessenen Rahmen. Der Antragsteller ist teilweise sogar freigesprochen worden. Es obliegt ihm daher der Beweis, daß trotz dieser äußeren Umstände dem Urteil politische Momente zu Grunde liegen.«

Die Behauptungen Hespes, dem SS-Gericht sei bekannt gewesen, dass er bereits vor Kriegsbeginn von der Gestapo überwacht und verhört wurde, dass Hausdurchsuchungen erfolgten, ließ der Vertreter des Finanzsenators nicht gelten: »Abgesehen davon, daß der Antragsteller für diese Behauptungen den Beweis schuldig geblieben ist, würde ein SS-Gericht nicht davor zurückgeschreckt haben, diese Tatsachen in der Begründung des Urteils im Lebenslauf des ehemaligen Angeklagten zu erwähnen.« Die vom Antragsteller behaupteten Tatsachen seien mit keinem Wort erwähnt worden und daher sei mit an Sicherheit grenzender Wahrscheinlichkeit anzunehmen, dass dem betreffenden SS-Gericht hiervon nichts bekannt gewesen sei.

Die Argumente, dass man ihn »als politischen Verbrecher« behandelte und in Riga mit Juden, Letten und anderen Ausländern im Zentralgefängnis und nicht in einer Wehrmachtshaftanstalt untergebracht habe, wies der Referatsleiter ab. Das Gefängnis habe der SS unterstanden und es erscheine durchaus verständlich, wenn der Antragsteller nicht in einer Wehrmachtshaftanstalt untergebracht wurde. Er hielte es geradezu für paradox, wenn der Kläger, der ja gerade bei einer Wehrmachtseinheit Anschuldigungen gegen SS-Offiziere erhoben hatte, der Wehrmacht zur Inhaftierung übergeben worden wäre.

Bezug nehmend auf Hespes Behauptungen, das Urteil falle durch die persönliche Bestätigung Himmlers aus dem normalen Rahmen und Himmler habe ihn als politischen Gegner vernichten wollen, verwies er auf die fünfjährige Zuchthausstrafe. Es müsse berücksichtigt werden, dass bei den SS- und den Polizeiverbänden die Divisionen den größeren Einheits-

403 Schreiben des Senators für Finanzen vom 19.10.1953 an das Landgericht. Dr. Biehl verwies bei der Kriegssonderstrafverfahrensordnung auf das RGBl. I, 1939, S. 1455, und bei der Verordnung über die Sondergerichtsbarkeit auf die RGBl. I, 1939, S. 2107, S. 2293 und 1940, S. 659.

verband darstellten und Armeen, wie bei der Wehrmacht, nicht vorhanden gewesen wären. Eine Zwischenstufe zwischen dem Divisionskommandeur als normalem Gerichtsherrn für Strafsachen bis zu fünf Jahren Zuchthaus und dem Obersten Befehlshaber habe es nicht gegeben. Abschließend erkannte er an, dass es Spannungen zwischen SS und Wehrmacht auf der Divisionsebene gegeben habe, sodass allein aus diesem Grunde schon der Reichsführer SS und Polizei mit dieser Angelegenheit befasst worden sei.[404] »Der merkwürdige Dr. Biehl des Landesamtes für Wiedergutmachung spricht selbst von den sprichwörtlichen Spannungen, die durch den Fall Hespe besonders offenkundig werden, lehnt andererseits aber politische Akzente für meine Verurteilung und Haft in Dachau ab«, beklagte sich Hespe später.[405]

Den Einwand Hespes, seine Einweisung in Dachau sei auf politische Gründe zurückzuführen, ließ Biehl nicht gelten. Die Beweisaufnahme habe ergeben, dass die zu Zuchthaus verurteilten SS- und Polizeiangehörigen (die sogenannten Strafaussetzer) insgesamt nach Dachau überstellt worden seien. Dies sei auch das einzige Straflager der SS- und Polizei gewesen. Der Kläger habe insoweit »keine Sonderbehandlung« erfahren. Die Wehrmacht habe die durch Zuchthaus wehrunwürdig Gewordenen der Polizei übergeben und ebenfalls in Konzentrationslager verbracht, die im gesamten Reichsgebiet verstreut waren.

Das Argument Hespes, er sei in Dachau als politischer Gefangener behandelt worden, blieb nach Auffassung des Referatsleiters letztlich unbewiesen. Dass er aufgrund seines Verhaltens in der Haft von seinen Mithäftlingen als politischer Häftling angesehen worden sei, ändere daran nichts. Seine NS-feindliche Haltung sei den politisch verfolgenden Stellen nicht bekannt gewesen

Auch Hespes Überstellung zu »Dirlewanger« als Beweis für seine Haft als politischer Gegner ließ der Prozessvertreter des Finanzressorts nicht gelten und stützte sich dabei auf das Heft »Sondereinheiten in der früheren deutschen Wehrmacht«.[406] Danach war die »Division Dirlewanger eben die Bewährungstruppe für Angehörige der SS und Polizei«. Während der Referatsleiter diese Beschreibung uneingeschränkt akzeptierte, war er der Auffassung, es gelte die Aussage des Kompanieführers und den Vermerk »politischer Gefangener« in Hespes Begleitpapieren »mit besonderer Vorsicht« aufzunehmen.

Die Behauptungen Hespes, seine Beleidigungen der Polizei- und SS-Führer seien Ausdruck seiner Missachtung gegenüber der Elite der Partei gewesen, nahm er zum Anlass, Hespe charakterlich anzuzweifeln. »Im übrigen dürfte das gesamte Verhalten anläßlich seiner damaligen Bestrafung auf die Charakterveranlagung des Antragstellers zurückzuführen sein, die auch in der Nachkriegszeit ihren Ausdruck darin findet, dass H. sich an die höchsten Stellen der Sowjetunion in seinen Angelegenheiten gewandt hat.« Er hatte Hespe bereits zu Beginn des

404 Ebd.

405 Vgl. Hespe-Bericht 1964. Dr. Ferdinand Biehl war nach seinem Studium in Göttingen 1934 Referendar am LG Bremen, 1938 Assessor und ab 1.2.1940 Leutnant beim Heer. Im Juni 1944 geriet er in englische Kriegsgefangenschaft, aus der er im Oktober 1947 zurückkehrte. Falls Voraussetzungen der Amnestie nicht gegeben seien, würde er sich als Mitläufer einstufen, teilte der 1911 geborene Anwaltsassessor der Entnazifizierungskommission mit (StAB 4,66; s. auch unter Kap.: Ein neuer Geist im Haus des Reichs und im Gericht?). Am 6. April 1948 stufte ihn der Senator für politische Befreiung als »vom Gesetz nicht betroffen« ein (StAB 4,66-I).

406 Sondereinheiten in der früheren deutschen Wehrmacht (Straf-, Bewährungs- und Erziehungseinrichtungen). Bearb. vom Personenstandsarchiv II des Landes Nordrhein-Westfalen. Kornelimünster o. J. [1952]. Biehl verwies auf S. 78.

Verfahrens vorgeworfen, den Sowjets vom Einsatz des Bataillons in Russland berichtet zu haben.

Zusammenfassend stellte der Vertreter des Senators für Finanzen fest, dass sich weder aus den Vorgängen vor der Verurteilung noch aus dem Urteil selbst irgendwelche Anhaltspunkte für eine Verurteilung aus politischen Gründen ergäben. Es könne dahingestellt bleiben, ob der Kläger in der damaligen Zeit überhaupt eine gegen den Nationalsozialismus gerichtete politische Überzeugung gehabt habe oder ob es sich bei den »Schimpfereien des Klägers lediglich um Bemerkungen eines Mannes gehandelt hat, der der soldatischen Disziplin und dem damit verbundenen Zwang ablehnend gegenüberstand«. Bezeichnenderweise werde in dem Urteil des SS- und Polizeigerichts Riga auch auf die eigenartige Charakterveranlagung des Angeklagten eingegangen. Das Gericht habe sich damals bemüht, die Straftaten des Klägers unter dem Gesichtspunkt dieser Veranlagung zu beurteilen. Auf jeden Fall bleibe festzustellen, dass die vom Kläger behauptete NS-feindliche Überzeugung den verfolgenden Stellen nicht bekannt gewesen sei. »Im übrigen ist in der Rechtsprechung allgemein anerkannt, daß allein die Behandlung als politischer Häftling in einem KZ (z. B. Tragen des roten Winkels) noch kein Beweis dafür ist, daß der Betroffene auch tatsächlich wegen seiner NS-feindlichen politischen Überzeugung verfolgt wurde.«

Politisch Verfolgte scheint es demnach kaum gegeben zu haben. Wer an seiner KZ-Kleidung den roten Winkel als politisch Verfolgter tragen musste, sollte nach dieser Auffassung auch noch den Beweis für seine tatsächliche politische Verfolgung erbringen.

Für Hespe, so der Vertreter des Finanzsenators, habe es in der damaligen Zeit einem »normalen Verlauf« entsprochen, begnadigt und einer Bewährungseinheit überstellt zu werden. Hinzu komme, dass er auf seinen Antrag zur Frontbewährung abgestellt worden sei. Ganz auf das Urteil in Riga gestützt, folgerte Biehl abschließend: »Die bisherigen Beweisaufnahmen haben also nichts dafür ergeben, daß die von dem Kläger behauptete ns-feindliche Überzeugung den strafverfolgenden Stellen bekannt war bzw. den Gegenstand der Verurteilung bildete. Die Verfolgung und Verurteilung erfolgte lediglich aus militärischen Gründen.«[407] Somit sah er die Voraussetzungen für eine Entschädigung als nicht erfüllt und beantragte erneut, die Klage kostenpflichtig abzuweisen.

An der Sitzung Ende Oktober nahm Biehl als Prozessvertreter teil, für den Kläger erschien niemand. Bis zur weiteren Verhandlung Anfang Dezember verfasste Hespes Rechtsanwalt Haefker einen Schriftsatz, in dem er die Argumente der Gegenseite bestritt.[408]

Er sah die politische Unzuverlässigkeit Hespes bereits lange vor dem Urteilsspruch durch verschiedene Tatsachen bewiesen: Vorladungen bei der Gestapo, Beschlagnahme seiner Korrespondenz und Hausdurchsuchungen, wie es die Aussagen seiner Zeugen belegten. Wäre es in Riga nur um eine rein militärische Angelegenheit gegangen, hätte die Gestapo nicht seine Wohnung in Bremen durchsucht. Er sei weder in der Partei noch in einem Verband der NSDAP gewesen. Hespes langjähriger Anwalt sei in Riga nicht als Verteidiger zugelassen worden. Die von den Zeugen vorgetragenen Aussagen bewiesen den politischen Charakter der Verurteilung und Inhaftierung seines Mandanten, der das Urteil nie gehört oder gesehen habe.

407 Schreiben des Senators für Finanzen vom 19.10.1953 an das Landgericht.
408 Schreiben RA Haefker vom 3.12.1953.

Haefker griff die Spannungen zwischen der Wehrmacht und der SS und Polizei auf und erinnerte, dass die SS der Wehrmacht die weitere gerichtliche Verfolgung untersagt habe, da es um beschämende Methoden der Vertuschung und ungeheuere Missstände innerhalb der SS gegangen sei. Diese habe offensichtlich gegenüber der Wehrmacht ein anderes Motiv finden müssen. Politische Gründe seien es gewesen, weshalb er verurteilt wurde, auch wenn das Urteil nicht darauf abstelle. Der politische Charakter der Inhaftierung ergebe sich ferner daraus, dass die KZs weder der ordentlichen noch der Militärgerichtsbarkeit, sondern ausschließlich der Gestapo und SS, also dem Reichssicherheitshauptamt, unterstanden.

Die ehemaligen Lagerinsassen von Dachau hätten die »politische Inhaftierung« Hespes bezeugt. Der Magistrat von Groß-Berlin habe ihn bereits 1950 als politisch Verfolgten anerkannt. Ein weiterer Beweis ergebe sich daraus, dass auch während des Dritten Reiches nach Straftaten ausgesprochene Verurteilungen in das Strafregister eingetragen werden mussten. Laut Mitteilung der für Hespes Geburtsort Brake zuständigen Staatsanwaltschaft in Oldenburg sei dies in seinem Fall nicht geschehen.

Im Übrigen habe sich die im Urteil ausgesprochen Strafe keineswegs »im angemessenen Rahmen« gehalten.

Gilt das Urteil des SS- und Polizeigerichts weiter?

Hatte das Urteil von Riga Rechtskraft erlangt?[409] Um diese Frage zu klären, beschloss die Kammer Ende 1953, das laufende Verfahren ruhen zu lassen.[410] Doch der Senator für Finanzen verwies auf die Handakte Hespe, aus der nicht zu ersehen sei, ob die strafgerichtlichen Verurteilungen aufgehoben oder geändert worden waren und somit die Voraussetzungen nach dem Bundesentschädigungsgesetz erfüllt seien.[411] Er bestand darauf, dass dies der Kläger zwingend nachzuweisen habe.[412] Wiedergutmachung konnte zur zweiten Verfolgung werden.[413] Dabei sollte nach der Präambel des Bundesentschädigungsgesetzes doch »weitherzig und großzügig« verfahren werden.[414]

409 Schreiben an das LG Bremen vom 19.10.1953 (Bl. 89-93); Vermerk vom 16.11.1953 und 8.12.1953.

410 Um der Vorschrift des § 16 Ziff. 6 BEG zu entsprechen; Entschädigungskammer des LG Bremen am 4.12.1953 auf Antrag von RA Haefker.

411 Ein »Vertrag zur Regelung aus Krieg und Besatzung entstandener Fragen« bildete die Grundlage für das Bundesentschädigungsgesetz vom 18.9.1953, in dem sich die Bundesrepublik verpflichten musste, Wiedergutmachung ohne Diskriminierung irgendwelcher Gruppen oder Klassen verfolgter Personen zu leisten (BGBl. 1955 II, S. 405).

412 Dr. Biehl verwies in Vermerken vom 16.11.1953 und vom 8.12.1953 auf § 16 Abs. 5 und 6 des BEG.

413 Die sog. »Widergutmachung« – als »zweite Verfolgung« bezeichnen Hans Hesse und Jens Schreiber die unerfreuliche Wiedergutmachungspraxis in Bremen bei den als »Zigeuner« Verfolgten in: Hans Hesse, Jens Schreiber: Vom Schlachthof nach Auschwitz. Die Verfolgung der Sinti und Roma aus Bremen, Bremerhaven und Nordwestdeutschland. Marburg 1999, S. 124 ff.

414 Dazu heißt es in der Präambel des Bundesentschädigungsgesetzes: »Damit ist zugleich gesagt, wie der Gesetzgeber das Gesetz aufgefasst und angewendet wissen will, nämlich im Geiste einer weitherzigen und großzügigen Wiedergutmachung des geschehenen Unrechts unter Berücksichtigung aller durch das Gesetz zugunsten der Verfolgten gegebenen Möglichkeiten.«

Nach Auffassung des Generalstaatsanwalts beim Landgericht Berlin hatte das Feldurteil offensichtlich keine Rechtskraft erlangt, da die Verurteilung nicht im Strafregister vermerkt gewesen sei. Auch aus der Urteilsabschrift sei nicht ersichtlich, dass das Urteil von den zuständigen Gerichtsherren bestätigt oder sonst vollstreckbar wurde. Da das Urteil offenbar keine Rechtskraft erlangt habe, könne es auch nicht aufgehoben werden, folgerte das Gericht.[415] Folglich sah es auch davon ab, den Antrag auf Urteilsaufhebung der zuständigen Strafkammer des Landgerichts Berlin zur Entscheidung vorzulegen.[416]

Hespes Anwalt schloss sich der Rechtsauffassung des Generalstaatsanwalts an,[417] der Referatsleiter beim Senator für Finanzen nicht.[418] Er sah sich nicht veranlasst, diese Brücke zu betreten und Hespe entgegenzukommen. Er hielt die Aufhebung des Urteils für erforderlich. Aus dem Aussetzen der Reststrafe müsse geschlossen werden, dass das Urteil rechtskräftig geworden sei. Daraufhin übersandte das Landgericht Bremen die Verfahrensakten nach Berlin zur Entscheidung.

Im August 1954 wies das Landgericht Berlin die Aufhebung des Urteils mit der Feststellung zurück: »Die erkannte Strafe ist zwar hart, sie kann aber bei Berücksichtigung dessen, daß der Antragsteller Handlungen als Soldat im Kriege begangen hat, nicht als grausam oder übermäßig hoch angesehen werden, so daß auch für eine Herabsetzung der Strafe kein Raum ist. Die Entscheidung entspricht dem Antrage des Herrn Generalstaatsanwalts beim Landgericht Berlin.« [419]

Das Gesetz zur Wiedergutmachung nationalsozialistischen Unrechts in der Strafrechtspflege hatte 1946 die Strafbarkeit von politischen Taten, durch die dem Nationalsozialismus oder Militarismus Widerstand geleistet wurde, aufgehoben. Gleichzeitig wurde festgelegt, dass eine Verurteilung nach den Kontrollratsgesetzen (Nr. 1 und 11) auf Antrag der Staatsanwaltschaft, des Verurteilten oder seiner Hinterbliebenen aufzuheben sei. Eine Verurteilung galt als aufgehoben, wenn sie allein auf diesen Gesetzen basierte. Die damals ausgesprochene Strafe sollte nach dem Krieg neu festgesetzt werden, falls sie bei anderen Urteilen mit herangezogen würden. Normzweck war es, Entscheidungen der Sondergerichte, die unter Berücksichtigung der im Urteil festgestellten Tat und der Zeitumstände übermäßig hart und deshalb nationalsozialistisch erschienen, auf das angemessene Maß herabzusetzen.[420] Diese Änderung sollte wiederum nur auf Antrag erfolgen. Die Bewertung wurde also jenen Gerichten übertragen, die überwiegend wieder mit den Richtern aus der NS-Zeit besetzt und geneigt waren, die damaligen Zeitumstände und die Brutalisierung des öffentlichen Lebens besonders zu berücksichtigen.[421]

In der Militärjustiz lassen Verurteilungsgründe erkennen, wie stark die Spruchpraxis politisiert war. Von den 1640 zwischen Januar 1940 und März 1943 von den Kriegsgerichten des Heeres verhängten Todesurteilen ergingen 1299 wegen Fahnenflucht und 216 wegen Wehrkraftzersetzung, also bei etwa 75 Prozent spielten politisch-ideologische Gründe eine Rolle.[422]

415 Eine Aufhebung müsste erfolgen nach dem Gesetz zur Wiedergutmachung nationalsozialistischen Unrechts auf dem Gebiete des Strafrechts vom 5.1.1951.

416 Schreiben Der Generalstaatsanwalt beim Landgericht Berlin vom 8.4.1954 an RA und Notar Dr. Dr. Wöller, Berlin.

417 Schreiben RA Haefker vom 21.4.1954.

418 Schreiben Dr. Hergel vom 11.5.1954.

419 Beschluss der 4. Großen Strafkammer des LG Berlin vom 10.8.1954; Abschrift vom 3.12.1954 (Az.[504] 2.P.Aufh.40.54. [351.54]); vgl. den vollständigen Text im Anhang.

420 Nach dem (zoneneinheitlichen) Gesetz zur Wiedergutmachung vom 5.4.1947.

421 Vgl. Müller: Furchtbare Juristen, S. 291 f.

Zersetzung der Wehrkraft galt letztlich als Verrat am Führer und der »existenziell bedrohten Volksgemeinschaft«.

Auch die Spruchpraxis der SS- und Polizeigerichte war überaus hart: In der Zeit vom 1. September 1939 bis 30. Juni 1944 wurden nicht weniger als 1001 Todesurteile vollstreckt. Im Jahr der Verurteilung Hespes waren es 183, davon trafen 110 Angehörige der SS und 23 Angehörige der Polizei.[423] Einweisungen straffällig gewordener SS- und Polizeiangehöriger in ein KZ oder die Überstellung in eine Sondereinheit (z. B. »Dirlewanger«) ordnete in der Regel nicht der jeweilige Gerichtsherr, sondern das Hauptamt SS-Gericht an.

Zum Berliner Spruch im Fall Hespe schrieb Prof. von Richthofen im April 1963 an den Landgerichtsdirektor: »Es hat mich tief erschüttert, daß Herr Hans Hespe [...] nach seiner Entlassung aus seiner langen Haftzeit als Opfer des Terrors totalitärer Diktaturen in unserem demokratischen Rechts- und Behördenwesen des freien Teiles von Deutschland einige Enttäuschungen bitterster Art erleben mußte. Man hätte sie dem Schwer-Kriegsverletzten und von drei Diktaturen wegen seines mannhaften Eintretens für Recht und Wahrheit unmenschlich Verfolgten (erst zur Herrschaft Hitlers, dann durch die sowjetische Besatzungsmacht in Mitteldeutschland und zuletzt durch das Ulbricht-Regime) unbedingt ersparen sollen. Leider drang er auch in Berlin bisher mit verschiedenen voll berechtigten Anträgen und Klagen nicht durch. Ich bin z. B. außerordentlich erschrocken, wie leicht es sich das Kammergericht gemacht hat, Hespe gegenüber das Urteil eines SS- und Polizeigerichtes aufrecht zu erhalten, ohne zu beachten, wie geschickt solche Dienststellen oft ihre politisch bedingten Urteile anders zu frisieren verstanden und welche wesentlichen Zeugen und Akten durch das Kammergericht überhaupt nicht herangezogen wurden.«[424]

Die Diskriminierung der Opfer des Stalinismus beklagte noch am 9. Dezember 2001 Kurt Weiß bei der Eröffnung des Museums zur Geschichte des sowjetischen Speziallagers Nr.7/Nr.1 in Sachsenhausen, das er als ehemaliger Häftling überlebt hatte.[425]

Ein neuer Geist im Haus des Reichs und im Gericht?

Der Neubeginn nach 1945 erwies sich bekanntlich kaum als Zäsur: Die Personen in Ämtern und Behörden blieben vielfach die alten - auch ihre Denkstrukturen.[426]

Und hinter manchen »roten« Fassaden in Bremen schimmerte es noch jahrelang »braun«. Wohl nicht nur beim Senator für Finanzen im Haus des Reichs.

422 Ebd., S. 189.

423 Vgl. Wilhelm: Die Polizei im NS-Staat, S. 126 ff.

424 Schreiben Univ.-Prof. Dr. Bolko Freiherr von Richthofen an den Landgerichtsdirektor des Landgerichts in Westberlin vom 27.4.1963 (SSGD-VOS).

425 Katalog Sachsenhausen 2005, S. 39-44.

426 Vgl. u. a. Weser-Kurier vom 30.1.1946: »Im Namen des Volkes? Eine merkwürdige Rechtsprechung«; ferner Müller: Furchtbare Juristen; Wiltrud Ulrike Drechsel, Andreas Röpke (Hg.): »Denazification«. Zur Entnazifizierung in Bremen. Bremen 1992 (= Beiträge zur Sozialgeschichte Bremens 13); Gabriele Rohloff: »Ich weiß mich frei von irgendeiner Schuld ...« Die Entnazifizierung der Richter und Staatsanwälte am Beispiel des Sondergerichts Bremen. Bremen 1999; Hans Wrobel: Strafjustiz im totalen Krieg. Aus den Akten des Sondergerichts Bremen 1940-1945. 3 Bde., Bremen 1991-1994.

»Die ins Auge springende Renazifizierung des öffentlichen Dienstes wird deutlich genug am Beispiel des Finanzressorts des Landes Bremen«, schrieb Napoli, der im Herbst 1946 in Bremen das Finanz- und Rechnungswesen der örtlichen Militärregierung verantwortete und die Entnazifizierungsabteilung bis zu deren Auflösung 1948 leitete.[427] »75 % der Stellungen in der höchsten Gehaltsgruppe beim Oberfinanzpräsidenten«, berichtete er, seien »mit ehemaligen Nazis besetzt.«[428] Und deren Prozentzahl sei seit der letzten Überprüfung der Militärregierung im September 1948 noch gestiegen, ergänzte die »Nordsee-Zeitung« 1949.[429]

Auch in Bremen konnten nach und nach Bekannte und Freunde wieder bei Gericht verwendet werden, sich alte Seilschaften und Gruppierungen zusammenfinden, ehemalige Richter des Sondergerichts Bremen nach 1945 wieder Karriere machen.

Von den 437 im Jahr 1945 beim Landgericht Bremen Beschäftigten waren 1947 noch 376 tätig; 216 galten als politisch belastet. Dr. Lahusen, der ehemalige Richter am Sondergericht Bremen, von Juni 1945 bis Januar 1951 Präsident des Landgerichts Bremen, hatte es nicht nur verstanden, abgelehnte ehemalige Nazis im Amt zu behalten[430], sondern auch einschlägig belastetes Justizpersonal nach und nach »als unerlässlich für die geordnete Rechtspflege und Funktionsfähigkeit der Gerichte« wieder einzustellen.[431] »Konstruktionen der Unschuld« titelt Hans Hesse treffend die Entnazifizierung in Bremen und Bremerhaven in seiner umfassenden Untersuchung.[432]

Der »Korpsgeist unter den Juristen« sorgte für die stetige Vereitelung des amerikanischen Vorhabens, NS-Juristen aus der Justiz fernzuhalten.[433] Allein neunmal hatte die Justiz eine Strafverfolgung des Richters Dr. Bode, dem vormaligen Generalstaatsanwalt im Reichsgau Danzig-Westpreußen, verhindert, über dessen Schreibtisch 360 Todesurteile gegangen waren, der vorsätzlichen Mord durch Rechtsbeugung begangen hatte. Als Vizepräsident des Hanseatischen OLG Bremen wurde er 1960 in den »verdienten« Altersruhestand versetzt.[434]

Waren es nur jene Richter des Sondergerichts, die vom Geist des Nationalsozialismus getragen »nach Form und Inhalt« in Bremen Rechtsanwendung betrieben, wie Wrobel feststellte, deren »Entscheidungen formal und nach außen hin immer die Entscheidungen unabhängiger Richter« waren?[435] Konnte man erwarten, dass sich solche, nicht nur vom Führerprinzip geprägten »neuen« Funktionsträger, für Schutz und Entschädigung Verfolgter mit Überzeugung

427 Vom 1.8.1947 bis zur Auflösung am 15.8.1948.

428 Joseph F. Napoli: Die Entnazifizierung vom Standpunkt eines Amerikaners. In: Drechsel, Röpke: »Denazification«, S. 66 ff.

429 Vom 14.5.1949 (ebd., S. 82).

430 Friedrich Buschmann: Dienstlicher Bericht über die Entnazifizierung in Bremen. in: Drechsel, Röpke: »Denazification«, S. 31; Rohloff: »Ich weiß mich frei von irgendeiner Schuld ...«, S. 66 ff.

431 Vgl. »Karrieren trotz NS-Vergangenheit«, Weser-Kurier vom 2.10.1979; Christoph Thonfeld: Entnazifizierung des Personals in Bremen gescheitert, Weser-Kurier vom 11.3.1999, »Entnazifizierung der Justiz ist gescheitert«, Weser-Kurier vom 9.11.1999.

432 Hans Hesse, Konstruktionen der Unschuld. Die Entnazifizierung am Beispiel von Bremen und Bremerhaven 1945–1953, Bremen 2005.

433 Rohloff: »Ich weiß mich frei von irgendeiner Schuld ...«, S. 149.

434 Vgl. Dieter Schenk: Hitlers Mann in Danzig. Albert Forster und die NS-Verbrechen in Danzig-Westpreußen. Bonn 2000, S. 139, 202 f.

435 Wrobel: Strafjustiz im totalen Krieg, Bd. 1, S. 18.

einsetzen würden? Sich um die eigene Versorgung und die Absicherung ähnlich betroffener »Volksgenossen« zu bemühen, lag näher.

Auch der 1947 aus britischer Gefangenschaft zurückgekehrte Referatsleiter beim Senator für Finanzen, Dr. Biehl, war mit der NS-Justiz bestens vertraut. Seit 1933 hatte der Jurist in der SA, seit 1934 im »NS-Rechtswahrerbund« und seit 1937 in der NSDAP seine Erfahrungen gesammelt, hatte es gelernt, sich durchzusetzen und andere auszugrenzen. Als »Mitläufer« wurde er entnazifiziert.[436]

Nicht nur Angehörigen der Waffen-SS wurde die Dienstzeit versorgungsrechtlich angerechnet, wenn sie »wehrmachtsgleichen Dienst« verrichtet hatten, z. B. als »Wachdienst« im Konzentrationslager Dachau.[437] Schon seit dem 1. Juli 1948, bevor sein Entnazifizierungsverfahren abgeschlossen war, erhielt Theodor Westphal, der SS-Hauptsturmführer und Kompaniechef Hespes, von der Staatshauptkasse in Bremen eine monatliche Pension von 130,00 Mark. »Es ist erstaunlich, daß so etwas heute noch möglich ist. Dieser Vorgang bedarf noch einer gründlichen Klärung«, vermerkte der Ermittler im Februar 1949 verbittert.[438] Ein Jahr später stufte die Spruchkammer Bremen Westphal als »Mitläufer« ein.[439] Sein Bataillonskommandeur war bereits seit April 1948 als »Mitläufer« entnazifiziert.[440]

Es sei auch heute noch möglich, dass Juristen ihr »Handwerkszeug einer Unrechtsprechung« zur Verfügung stellen könnten, erklärte 50 Jahre später, im März 1999, der inzwischen in den Ruhestand getretene Präsident des Landgerichts Bremen auf eine entsprechende Frage.[441] Aufrichtige Antworten beruhigen nicht immer.

Die politischen Beweggründe des Klägers eindeutig festgestellt ...

Mitte Januar 1955 bat Hespes Rechtsanwalt Haefker die Entschädigungskammer, einen für Februar angesetzten Termin abzusagen, da Hespe zur Zeit nicht auffindbar sei. »Er soll, freiwillig oder unfreiwillig steht noch nicht fest, in die Ostzone gefahren sein und hat seit dieser Zeit - Anfang November 1954 - nichts wieder von sich hören lassen. Der Unterzeichnete ist zum Abwesenheitspfleger bestellt, möchte aber diesen Rechtsstreit, solange der Kläger abwesend ist, nicht durchführen.«[442] Das Gericht beschloss, das Verfahren ruhen zu lassen.[443]

Im September ersuchte der Anwalt erneut darum, das Verfahren erst dann wieder aufzunehmen, wenn der Kläger ihm persönlich Instruktionen erteilen könne. Er habe erfahren, dass Hespe von einem ostzonalen Gericht zu sechs Jahren Freiheitsstrafe verurteilt worden sei.[444]

436 StAB 4,66-I.
437 Bundessozialgericht Az: 11 RA 44/82, zit. nach Müller: Furchtbare Juristen, S. 210.
438 Schlussbericht vom 9.2.1949 (StAB 4,66-I, Az: 39100/48).
439 Am 1.6.1949 (StAB 4,66-I, Az.: VIII.Sp.C.14/49).
440 Vgl. Sühnebescheid vom 20.4.1948 (StAB, 4, 66-I, Az.: Sch 265/17/4).
441 Der Landgerichtsdirektor in einer Diskussion über »Säuberungen in der Justiz in Grenzen« zu Thonfeld: »Entnazifizierung in Bremen gescheitert, Weser-Kurier vom 11.3.1999.
442 Schreiben RA Haefkers vom 15.1.1955 zum bevorstehenden Termin am 11.2.1955 (VWE).
443 Vgl. Beschlüsse vom 22.1.1955 und vom 11.2.1955.
444 Schreiben vom 16.9.1955.

Ein Jahr später, im August 1956, ersuchte Haefker das Gericht um einen neuen Verhandlungstermin, da er »auf Umwegen« Verbindung mit dem Kläger erhalten habe und dieser Wert darauf lege, das Verfahren auch während seiner Abwesenheit zum Abschluss zu bringen.[445] Diesen Kontakt bestritt Hespe nach seiner Entlassung.

Dem Verhandlungstermin Mitte Oktober, zu dem wiederum niemand für den Kläger erschien,[446] folgte Anfang November das Teilurteil des Landgerichts Bremen:[447]

> Die Beklagte wird verurteilt, an den Kläger 5.250,- DM zu zahlen für Haftentschädigung für die Zeit vom 22.3. bis 30.4.1942 und vom 24.6.1942 bis 30.4.1954.
> Der Antrag auf Zahlung von Haftentschädigung für die Zeit vom 1. 3. bis 21. 3. und vom 1.5. bis 23.6.1942 wird abgelehnt.
> Das Urteil ist gegen Sicherheitsleistung von 5.600,- DM vorläufig vollstreckbar.
> Die Entscheidung über die weitergehenden Ansprüche und die Kosten bleibt dem Schluß-Urteil vorbehalten.[448]

Ein Teilerfolg für Hespe. In seiner Urteilsbegründung hielt das Gericht die Klage »schon jetzt« für teilweise gerechtfertigt, soweit Entschädigung für Schaden an Freiheit geltend gemacht wurde. Es erkannte Hespes Gegnerschaft zum NS-Regime an. Bereits ab 1933 sei er entschiedener Gegner gewesen. Das Gericht war überzeugt, dass Hespe die SS treffen wollte, denn die Offiziere des Polizeibataillons als SS-Leute hätten etwas Besonderes sein wollen. Doch nicht nur, um die SS-Offiziere zu treffen, sondern auch, um die SS als Repräsentantin des damaligen Systems anzugreifen, habe er Anzeige bei der Wehrmacht erstattet, stellte das Gericht fest. Nach seiner Verurteilung und Einlieferung in das KZ habe er seine politische Einstellung behalten und gegenüber den SS-Wachmannschaften eindeutig zum Ausdruck gebracht. Er habe zu einer Clique von Leuten gehört, die ideologisch zu den Urhebern der Ereignisse des 20. Juli gerechnet würden. Durch das Schreiben des Reichsführers - Hauptamt SS-Gericht - vom 8. Januar 1944 werde bestätigt, »daß die Durchführung eines Gnadenverfahrens nicht notwendig sei, umso mehr, als nach der ganzen Sachlage und Führung des Verurteilten ein Gnadenerweis verfrüht wäre«. Die Kammer war aufgrund der Angaben seiner Zeugen davon überzeugt, dass Hespe ein überzeugter Gegner des Nationalsozialismus gewesen sei und er die Anzeige erstattet habe, um den Nationalsozialismus zu treffen. Der Beweggrund sei seinen Vorgesetzten verborgen geblieben, wie die Zeugen Helwes und Westphal ausgesagt hätten. Auch in dem eingeleiteten Strafverfahren vor dem SS- und Polizeigericht in Riga sei davon nichts erwähnt, dass er seine Anzeige aus politischen Gründen erstattet habe. Das Gericht komme zu dem Ergebnis, dass der Kläger diesen Schritt lediglich deshalb unternommen habe, weil er ein Gerechtigkeitsfanatiker - eine Art Michael Kohlhaas - sei und streng darauf bedacht, seine Rechte zu wahren. Damit verbinde sich ein Hang zur Wichtigtuerei, der aus einem Minderwertigkeitskomplex herrühre. Aus der vorliegenden Beweisaufnahme habe sich aber ergeben, dass Hespe die Beweggründe seines Handelns, die schließlich zu seiner Verurteilung führten, verbergen konnte.

445 Schreiben vom 20.8.1956.

446 Als Prozessvertreter für die Beklagte erschien der Regierungsrat Dr. Hergel.

447 Dem Verhandlungstermin vom 19.10.1956 folgte am 9.11.1956 das Teilurteil unter den Richtern Landgerichtsdirektor Dr. Beckmann, Amtsgerichtsrätin Dr. E. Bulling und Richter Holzhüter.

448 Teilurteil des LG Bremen vom 9.11.1956 (Az: OH. 2024/50[E] - E 4547).

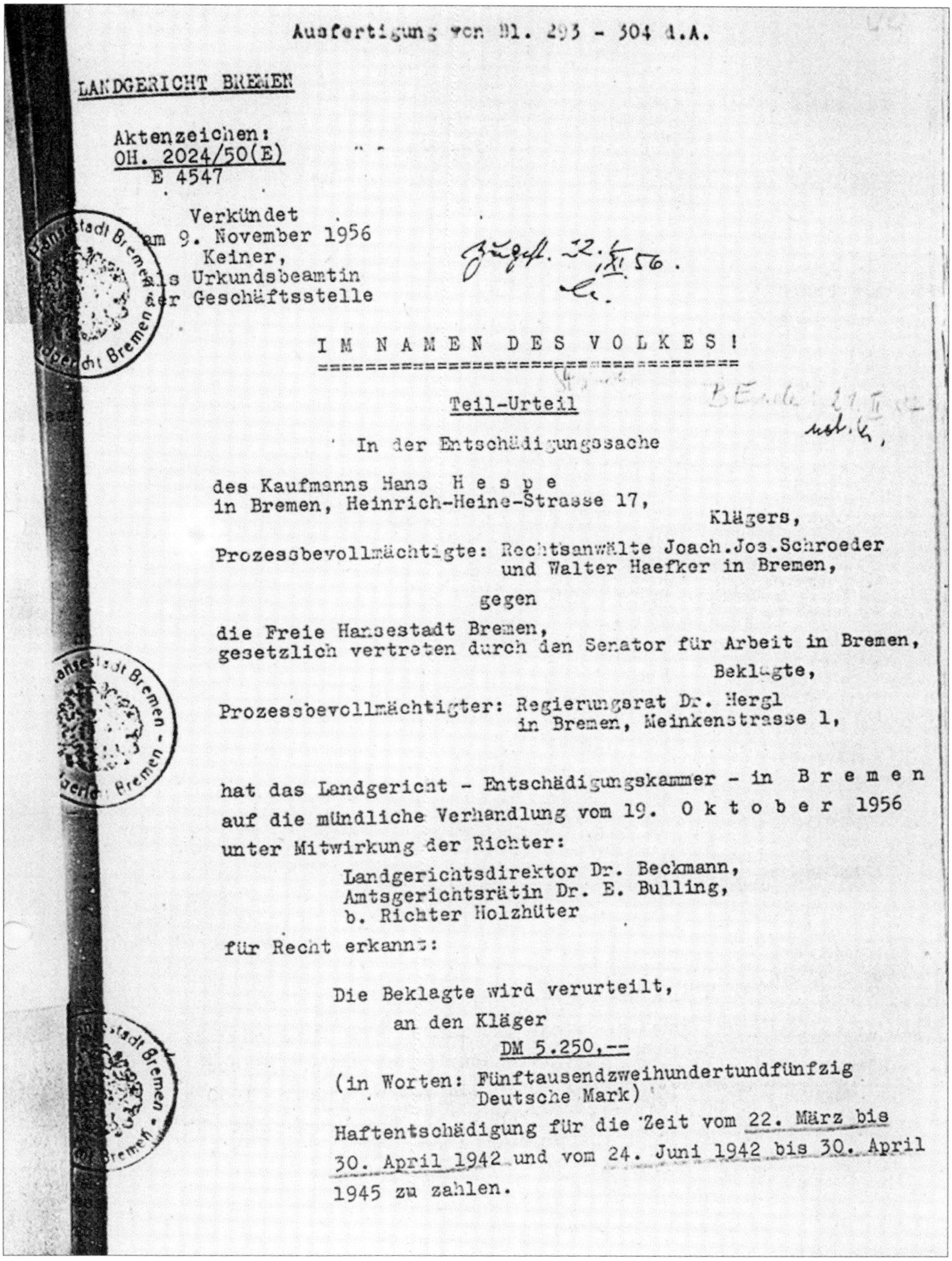

Ausfertigung von Bl. 293 - 304 d.A.

LANDGERICHT BREMEN

Aktenzeichen:
OH. 2024/50(E)
E 4547

Verkündet
am 9. November 1956
Keiner,
als Urkundsbeamtin
der Geschäftsstelle

I M N A M E N D E S V O L K E S !

Teil-Urteil

In der Entschädigungssache

des Kaufmanns Hans H e s p e
in Bremen, Heinrich-Heine-Strasse 17,
Klägers,

Prozessbevollmächtigte: Rechtsanwälte Joach.Jos.Schroeder
und Walter Haefker in Bremen,

gegen

die Freie Hansestadt Bremen,
gesetzlich vertreten durch den Senator für Arbeit in Bremen,
Beklagte,

Prozessbevollmächtigter: Regierungsrat Dr. Hergl
in Bremen, Meinkenstrasse 1,

hat das Landgericht - Entschädigungskammer - in B r e m e n
auf die mündliche Verhandlung vom 19. O k t o b e r 1956
unter Mitwirkung der Richter:
Landgerichtsdirektor Dr. Beckmann,
Amtsgerichtsrätin Dr. E. Bulling,
b. Richter Holzhüter

für Recht erkannt:

Die Beklagte wird verurteilt,
an den Kläger
DM 5.250,--
(in Worten: Fünftausendzweihundertundfünfzig
Deutsche Mark)
Haftentschädigung für die Zeit vom 22. März bis
30. April 1942 und vom 24. Juni 1942 bis 30. April
1945 zu zahlen.

Teilurteil des Langerichts Bremen in der Entschädigungsklage – ein Teilerfolg für Hespe

Abgewiesen wurden seine Ansprüche auf einige Wochen Haftentschädigung in Riga.[449] Eine Entschädigung für erlittenen Freiheitsschaden für volle 35 Monate erkannte man ihm zu. Zum Urteil des SS- und Polizeigerichts stellte das Gericht abschließend fest: »Von der Aufhebung des Urteils des SS- und Polizeigerichts konnte jedoch in diesem Falle abgesehen werden, da nach Überzeugung der Kammer die politischen Beweggründe des Klägers eindeutig festgestellt worden sind.«

Es widerspricht den Denkgesetzen und der Logik ...

Noch im November beschloss das Landgericht, das Verfahren am 1. März 1957 fortzusetzen und lud zur mündlichen Verhandlung.[450]

Im Januar mahnte Hespes Anwalt beim Senator für Finanzen an, den als Haftentschädigung zugesprochenen Betrag an seinen Mandanten auszuzahlen.[451]

Doch der Vertreter des Senators für Finanzen dachte nicht daran und ging in die Berufung.[452] Er blieb bei seiner Linie, versuchte die Argumente des Gerichts zu widerlegen und bestritt, dass die Straftat auf politischen, antinationalsozialistischen Motiven basiere. Dabei berief er sich auf einen Kommentar zum Bundesentschädigungsgesetz[453], wonach ein Anspruch auf Entschädigung bei Freiheitsentziehung aufgrund strafgerichtlicher Verurteilung nur bestünde, »wenn die zu Grunde liegende Straftat aus politischer Gegnerschaft gegen den Nationalsozialismus begangen wurde und die Verurteilung in Kenntnis dieses Tatmotivs erfolgte oder der Verfolgte die ihm zur Last gelegte Handlung in Bekämpfung der nationalsozialistischen Gewaltherrschaft begangen hat, dieses Tatmotiv aber verbergen konnte«. Beide Tatbestände würden sich ausschließen, also die Behauptungen Hespes, er sei in einem Geheimverfahren verurteilt worden und die Aussagen einiger Zeugen, nicht des Feldgerichts oder seiner militärischen Vorgesetzten, das Tatmotiv sei bekannt gewesen. Das Gericht habe diesen Zeugen geglaubt und sei davon ausgegangen, dass seine politische Gegnerschaft bei der Verurteilung bzw. der Festsetzung des Strafmaßes mitursächlich gewesen sei. »Es widerspricht den Denkgesetzen sowie der Logik, wenn das Landgericht auf Grund des tatsächlichen Vorbringens des Klägers und der Beweisaufnahme zu der Überzeugung kommt, das Tatmotiv - die politische Gegnerschaft - sei verborgen geblieben.« Das angefochtene Urteil sei davon ausgegangen, dass es kein Scheinverfahren (Geheimverfahren) gewesen sei, ohne dafür Gründe zu nennen.[454] Dr. Hergels juristischer Höhenflug im Abwimmeln und Ausgrenzen mündete in die akrobatisch anmutende Formulierung, »dass der Geschädigte als

449 Da er nach den Feststellungen des SS- und Polizeigerichts Riga erst am 22.3.1942 in Haft genommen und vorübergehend, d. h. vom 1.5. bis 21.6.1942, wieder auf freien Fuß gesetzt worden sei. Diese Feststellung habe Hespe im Verfahren nicht zu widerlegen vermocht.

450 Ladung vom 20.11.1956.

451 Schreiben vom 14.1.1957.

452 Schreiben Dr. Hergel, der inzwischen Dr. Biehl als Prozessbevollmächtigter für den Senator für Finanzen nachgefolgt war, an das Hanseatische OLG Bremen, 20.2.1957.

453 Georg Blessin, Hans Wilden: Bundesentschädigungsgesetz. Kommentar. 2. Aufl., Berlin, München 1954. Kommentar zu § 43, S. 352, Anm. 3.

454 Gestützt auf § 1 Abs. 3, S. 2 BEG.

Verfolgter gelten soll, und als solcher im Gesetz behandelt werden soll, wenn die verfolgende Stelle zwar nicht erkannte, daß Verfolgungsgründe vorliegen, ihm aber aus anderen als Verfolgungsgründen Schaden zugefügt hat, allerdings nicht schlechthin, sondern nur, wenn die Handlung, die zur schadenstiftenden Maßnahme geführt hat, in Bekämpfung der nationalsozialistischen Gewaltherrschaft begangen worden ist.« Die Handlung müsse dem Betreffenden zur Last gelegt worden sein, ohne dass man ihren Charakter erkannte, behauptete er. Auch müsse sich die geforderte Widerstandshandlung gegen die NS-Gewaltherrschaft gerichtet haben, also gegen Ziele, Methoden oder Einrichtungen, die typisch für diese Gewaltherrschaft waren. Im vorliegenden Fall habe sich der Kläger mit seiner Anzeige keineswegs gegen den Nationalsozialismus gewandt, sondern ausschließlich gegen die bei einer militärischen Aktion angeblich zutage getretene Feigheit von zwei militärischen Vorgesetzten. Ganz gleich, ob die Offiziere tatsächlich feige oder auch nicht feige gehandelt hätten, in beiden Fällen sei die Anzeige nicht geeignet gewesen, dem Nationalsozialismus Abbruch zu tun. Der Finanzsenator hielt es bisher nicht für erwiesen, dass der Anzeige Tatsachen zugrunde lagen, die bei Bekanntwerden geeignet gewesen wären, den Nationalsozialismus zu diskriminieren. Der Vertreter des Finanzressorts folgerte dialektisch: »Diskriminieren kann man nur mit wahren Behauptungen. Hat der Kläger aber nur unwahre Behauptungen weitergegeben, so kann darin keine ernsthafte Bekämpfung des Nationalsozialismus erblickt werden.« Auch die Ergebnisse der durch eine amerikanischen Kommission geführten Verfahren seien nicht bekannt geworden.[455] Niemand widersprach der »Diskriminierungslogik« des Referatsleiters. Niemand bemühte sich, die Kommissionsergebnisse der Amerikaner zu erfahren und einzubringen, weder das Gericht noch eine der Parteien.

Dienstentziehung durch Simulation

Anfang April 1957 teilte der Prozessvertreter Dr. Hergel der Amtsleitung hausintern mit, dass nach Ansicht des Berichterstatters beim OLG[456] für den Kläger keine Aussicht bestünde. Das Urteil würde in 14 Tagen verkündet werden.[457] Dann erkannte der Entschädigungssenat des Hanseatischen Oberlandesgerichts für Recht:

1. »Unter Abänderung des angefochtenen Urteils wird die Klage bezüglich des Anspruchs auf Haftentschädigung abgewiesen.
2. Die Kostenentscheidung bleibt dem Schlussurteil vorbehalten.
3. Die Revision an den Bundesgerichtshof wird nicht zugelassen.
4. Das Urteil ist vorläufig vollstreckbar.«[458]

455 Schreiben vom 20.2.1957.

456 Berichterstatter war OLG-Rat Mey. Seine NS-Erfahrung: 1933–1935 in der SA und ab 1938 in der NSDAP, seit 1938 Kriegsgerichtsrat in der Heeresverwaltung; 1945 Oberfeldrichter (StAB 4,66-I).

457 Schreiben vom 6.4.1957.

458 Nach der mündlichen Verhandlung vom 5.4.1957 am 17.4.1957 (Az.: UE 4/57 O.H. 2024/1950 [E]), durch die OLG-Räte Drodten, Kohlmann und Mey. Auch der Vorsitzende Richter Drodten hatte NS-Erfahrungen. Er legte 1934 die erste und 1938 die zweite juristische Staatsprüfung ab und war von 1938 bis Mai 1945 als Hilfsrichter im OLG-Bezirk Rostock tätig (StAB 4,1/4).

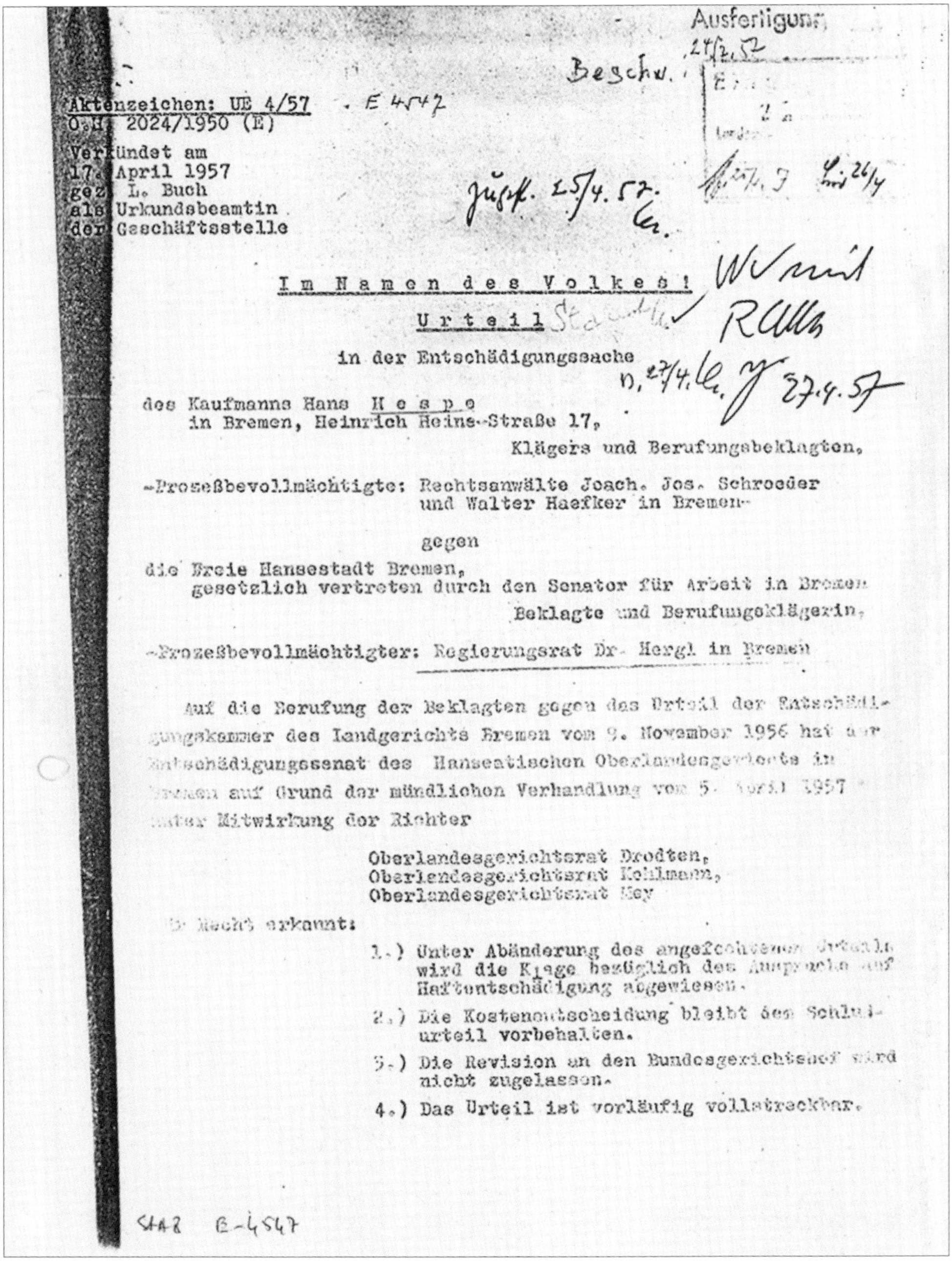

Ausfertigung

24/2.52

Beschw.

Aktenzeichen: UE 4/57 . E 4547
O.H. 2024/1950 (E)

Verkündet am
17. April 1957
gez. L. Buch
als Urkundsbeamtin
der Geschäftsstelle

zugst. 25/4.57.

Im Namen des Volkes!

Urteil

in der Entschädigungssache

des Kaufmanns Hans Hespe
in Bremen, Heinrich Heine-Straße 17,

Klägers und Berufungsbeklagten.

-Prozeßbevollmächtigte: Rechtsanwälte Joach. Jos. Schroeder
und Walter Haefker in Bremen-

gegen

die Freie Hansestadt Bremen,
gesetzlich vertreten durch den Senator für Arbeit in Bremen

Beklagte und Berufungsklägerin,

-Prozeßbevollmächtigter: Regierungsrat Dr. Hergl in Bremen

Auf die Berufung der Beklagten gegen das Urteil der Entschädigungskammer des Landgerichts Bremen vom 9. November 1956 hat der Entschädigungssenat des Hanseatischen Oberlandesgerichts in Bremen auf Grund der mündlichen Verhandlung vom 5. April 1957 unter Mitwirkung der Richter

Oberlandesgerichtsrat Drodten,
Oberlandesgerichtsrat Kohlmann,
Oberlandesgerichtsrat Hey

für Recht erkannt:

1.) Unter Abänderung des angefochtenen Urteils wird die Klage bezüglich des Anspruchs auf Haftentschädigung abgewiesen.

2.) Die Kostenentscheidung bleibt dem Schlußurteil vorbehalten.

3.) Die Revision an den Bundesgerichtshof wird nicht zugelassen.

4.) Das Urteil ist vorläufig vollstreckbar.

StAB E-4547

Schlussurteil des Oberlandesgerichts Bremen in der Entschädigungsklage Hespes

In ihrer Begründung folgten die Richter den Argumenten des Finanzressorts. Dem Klagebegehren fehlten die Voraussetzungen für eine Haftentschädigung. Im Sinne des Bundesentschädigungsgesetzes (BEG) sei Hespe weder »Verfolgter«, noch sei ihm in diesem Sinne »die Freiheit« entzogen worden. Für den Zeitraum bis zum Tage seiner Verwundung im April 1945 fehle es nämlich an diesen Voraussetzungen. Für die Dauer seines Lazarettaufenthalts sah das Gericht sogar beide Voraussetzungen nicht gegeben, da während dieses Zeitraums auch kein Anhalt für eine Entziehung der Freiheit im Sinne des BEG vorliege.[459] Hespes Verfolgung aus Gründen politischer Gegnerschaft zum Nationalsozialismus sah es als nicht erwiesen. Es zweifelte nicht, dass er Gegner des Nationalsozialismus gewesen sei. Er sei jedoch »nicht dieserhalb zu den 5 Jahren Zuchthaus verurteilt« und seiner Freiheit beraubt worden. In den Urteilsgründen finde sich nichts über seine Gegnerschaft. Der Umstand, dass er ausgerechnet von der Anklage wegen Zersetzung der Wehrkraft, begangen durch hetzerische Äußerungen in Riga gegenüber Soldaten des Bataillons, aus subjektiven Gründen freigesprochen worden sei, zeige vielmehr, dass die Richter seine wahre Einstellung nicht erkannt oder ihm Wohlwollen entgegengebracht hätten. Es könne keine Rede davon sein, dass das Gerichtsverfahren »nur zum Schein« durchgeführt worden sei. Die erwähnten Briefe an seine Frau ließen keinen Zweifel daran, dass der Kläger von der Kompanie habe »türmen« wollen, um nicht wieder »nach vorn traben« zu müssen: »Anlass und Grund zu seiner Bestrafung wegen Dienstentziehung durch Simulation haben mithin nicht gefehlt.« Dasselbe treffe auch auf die Bestrafung wegen Beleidigung und Ungehorsams zu. Die Ansicht, dass schon die Strafhöhe die Richtigkeit seiner Behauptung ergebe, teilte das Gericht nicht. Auch bei der Wehrmacht seien Verstöße gegen die Manneszucht hart und unnachsichtig geahndet worden. Unter Berücksichtigung der Kriegszeit und der Feldverhältnisse lasse sich daher nicht sagen, dass die verhängten Strafen aus dem damals üblichen Rahmen gefallen seien. Dem Kläger könne auch nicht darin gefolgt werden, dass die Art und Weise der Durchführung des Verfahrens einen Schluss auf seine politische Verfolgung zulasse.

Auch mit Annahmen und Unterstellungen argumentieren die Richter: »Für die lange Dauer der Untersuchungshaft ist höchstwahrscheinlich die 1942 erfolgte Verlegung des Bataillons von Russland nach Holland ursächlich gewesen. Wohl aus demselben Grund werden die Zeugen nicht zum Hauptverhandlungstermin geladen, sondern kommissarisch vernommen worden sein. Dass Rechtsanwalt Dr. Aschauer nicht zum Verteidiger bestellt worden ist, wird wahrscheinlich an der weiten Entfernung zwischen Bremen und Riga gelegen haben. Aber selbst wenn das Gericht insoweit Verfahrensvorschriften verletzt haben sollte, rechtfertigt nichts die Annahme, dass solche Verstöße ihren Grund in einer politischen Verfolgung des Klägers gehabt hätten.« Dasselbe treffe auf alle übrigen diesbezüglichen Behauptungen des Klägers zu: Die Unterbringung Hespes im Rigaer Zentralgefängnis erklärten die Richter mit seiner Zugehörigkeit zur Polizei. In der Bestätigung Himmlers aufgrund des Strafmaßes sahen sie keine Besonderheit. Die Beweisaufnahme habe ergeben, dass alle zu Zuchthaus verurteilten SS- und Polizeiangehörigen nach Dachau überstellt worden seien, gleichgültig, ob die Delikte

459 Hespe wurde am 21.4.1945 verwundet und befand sich vom 22. bis 30.4.1945 im Lazarett. Sein Anspruch auf Haftentschädigung stützte sich auf § 43 des BEG, der voraussetzte, dass ihm in diesem Sinne die Freiheit entzogen worden war und er nach § 1 BEG als politisch Verfolgter galt.

politischer oder krimineller Natur gewesen seien. Dass Hespe nicht gleich zu einer Bewährungseinheit versetzt worden sei, erkläre sich aus der Höhe der Strafe, vor allem aus dem Verlust der Wehrwürdigkeit, der mit der Zuchthausstrafe verbunden gewesen sei. »Etwas Ungewöhnliches ist auch nicht in der Durchsuchung der Wohnung und in der Beschlagnahme der Briefe zu finden, da beide Maßnahmen sachlich gerechtfertigt waren. Die Tatsache endlich, daß die Strafe nicht in das Strafregister eingetragen worden ist, weist eher auf ein Versehen als auf Absicht hin. Denn die Nationalsozialisten haben sich nicht gescheut, auch politische Verurteilungen in das Register eintragen zu lassen.«

Entgegen der Ansicht des Landgerichts vertrat der Senat des OLG die Auffassung, dass Hespe keine Handlung in Bekämpfung der nationalsozialistischen Gewaltherrschaft oder in Abwehr der Verfolgung begangen hatte, aber deren Beweggrund verbergen konnte, um als »Verfolgter« im Sinne des Gesetzes zu gelten.[460] Mit keinem Wort habe nämlich das Landgericht Stellung genommen, aus welchen Gründen es in der Dienstentziehung eine Bekämpfung der nationalsozialistischen Gewaltherrschaft gesehen hatte. Dafür hätte umso mehr Anlass bestanden, als gerade dafür die härteste Strafe, nämlich drei Jahre Zuchthaus, »ausgesetzt« wurden und der Wortlaut der aus dem Lazarett geschriebenen Briefe »sehr eindeutig« sei. Deren Inhalt sah der Senat als unmissverständlich und folgerte fast zynisch, dass er selbst bei weitester Auslegung des Gesetzes nicht den Schluss zulasse, der Kläger habe sich das angenehmere Leben im Lazarett »zur Bekämpfung der nationalsozialistischen Gewaltherrschaft« verschafft.

Hespe habe die Beleidigung nicht zur Bekämpfung der nationalsozialistischen Gewaltherrschaft begangen. Das Urteil des SS- und Polizeigerichts sahen die Richter »insoweit begründet«, als ihm zu entnehmen sei, dass der Kläger die Offiziere seines Bataillons nur aus Verärgerung über den ihm gegenüber erhobenen Vorwurf der Drückebergerei angezeigt habe. Auch durch die Mitteilungen an seine Frau habe er nicht die nationalsozialistische Gewaltherrschaft bekämpft.

»Unter Abänderung des angefochtenen Urteils war die Klage daher insoweit abzuweisen, als das Landgericht bereits über sie entschieden hat. Die Revision beim Bundesgerichtshof ist nicht zugelassen worden, da eine Rechtsfrage von grundsätzlicher Bedeutung nicht zu entscheiden war.« Die Kosten sollten dem Endurteil vorbehalten bleiben.

Abgewiesen

Für den staatlichen Prozessvertreter war der Fall abgeschlossen. Er verfügte im April 1957, ihm den Vorgang nach Rechtskraft wieder vorzulegen.[461]

Da über die restlichen Ansprüche bisher noch nicht entschieden worden war, sollte das Verfahren Mitte Juni fortgesetzt werden.[462] Doch Hespes Anwalt und Abwesenheitspfleger

460 Nach § 1 Abs. 3, Ziff. 2 BEG gilt als »Verfolgter« auch derjenige Geschädigte, der eine ihm zur Last gelegte Handlung »in Bekämpfung der nationalsozialistischen Gewaltherrschaft oder in Abwehr der Verfolgung« begangen hat, aber den Beweggrund dieser Handlung verbergen konnte.

461 Dr. Hergel, Verfügung vom 29.4.1957.

462 Am 21.6.1957 sollte entschieden werden über a) Ersatz von Schaden an Körper und Gesundheit, b) Ersatz von Schaden an Eigentum und Vermögen und c) Ersatz von Schaden im wirtschaftlichen Fortkommen.

teilte dem Gericht mit, er habe erfahren, dass sich Hespe zur Zeit in Hildburghausen in einer Heil- und Pflegeanstalt befinde und an Schizophrenie leiden solle.[463] Unter diesen Umständen lege er Wert darauf, das Verfahren bis zur endgültigen Klärung ruhen zu lassen.[464] Der angesetzte Verhandlungstermin wurde im Juni aufgehoben, die geladenen Zeugen bestellte das Gericht ab.

Zwei Jahre später: Inzwischen war der bisherige Prozessvertreter beim Senator für Finanzen durch einen anderen abgelöst worden.[465] Hespes ehemalige Ehefrau Elfriede hatte ihren zweiten Ehemann durch plötzlichen Tod verloren und im September 1959 den Chemiker Thier geheiratet. Im selben Monat teilte Hespes Anwalt mit, dass sich sein Mandant noch immer in der Strafvollzugsanstalt Untermaßfeld/Thüringen befinde und er von ihm nichts mehr gehört habe. Er bitte darum, zweckmäßigerweise das Verfahren ruhen zu lassen.[466] Dennoch setzte das Gericht die mündliche Verhandlung Anfang November 1959 fort. Die Vertreter beider Parteien verhandelten in der öffentlichen Sitzung streitig zur Sache und über das Ergebnis der Beweisaufnahme.[467]

Das Gericht beschloss zu entscheiden und verkündete noch im November 1959 das Schlussurteil:[468] Die Klage wurde als »unbegründet« abgewiesen, auch soweit über sie durch das OLG 1957 noch nicht entschieden worden war.[469] Es sah die Voraussetzungen für die Klageansprüche als nicht erfüllt an: Wie das Hanseatische Oberlandesgericht dargelegt habe, zähle Hespe nicht als Verfolgter und habe nichts Neues vorgetragen, um von den vorliegenden Entscheidungsgründen abzuweichen.

Hespe wurde es erst drei Jahre später möglich, auf dieses Urteil zu reagieren. 1954, also vier Jahre zuvor, hatte ihn ein weiteres Schicksal ereilt.

463 Hespe hatte seit November 1956 in der Strafvollzugsanstalt Untermaßfeld in Thüringen eingesessen und wurde im Januar 1957 in die Heilanstalt Hildburghausen verlegt.

464 Schreiben des Rechtsanwalts und Abwesenheitspflegers Haefker vom 1.6.1957.

465 Dr. Hergel wurde durch Dr. Zimmermann abgelöst.

466 Schreiben RA Haefker vom 7.9.1959.

467 RA J. J. Schroeder als Vertreter Hespes und Dr. Zimmermann für die Freie Hansestadt Bremen.

468 Das Gericht beschloss am 6.11.1959 zu entscheiden und verkündete am 20.11.1959 das Urteil unter Mitwirkung der Richter: Landgerichtsdirektor Beutler, Landgerichtsrat Büther, Amtsgerichtsrat Voss; für den Kläger erschien niemand, für die Beklagte Assessor Dr. Lentz.

469 Durch Urteil des Hanseatischen Oberlandesgerichts in Bremen vom 17.4.1957.

8. In der DDR denunziert

Seit seiner Entlassung aus Sachsenhausen lebte Hespe in Westberlin von seiner Kriegsbeschädigtenrente und von Erwerbslosenunterstützung. Mitte 1952 hatte er Regina H. kennengelernt. Mit ihr wohnte er ein Jahr später in einer angemieteten Wohnung zusammen.[470] Als er im August 1953 erneut nach Westdeutschland fuhr, bat er sie, auf seine Wohnung aufzupassen und erlaubte ihr vertraglich den Zutritt zu seiner Wohnung. Er hatte ihr auch zu verstehen gegeben, dass sie sich nicht an ihn gebunden sehen müsse und sich einen anderen Mann suchen könne. In dem Amateurboxer Hans S. fand sie dann auch einen neuen Freund und zog zu ihm in den Ostsektor. Obwohl sie Hespe zugesichert hatte, alles in der Wohnung zu erhalten, hatte sie bei ihrem Auszug seine Bettwäsche mitgenommen. Nach seiner Rückkehr forderte er sie vergeblich zur Rückgabe auf. Daraufhin erstattete er gegen sie Anzeige wegen Diebstahls. Sie aber sann auf Rache und erklärte Bekannten gegenüber, sie werde ihn bei der Volkspolizei »wegen seiner verbrecherischen Tätigkeit bei der KgU und der VOS« anzeigen. Als Hespe davon erfuhr, erstattete er beim Polizeipräsidium in Westberlin beim zuständigen Dezernat wegen dieser Denunziation gegen Regina H. und ihren Freund Hans S. Anzeige wegen versuchten Menschenraubes.[471] Beide wurden daraufhin verhaftet und am 1. Juni 1954 in Westberlin (Moabit) verurteilt: Hans S. zu drei Monaten und Regina H. zu vier Monaten Gefängnis.[472] Hespe hielt das Urteil für zu milde. Um ein höheres Strafmaß zu erreichen, wandte er sich an die KgU, an die VOS und an den »Untersuchungsausschuss freiheitlicher Juristen«.

Da der Bruder von Regina H., der Angehöriger der Westberliner Bereitschaftspolizei war, Hespe unkorrektes Verhalten gegenüber seiner Schwester und Hans S. vorgehalten hatte, erstattete Hespe im August 1954 eine Strafanzeige gegen sich selbst, gerichtet an den Polizeipräsidenten in Westberlin, um den Sachverhalt klären zu lassen.[473] Diese Selbstanzeige nahm er zum Anlass, die Eheleute Hedwig und Günther R. in Ostberlin als nachweisliche »Menschenräuber« zu bezichtigen.[474] Frau Hedwig R. leugne nicht, seit 1945 erst für den NKWD und anschließend für die Staatssicherheit gearbeitet zu haben. In seinem Brief an den Polizeipräsidenten war er mit Blick auf das Ehepaar Hedwig und Günther R. deutlich geworden: »Es fehlten uns die Hauptakteure.« Die Ergreifung dieser verbrecherischen Personen lag ihm ganz besonders am Herzen. Dafür habe er weder Kosten noch Mühe gescheut. Nicht allein, weil sie in seine Sache verwickelt

470 Hespe mietete die Wohnung am 15.7.1953 an und verließ sie am 15.8.1953, um nach Westdeutschland zu fahren (MfS-G, Bl. 146).

471 Vernehmungsprotokoll vom 28.12.1954 (MfS-E, Bl. 84-101) und Urteil des Kammergerichts von Groß-Berlin vom 26.4.1955 (MfS-G, Bl. 205-211).

472 Vgl. Sitzungsprotokoll und Urteil des Stadtgerichts Berlin vom 24.3.1955 (MfS-G, Bl. 136-161). Die Verurteilung erfolgte nach dem Freiheitsschutzgesetz. Hans S. soll später weitere mehrjährige Haftstrafen wegen verschiedener Körperverletzungs- bzw. Tötungsdelikte erhalten haben, s. Schreiben Hespes vom 6.11.1965 an den GStA beim LG Berlin (SSGD-VOS); vgl. Urteil des Stadtgerichts Berlin vom 24.3.1955 (BAB DP 1 SE 2797).

473 Kopie der Selbstanzeige vom 14.8.1954 in der Stasiakte (MfS-Z, Bl. 25); vgl. auch Urteil des Kammergerichts von Groß-Berlin vom 26.4.1955 (MfS-G, Bl. 205-211).

474 Urteil des Kammergerichts vom 26.4.1955 (ebd.). Die Rs »flüchteten« 1956 nach Westberlin und wohnten in der Mittenwalder Straße. Von den zehn Kindern sollen die meisten in Heimen gelebt haben (Schreiben Hespes vom 6.11.1956 an den GenStA beim LG Berlin; SSGD-VOS).

waren, sondern weil sie auch ihm nahestehende Menschen »verschwinden ließen«, wie die Frau und Tochter seines Freundes Kurt P., der mit ihm in Sachsenhausen interniert gewesen war. Frau Irmgard P., von der er erst später erfuhr, dass sie für den französischen Geheimdienst gearbeitet haben sollte, sei zu zehn Jahren Sibirien verurteilt worden und befinde sich immer noch dort.[475] Als es ihm nicht gelang, von den Eheleuten schriftliche Zeugenaussagen für die Westberliner Polizei zu erhalten, versuchte er, Hedwig R. nach Westberlin zu locken.

Doch die Spitzel und Stasi im Osten waren schneller.

Bereits im März 1954 hatte Frau Hedwig R. die Volkspolizei-Inspektion (VPI) Prenzlauer Berg (PB) aufgesucht und einen vier Tage vorher durch eine »Postzustellerin« erhaltenen Brief Hespes aus Westberlin übergeben. Für Oberkommissar Franke war die Überbringerin keine Unbekannte. Er vermerkte in seinem Bericht an die Kreisdienststelle, dass es sich um »die hier bekannte Frau« handele und bei dem Brief vermutlich um den Durchschlag eines Briefes, der bereits weitergeleitet worden sei, diesmal aber mit einem Justizstempel aus Moabit versehen.[476]

Im August, also fünf Monate später, wurde Hespe auch von seinem Vermieter denunziert.[477] Dieser übergab der VPI Mitte in Ostberlin ein Kündigungsschreiben, das er an Hespe gerichtet hatte sowie eine Postkarte und einen an die »Stumm-Polizei« in Westberlin adressierten Brief Hespes.[478] Daraus gehe hervor, dass er mit der Abteilung V 1 S in Verbindung stehe und für diese Aufträge erledige, vermerkte der Unterleutnant der Einsatzgruppe, Schmalfuß, Hespe bemühe sich, das Ehepaar R. nach den Westsektoren und zur Anklage wegen Menschenraubes zu bringen. Gegen das Ehepaar liefen bereits Ermittlungen. »Hespe sei ein Mann, der gerissen wie ein Fuchs wäre, Verbindungen bis zu den höchsten Stellen hat, so daß kein Mensch an ihn heran kann«, notierte der Unterleutnant in seinem Bericht. Den Denunzianten charakterisierte er als »intelligent«, ihm habe mehrfach zugesichert werden müssen, »dass seine Angaben tatsächlich streng vertraulich behandelt werden und kein Unbefugter davon Kenntnis erhält.« Hespes Vermieter bat darum, die dem Bericht beigefügten Papiere später zurückzugeben und erklärte sich bereit, bei auftretenden Fragen in den »demokratischen Sektor« zu kommen und zu helfen.[479] Bis Ende August wollte er unter der Adresse einer Frau angeschrieben werden und die entsprechende Benachrichtigung in einen Westberliner Briefkasten werfen.

475 Irmgard P. verbrachte mehrere Jahre in Sibirien und wurde aufgrund ihrer Krankheit vorzeitig entlassen. Tochter Rita kam aufgrund einer Amnestie frei (Schreiben Hespes vom 6.11.1956 an den GenStA beim LG Berlin; SSGD-VOS).

476 Bericht der VPI Prenzlauer Berg RKSt. 66 vom 24.3.1954 an die Kreisdienststelle PB; die Namen in der Kopie der BStU sind eingeschwärzt (MfS-Z, Bl. 32).

477 Am 14.8.1954 (MfS-Z, Bl. 33/34).

478 Ende Juni 1948 hatte die Blockade Westberlins begonnen und die Luftbrücke eingesetzt. Am 1. Juli erklärten die Sowjets ihre Mitarbeit in der Berliner Alliierten Kommandantur für beendet. Nachdem die sowjetische Militär-Administration am 3. Juli die Aufstellung der Kasernierten Volkspolizei (KVP) befohlen hatte, spaltete sich am 26. Juli 1948 die Berliner Polizei in eine »Stumm-Polizei« unter dem Polizeipräsidenten Johannes Stumm in den Westsektoren und in eine »Markgraf-Polizei« unter Paul Markgraf im Ostsektor. DDR-Lexikon Chronik 1948. URL: ddr-wissen.de/wiki/ddr.pl?Chronik_1948 [Stand: 30.05.2006]. Vgl. Geschichte der Deutschen Volkspolizei, Bd. 1, S. 121.

479 Als Papiere wurden übergeben:
1. Eine Abschrift der Bescheinigung des Magistrats von Groß-Berlin vom 26.5.1950, dass Hespe als politisch Verfolgter anerkannt wird.

Abteilungsleiter Müller vom MfS Prenzlauer Berg schaltete Mitte August 1954 unter »Eilt« das Staatssekretariat für Staatssicherheit (SFS) ein und ließ Hespe in Berlin-Neukölln überprüfen. In die Überprüfung einbezogen wurde wenige Tage später auch Prof. Dr. Freiherr von Richthofen. Zu »Professer Richter«, ein Pseudonym für Freiherr von Richthofen, vermerkte die Stasi: »Der begabteste Mann, den die KgU jemals aufzuweisen hatte. Und ein Idealist!«[480]

Nicht wie verabredet am 2. September, sondern bereits am 30. August erschien der Rentner (Hauswirt) wieder bei der VPI Prenzlauer Berg und bat darum, ihm die übergebenen Unterlagen wieder auszuhändigen, da er eine »Bestellung« zum Schöneberger Polizeirevier habe. Er überließ der Volkspolizei weitere Schreiben, die von Hespe an Westberliner Behörden gerichtet waren und deren Durchschläge er an seinen Bekannten gegeben hatte, von dem er sich Unterstützung versprach. »Die bisher zur Verfügung gestellten Dokumente sind also dem H. nicht entwendet worden«, hielt Unterleutnant Müller in seiner Aktennotiz fest. Der Überbringer machte auf ihn einen unsicheren Eindruck, denn in seiner Akte notierte er: »Er ist ein alter Nazi, will den Menschen Gerechtigkeit widerfahren lassen. Ich habe den Eindruck, daß er selbst erst mit dem H. einige Dinge durchgeführt hat und nun nicht mehr mitmachen will; durch seine Mitteilungen an die hiesigen Staatsorgane hofft er später nicht zur Verantwortung gezogen zu werden.«[481]

Inzwischen hatte Hespe von seiner Denunziation erfahren. Die Westberliner Polizei warnte ihn, sich nicht mehr »im demokratischen Sektor von Berlin« sehen zu lassen.[482]

Im Spinnennetz der Stasi

Am 31. August 1954 beschloss die Stasi, unter dem Decknamen »Spinne« einen Einzelvorgang gegen Hespe anzulegen. Dieser sei nach seiner Internierung von 1946 bis 1950 in Sachsenhausen nach Westberlin gegangen und habe seither Verbindung zu verschiedenen Organisationen, heißt es in der Begründung.[483] Hespes Schilderungen der Verhältnisse in Sachsenhausen, wie sie seiner Anzeige gegen die Lagerführung zu entnehmen waren, werden als »üble sowjetfeindliche

2. Die Abschrift einer Bescheinigung der Kampfgruppe gegen Unmenschlichkeit (KgU) vom 16.6.1950, dass Hespe von Februar 1942 bis Februar 1945 im KZ Dachau interniert war, zur Bewährungseinheit Dirlewanger abgestellt war, nach seiner Gefangennahme als Invalide am 13.8.1945 aus dem russischen Lazarett entlassen und am 15.5.1946 erneut verhaftet und bis 18.1.1950 im »KZ Sachsenhausen« interniert wurde. Er sei materiell und menschlich schwer geschädigt und habe sich mit Wissen der KgU in Protesten und Forderungen bisher vergeblich an die sowjetischen Machthaber und an die Führer der DDR gewandt. Die KgU habe den Fall den Alliierten Militärregierungen und der Öffentlichkeit vorgetragen sowie an die UNO weitergeleitet.

480 Suchzettel vom 17.8.1954 an das Sekretariat für Staatssicherheit der DDR. Unter »Maßnahmen« wird u. a. verfügt, einen Ü[berwachungs]-Vorgang gegen Hespe anzulegen und Überprüfungen vorzunehmen (MfS-Z, Bl. 35, 63/64).

481 Aktennotiz ohne Datum (ebd.).

482 Vernehmungsprotokoll vom 20.10.1954 (MfS-E).

483 Genannt wird die KgU (Kampfgruppe gegen Unmenschlichkeit), VOS (Vereinigung der Opfer des Stalinismus), UFJ (Untersuchungsausschuss Freiheitlicher Juristen) und später KV (Kriminalpolizei, Abteilung V der Westberliner Polizei).

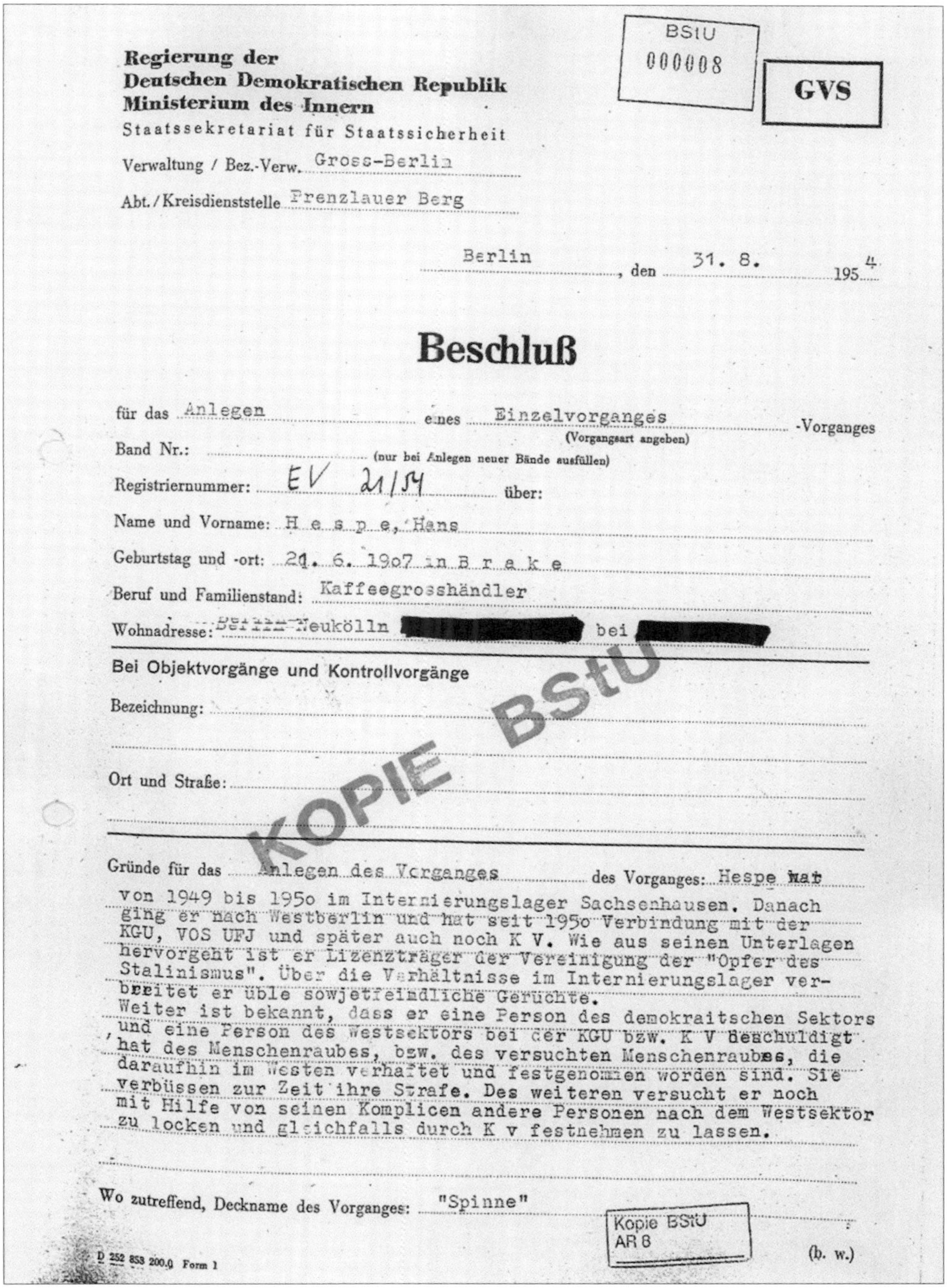

BStU 000008

GVS

Regierung der Deutschen Demokratischen Republik Ministerium des Innern

Staatssekretariat für Staatssicherheit

Verwaltung / Bez.-Verw. Gross-Berlin

Abt. / Kreisdienststelle Prenzlauer Berg

Berlin, den 31. 8. 1954

Beschluß

für das Anlegen eines Einzelvorganges -Vorganges (Vorgangsart angeben)

Band Nr.: (nur bei Anlegen neuer Bände ausfüllen)

Registriernummer: EV 21/54 über:

Name und Vorname: H e s p e, Hans

Geburtstag und -ort: 21. 6. 1907 in B r a k e

Beruf und Familienstand: Kaffeegrosshändler

Wohnadresse: ~~Berlin~~-Neukölln [redacted] bei [redacted]

Bei Objektvorgänge und Kontrollvorgänge

Bezeichnung:

Ort und Straße:

Gründe für das Anlegen des Vorganges des Vorganges: Hespe hat von 1949 bis 1950 im Internierungslager Sachsenhausen. Danach ging er nach Westberlin und hat seit 1950 Verbindung mit der KGU, VOS UFJ und später auch noch K V. Wie aus seinen Unterlagen hervorgeht ist er Lizenzträger der Vereinigung der "Opfer des Stalinismus". Über die Verhältnisse im Internierungslager verbreitet er üble sowjetfeindliche Gerüchte.
Weiter ist bekannt, dass er eine Person des demokraitschen Sektors und eine Person des Westsektors bei der KGU bzw. K V beschuldigt hat des Menschenraubes, bzw. des versuchten Menschenraubes, die daraufhin im Westen verhaftet und festgenommen worden sind. Sie verbüssen zur Zeit ihre Strafe. Des weiteren versucht er noch mit Hilfe von seinen Komplicen andere Personen nach dem Westsektor zu locken und gleichfalls durch K v festnehmen zu lassen.

Wo zutreffend, Deckname des Vorganges: "Spinne"

Kopie BStU AR 8

D 252 858 200.0 Form 1 (b. w.)

KOPIE BStU

Beschluss des Ministeriums für Staatssicherheit mit dem Decknamen des Vorgangs »Spinne«

Gerüchte« bezeichnet.[484] Ihm lasteten sie auch an, eine Person im Ostsektor und eine Person im Westsektor bei der KgU und der Westberliner Kriminalpolizei (KV) des Menschenraubes bzw. versuchten Menschenraubes beschuldigt zu haben, die daraufhin im Westen festgenommen worden seien und derzeit ihre Strafe verbüßten. Hespe stand im Verdacht, »mit Hilfe von seinen Komplizen andere Personen nach dem Westsektor zu locken und durch KV festnehmen zu lassen«.[485] Als Gründungsmitglied (Lizenzträger) der VOS galt er in der DDR als Staatsfeind.[486]

Hespe hätte eigentlich Grund zur Freude gehabt. Seit dem 1. September 1954 war er nicht mehr arbeitslos. Beim Bezirksamt in Charlottenburg konnte er als Notstandssachbearbeiter beschäftigt werden.[487]

Eine Woche später verfügte das MfS Ermittlungsaufträge, Hespe und Irmgard P. zu verhaften.[488] Frau Rita P., die Tochter von Irmgard P., war von Hedwig R. wegen Zusammenarbeit mit dem französischen Geheimdienst denunziert und von einem russischen Tribunal für mehrere Jahre nach Sibirien geschickt worden. Sie wurde aus Krankheitsgründen vorzeitig entlassen und war gelähmt.[489] Die Ermittler wurden besonders angewiesen, »streng konspirativ« vorzugehen: »R. ist nicht anzusprechen.« Hedwig R. erhielt einen eigenen Ermittlungsauftrag.[490]

Nur eine Woche später, am 16. Oktober 1954, ging Hespe der Stasi ins Netz. Vor einem verabredeten Treffen an der Wohnung im amerikanischen Sektor wurde er festgenommen und in den Ostsektor entführt.[491] »Ich machte in meinem Zorn Jagd auf die R., doch der SSD war rascher«, räumte er fast zehn Jahre später ein.[492]

Nach seiner Festnahme und Inhaftierung galt der Ermittlungsvorgang »Spinne« für das MfS als abgeschlossen. Seine Ermittlungsakte wurde abgelegt.[493]

484 Vgl. Beschluss der MfS-Abteilung/Kreisdienststelle Prenzlauer Berg vom 31.8.1954 (BStU-MfS 1109/56 Bl. 8). Hespes Anzeige vom 26.8.1954 gegen die Lagerführung in Sachsenhausen ist den Akten des Zentralarchivs beigefügt (MfS-Z, Bl. 89).

485 Beschluss für das Anlegen eines Einzelvorganges (Reg.-Nr. EV 21/54) des Sekretariats für Staatssicherheit des Ministeriums des Inneren der DDR, Abt./Kreisdienststelle Prenzlauer Berg, vom 31.8.1954 (MfS-Z, Bl. 8).

486 Die Gründung der Vereinigung erforderte eine Genehmigung durch die alliierte Besatzungsmacht, die dann vom Magistrat erteilt wurde. Vgl. Schreiben Georg Duwe vom 2.4.1963 an VOS (SSGD-VOS).

487 Vgl. MfS-Schlussbericht (gez. Brüssel) vom 12.1.1955 (MfS-E, Bl. 151–156).

488 Der Ermittlungsauftrag Müllers von der KD Prenzlauer Berg (Tgb.-Nr. 548/54 - A) vom 7.9.1954 an die Abteilung VIII umfasste bei Hespe festzustellen: Leumund, politische Vergangenheit, Beruf und Arbeitstätigkeit, Verbindungen zu Westberliner Agentenzentralen, Schwächen und Verbindungen in den Ostsektor. Bei Irmgard P. (Tgb.-Nr. 586/54 - A) sollten außer dem Leumund die politische Vergangenheit und die derzeitige politische Einstellung ermittelt werden. Ferner: Lebensstandard, Verkehr mit welchen Personen, Verbindungen nach Westberlin, Kenntnisse über seine Lebensgefährtin, die inhaftierte Ehefrau und über die bei der HO in Pankow arbeitende Tochter Rita (MfS-Z, Bl. 81/82).

489 Schreiben vom 26.8.1954 an den Generalstaatsanwalt beim Landgericht Berlin (MfS-Z, Bl. 89) und Schreiben Hespes vom 6.11.1963 an den Generalstaatsanwalt beim Landgericht Berlin (SSGD).

490 MfS-Z, Bl. 82.

491 Sechs Wochen später, am 18. Oktober 1954, notierte Leutnant Müller handschriftlich: »Der Hespe, Hans wurde [...] durch die Abt. I am 16.10.54 vor der Wohnung der [von der BStU eingeschwärzt] festgenommen und nach der Abt. IX der Verwaltung Groß-Berlin überführt.« (MfS-Z, Bl. 98). Auf seiner Haftkartei Untermaßfeld lautete der Eintrag: »Verhaftet seit 15.10.54 durch Entführung in den Ost-Sektor«.

492 Schreiben Hespes vom 6.11.1963 an den Generalstaatsanwalt beim LG Berlin (SSGD-VOS).

493 Der Vorgang wurde laut Aktennotiz von Leutnant Müller vom 21.2.1955 in der Abteilung XII abgelegt (MfS-Z, Bl. 100).

Verhört

Das Ministerium für Staatssicherheit begann ein Strafverfahren gegen Hans Hespe vorzubereiten, ihn und Zeugen zu vernehmen sowie Beweismittel auszuwerten. Im Januar 1955, drei Monate nach seiner Festnahme, endeten die Untersuchungen mit dem Schlussbericht.[494] Inhaftiert war er zunächst in der Haftanstalt der Volkspolizei am Prenzlauer Berg (Magdalenenstraße). Ihm wurden Papiere, Dokumente und Wertsachen abgenommen, auch der Personalausweis, der Ausweis für Verfolgte des NS-Regimes und der Schwerbeschädigtenausweis.[495] Seine Ausweise und ein Schreiben des Bezirksamtes Halensee zog die Stasi ein. Mit der Vernichtung eines Zettels mit der KgU-Telefonnummer, neun Notizzetteln und zwei Briefen erklärte er sich einverstanden. »Da es sich bei dem Beschuldigten um einen Westberliner handelt«, konfiszierte die Stasi auch 100 Postkarten und 30 Briefmarken, die aus der DDR stammten.[496] Aus den Hauptabteilungen des Ministeriums für Staatssicherheit kamen Mitteilungen und ergingen Weisungen, Hespe ausführlich zu vernehmen.[497]

Bis zum Januar 1955 musste Hespe sich dreizehn Vernehmungen unterziehen. Die Protokolle umfassen 73 Seiten.[498] Seine Vernehmungen wurden zu einem Martyrium. Die erste Vernehmung begann noch am Nachmittag seiner Festnahme. Nach siebenstündiger Befragung und nur dreistündiger Pause wurde er die Nacht hindurch weitere siebeneinhalb Stunden verhört.[499] Das MfS protokollierte seine Lebensskizze. Es interessierte sich besonders für Sachsenhausen, seine Berichte und seine Mitgliedschaften in Organisationen. Hespe verneinte, vor und nach 1945 einer Organisation angehört zu haben.[500] Seine Aussage über seine Internierung durch die Sowjets dürfte sich aus den besonderen Umständen erklären und mit Vorsicht zu betrachten sein: »Ich möchte betonen, dass wir sehr human behandelt wurden. Wir wurden niemals geschlagen und brauchten auch nicht zu arbeiten. Ausserdem konnten wir uns kulturell betätigen.«[501]

Einen Tag nach seiner Festnahme wurde er von der Generalstaatsanwaltschaft, die Haftbefehl beantragte, dem Haftrichter Krautter überstellt. Hespe wurde beschuldigt, »den Frieden des deutschen Volkes gefährdet zu haben, indem er seit Februar 1950 mit der sogenannten ›Kampfgruppe gegen Unmenschlichkeit‹ und der ›VOS‹ in Verbindung stand und diesen Spionageagenturen Berichte über das Internierungslager Sachsenhausen lieferte, wo er interniert war.

494 Am 12. Januar 1955 fertigte das MfS (gez. Brüssel) den Schlussbericht (MfS-E, Bl. 151–156).

495 Das Körperdurchsuchungsprotokoll vom 16.10.1954 bezeichnete 12 Gegenstände und die Effektenaufstellung vom 16.10.1954 führte 21 Gegenstände auf, vom Jackett bis zur Zigarette (MfS-E, Bl. 14 ff.); auch die Wertsachenaufstellung vom 17.10.1954 zeichnete Hespe gegen.

496 Protokoll über die Beschlagnahme vom 20.10.1954 (MfS-G, Bl. 23 ff.); vgl. auch Protokoll vom 6.12.1954 (MfS-E, Bl. 17/18).

497 Vgl. Schreiben Oberstleutnant Kistowski (Hauptabteilung I) vom 12.11.1954 und Major Neumann (Hauptabteilung I/9). (MfS-E, Bl. 135, 142).

498 Der Untersuchungsplan des MfS weist vom Tag seiner Festnahme bis zur Fertigung des Schlussberichtes 31 Maßnahmen auf (MfS-E).

499 Lt. Vernehmungsprotokolle vom 16.10. und 17.10.1954 wurde Hespe von 15.00 Uhr bis 22.00 Uhr und anschließend nachts von 1.00 Uhr bis morgens 9.30 Uhr verhört (MfS-E, Bl. 28 ff.).

500 Protokoll vom 16.10.1954 (ebd.).

501 Vernehmungsprotokoll vom 22.12.1954 (MfS-E).

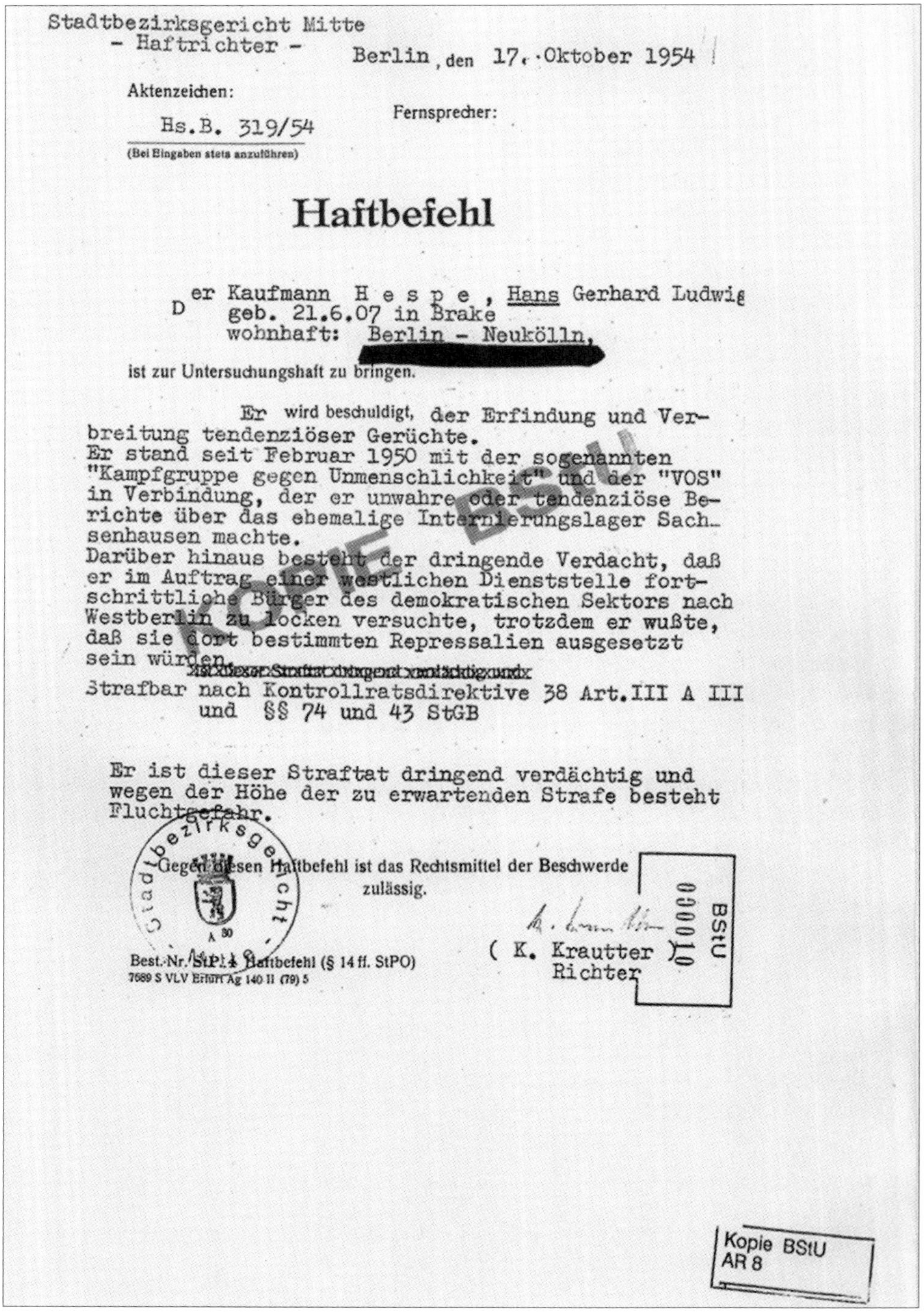

Stadtbezirksgericht Mitte
- Haftrichter -

Berlin, den 17. Oktober 1954

Aktenzeichen:
Hs.B. 319/54
(Bei Eingaben stets anzuführen)

Fernsprecher:

Haftbefehl

Der Kaufmann H e s p e , Hans Gerhard Ludwig
geb. 21.6.07 in Brake
wohnhaft: Berlin - Neukölln, [redacted]

ist zur Untersuchungshaft zu bringen.

Er wird beschuldigt, der Erfindung und Verbreitung tendenziöser Gerüchte.
Er stand seit Februar 1950 mit der sogenannten "Kampfgruppe gegen Unmenschlichkeit" und der "VOS" in Verbindung, der er unwahre oder tendenziöse Berichte über das ehemalige Internierungslager Sachsenhausen machte.
Darüber hinaus besteht der dringende Verdacht, daß er im Auftrag einer westlichen Dienststelle fortschrittliche Bürger des demokratischen Sektors nach Westberlin zu locken versuchte, trotzdem er wußte, daß sie dort bestimmten Repressalien ausgesetzt sein würden.
~~Er ist dieser Straftat dringend verdächtig und~~
Strafbar nach Kontrollratsdirektive 38 Art.III A III
und §§ 74 und 43 StGB

Er ist dieser Straftat dringend verdächtig und wegen der Höhe der zu erwartenden Strafe besteht Fluchtgefahr.

Gegen diesen Haftbefehl ist das Rechtsmittel der Beschwerde zulässig.

Stadtbezirksgericht Mitte
A 30

(K. Krautter)
Richter

BStU
000010

Best.-Nr. StP. 4 Haftbefehl (§ 14 ff. StPO)
7689 S VLV Erfurt Ag 140 II (79) 5

Haftbefehl gegen Hespe

Des weiteren hatte er Verbindung zu der berüchtigten Abteilung K 5 der Stummpolizei, der er fortschrittlich eingestellte Menschen auslieferte.«

Der Staatsanwalt erkannte darin ein »Verbrechen nach Kontrollratsdirektive 38 Art. III A III«.[502]

Der Haftrichter des Stadtbezirks Mitte schloss sich den Argumenten des Staatsanwalts an und erließ am 17. Oktober 1954 Haftbefehl. Er beschuldigte Hespe, der KgU und der VOS »unwahre und tendenziöse Berichte« über das ehemalige Internierungslager Sachsenhausen gegeben zu haben. »Darüber hinaus besteht der dringende Verdacht, dass er im Auftrag einer westlichen Dienststelle fortschrittliche Bürger des demokratischen Sektors nach Westberlin zu locken versuchte, trotzdem er wusste, dass sie dort Repressalien ausgesetzt sein würden.«

Der Haftrichter stellte fest, dass sich Hespe nach der Kontrollratsdirektive 38 und §§ 74 und 43 StGB dringend verdächtig gemacht habe und wegen der Höhe der zu erwartenden Strafe Fluchtgefahr bestehe.[503] Als Hespe am folgenden Tag der Haftbefehl eröffnet wurde, bestritt er, sich bewusst schuldig gemacht zu haben, bat um einen beschleunigten Abschluss der Untersuchung und um Haftentlassung. »Nach der formellen Seite mag es sein, dass ich mich möglicherweise strafbar gemacht habe«, räumte er ein. »Sollte dies der Fall sein, bitte ich um eine milde Bestrafung.« Er bestritt, Frau R. im Auftrag irgendeiner Spionageorganisation zur Sektorengrenze bestellt zu haben.

Bei seiner Festnahme waren der Stasi auch die Schlüssel für seine Westberliner Wohnung in die Hände gefallen. Eine der ersten Maßnahmen sei es gewesen, sie auszuräumen, schrieb er später an die VOS. Besonders bedauerlich und peinlich für ihn, dass der Stasi Archivmaterial der KgU und VOS von 1953/54, das ihm Frau Fels leihweise überlassen hatte, in die Hände gefallen war.[504]

Um weiteres Beweismaterial zu finden, ordnete der Staatsanwalt Anfang November an, Hespes Wohnung zu durchsuchen.[505] Dabei fiel ihm u. a. ein Brief Hespes vom 8. Juni in die Hände, unterschrieben mit »Franz«, in dem er seinem Freund P. den Ausgang des von ihm angestoßenen Verfahrens in Westberlin gegen F. mitgeteilt hatte. Ferner fand sie ein von »Franz« unterzeichnetes Schreiben Hespes an die Westberliner Polizei vom 27. Mai 1954 in dem er P. bat, Ermittlungen über Frau R. anzustellen, um sie in den Westsektor bringen zu können.[506] Der Hauptabteilung im MfS wurde mitgeteilt, dass Hespe mit seinen Berichten über Sachsenhausen »auf hinterhältigste Art die Sowjetunion diffamierte«.[507]

502 Vorführbericht vom 17.10.1954 und Antrag des Staatsanwalts, Abt. I, auf Erlass eines Haftbefehls vom 17.10.1954 (MfS-G, Bl. 8 und 9). Zur Kontrollratsdirektive Nr. 38 s. Anhang.

503 Haftbefehl (Az. Hs.B.319/54) vom 17.10 1954 (MfS-G, Bl. 10).

504 Schreiben Hespes aus Berlin an die VOS Bonn vom 7.3. und vom 5.5.1963 (SSGD-VOS).

505 Im Schreiben vom 6.11.1954 bat er den Vernehmungsrichter Krautter um Bestätigung der Durchsuchungsanordnung (MfS-G, Bl. 21).

506 Vgl. Sachstandsbericht an das MfS, Hauptabteilung IX/3 vom 11.11.1954 (MfS-E).

507 Vorausmeldung Nr. 209/54 vom 8.11.1954 an das MfS, Hauptabteilung IX/3 (ebd.).

Verurteilt

Anfang Februar 1955 fertigte der Generalstaatsanwalt die Anklageschrift an den Strafsenat des Stadtgerichts Berlin und beantragte, Hespe weiter in Untersuchungshaft zu lassen sowie das Hauptverfahren gegen ihn zu eröffnen.[508] Nach fünfmonatiger Haft und erniedrigenden Vernehmungen, bei denen der Häftling Hespe vermutlich auch unter Tabletten stand, wurde er, total geschwächt, am 10. März vom MfS entlassen und in das VP-Krankenhaus verlegt.[509] Hespe war krank, fühlte sich physisch und psychisch gefoltert.

Der Strafsenat folgte dem Antrag der Generalstaatsanwaltschaft.[510] Im März eröffnete das Stadtgericht Berlin den Prozess gegen Hespe.[511] Er war jetzt 47 Jahre alt. Die Staatsanwältin, Frau Weise, sah in seinem Verhalten ein Verbrechen nach der Kontrollratsdirektive Nr. 38 und beantragte, ihn unter Anrechnung der Untersuchungshaft zu einer Gefängnisstrafe von acht Jahren zu verurteilen, sein Pflichtverteidiger, die Strafe wesentlich herabzusetzen. Hespe hoffte in seinem Schlusswort »auf Gerechtigkeit und die Einsicht des Gerichts« und bat um Freispruch.

Am 24. März 1955 verurteilte der Strafsenat 1a des Stadtgerichts Berlin Hans Hespe unter Anrechnung seiner Untersuchungshaft »Im Namen des Volkes [...] wegen Erfindung und Verbreitung tendenziöser Gerüchte und Propaganda für den Faschismus zu einer Gefängnisstrafe von vier Jahren.«[512]

Zusätzlich wurden ihm Sühnemaßnahmen auferlegt.[513] Den Tatbestand der Kontrollratsdirektive Nr. 38 sah das Gericht in mehrfacher Hinsicht als erfüllt: In seinem Bericht über Sachsenhausen und in seinem Schreiben an den Polizeipräsidenten erkannte es tendenziöse Gerüchte, die geeignet waren, »den Frieden des deutschen Volkes zu gefährden«. Durch seine Mitarbeit in den »verbrecherischen« Organisationen KgU und VOS habe er »sich zum Handlanger der imperialistischen Kriegstreiber gemacht und deren Bestrebungen, Unruhe in unsere Bevölkerung zu tragen und das Vertrauen in unsere Regierung und zur Sowjetunion zu untergraben, um so ideologisch den Boden für einen neuen Weltkrieg vorzubereiten, aktiv unterstützt«. Das Gericht erkannte in seinem Verhalten einen hohen Grad gesellschaftlicher Gefährlichkeit. Vier Jahre Gefängnis hielt es für ausreichend, um ihm »das Verwerfliche seines Verhaltens zum Bewußtsein zu bringen und ihn zumindest zur Loyalität gegenüber unserer demokratischen Ordnung zu erziehen«.

508 Anklageschrift vom 9.2.1955 an den Strafsenat des Stadtgerichts von Groß-Berlin, Berlin C 2 (MfS-G, Bl. 106 ff.).

509 Hespes Schreiben aus Rummelsburg vom 12.3.1955 und vom 22.11.1955 an Minister Wollweber (MfS-E, Bl. 162 ff., und MfS-M, Bl. 230 ff.).

510 Beschluss des Stadtgerichts (Strafsenat 1a) vom 23.2.1955 (MfS-G, Bl. 112).

511 Sitzungsprotokoll vom 24.3.1955 (MfS-G, Bl. 136 ff.).

512 Die Verurteilung erfolgte unter Vorsitz von Oberrichter Seidel (MfS-G, Bl. 155–161, auch BAB-DP 1 SE 2797).

513 Er wurde für dauernd unfähig erklärt, ein öffentliches Amt zu bekleiden. Gleichzeitig verlor er seine Rechtsansprüche auf Pension oder Zuwendungen aus öffentlichen Mitteln sowie das aktive und passive Wahlrecht, das Recht, sich politisch zu betätigen oder einer Partei anzugehören. Und er durfte kein Mitglied in einer Gewerkschaft oder in einer wirtschaftlichen oder beruflichen Vereinigung sein. Er verlor das Recht, ein Kraftfahrzeug zu halten. Für die Dauer von fünf Jahren nach seiner Freilassung wurde ihm verboten, sich freiberuflich oder selbstständig zu betätigen, sich an solchen Betrieben zu beteiligen oder sie zu beaufsichtigen, sich als Lehrer, Prediger, Redakteur, Schriftsteller oder Rundfunk-Kommentator zu betätigen. Er unterlag Wohnraum- und Aufenthaltsbeschränkungen und durfte nicht selbstständig und nur in gewöhnlicher Arbeit beschäftigt werden: Anlage zum Urteil (ebd.).

Stadtgericht von Gross-Berlin
Strafsenat 1 a
(101a) I c (V) 9/55 (10.55)

Im Namen des Volkes!

Strafsache

gegen den Kaufmann

P + B

Hans, Gerhard, Ludwig Hespe,
geb. am 21.6.1907 in Brake/Oldenburg,
wohnhaft: Berlin-Neukölln, [redacted]
Deutscher, geschieden, nicht vorbestraft,
in U.-Haft seit dem 17. 10. 1954,

wegen Verbrechens nach Kontrollratsdirektive Nr. 38,
Abschnitt II, Artikel III A III.

Das Stadtgericht von Gross-Berlin, Strafsenat 1 a, hat in der Sitzung am 24. März 1955, an der teilgenommen haben:

Oberrichter Seidel
als Vorsitzender,
[redacted]
als Schöffen,
Staatsanwalt Frau Weise
als Vertreter des Generalstaatsanwalts
von Gross-Berlin,
Justizangestellte [redacted]
als Schriftführer,

für Recht erkannt:

Der Angeklagte wird wegen Erfindung und Verbreitung tendenziöser Gerüchte und Propaganda für den Faschismus und Militarismus zu einer Gefängnisstrafe von

4 – vier – Jahren

sowie zu den Sühnemassnahmen aus Abschnitt II, Artikel IX, Ziffer 3 bis 9 der Kontrollratsdirektive Nr. 38, wobei die Dauer der Berufsbeschränkung auf fünf Jahre festgesetzt wird, verurteilt.

Die erlittene Untersuchungshaft wird auf die erkannte Strafe angerechnet.

Die Kosten des Verfahrens hat der Angeklagte zu tragen.

-2-

Das erste Urteil des Stadtgerichts Berlin: Vier Jahre Haft für Hans Hespe

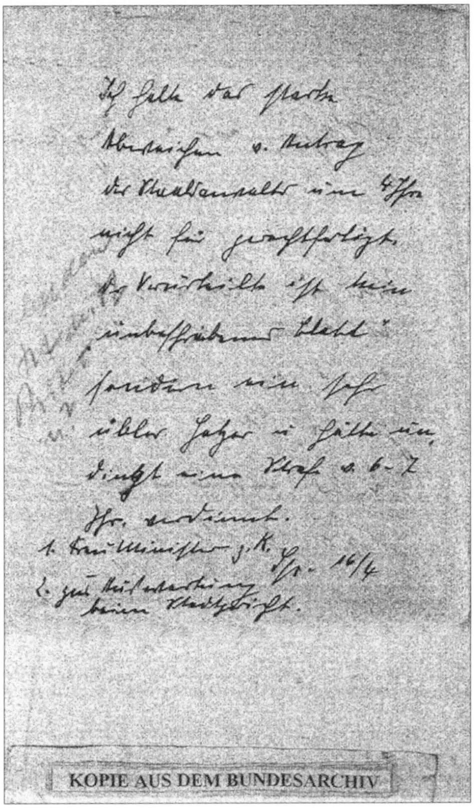

KOPIE AUS DEM BUNDESARCHIV

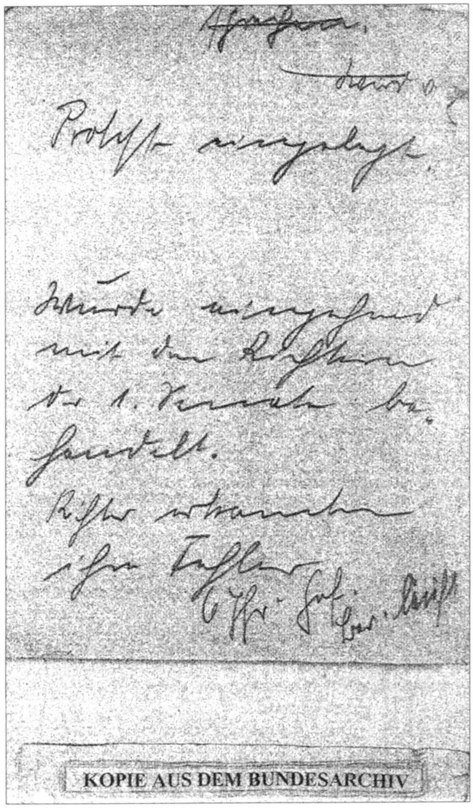

KOPIE AUS DEM BUNDESARCHIV

Handschriftliche Notizen zum Urteil des Stadtgerichts

Die politische Justiz der DDR liegt im »Fall Hespe« auch zwischen den Aktenblättern: Ein abgerissener Zettel, der weder eine genaue Datums- noch eine Namensangabe trägt und offensichtlich vom Generalstaatsanwalt stammt, ist dem schriftlichen Urteil vorgeheftet. Darauf steht handschriftlich vermerkt: »Der Verurteilte ist kein unbeschriebenes Blatt, sondern ein sehr übler Hetzer und hätte unbedingt eine Strafe von 6–7 Jahren verdient.« Der Vorgang wurde an die Justizministerin verfügt. Am 16. April nahm Dr. Hilde Benjamin, seit 1953 im Amt, davon Kenntnis. Anschließend legte der Generalstaatsanwalt beim Kammergericht als Rechtsmittel den »Protest« ein.[514] Hespes Pflichtanwalt ging drei Tage später in die »Berufung«. Er plädierte nur für eine niedrigere Strafe.

Der Anklagevertreter rügte den Sachverhalt als ungenügend aufgeklärt und unrichtig festgestellt sowie die Strafe als nicht richtig bemessen. Er beantragte, das Urteil aufzuheben, es an das Stadtgericht zurückzuverweisen und auf die dort beantragte Strafe zu erkennen. »Wurde eingehend mit den Richtern der 1. Senate behandelt«, lautet der handschriftliche Vermerk,

514 Schreiben Der Generalstaatsanwalt von Groß-Berlin (Ic [V] 9.55) vom 28.3.1955 (MfS-G, Bl. 164).

der weder den Namen des Schreibers noch ein Datum trägt, auf einem zweiten vorgehefteten Zettel: »Richter erkannten ihre Fehler. 6 Jahre Gef. Ber. läuft«. Seit seiner Festnahme durfte Hespe nicht schreiben. Jetzt, nach seiner Verurteilung, erhielt er wieder Papier und Bleistift. Siebzehn Mal hatte er sich bisher vergeblich bei den Wachmannschaften darum bemüht. Seine ersten Briefe richtete er an das Kammergericht und an Hilde Benjamin.[515] In seinem 16-seitigen Schreiben an das Kammergericht wies er alle gegen ihn vorgebrachten Beschuldigungen zurück. Als entsetzlich schwer, unverantwortlich und von einem unbegründeten und unverständlichen Klassenhass inspiriert, bezeichnete er die fünfmonatige Inhaftierung durch das MfS. Seinen Kampf um Rehabilitierung werde er niemals aufgeben. Völlig unverständlich war ihm die Beschuldigung, »friedensgefährdende Propaganda« betrieben zu haben, wo er doch jeglichen Faschismus und Militarismus ablehne. Dr. Birkenfeld habe keinen Hetzbericht geschrieben und niemand habe die VOS als eine Hetzorganisation angesehen. Er habe die Satzungen unterschrieben, die er auch heute noch unterschreiben würde, bekannte er, und lehnte strikt jede Schuld ab. Während alle die sowjetische Lagerführung in Sachsenhausen verantwortlich gemacht hätten, habe er als Einziger gegen die deutsche Selbstverwaltung schwerste Anschuldigungen erhoben. Seine Berichte der KgU seien sogar den Dienststellen der Sowjets und der DDR zugegangen. Die »Volksrichter« und »Volksstaatsanwälte« in der DDR, denen er jetzt unterstehe, hätten angesichts einer neuen Einrichtung in der Welt eine ganz besondere Verpflichtung, appellierte er und fügte hinzu: »An der Justiz erkennt man die Kultur eines Staates.«[516]

In einem weiteren Schreiben an die Justizministerin klagte er, nach KZ und fünfjähriger Krankheit einer Untersuchungsmethode ausgesetzt gewesen zu sein, die er nie für möglich gehalten hätte und der er geistig, seelisch und physisch in keiner Weise gewachsen gewesen sei. Grotesk nannte er es, als Kämpfer gegen Faschismus und Militarismus und für Gerechtigkeit und Menschlichkeit, in Westberlin verfolgt zu werden. Seinen Kampf um Rehabilitierung werde er niemals aufgeben. Völlig unverständlich war ihm die Beschuldigung, »friedensgefährdende Propaganda« betrieben zu haben, wo er doch jeglichen Faschismus und Militarismus ablehne.[517]

Jetzt schien Hespe wirklich völlig am Ende. Das Bezirksamt Berlin-Neukölln bat er um eine Mitteilung an die Magdalenenkirche und darum, »dass so schnell wie möglich ein Pfarrer zu mir kommt«.[518] Die Stasi gab sein Schreiben nicht weiter.

Am 26. April 1955 kam es zur Berufungsverhandlung vor dem Strafsenat des Kammergerichts. Elf Tage vorher erfuhr Hespe den Termin. Verzweifelt hoffte er, seine Verurteilung noch abwenden zu können. Unter »Eilt sehr« bat er darum, seinen an das Kammergericht gerichteten Schriftsatz allen Prozessbeteiligten zur Kenntnis zu geben oder gegebenenfalls den Termin um kurze Zeit zu vertagen. Vergeblich.

515 Schreiben (handschriftlich) vom 29.3.1955 an die Staatsanwaltschaft des Kammergerichts Berlin (ebd., Bl. 185-199). Einen Tag vor Heiligabend 1954 habe er den Präsidenten des Kammergerichts darauf hingewiesen, »dass gröblichste Verletzungen der Gesetzlichkeit in der DDR vorliegen.« Bei ihm spreche man gar nicht von Bestrafung, sondern von Isolierung, erklärte Hespe. Man fürchte wohl, dass er plaudere, obwohl doch alles bekannt sei. (»Krankengeschichte« Hans Hespe Hildburghausen). Quelle der Begleitnotizen 1 und 2 zum Urteil des Stadtgerichts in Ost-Berlin: BAB DP1 SE-2797.

516 Schreiben Hespes vom 15.4.1955 an das Kammergericht (MfS-G, Bl. 185-199).

517 Schreiben aus der VP-Haftanstalt Weibelstraße (Nr. 1522) an das Justizministerium, z. Hd. Frau Dr. Benjamin vom 15.4.1955 (ebd., Bl. 183/184).

518 Schreiben vom 12.4.1955 (ebd., Bl. 293).

BStU
000205

157

Kammergericht von Gross-Berlin
Strafsenat 1a
1a Ust.I 57. 55

Eing. 29. 4. 55
Kraft.

Im Namen des Volkes!

In der Strafsache
gegen
den Kaufmann
Hans, Gerhard, Ludwig Hespe,
geboren am 21. Juni 1907 in Brake/Oldenburg,
wohnhaft in Berlin-Neukölln, [redacted]
zur Zeit in Untersuchungshaft.
wegen
Verbrechens nach der Kontrollrats-Direktive
Nr.38 Abschn.II Art.III A III

hat der Strafsenat 1a des Kammergerichts von Gross-Berlin in der Sitzung vom 26. April 1955, an der teilgenommen haben:

Oberrichter Hahn
als Vorsitzender,

Richter Frommknecht
Richter Genz
als beisitzende Richter,

Staatsanwalt Frau Weise
als Vertreter des Generalstaatsanwalts von Gross-Berlin,

Justizangestellte [redacted]
als Schriftführer

für Recht erkannt:

Auf den Protest des Generalstaatsanwalts von Gross-Berlin wird das Urteil des Stadtgerichts von Gross-Berlin, Strafsenat 1a, vom 24. März 1955 aufgehoben und die Sache an das Stadtgericht zurückverwiesen.

Die Berufung wird als unbegründet zurückgewiesen.

Gründe:

Der Angeklagte ist am 24. März 1955 vom Stadtgericht von Gross-Berlin, Strafsenat 1a, wegen Erfindung und Verbreitung tendenziöser Gerüchte und Propaganda für den Faschismus und Militarismus nach der Kontrollrats-Direktive Nr.38 Abschn.II Art.III A III

- 2 -

Das Kammergericht Berlin hebt das Urteil auf und verweist die Klage zurück an das Stadtgericht

Es blieb bei dem angesetzten Verhandlungstag. Auf Antrag des Staatsanwalts schloss das Kammergericht die Öffentlichkeit »wegen Gefährdung der Sicherheit des Staates« aus. Nur zur Verkündung der Urteilsformel wurde Öffentlichkeit wiederhergestellt. Das Gericht folgte den Protestgründen des Generalstaatsanwalts, hob das Urteil des Stadtgerichts vom 24. März 1955 auf, verwies die Sache an das Stadtgericht zurück und verwarf Hespes Berufung als unbegründet.[519]

Damit seine Kriegsbeschädigtenrente nicht verloren ging, benötigte das Versorgungsamt Bremen von Hespe jährlich eine behördliche Lebensbescheinigung. Auf seinen Antrag hin bescheinigte ihm das Stadtgericht, dass er sich in der Haftanstalt der Volkspolizei in Berlin (Keibelstraße) befinde.[520] So erfuhr die Bremer Behörde Ende März 1955 von seinem Aufenthalt in Ostberlin.

Schon zwei Monate später verhandelte das Stadtgericht in Ostberlin erneut gegen Hespe, der durch einen »Wahlverteidiger« vertreten wurde. Eine Staatsanwältin klagte ihn an. Dem Gericht war vorgegeben, über eine bessere Aufklärung des Sachverhalts zu einem höheren Strafmaß zu kommen. Die Öffentlichkeit blieb wieder vor der Tür. Der Vorsitzende Richter, Oberrichter Seidel, hielt dem Angeklagten seine verschiedenen Schreiben und Aussagen vor. Immer wieder kreisten die Fragen um die bekannten Anschuldigungspunkte. Hespes Antworten ergaben wenig mehr Details und brachten kaum Neues. Wiederholt kam er auf die schreckliche Zeit seiner Vernehmungen zu sprechen: »Ich bin fünf Monate beim SFS[521] vernommen und kam als Halbtoter raus [...] Immer wieder die verhängnisvollen Protokolle, ersparen Sie es mir bitte, nachher darauf einzugehen. Ich kann doch darüber nicht sprechen, wie solche Vernehmungen zustande kommen [...] Nicht mit mir allein ist es so gemacht worden. Soll ich die Namen nennen, die acht Tage Hungerstreiks machen und zusammenbrechen? [...] Nach dem ersten Vernehmungsprotokoll habe ich den Untersuchungsrichter Krautter bereits auf die zweifelhaften Vernehmungen hingewiesen.«[522] Hespe war skeptisch, dass sein an das Kammergericht gerichteter Schriftsatz noch vor dem Urteilsspruch eingehen würde. Nachdem seine Bitte an die Beisitzer, sein Schreiben durchzulesen, abgeblockt worden war, hielt er sich nicht zurück: »Herr Vorsitzender, ich vermisse heute ihre Ruhe. Sie sind doch bei den Häftlingen in Rummelsburg beliebt.« Der Sitzungsbericht sah darin den geglückten Versuch, »dem Richter zu schmeicheln und die Schöffen in ihrem Vertrauen zu unseren Sicherheitsorganen zu erschüttern«.[523]

Eine von den drei geladenen Zeuginnen sagte gegen ihn aus. Die Staatsanwältin forderte die im ersten Hauptverfahren beantragten acht Jahre Gefängnisstrafe mit Sühnemaßnahmen und Anrechnung der Untersuchungshaft. Hespes Wahlverteidiger, der ihn als ehemaliger

519 Beglaubigte Abschrift der Öffentlichen Sitzung des Strafsenats 1a des Kammergerichts von Groß-Berlin (1a Ust.I 57.55) vom 26.4.1955 (ebd., Bl. 201 ff und Urteil (BAB-DP 1 SE 2797).

520 Bescheinigung des Stadtbezirksgerichts Mitte vom 31.3.1955 (MfS-G, Bl. 174).

521 Das von Hespe als »Staatministerium für Sicherheit« abgekürzte MfS.

522 Sitzungsbericht des Stadtgerichts Berlin vom 17.5.1955 (MfS-G, Bl. 224-241).

523 Ebd.

524 Als Hespe nach seiner DDR-Haft am 1.2.1962 nach Berlin zurückkehrte, versprach ihm sein Anwalt (Kaul) mehrfach Hilfe, er habe jedoch, so Hespe später, »nichts erreicht«. Die Unterlagen über seine »Widerrechtliche

»Dachauer Kamerad« ziemlich allein gelassen hatte, sah diese Forderung nicht vom festgestellten Sachverhalt getragen und beantragte, den Angeklagten geringer zu bestrafen.[524]

Das Schlusswort Hespes, der aus der Haftzelle vorgeführt wurde und sich der Verhandlung nicht gewachsen fühlte, fiel nur kurz aus. Die Folgen strapaziöser Vernehmungen vergangener Wochen zeigten sich. Dass er unter dem Einfluss von Medikamenten stand, lässt sich wiederum nur vermuten. Alles müsse er noch einmal niederschreiben, erklärte er. Seine bisherigen Einwendungen blieben unberücksichtigt. Hilflos und erschöpft endete er: »Ich bitte die Frau Staatsanwalt, dass ich einem Arzt vorgeführt werde und dass ich Papier zum Schreiben bekomme. Ich bitte um etwas Wohlwollen.«

Nur zur Verlesung der Urteilsformel durfte die Öffentlichkeit wieder in den Gerichtssaal: Hespe wurde aus den bereits im Märzurteil genannten Gründen zu sechs Jahren Gefängnis und zu den damals ausgesprochenen Sühnemaßnahmen verurteilt.

Dem Generalstaatsanwalt waren es immer noch zwei Jahre zu wenig. Aus »Kosten - Erfolggründen« hielt er es aber für unzweckmäßig, dieser dritten Verhandlung zwei weitere folgen zu lassen.[525]

Hespes Anwalt legte gegen das Urteil auf zweieinhalb Seiten Berufung ein: Es habe sich nur ergeben, dass der Angeklagte noch bis 1953 der VOS angehört haben müsse und er die Zeugin R. in Westberlin festnehmen lassen wollte. Diese Punkte rechtfertigten keine Erhöhung der Strafe um zwei Jahre. Die besonderen Aktivitäten der VOS hätten nach 1950 stattgefunden, doch Hespe habe sich von 1950 bis 1952 nicht in Berlin aufgehalten. Er hielt es für nicht erwiesen, dass Hespe Mitarbeiter bei der Abteilung V der Westberliner Polizei gewesen sei und versuchte die Glaubwürdigkeit der einzigen Zeugin zu erschüttern.[526]

Hespe, der in der Haftanstalt täglich nur ein Blatt Papier zum Schreiben erhielt, richtete drei Schriftsätze an das Kammergericht.[527] Jedes Argument, das zu seiner Verurteilung geführt hatte, versuchte er zu widerlegen. Er steckte nicht zurück: »Es läuft meiner Gerechtigkeitsauffassung zuwider und ich sehe keinen Grund dafür, dass ich ein irrtümliches Urteil wegen ›tendenziöser Berichte oder erfundener Gerüchte‹ anerkennen soll [...] Ist eine Wahrheit darum weniger eine Wahrheit weil sie vielleicht unangenehm ist?«, fragte er nach. »Sollen denn die verwerflichen Beispiele einer fluch- und blutbeladenen Vergangenheit wieder aufstehen? [...] Ausgerechnet mich beschuldigen den Faschismus und Militarismus zu fördern. Das ist zu viel!!« Die Protokolle des MfS nannte er »illusorisch«, die Briefe erfunden und die Zeugen manipuliert. Nach viereinhalb Wochen im Krankenhaus befand er sich noch immer in Behandlung. »Wenn sogar Gesunde die Nerven verlieren und groteske ›Geständnisse‹ mit ›dies sind meine Worte‹ unterschreiben, dann ist das bei mir doch wohl nicht zu verwundern [...] Ich wurde nach einem unvorstellbaren Martyrium, das letzte an physischer Kraft und geistiger Konzentration ausgepumpt, in den Gerichtssaal geführt.« Er appellierte an Justitia und

Festhaltung« (DDR-Diktion) schickte er ihm mit dem Bemerken wieder zurück, dass alles gewissenhaft geprüft sei und er keine Fehler erkennen könne; Schreiben Hespes an Rechtsanwalt Alfred M. in Berlin vom 2.6.1963 (SSGD-VOS).

525 Öffentliche Sitzung des Strafsenats 1a des Stadtgerichts (101a) Ic (V) 9/55 (29.5.) vom 17.5.1955; Sitzungsbericht und Urteilsausfertigung (MfS-G, Bl. 224-250).

526 Schreiben vom 24.5.1955 an das Kammergericht (ebd., Bl. 253-255).

527 Schreiben vom 25.5. (2 Seiten), vom 3.6. (2 Seiten) und vom 4.6.1955 (10 Seiten).

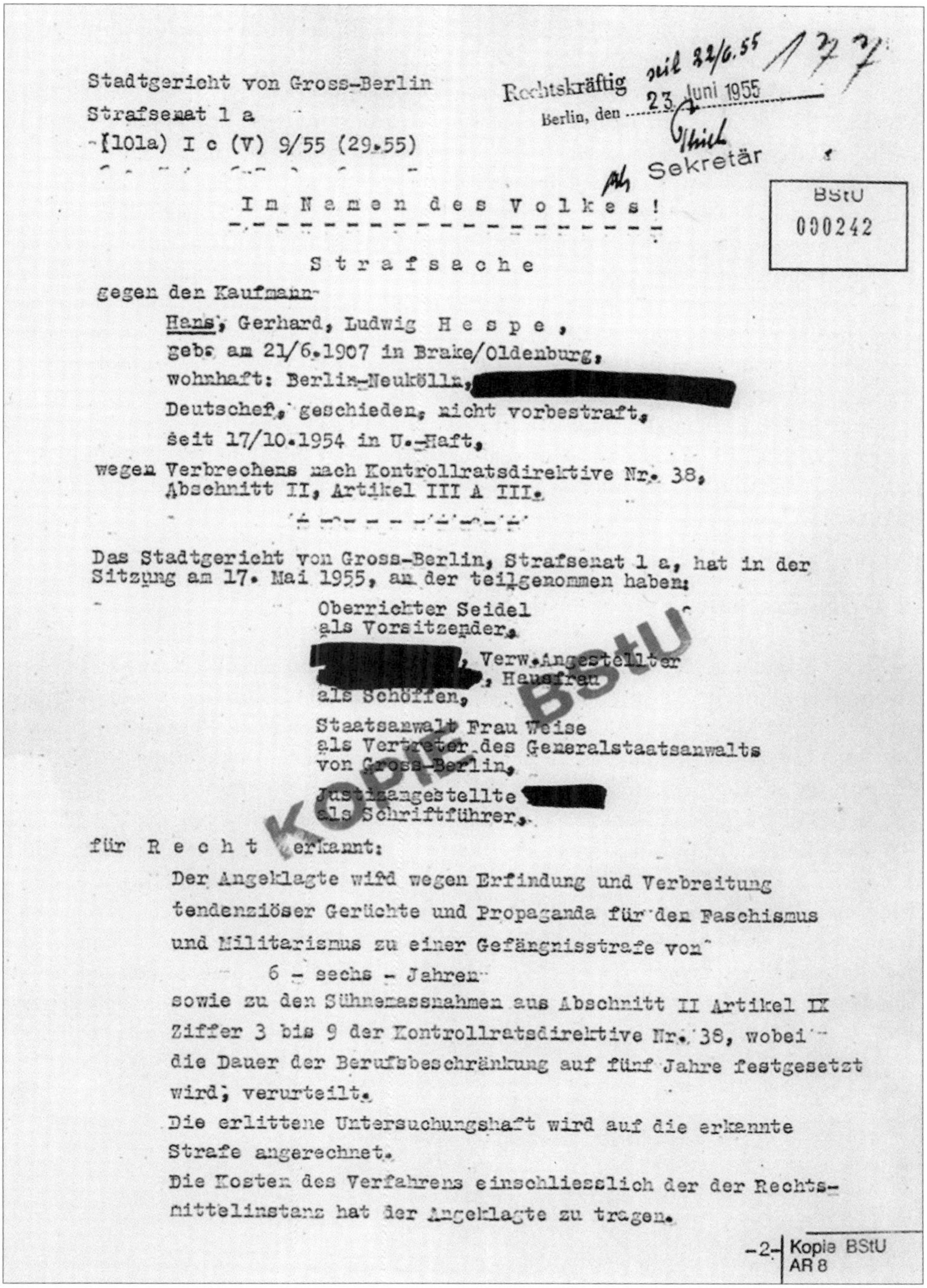
Stadtgericht von Gross-Berlin
Strafsenat 1 a
(101a) I c (V) 9/55 (29.55)

Rechtskräftig seit 22/6.55 177
Berlin, den 23. Juni 1955
Sekretär

BStU
000242

Im Namen des Volkes!

Strafsache

gegen den Kaufmann

Hans, Gerhard, Ludwig H e s p e ,
geb. am 21/6.1907 in Brake/Oldenburg,
wohnhaft: Berlin-Neukölln, [redacted]
Deutscher, geschieden, nicht vorbestraft,
seit 17/10.1954 in U.-Haft,

wegen Verbrechens nach Kontrollratsdirektive Nr. 38, Abschnitt II, Artikel III A III.

Das Stadtgericht von Gross-Berlin, Strafsenat 1 a, hat in der Sitzung am 17. Mai 1955, an der teilgenommen haben:

Oberrichter Seidel
als Vorsitzender,
[redacted], Verw.Angestellter
[redacted], Hausfrau
als Schöffen,
Staatsanwalt Frau Weise
als Vertreter des Generalstaatsanwalts
von Gross-Berlin,
Justizangestellte [redacted]
als Schriftführer,

für R e c h t erkannt:

Der Angeklagte wird wegen Erfindung und Verbreitung tendenziöser Gerüchte und Propaganda für den Faschismus und Militarismus zu einer Gefängnisstrafe von

6 - sechs - Jahren

sowie zu den Sühnemassnahmen aus Abschnitt II Artikel IX Ziffer 3 bis 9 der Kontrollratsdirektive Nr. 38, wobei die Dauer der Berufsbeschränkung auf fünf Jahre festgesetzt wird, verurteilt.

Die erlittene Untersuchungshaft wird auf die erkannte Strafe angerechnet.

Die Kosten des Verfahrens einschliesslich der der Rechtsmittelinstanz hat der Angeklagte zu tragen.

-2-

Kopie BStU
AR 8

Das zweite Urteil des Stadtgerichts Berlin: Sechs Jahre Haft für Hespe

bemühte Friedrich den Großen: »Gnade Gott demjenigen, der nicht redlich in Justizsachen verfährt! Quod bene notandum!«

Ihn erinnerte alles an das »Prestige-Denken« der Nazis in Dachau und an genug »Freisler-Freunde«, die ohne Scham und Ehre ihre Aktionen begründeten. Ihre Opfer habe er in Dachau gesehen. Ihre Henker seien nach 1945 in Sachsenhausen zu Hunderten verhungert: »Das eine löst das andere aus. Quadratur und Zirkel.« Solche im »Namen des Volkes« gesprochenen Gewalt-, Willkür- und Terrorurteile forderten ganz natürlich Vergeltung - den Tod. Sollte es aber wie bei den Nazis darum gehen, einen Menschen jahrelang einfach festzuhalten, dann würden sich weitere Schriftsätze erübrigen. Und er zeichnete zum Schluss ein fast apokalyptisches Szenario: »In einem lausigen Kittchen zwischen Mördern, Totschlägern und Verbrechern zu verrecken, ist weder ein Opfer noch eine Tat, sondern umkommen - unbekannt. Warum und wofür ist eine Idiotie. Hier zu krepieren ist ja nicht einmal lächerlich, es ist menschunwürdig.«

Hespe wollte Gerechtigkeit und forderte Freispruch. Doch Appelle weichen Feindbilder und ideologisches Blockdenken bekanntlich nicht auf. Seine Berufung wurde im Juni 1955 vom Kammergericht als »offensichtlich unbegründet« verworfen.[528] Das Urteil war eine Woche später rechtskräftig.[529]

In DDR-Strafhaft

Seit seiner Festnahme klagte Hespe über neurovegetative Störungen, über Schweißausbrüche und außergewöhnliche Schlaflosigkeit. Hinzu kamen seelische Depressionen. Fünf Wochen verbrachte er im März/April 1955 im »Haftturm« des Krankenhauses der Deutschen Volkspolizei. Auch Leber-, Gallen- und Blasenleiden hatten sich eingestellt. Anschließend verlegte man ihn ins Anstaltslazarett der Strafvollzugsanstalt Berlin I/ Rummelsburg.[530]

Aus der Vollzugsanstalt Rummelsburg wandte sich Hespe an Wollweber, der von 1955 bis 1957 das Ministerium für Staatssicherheit leitete.[531] Unruhe und Krankheit, Torturen seiner Vernehmungen, spiegelten sich Mitte März 1956 noch in seinem Schriftbild. Etwas ausgeglichener und klarer lesen sich seine Zeilen im November. Auf Antwort wartete er vergebens. Dennoch hielt er Wollweber für den Einzigen, der sein Schicksal noch wenden könnte. Die Wurzeln seiner Verurteilung sah er beim MfS. Nicht grundlos glaubte er sich auf dessen Betreiben hin abgeurteilt. Der Staatsanwalt müsse in ihm, Hespe, einen Banditen gesehen haben.[532] Unfähigkeit, Engstirnigkeit und Gehässigkeit hielt er seinen Ermittlern vor. Einen

528 Beschluss des Kammergerichts vom 16.6.1955 (ebd., Bl. 271 ff.).

529 Das Urteil wurde am 22.6.1955 rechtskräftig (ebd.).

530 Vgl. Anhang zum Schreiben Hespes vom 7.8.1963 an Dr. K., Städtische Nervenklinik Bremen (StNB), heute: Zentralkrankenhaus Bremen Ost.

531 Die spätere innerparteiliche Abstrafung des prominenten SED-Funktionärs Wollweber dürfte nicht als Opposition zu werten sein; vgl. Karl Wilhelm Fricke: Opposition und Widerstand in der DDR. Politische Lebensbilder. München 2002.

532 Vgl. Briefe Hespes an das MfS z. Hd. Herrn Minister Wollweber persönlich vom 12.3.1956, (MfS-E, Bl. 162-167) und vom 22.11.1956 (MfS-M, Bl. 230-238).

»Schandfleck der DDR« nannte er seine Sache. Als Minister habe Wollweber die Macht, gerecht zu sein, könne ihn aber auch, mit einem Wink an seinen Sachbearbeiter, als unbequem liquidieren lassen. Er ließ seiner Verzweiflung freien Lauf und forderte Antwort auf die Frage: »Wo habe ich wissentlich durch eine Handlung oder ein Wort die DDR oder die SU diskreditiert und mich dadurch strafbar gemacht?? Sagt es mir!!!« Ein widerliches Schauspiel und eine Farce nannte er die Verhandlung. Die Richter und Staatsanwälte, die er kennengelernt habe, sollten lieber ihren früheren Berufen nachgehen, statt über Leben und Tod zu richten. Als arrogant, selbstherrlich und egoistisch charakterisierte er die für seine Verurteilung Verantwortlichen: Hohlköpfe und kaltblütige Schurken. Die Protokolle hielt er für wertlos. »Je eingehender Sie die Sache prüfen und auch den Mut haben, eigenen Fehlern nachzugehen, umso höher werden Sie vom Volk, ja von der ganzen Welt geachtet werden!!«, appellierte er an den Minister. Eine kleinbürgerliche Affäre sei aus egoistischen Motiven zur Staatsaffäre geworden, aus einem Harmlosen ein Schuldiger. Gestapo, NKWD, MfS und CIC stünden sich alle in nichts nach. Fünf Monate lang habe man ihn gequält. Danach sei er vom Arzt in der Haftanstalt Keibelstraße sofort ins VP-Krankenhaus eingewiesen worden und später noch einmal für zwei Monate ins Rummelsburger Hospital. »Hundertprozentige Krüppel, schwerkranke frisch operierte Menschen in perverser, bestialischer Weise zu quälen, das übersteigt meine Begriffe von Anstand und Ehre!« Die lange Liste seiner Vorwürfe könnte kaum länger sein: Täuschung, Drohung, Erpressung, Verzerrung der Tatsachen und Protokolle, Lüge und Zeugenbeeinflussung. »Nichts war heilig! Alle Begriffe einer korrekten Untersuchung wurden auf den Kopf gestellt [...] Ich kam als Halbtoter vom Keller direkt in den Gerichtssaal. Das Gericht dachte gar nicht daran, sich meine Proteste gegen die falschen Protokolle anzuhören. ›Machen Sie keine faschistische Propaganda!‹ war der Verweis.«

Ein Schauprozess war es nicht. Die Zuhörer wurden ausgeschlossen. Die Verurteilung, so Hespe, stütze sich auf bezahlte Spitzel, erpresste Aussagen und auf das Gespött einer Gerichtsverhandlung hinter verschlossenen Türen, für die er nur eine Analogie sah: die Inquisition. Er verkleidete seine Vergleiche. Er habe oft Visionen, schrieb er dem Minister, »wer kann schon für seine Träume: Keller Littenstraße, schwarz drapiert mit blutrot, Silhuette: Galgen, Guillotine, Scheiterhaufen, Vordergrund: eiserne Jungfrau, Streckband, Rad, Daumenschrauben, Ihre Leute mit glühenden Zangen. Ich unterschreibe: ›Dies sind meine Worte, nicht gezwungen, freiwillig‹«. Das MfS kannte keine Entlastungsmomente. »Soll ich Romane schreiben?«, fragte er weiter: »Ich war Gefangener bei Hitler, Stalin und Wollweber.« Er könne sich vorstellen, Bücher zu schreiben über Folterkeller der Gestapo, NKWD und Stasi, auch über Vergleiche des Gerichtswesens in der DDR mit nackten Wilden an den Nilquellen oder im inneraustralischen Busch. Oder über Gerechtigkeit, Ungerechtigkeit und Unmenschlichkeit als psychologisch subjektive bzw. relative Begriffe. Wollweber wollte er bewegen, einzusehen, dass in seinem Amt Menschen einem viehischen Sadismus perverser pathologischer Instinkte von Sadisten ausgesetzt seien. Als gewissenlose Karrieristen und abgestumpfte Menschen charakterisierte er sie. Barbarische und kannibalistische Bräuche würden geübt, eine Schmach für die Kultur und die Zivilisation. Solche Mitarbeiter seien weder an rechtsstaatlichen noch an sozialistischen Prinzipien, sondern nur an der Wahrung ihrer persönlichen Interessen orientiert. Staatsanwälte und Richter hielt er für in die politischen Verhältnisse eingeengte Menschen, ohne Moral und Ethik, die jeden verurteilen und einsperren könnten. Alles sei nach Belieben von der Willkür des Staatsanwalts und der verurteilenden Personen abhängig. Er sah sich vor der Alternative, entweder in betäubter Hoffnungslosigkeit seine rechtswidrige Strafe abzusitzen oder für Recht und Wahrheit weiterzukämpfen. »Gerechtigkeit ist ein anderes Wort für Leben!«, appellierte er an Wollwebers Gewissen: »Wenn wir nur noch in Begriffen des Todes sprechen dürfen, dann mag die ganze DDR über Bord gehen, dann mag sie der Vergangenheit anheim fallen [...] Haben Sie Mut zur Ehrlichkeit, Wahrheit und Gerechtigkeit!«[533]

Das psychiatrische Gutachten

Seit seiner Verurteilung im Juni 1955 befand sich Hespe in Berlin in der Strafvollzugsanstalt Berlin I/Rummelsburg. Aufgrund langer, an die Staatsanwaltschaft und das Gericht gerichteter Schriftsätze, in denen er das »uferlose Unrecht« geschildert hatte, erhielt er im August 1955 absolutes Schreibverbot.[534]

Von April bis November des folgenden Jahres lag er im Anstaltslazarett. Seinen Bewachern klagte er sein Schicksal und das ihm widerfahrene Unrecht. Ihnen und den politisch Verantwortlichen wurde er lästig und unbequem. Für sie war Hespe ein »Störfaktor«.

Am 30. Oktober 1956 forderte die Generalstaatsanwaltschaft von Groß-(Ost)-Berlin ein Gutachten über den Strafgefangenen Hans Hespe, das zehn Tage später, am 9.11., durch die Psychiatrische und Nervenklinik, Gerichtspsychiatrische Abteilung der Humboldt-Universität Charité, erstattet wurde.[535] »Volks-Justiz« und politische Psychiatrie reichten sich die Hand.

Das geforderte Gutachten stütze sich auf das Studium der Handakte der Generalstaatsanwaltschaft, ließ der Gutachter erkennen. Ferner auf das Ergebnis zweier eingehender körperlicher und psychiatrischer Untersuchungen Hespes im Oktober und November 1956 in der VA Rummelsburg.

Es hatte zu der Frage Stellung zu nehmen, ob bei Hespe eine krankhafte Störung der Geistestätigkeit vorliege, die statt der Anwendung des § 51 Abs. 1 oder 2 StGB[536] seine Verlegung in eine Heil- und Pflegeanstalt erforderlich machen würde.

In der zweiten Oktoberhälfte, so der Gutachter, sei ihm Hespe in der Haftanstalt Rummelsburg vom Bewachungspersonal vorgestellt worden, »weil er durch eigenartige Reden aufgefallen sei«. Hespe gab bereitwillig Auskunft, erzählte seine Familien- und Lebensgeschichte, berichtete über sein Schicksal im Polizeibataillon, in Dachau und bei Dirlewanger. Das Gefühl des Rechts, erklärte er, habe sich ihm vielleicht in seiner Kindheit so stark ausgeprägt, weil er damals dauernd herumgestoßen worden sei und er keine Elternliebe kennengelernt habe.

Hespe nahm Stellung zu seiner Bestrafung und bestand darauf, den »West-Berliner Spionageorganisationen« 1952 lediglich wahrheitsgetreue Angaben über seine Internierung gemacht zu haben. Was von diesen Organisationen sonst an Spionage und Sabotage betrieben worden sei, könne man ihm doch nicht zur Last legen. Er habe gegen die DDR keine feindlichen Handlungen begangen, zumal er in Bremen als »Salonbolschewist« bekannt gewesen sei. Umso mehr kränke ihn jetzt seine Verurteilung in der DDR wegen angeblicher staatsfeindlicher Handlungen.

533 Brief Hespes vom 22.11.1956 an Wollweber (ebd.).
534 Das Schreibverbot erteilte Staatsanwalt Schulz. Schreiben Hespes an das MfS vom 17.7.1961 (SSGD-VOS).
535 Gutachter unter Az.: I c 9.55 ist Doz. Dr. A., Oberarzt der Gerichtspsychiatrischen Abteilung.
536 Es sollte auf seine Schuldfähigkeit und damit auf seine Unterbringung in einer Strafhaftanstalt eingehen.

Bei einer Exploration Mitte Oktober deutete er an, dass sich Frau Kitzig, eine Jugendbekannte von Bischof Dibelius, um ihn bemühe. Die Haftanstalt bat er ständig um Schreibzeug, um dem Ministerpräsidenten der DDR und Walter Ulbricht seinen Fall darzustellen. Er sei überzeugt, dass er sofort entlassen würde, wenn diese Personen seinen Sachverhalt erfahren könnten. Die UNO bemühe sich um seine Freilassung und es dauere vielleicht nicht mehr lange, bis man ihn aus der Haft entlassen müsse. In diesen Gedankengängen schienen ihn seine Bewacher böswillig zu bestärken: Von den Wachtmeistern und Kommissaren in der Haftanstalt höre er immer wieder, wie intensiv man sich um ihn bemühe. Hespe sei überzeugt davon, dass, wenn er entlassen würde und wenn er hinreichend die Umstände seiner Verurteilung aufdecke, wichtige Leute aus den Untersuchungsbehörden in Haft genommen würden, weil sie sich unkorrekt benommen hätten, wusste der Gutachter zu berichten.

In seiner zusammenfassenden Beurteilung bezeichnete er Hespe als »einen rechthaberischen, intellektuell gut begabten Psychopathen«, dessen Rechtsfanatismus sicher schon über zwei Jahrzehnte hinweg beobachtet wurde. Man kenne solche querulatorischen, fanatischen »Michael-Kohlhaas-Typen«, die ein mehr oder minder wichtiges Rechtsgut zu verteidigen glaubten und sich dadurch selbst die größten Ungelegenheiten bereiteten. Über das Stadium eines reinen Querulierens und Rechthabenwollens hinaus sei es aber bei Hespe jetzt zu einer echten Wahnkrankheit gekommen. Es lägen bei ihm zweifellos echte Wahnideen und Erinnerungshalluzinationen vor. Er verfälsche früher erlebte reale Situationen. Belanglose Gespräche und harmlose Briefe deute er im Sinne seiner wahnhaften Vorstellungen um, und es komme bei ihm immer mehr zu einem Ausbau der wahnhaften Überzeugung, unschuldig zu sein und durch seine Verurteilung die Weltöffentlichkeit aufgerüttelt zu sehen. Die abschließende Diagnose lautete: »Es liegt bei dem Angeklagten zum jetzigen Zeitpunkt eine echte Geisteskrankheit vor, die man am ehesten unter den Begriff der paranoiden Schizophrenie einordnen kann. In den kommenden Jahren ist mit einer Verstärkung und Systematisierung der wahnhaften Ideen zu rechnen.« Der Gutachter empfahl, Hespe umgehend in eine Heil- und Pflegeanstalt zu verlegen. Hespe sei im jetzigen Zustand für den Betrieb einer Strafanstalt ein derartig »störender Faktor«, dass sein Verbleiben in Rummelsburg auf keinen Fall angezeigt erscheine. Hinzu komme, dass ein Geisteskranker in eine Heil- und Pflegeanstalt und nicht in Haft gehöre. Wann es bei dem Verurteilten zum Ausbruch der Geisteskrankheit gekommen sei, lasse sich kaum sicher feststellen. Die Krankheit befinde sich jetzt noch im Anfangsstadium. Der Verurteilte gebe seine wahnhaften Gedankeninhalte nur dann preis, wenn er mit einem Arzt, zu dem er Vertrauen habe, unter vier Augen sprechen könne. Der Gutachter hielt es nicht für ausgeschlossen, ohne dies mit Sicherheit entscheiden zu können, dass schon zur Zeit seiner Verurteilung und Inhaftierung vereinzelte echte Wahnideen bestanden hätten. Um diese Frage klären zu können, müsse der gesamte Schriftwechsel des Verurteilten aus den Jahren 1953/54 herangezogen werden. Dennoch bleibe es sehr fraglich, ob sich aus der Durcharbeitung dieses Schriftwechsels sichere Anhaltspunkte für eine Geisteskrankheit ergäben.[537]

537 Krankenakte Hespe in Hildburghausen.

Vom Gefängnis Untermaßfeld in die Heilanstalt Hildburghausen

Ende November 1956 wurde Hespe von Berlin-Rummelsburg in die Strafvollzugsanstalt Untermaßfeld nach Thüringen verlegt. Im Januar 1957 unterbrach eine Entlassungsverfügung seine Haft:[538] Er wurde in die Heilanstalt Hildburghausen eingewiesen.[539]

In dieser Zeit reagierte Wollweber auf seine Beschwerde und forderte im Februar 1957 eine Überprüfung. Oberstleutnant Kohrt, sein Stellvertreter im MfS, berichtete seinem Genossen Minister Ende des Monats: »[...] die durchgeführte Untersuchung gegen HESPE erfolgte im Rahmen der strengsten Einhaltung der demokratischen Gesetzlichkeit.«[540] Ohne auf Hespes Vorwürfe inhaltlich einzugehen, versuchte er den Vorgang mit formalen fadenscheinigen Argumenten zu erledigen. Hespe habe die Untersuchungen außerordentlich erschwert, das MfS nicht als kompetent betrachtet und dessen Existenzberechtigung angezweifelt. Er verwies auf die »sehr gründlich und intensiv« durchgeführten Gerichtsverhandlungen und auf das Urteil von sechs Jahren Zuchthaus im dritten Verfahren. Warum der frühere Brief Hespes (vom 12. April 1956) den Minister nicht erreicht hatte, erklärte er ganz naheliegend: Die Antwort habe bereits in der Ablage des Untersuchungsvorganges gelegen. Ebenso sei eine Überprüfung des Schreibens durch die Hauptabteilung IX ersichtlich. Bereits vor seiner Festnahme habe Hespe »alle möglichen Stellen mit umfangreichen Schriftsätzen traktiert, was den Schluss zulässt, dass es sich hier um eine krankhafte Neigung des H. handelt«. Mit diesem Etikett und mit der Behauptung, Hespe gehe grundsätzlich davon aus, dass nur seine Meinung über Recht und Gesetz Gültigkeit habe, sollte er kaltgestellt werden. Wie mit einem Fußtritt, der einem Gestoßenen gilt, setzte der MFS-Vertreter nach: Hespe könne sich deshalb sehr schlecht in die staatliche Ordnung einfügen. In einer Randnotiz heißt es, dass Hespe von 1945 bis 1950 »von Freunden interniert« war. Die Tatsache aber, dass Hespe inzwischen (am 24. Januar 1957) in die Nervenheilanstalt Hildburghausen eingewiesen worden war, sollte die Vermutung bestätigen, dass er aus diesem Grund die schweren Vorwürfe gegen die Mitarbeiter des MfS erhoben hatte.

Für Wollweber galt der Vorgang als abgeschlossen, für das MfS noch nicht. Bis zu seiner Haftentlassung standen Hespe weitere schwere Jahre bevor.

Der als »nicht haftfähig« begutachtete Hespe sollte offensichtlich in einer Heilanstalt ruhiggestellt werden.[541] Der stellvertretende Kreisarzt von Meiningen stützte sich auf das Gutachten der Charité und hielt die Überführung Hespes in die Heil- und Pflegeanstalt Hildburghausen für »dringend erforderlich, da ein solcher Kranker bestimmungsgemäß nicht in eine Haftanstalt gehört«.[542]

538 Bericht des Leiters der StVA Untermaßfeld an die Leitung des MfS, z. Hd. Minister Wollweber vom 6.2.1957 (MfS-M, Bl. 229).

539 Hildburghausen liegt in Thüringen im Kreis Meiningen. Die damalige »Heil- und Pflegeanstalt Hildburghausen« heißt heute »Landesfachkrankenhaus für Psychiatrie und Neurologie Hildburghausen«.

540 Bericht Ministerium für Staatssicherheit - Verwaltung Groß-Berlin - Stellvertreter an das Ministerium für Staatssicherheit Genossen Wollweber Berlin-Lichtenberg (Tgb.-Nr. Stv/24/57) vom 21.2.1957 (MfS-M, Bl. 222).

541 Hespe befand sich seit November 1956 in der Haftanstalt Untermaßfeld im Kreis Meiningen, das wenige Kilometer von Hildburghausen entfernt liegt.

542 Rat des Kreises Meiningen, Dr. Kühl (stellv. Kreisarzt), Schreiben vom 22.11.1957.

Am 24. Januar 1957 war Hans Hespe zur stationären Behandlung nach Hildburghausen überwiesen und mit der Diagnose des einweisenden Kreisarztes aufgenommen worden.[543] Zwei Tage später erfuhr die FDGB-Bezirksverwaltung in Suhl bei der Klärung der Verpflegungskosten, dass Hespe sich »in Dachau und anderen Konzentrationslagern« befunden hatte. Seither sei er krank und habe nicht mehr arbeiten können. Sachsenhausen blieb unerwähnt, nicht aber der Hintergrund seiner jetzigen Haft: »Politische Gründe mögen seine Unterbringung in der St.V.A. Untermaßfeld veranlasst haben.«[544]

Doch die Anstalt in Hildburghausen konnte dem Gutachter der Charité nicht folgen und attestierte Hespe u. a.: »klares Bewusstsein, [...] fasst schnell auf, [...] Konzentration und Merkfähigkeit sind ungestört, [...] freundlich, höflich, verbindlich [...] Die Intelligenz ist gut ausgebildet. Eine organische vorzeitige Ermüdbarkeit ist nicht erkennbar. Trugwahrnehmungen nicht nachweisbar [...] In seinen Ansichten unbeeinflussbar. Er ist der Meinung, dass ihm ständig Unrecht geschehen sei und er kämpfe unentwegt für das Recht, das seiner Meinung nach dauernd verletzt worden ist. Auch ablehnende Bescheide machen keinerlei Eindruck auf ihn [...] nimmt keinerlei Rücksicht auf seine Person sowie auf das Wohlergehen seiner Familie.«[545]

Bei einer Befragung erwähnte Hespe, dass die SPD und Bischof Dibelius für ihn erfolglos ein Gesuch eingereicht hätten. Dies wisse er von seiner Freundin, denn er kenne den Bischof gar nicht. Auch Prof. Suhr habe den Fall zum Anlass genommen, um über den Justizterror in der DDR zu sprechen.[546] Weiteren Vermerken ist zu entnehmen, »dass er nicht die geringsten Schwierigkeiten macht«. Hespe, in den Haftanstalten ausgezehrt, erholte sich und nahm in Hildburghausen wieder an Gewicht zu.

Im März 1957[547] ersuchte der Postüberwachungsdienst die Anstalt in Hildburghausen, ein »Ersatzverfahren« für ein verloren gegangenes Paket einzuleiten. Das in Bremen aufgegebene und für Hespe zum Weihnachtsfest bestimmte Paket war in Untermaßfeld nicht angekommen.[548] Er musste den Verlust verschmerzen.

Rechtsanwalt Leopold aus Ostberlin teilte ihm mit, dass die Stadt Bremen gegen das Teilurteil Berufung eingelegt hatte und am 3. April 1957 ein Verhandlungstermin anstehe. Leopold hatte dies von Hespes Abwesenheitspfleger Haefker aus Bremen erfahren.[549]

Auch Rechtsanwalt Wolfgang Vogel beteiligte sich. Anfang April teilte er aus Berlin-Friedrichsfelde dem Chefarzt der Heil- und Pflegeanstalt mit, dass er den Patienten vertrete. Er bat um Rückäußerung, ob eine Verlegung in eine andere Heil- und Pflegeanstalt möglich sei:[550] » [...] da die Vorschrift des § 338 Abs. 1 StPO zur Anwendung gekommen ist, dürfte diesem Wunsche der Angehörigen nichts im Wege stehen.« [551]

543 Krankenakte Hespe in Hildburghausen.

544 Mitteilung an die FDGB-Bezirksverwaltung in Suhl vom 26.1.1957 zur Frage der Verpflegungskosten (ebd.).

545 Ebd.

546 Prof. Otto Suhr war Direktor der Hochschule für Politik und seit 1955 Regierender Bürgermeister von Berlin; er verstarb 1957.

547 Am 28.3.1957 vom Kreisbetriebsamt für Post- und Fernmeldewesen.

548 Am 20.12.1956 in Bremen aufgegeben.

549 Schreiben RA Rolf Leopold vom 25.3.1957 an Hans Hespe in die Heil- und Pflegeanstalt Hildburghausen (Privatbesitz).

550 Schreiben vom 3.4.1957.

551 § 338(1) Strafprozessordnung (StPO) lautete: »Die Vollstreckung einer Freiheitsstrafe ist aufzuschieben, wenn der Verurteilte geisteskrank ist.« Vgl. StPO in der im April 1957 gültigen Fassung der DDR vom 2.10.1952.

Die Anstalt hatte gegen eine Verlegung nichts einzuwenden, sah sich jedoch nicht in der Lage, irgendwelche Schritte zu unternehmen, da bei Hespe »lediglich Haftunterbrechung« bestünde und er der Bezirksverwaltung Strafvollzug beim Präsidium der Volkspolizei in Berlin unterstehe.[552]

Ende Mai erkundigte sich das MfS nach Hespes Haftfähigkeit[553], die von der Heilanstalt Hildburghausen bestätigt wurde. Auf körperlichem Gebiet liege keine besondere organische Erkrankung vor, lediglich mit dem Essen müsse auf ihn etwas Rücksicht genommen werden, da er infolge einer vor Jahren durchgeführten Magenresektion nicht alle Speisen vertragen könne. Und zu seinem geistigen Zustand wurde festgehalten: »Akute Symptome einer Geisteskrankheit sind jetzt bei ihm nicht nachweisbar [...] Von uns aus bestehen keine Bedenken, dass H. in eine Strafvollzugsanstalt verbracht wird.«[554]

Daraufhin wurde die StVA Untermaßfeld aus Berlin angewiesen, Hespe wieder nach dort zu überführen.[555] Nach einem halben Jahr Aufenthalt in Hildburghausen wurde Hespe am 26. Juni 1957 als haftfähig mit der Diagnose entlassen: »Paranoide Psychopathie [...] Für das Vorhandensein von Trugwahrnehmungen finden sich keine Anhaltspunkte, [...] er unterhält sich lebhaft und er hält guten Kontakt mit seiner Umwelt.«

In Hildburghausen hatte sich Hespe in den zurückliegenden sechs Monaten verhältnismäßig gut erholt. Kaum in der Strafanstalt Untermaßfeld zurück, meldete er sich auf eigenes Risiko zum Arbeitseinsatz. Doch der Rückschlag folgte auf dem Fuß, denn die für ihn notwendigen und von der Volkspolizei-Zentrale aus Weimar gelieferten Medikamente fielen mehrmals wöchentlich aus. Innerhalb weniger Wochen verlor er 21 kg Körpergewicht. Mitte März 1958 musste er von der Arbeit abgelöst und im Juni in das Anstaltslazarett der Strafvollzugsanstalt eingewiesen werden. Wegen seines schlechten Allgemein- und Erschöpfungszustandes verblieb er dort schließlich auf der »Nichtarbeiter-Station« bis zu seiner späteren Entlassung.

Hafterfahrungen in der DDR

»Alles in allem erinnere ich mich in den letzten Jahren, beginnend mit meiner Verwundung am 21.4.45, nicht einen einzigen Tag, wo ich mich in dem glücklichen Zustand befunden hätte, der einen den eigenen Körper vergessen lässt und den man Gesundheit nennt«, schrieb Hespe 1961 seinem behandelnden Arzt. »Und in der Tat ist das Leben nicht einen Bruchteil seiner selbst wert, wenn der Geist irgendwie behindert durch Leiden ausschließlich auf den Körper und seine Bedürfnisse gelenkt wird.«[556] Dabei ging er auf seine Situation ein, schilderte seinen Zustand und streifte seine Haftbedingungen. Erneut reflektierte er das System der SBZ/DDR, das bekanntlich die Entnazifizierung anders zu praktizieren versucht hatte als die

552 Antwort-Notiz vom 8.4.1957 (El.).

553 Schreiben der Bezirksverwaltung Strafvollzug Berlin vom 29.5.1957, Az. SV.-486/55 (A).

554 Erledigungs-Notiz vom 3.6.1957.

555 Schreiben MdI vom 8.6.1957.

556 In einer mehrseitigen maschinengeschriebenen Aufstellung vom 7.8.1961, die Hespe an seinen ehemaligen behandelnden Arzt in die Städt. Nervenklinik Bremen (StNB) schickte, ging er auf seine Krankheiten und Medikationen von Oktober 1954 bis April 1960 ein.

Westzonen.[557] Schon 1945 hatte man dort den Hebel der NSDAP-Mitgliedschaft anzusetzen versucht, um die gesamte Elite aus allen Schlüsselpositionen zu entfernen, mit der Folge, dass an ihrer Stelle nicht wenige provinzielle und engstirnige Apparatschiks saßen, deren Qualifikation wesentlich in politischer Zuverlässigkeit bestand.[558]

Hespe bat darum, sich den Umstand zu vergegenwärtigen, dass in den Anstalten Zivil-(Vertrags-)Ärzte behandelten, in denen ihm hervorragende, verständige Menschen begegneten, aber auch »VP-Ärzte, empfindungsarm, gefühlsarm, besessen, fanatisch, ethisch verirrt, orthodoxe Marxisten«, bei denen er, wie bei den Untersuchungs- , Justiz- und Vollzugsorganen, keinerlei Sympathie erwarten durfte und auch nicht fand. Dr. med. Franz Frank, Major der Volkspolizei, SED-Mitglied, Volkskammerabgeordneter, sei so einer gewesen. Er hatte beispielsweise das Haus 1 der StVA Berlin 1 - Rummelsburg zu betreuen. Früher »Kanalarbeiter oder ähnliches«, habe im Nazi-KZ gesessen, dann als Verfolgter der Nazis nach 1945 Karriere gemacht: »über Not-Examen zum Arzt, dann VP-Arzt. Heute Arzt im Ost-Ministerium des Inneren.« Wieder in seinem Gerechtigkeitsdenken gereizt, bemerkte er über ihn sarkastisch: »Möglicherweise hat er einige Bücher gelesen.« Mit den Büchern jedoch, die er hätte lesen müssen, blieb er offensichtlich unbekannt. Seine erste Frage habe gelautet: »Weswegen sind sie verurteilt?« Dann habe er einen entsprechenden Vermerk auf der Krankenkarteikarte gemacht, die den Häftling während der ganzen Haft - auch bei Überstellung an andere StVAs - begleitete: »entweder kriminell oder politisch«. Die Politischen habe er »grob abgefertigt«. Hespe griff ihn in schärfster Form an. Neun Monate habe er in dem entsetzlich kalten Winter 1955/56 in einer »Absonderungszelle« im Keller des Hauses 1 in Rummelsburg gesessen und sich dort bei Raumtemperaturen von manchmal weniger als 10° C eine fürchterliche Blasen- und Nierenerkältung zugezogen, ohne dass ihm Dr. Frank geholfen habe. Bei sehr lebhaften Auseinandersetzungen habe er ihm öffentlich Rache geschworen und 1956 gegen ihn wegen grober Vernachlässigung seiner ärztlichen Aufsichtspflicht beim Gericht Klage eingereicht.

Zum Gerichtstermin am 6. September 1960 beförderte man Hespe extra von Thüringen nach Berlin. Frank erschien in Begleitung seines Rechtsvertreters Pawlak, dem Leiter der Rechtsabteilung des Ministeriums des Inneren, ein uniformierter Jurist. Als besonders interessant hob Hespe hervor, wie die Gegenpartei vor dem ostsektoralen Stadtbezirksgericht Berlin-Mitte argumentiert habe: »Zu mir: ›Nehmen Sie mal folgendes an: Herr Dr. F. ist überzeugter Kommunist. Nun sieht er in Ihnen einen politischen Gegner. Also da kann es schon mal vorkommen, dass er Sie nicht so behandelt, wie es hätte sein müssen.‹«

Für Hespe wäre die Sache nicht ohne Reiz gewesen und gern hätte er sie durch Anwälte weiter hochgespielt. Doch vom Gericht wurde ihm nahegelegt, mit dem Beklagten eine außergerichtliche Einigung zu versuchen. Wieder sei es zu einem »sehr lebhaften« Zusammentreffen gekommen: »Man riet mir, drohte mir mit Beleidigungsklage, wollte mich erpressen, verlangte die Zurücknahme meiner Klage.« Doch er habe »kategorisch abgelehnt«, berichtete er stolz, um dann in seinen Schmerz und seine Verlassenheit zurückzufallen:

»Es ist nicht zu beschreiben, welches Ausmaß der Hass annehmen kann, dem ich die Jahre stets wieder begegnete. Haft ist nicht gleich für jeden. Für mich bedeuteten die Jahre, tausend-

557 Vgl. Friedrich Buschmann: Dienstlicher Bericht über die Entnazifizierung in Bremen. In: Drechsel, Röpke: »Denazification«, S. 10-39.

558 Vgl. Die DDR. Informationen zur politischen Bildung 1984, Nr. 202.

fach gerädert, gespießt, gefoltert, geschunden zu werden. Die Worte sind mir zu menschlich. Wo die Sünde rot wird, wo der Kannibal schaudert.«[559]

In all den Jahren seiner Haft habe er nicht eine einzige Vitamintablette oder irgendein Stärkungsmittel bekommen. In der Strafvollzugsanstalt Untermaßfeld habe man nur ihm nicht genehmigt, HO-Lebensmittel dazuzukaufen. Seit Mitte März 1958 war er arbeitsunfähig und erhielt »Nichtarbeiterverpflegung«. Für den physisch und psychisch Leidenden war diese Nahrung unzureichend: »Ich habe keinen Magen und keine Zähne, auch keine Prothese und konnte somit nicht alles essen«, schrieb er dem MfS nach seiner Entlassung.[560]

Verluste verschmerzt man erfahrungsgemäß leichter, vergleicht man mit dem, was noch schlimmer hätte sein können. Jedoch erst einmal auf der Straße der Verlierer, blieb Hespe auch weiterhin nichts erspart:

Aus der Strafvollzugsanstalt Untermaßfeld richtete er im März 1959 ein Schreiben an die Heil- und Pflegeanstalt Hildburghausen, in dem er darum bat, ihm den Gegenwert seiner Goldkronen zu schicken. Mit der Begründung, die Prothese säße dann besser, habe ihm Anfang 1957 der praktizierende Arzt sämtliche restlichen Zähne des Oberkiefers gezogen. Schließlich habe er bei der Fertigung der Zähne die sechs Gramm zwanzigkarätiges Gold bezahlen müssen.[561] Doch der Ärztliche Direktor in Hildburghausen teilte ihm mit, dass ihm damals nicht ein Dentist oder Zahnarzt, sondern ein inzwischen festgenommener Hochstapler die Zähne gezogen habe. Was aus diesem geworden sei bzw. was er mit den Goldkronen angefangen habe, entziehe sich seiner Kenntnis. Über ein Gerichtsverfahren und den evtl. Ausgang habe er nichts erfahren. Es blieb bei der Empfehlung des Klinikchefs, er möge sich an die Polyklinik in Hildburghausen wenden, für die der Hochstapler tätig gewesen war.[562]

Gegen die Arbeiter- und Bauernmacht »gehetzt«

Seit seiner Entlassung in Hildburghausen im Juni 1957 saß Hespe in der Strafvollzugsanstalt Untermaßfeld. Im Herbst 1961 sollte er seine Strafe abgesessen haben. Doch im November 1960, mehr als drei Jahre seit seiner Verlegung nach Untermaßfeld, wurde er in die Untersuchungshaftanstalt Meiningen eingewiesen und von dort ein halbes Jahr später wieder nach Untermaßfeld als »psychisch ausgeglichen« entlassen.[563] Hespe hatte wieder »gehetzt«. Diesmal gegen die »Arbeiter- und Bauernmacht«. Vor dem Bezirksgericht Suhl in Meiningen drohte ihm ein neues Verfahren.[564]

»Während seiner Strafhaft betrieb der Beschuldigte durch verschiedene Schreiben an führende Funktionäre in Partei und Regierung sowie durch Äußerungen gegenüber Mithäftlingen

559 Krankenakte Hespe StNB.

560 Schreiben an das MfS vom 17.7.1961 (SSGD-VOS).

561 Schreiben vom 12.3.1959 an den Ärztlichen Direktor Dr. Schneider.

562 Antwortschreiben vom 26.3.1959.

563 Entlassungsuntersuchung vom 26.4.1961 (Thüringisches Staatsarchiv Meiningen BdVP Suhl - Gefangenenakten - Film 41/99).

564 Am 22.11.1960 lt. Aufnahme- und Abgangsbogen Untersuchungshaftanstalt Meiningen (ebd.).

staatsgefährdende Propaganda und Hetze, so dass die Einleitung eines Strafverfahrens erforderlich wurde«, begründete das Bezirksgericht Suhl im Mai 1961 das Vorgehen der Justiz.[565] In mehreren Schreiben an das Zentralkomitee der SED habe er nicht nur »Hetze gegen die Arbeiter- und Bauernmacht, sondern auch gegen einzelne Persönlichkeiten des Staates betrieben«. Gegenüber Mitgefangenen habe der Angeklagte geäußert: »Man muss dieses System von innen stürzen, es muss sich selbst zerfleischen.« Er habe ferner behauptet, »dass die gesellschaftlichen und staatlichen Verhältnisse in der DDR nur vorübergehender Natur seien und dass eine Änderung im Sinne der westlichen monopolkapitalistischen Ordnung zu erwarten sei«. Aufgrund dieser »fortgesetzten und systematischen Hetze und Propagandatätigkeit« leitete das Gericht ein Strafverfahren ein. Dabei sah es sich veranlasst, den Angeklagten auf seinen Geisteszustand hin untersuchen zu lassen.

Im Januar 1961 erfuhr der Staatsanwalt des Bezirks Suhl aus Hildburghausen [566], dass über Hans Hespe vom Gerichtspsychiater der Charité bereits ein Gutachten erstellt worden war. Der Klinikdirektor griff in seinem Schreiben das Ergebnis auf und wies darauf hin, dass »eine Entscheidung außerordentlich schwierig ist, ob es sich noch um eine nur psychopathische Persönlichkeit oder schon um einen psychotischen Menschen handelt«. Wenn Hespe jetzt erneut straffällig geworden sei, halte er eine erneute psychiatrische Begutachtung auf seinen Geisteszustand und seine Zurechnungsfähigkeit für erforderlich und eine Einweisung in eine geeignete psychiatrische Einrichtung für unerlässlich.[567] Er bot dem Staatsanwalt das Gutachten der Charité in Berlin an.

Daraufhin wurde Hespe von der Friedrich-Schiller-Universität Jena, Klinik für Psychiatrie und Neurologie, erneut forensisch begutachtet.[568] Das Gutachten aus Jena vom 1. April 1961 stützte sich auf die Diagnose der Charité und betonte, dass man den Angeklagten als einen Menschen bezeichnen müsse, der zwar Querulant sei, es bestehe aber die Möglichkeit, dass sich bei ihm in der weiteren Zukunft eine echte Wahnkrankheit entwickle. »Diese Erwartung ist eingetreten«, stellte das Gericht im Urteil fest. Es sah den Angeklagten einerseits als echten Geisteskranken, andererseits als einen sehr schwierigen Grenzfall zwischen Psychopathie und Psychose und bezeichnete ihn als einen »schizoiden fanatischen Querulanten«. Die psychische Abwegigkeit sei so hochgradig, dass sie einer Geisteskrankheit gleichzusetzen sei. Aufgrund dieses Untersuchungsergebnisses wurde Hespe »der Schutz des § 51 Abs. 1 StGB« zugebilligt, die »staatsgefährdende Propaganda und Hetze« im Zustand der Unzurechnungsfähigkeit begangen zu haben. In der letzten Maiwoche 1961 stellte das Bezirksgericht Suhl das Verfahren gegen ihn ein: »Eine besondere Veranlassung zur Einweisung des Angeklagten in eine Heil- und Pflegeanstalt lag nicht vor.«[569]

Am folgenden Tag durfte Hespe in die Bundesrepublik ausreisen.

565 Beschluss des I. Strafsenats des Bezirksgerichts Suhl in Meiningen vom 24.5.1961 (Az.1 BS 8/61; Thüringisches Staatsarchiv Meiningen, Bezirksgericht Suhl Nr. 372, Bl. 515).

566 Schreiben vom 13.1.1961 z. Hd. Herrn Staatsanwalt Pröhl.

567 Gemäß § 61 Strafprozessordnung.

568 Vgl. Schreiben Friedrich-Schiller-Universität Jena, »Hans-Berger-Klinik«, vom 8.2.1961 (Direktor: Prof. Dr. v. Keyserlingk) an Dr. Schneider in Hildburghausen (HPA-HBN).

569 Beschluss des I. Strafsenats des Bezirksgerichts Suhl in Meiningen vom 24.5.1961 (Az.1 BS 8/61; TStAM, Bezirksgericht Suhl Nr. 372, Bl. 515).

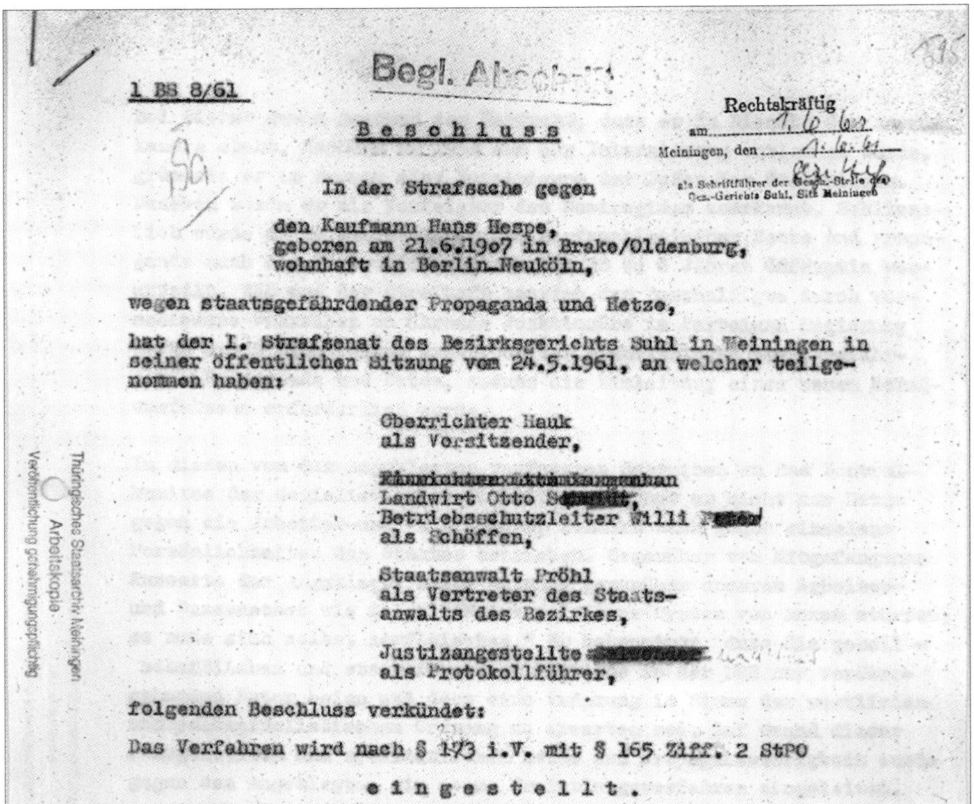
Begl. Abschrift

1 BS 8/61

Rechtskräftig am 1.6.61
Meiningen, den 1.6.61
als Schriftführer der Gesch.-Stelle des Bez.-Gerichts Suhl, Sitz Meiningen

B e s c h l u s s

In der Strafsache gegen

den Kaufmann Hans Hespe,
geboren am 21.6.1907 in Brake/Oldenburg,
wohnhaft in Berlin-Neukölln,

wegen staatsgefährdender Propaganda und Hetze,

hat der I. Strafsenat des Bezirksgerichts Suhl in Meiningen in seiner öffentlichen Sitzung vom 24.5.1961, an welcher teilgenommen haben:

Oberrichter Hauk
als Vorsitzender,

Landwirt Otto S[redacted],
Betriebsschutzleiter Willi [redacted]
als Schöffen,

Staatsanwalt Pröhl
als Vertreter des Staatsanwalts des Bezirkes,

Justizangestellte [redacted]
als Protokollführer,

folgenden Beschluss verkündet:

Das Verfahren wird nach § 173 i.V. mit § 165 Ziff. 2 StPO

e i n g e s t e l l t .

Die entstandenen Auslagen dieses Verfahrens trägt der Staatshaushalt der DDR.

G r ü n d e :

Der im 54. Lebensjahr stehende Angeklagte ist der Sohn eines Kapitäns. Er verlor im Alter von 9 Jahren seine Eltern und wurde von einem Onkel, der als Vormund für ihn bestellt war, erzogen. Nach der Darstellung des Angeklagten hat diese Erziehung ziemlich brutale Formen angenommen. Er besuchte die Volksschule und das Gymnasium und wurde dann kaufmännischer Lehrling bei einer Überseeproduktion. Er machte sich 1932 als Kaffeeröster selbständig, wurde 1939 zur Polizeireserve eingezogen. Dadurch war er gezwungen, sein Geschäft stillzulegen und kam später in ein Polizeibataillon. Während dieser Dienstzeit, behauptet der Angeklagte, sei er wegen Zersetzung der Wehrkraft bestraft worden und sei auch im Konzentrationslager Dachau gewesen. In der Nachkriegszeit wurde er der Spionage verdächtigt und neuerdings inhaftiert,

Urteil des Bezirksgerichts Suhl: Das Verfahren gegen den »Hetzer« Hespe wird eingestellt

516

Bei dieser Sache bestand der Verdacht, dass er im Dienste des Amerikaners steht. Nachdem er 195o aus der Internierung entlassen wurde, gründete er im Bremen eine Vereinigung der Opfer des Stalinismus. Daneben wurde er als Verfolgter des Naziregimes anerkannt. Schliesslich wurde er im Jahre 1955 wegen neofaschistischer Hetze und Propaganda nach der Kontrollrats-Direktive 38 zu 6 Jahren Gefängnis verurteilt. Während der Strafhaft betrieb der Beschuldigte durch verschiedene Schreiben an führende Funktionäre in Parteiund Regierung sowie durch Äusserungen gegenüber von Mithäftlingen staatsgefährdende Propaganda und Hetze, sodass die Einleitung eines neuen Strafverfahrens erforderlich wurde.

In diesen von dem Angeklagten verfassten Schreiben an das Zentralkomitee der Sozialistischen Einheitspartei hat er nicht nur Hetze gegen die Arbeiter-und Bauernmacht, sondern auch gegen einzelene Persönlichkeiten des Staates betrieben. Gegenüber von Mitgefangenen äusserte der Angeklagte seine Meinung gegenüber unserem Arbeiter- und Bauernstaat wie folgt: "Man muss dieses System von innen stürzen, es muss sich selbst zerfleischen." Er behauptete, dass die gesell - schaftlichen und staatlichen Verhältnisse in der DDR nur vorübergehenden Natur seien und dass eine Änderung im Sinne der westlichen monopolkapitalistischen Ordnung zu erwarten sei. Auf Grund dieser fortgesetzten und systematischen Hetze und Propagandatätigkeit wurde gegen den Angeklagten ein neues Ermittlungsverfahren eingeleitet.

Im Zuge dieses Ermittlungsverfahrens stellte sich jedoch heraus, dass Veranlassung gegeben sei, den Angeklagten auf seinen Geisteszustand untersuchen zu lassen. Die von der ~~[illegible]~~ Friedrich-Schiller-Universität Klinik für Psychiatrie und Neurologie vorgenommene Untersuchung des Angeklagten hat folgende Festellungen getroffen.
"Bereits im Jahre 1956 wurde von der Nervenklinik der Carite in Berlin u festgestellt, dass man dem Angeklagten als einen Menschen bezeichnen müsse, der zwar Querulant sei, aber dass die Möglichkeit bestehe, dass sich bei ihm in der weiteren Zukunft eine echte Wahnkrankheit entwickle. Diese Erwartung ist eingetreten, indem von der Friedrich-Schiller-Universität in einem 25-Seitigen Gutachten vom 1.4.1961 zum Ausdruck gebracht wird, dass man den Angeklagten eines Teils als echten Geisteskranken, andererseits als einen sehr schwierigen Grenzfall zwischen Psychopathie und Psychose ansehen müssen und dass es sich bei ihm mindestens um einen schitzoyden fanatischen Querulanten handelt.

- 3 -

Die psychische Abwegigkeit sei bei ihm so hochgradig, dass sie einer Geisteskrankheit gleichzusetzen ist. Auf Grund dieses Untersuhungsergebnisses sei dem Angeklagten der Schutz des § 51 Abs. 1 StGB zeuhubilligen.

Der Angeklagte hat nach diesem Gutachten im Zustande der Unzurechnungsfähigkeit die staatsgefährdende Propaganda und Hetze, die ihm lt. Anklage und Eröffnungsbeschluss vorgeworfen wurde, begangen. Eine besondere Veranlassung zur Einweisung des Angeklagten in eine Heil-und Pflegeanstalt lag nicht vor. Aus diesem Grunde war nach § 173 i.V. mit § 165 Ziff. 2 StPO die Einstellung des Verfahrens im Beschlusswege zu verfügen.

Die Kostenentscheidung ergibt sich aus den §§ 353,i.V. mit § 355 StP und weiterer Verbindung mit § 2 StKVO.

(Peter) (Hauk) (Schmidt)

Beglaubigt / Ausgefertigt
Meiningen, den ...
als Schriftführer der
Gesch.-Stelle ...

9. Wieder im Westen – abgerechnet

Sechseinhalb Jahre, seit Oktober 1954, war Hespe in der DDR inhaftiert. Krank kehrte er in den Westen zurück und suchte weiter verzweifelt nach seinem Recht.

Nicht nach Westberlin, sondern am Grenzübergang Uelzen schob ihn die DDR am 25. Mai 1961 ab. Vom Lager kam er sogleich ins Lazarett. Im Juni nahm ihn seine Tochter Helga für einige Monate in Bremen auf. Von der Hansestadt erhielt er wieder einen Personalausweis.[570] An zwei Rechtsanwälte in Meiningen, an die ihn während seiner Haft Staatsanwalt Pröhl verwiesen hatte, richtete er fast gleichlautende Briefe. Trotz ihrer Versprechen und etwa fünfzehn Erinnerungen hätten sie ihn im Stich gelassen, ihm nicht geantwortet, ihn nie besucht. »Der Willkür und Bestialität der Untermaßfelder« hätten sie ihn überlassen.[571] Beim MfS protestierte er gegen seine Verurteilung aufgrund der entstellenden Protokolle, gegen das Schreibverbot und die Behandlung in Untermaßfeld. Für seinen Übergangsmantel und seinen Hut - beides hatte man ihm bei seiner Verhaftung abgenommen und nicht wieder zurückgegeben - forderte er einen Wertausgleich.[572] Dagegen hatte er ein fremdes Brillenetui ausgehändigt bekommen. Trotzig und stumpf wirkte seine Drohung: »Die Justiz soll nicht glauben, dass mir die Rechtlosigkeit der politischen Justiz und die Grausamkeit des Strafvollzugs ein Hindernis bedeutet.«[573]

Zu den fünf Anwälten, die in der DDR seine Interessen wahrnahmen[574], zählten Rolf Leopold und Wolfgang Vogel aus Ostberlin.[575] Sie arbeiteten Hand in Hand. Im Dezember 1960 hatte Hespe Leopold erneut gebeten, Möglichkeiten seiner vorzeitigen Entlassung zu suchen. Doch dieser hatte Hespes Akten bereits vor Jahren weggelegt, da er eine weitere Tätigkeit für ihn nicht mehr für notwendig erachtete. Im Februar 1961 konnte der Anwalt dann auf sein Drängen hin erfahren, dass der Generalstaatsanwalt einen Antrag auf bedingte Strafaussetzung für möglich erachte, ein »Führungsbericht« jedoch »nicht positiv« ausgefallen sei. Weil er keinen entsprechenden Antrag erhalten und gleichzeitig erfahren habe, dass »Kollege Vogel« mit dieser Sache befasst war, sei er für Hespe nicht tätig geworden. Vogel habe er dann die wesentlichsten Teile seiner Akten zur Verfügung gestellt. Leopold ging davon aus, Hespe müsse spätestens am 17. Oktober 1961 entlassen werden, da ihm die Unterbrechung in Hildburghausen nicht anzurechnen sei. »Da Sie offensichtlich über Mittel verfügen«, verlangte er von Hespe, ihm für das »Gnadenverfahren« 105,- DM zu überweisen.[576] Während in Suhl das Strafverfahren gegen Hespe lief, hatte Rechtsanwalt Vogel im April 1961 dem Schwiegersohn Hespes in Bremen mitgeteilt, dass die sechsjährige Freiheitsstrafe voll zu verbüßen sei. Die

570 Mit Datum vom 12.6.1961 (StNB).

571 Schreiben Hespes vom 12.6.1961 an RA Kurt Ritz und Schreiben vom 13.6.1961 an RA Dr. Klatte (SSGD-VOS).

572 Hespe verlangte 350,00 DM und bat um Überweisung auf sein Konto bei der Deutschen Notenbank in Meiningen; Brief an das MfS vom 17.7.1961 (SSGD-VOS).

573 Schreiben an das MfS vom 17.7.1961 (ebd.)

574 Dr. Kaul in Berlin, Kurt Ritz und Dr. Klatte in Meiningen (SSGD-VOS).

575 Schreiben RA Leopold vom 22.2.1960 an Hespe in die StA Untermaßfeld sowie Schreiben RA Vogel vom 15.4.1961 an den Schwiegersohn Hespes in Bremen (SSGD-VOS).

576 Woher die Geldmittel für Hespes Anwälte kamen, konnte nicht aufgeklärt werden.

Staatsanwaltschaft habe Hespe bereits 1957 darüber informiert. Eine aktuelle Rückäußerung der Staatsanwaltschaft stehe noch aus. Anhand einer beigefügten Zahlkarte erbat der »Advocatus Diaboli«[577] einen Kostenvorschuss von 75 DM und begründete: »Die Bezahlung aus dem Arbeitsverdienst macht außerordentliche Schwierigkeiten und wird bei den zuständigen Organen auch sehr ungern gesehen. Ich möchte das vermeiden.«[578]

Gesundheitlich schleppte sich Hespe dahin, blickte auf seine juristische Niederlage im Schlussurteil und stand vor einem Berg angefallener Kosten.

Von seinem Anwalt in Bremen glaubte er sich nicht richtig vertreten. Er wollte sich von ihm trennen. Im Juni bat der Anwalt das Landgericht, den Wert des Streitgegenstandes festzusetzen, da seine Pflegschaft aufgehoben werden solle und noch eine Abrechnung mit dem Kläger erfolgen müsse.[579] Das Landgericht setzte den Streitwert auf 64.868,- DM[580], das Hanseatische Oberlandesgericht auf 5.250,- DM fest.[581]

Der Justiziar beim Senator für Finanzen verfügte im letzten Vermerk: »Die Rechtsakte wird geschlossen, da das gerichtliche Verfahren bereits abgewickelt ist. Von der Gebührenfrage wird die Beklagte nicht betroffen, da die außergerichtlichen Kosten dem Kläger auferlegt wurden.«[582] Durch das rechtskräftige Schlussurteil der Entschädigungskammer des Landgerichts Bremen war das gerichtliche Verfahren beendet.[583]

Ein Fall für die Klinik?

Am 24. Juli 1961, zwei Monate nach seiner Entlassung aus DDR-Haft, wurde Hans Hespe von einem Bekannten zur stationären Aufnahme in die Nervenklinik Bremen-Ost gefahren. Er war nervlich am Ende. Sein behandelnder Arzt aus Woltmershausen hatte ihn in die Klinik überwiesen, da ihm der Fall »zu umfangreich« war. Ein halbes Jahr, bis zum 6. Januar 1962, blieb er in stationärer Behandlung. Sieben Schreibmaschinenseiten umfasst die »Krankenakte Hespe«, seine Krankheitsgeschichte deutlich mehr:[584]

Dem behandelnden Arzt schilderte Hespe seine Lebens- und Leidensgeschichte, auch die letzten sechs Jahre in der DDR, mündlich und schriftlich.[585]

Ihn plagten weniger die Folgen seiner Verwundung in der rechten Rückenmuskulatur, wo man ihm etwa 30 Granatsplitter herausoperiert hatte. Eine 1953 erlittene Perforation des Magens infolge eines Ulkus, das in der Chirurgischen Klinik Bremen übernäht wurde, und eine Magenresektion einige Monate später im Krankenhaus Delmenhorst, brachten sich fortwährend in Erinnerung. Seine frühe familiäre Tragödie, Russland und Riga, Dachau und

577 Vgl. Craig R. Whitney: Advocatus Diaboli. Wolfgang Vogel - Anwalt zwischen Ost und West. Berlin 1993.
578 Schreiben Wolfgang Vogel an Bernhard H. vom 15.4.1961 (SSGD-VOS).
579 Sein bisheriger Rechtsanwalt und Abwesenheitspfleger Haefker mit Schreiben vom 15.6.1961 (VWE, R.-Akte I).
580 Schreiben vom 30.6.1961 (ebd.).
581 Schreiben vom 24.7.1961.
582 Dr. Zimmermann, Vermerk vom 18.7.1961 (vgl. Schlussurteil vom 20.11.1959).
583 Schreiben vom 2.3.1960 (Az.: StAB 4,54-E 4080/4547, Bl. 100).
584 Krankenakte Hespe im Krankenhaus Bremen-Ost.
585 Schreiben vom 7.8.1961.

Sachsenhausen, seine Ehescheidung und DDR-Haft hatten Narben hinterlassen. Seit seiner Verhaftung 1954 litt Hespe unter Depressionen und Schwindelanfällen. Sehr starke Schweißausbrüche, extreme Müdigkeit und außergewöhnliche Schlaflosigkeit zehrten. Leber, Galle und Blase waren beeinträchtigt.

Jetzt falle ihm das Sprechen schwerer, die Gedanken wollten nicht so recht folgen und er habe auch nicht mehr schreiben können, schilderte er dem Arzt seinen Zustand. Er klagte über ein ständiges taumeliges Gefühl. Seit seinem Klinikaufenthalt in Hildburghausen nahm er täglich Tabletten.[586]

Hespe war völlig erschöpft. Die letzten sechs Jahre DDR-Haft hatten ihn endgültig zermürbt. »Nervöse Störungen nach Eiweißmangel«, stellte der aufnehmende Arzt der Städtischen Nervenklinik Bremen als »jetzige Anamnese« fest: »sein Befinden neurologisch normal und die Sprache artikulatorisch ungestört.«[587]

Psychisch hielt er den Patienten für »bewusstseinsklar und voll orientiert«. Die Anamnese vermerkte ein eigenartig naives, etwas weltfremd wirkendes Verhalten, ohne große Affektbetonung in einer gleichmäßig freundlichen, fast unbeteiligt wirkenden Art. Auch die beiliegenden Berichte bewiesen, so der behandelnde Arzt, dass Hespe außerordentlich weitschweifig sei. Es werde immer wieder notwendig, ihn zu ermahnen, sich kurz zu fassen, ohne dass jedoch sein Gedankengang ideenflüchtig sei. Immer wieder tauche der Satz auf: »Ich verstehe diese Welt nicht mehr.« Recht typisch scheine eine Angabe des Schwiegersohnes, der ihn als »Michael Kohlhaas« bezeichne.[588]

Für eine Psychose fand sich kein Anhalt, Halluzinationen waren nicht zu erkennen. Die Merkfähigkeit wurde als recht gut bezeichnet und die Intelligenz entspreche seiner Ausbildung. Doch schienen zeitweilige Bewusstseinsstörungen aufzutreten, die offensichtlich früher in Nervenkliniken als Dämmerzustände bezeichnet wurden. Erste diagnostische Erkenntnisse blieben unklar.[589]

Hespe schilderte bei seiner Exploration am 20. August 1961 mehrfache Bewusstseinsstörungen seit Kriegsende, zuletzt im Frühjahr und im Sommer 1960. Die Zustände seien meist durch einen Schreck ausgelöst worden. Er sei dann aus dem Bett gesprungen oder habe sich darunter verkrochen und dabei sein Waschgeschirr umgestoßen. Seit er in Westdeutschland sei, quälten ihn diese Störungen nicht mehr. Doch jetzt leide er »unter einer ewigen Unruhe«. Hätte man ihn nicht in die Klinik gefahren, er wäre wohl nicht gekommen, räumte er ein. Nach gut einem Monat Klinikaufenthalt fand er sich körperlich schon etwas erholt. Er wog bei 1,68 m Körpergröße 61 kg und wollte nur noch zu Kräften kommen. Als sehr störend empfand er seine Neigung, schnell in Tränen auszubrechen.

Bei einer Nachuntersuchung Ende August 1961 erklärte er wiederum, Gerechtigkeitsfanatiker geworden zu sein, denn er habe als Kind so viel Unrecht erdulden müssen. Darin liege vielleicht die Ursache für sein übertriebenes Gerechtigkeitsgefühl.

586 Auf einen Notizzettel (o. D.) schrieb er u. a. »2x50 Stutgeron, 2x50 Librium 10« (Privatbesitz).

587 Krankenakte Hespe im Krankenhaus Bremen-Ost.

588 Eine Bezeichnung, die erstmals im Urteil des SS- und Polizeigerichts erfolgte und im weiteren Verlauf offensichtlich auch von anderen übernommen wurde.

589 »Episodische Dämmerzustände? Psychose? Psychopathie?« (Krankenakte Hespe im Krankenhaus Bremen-Ost).

Sein Aufenthalt in einem Zweibettzimmer, etwas abgelegen vom Stationsbetrieb im I. Stock, lasse bei Hespe eine eindeutige Neigung erkennen, sich einzunisten, vermerkte der behandelnde Arzt. Er erledige einen umfangreichen Schriftverkehr, gebe sehr bereitwillig davon Abschriften her und erlaube die Einsichtnahme oder dränge sie einem förmlich auf. Störrisch vertrete er Ämtern gegenüber seine Ansprüche. Darüber berichte er dem Stationsarzt. Hespe hatte sich darauf fixiert, alle diese Dinge so schnell wie möglich zu erledigen und zeigte sich nicht bereit, Kompromisse einzugehen, um etwas Ruhe zu finden. Als einziges Argument nannte er dem Arzt, doch im Recht zu sein. Bis November habe sich Hespe »körperlich durchaus gut erholt«, attestierte dieser ihm, wenngleich eine Gewichtszunahme kaum zu verzeichnen sei.

Hespe klagte weiter über Schlaflosigkeit, besonders wenn er bei seinen zahllosen Besuchen von Ämtern seine Ziele nur unvollständig oder nicht zügig genug erreichte.

Er zeige keine Tendenz, sich selbstständig zu machen und wieder ein möbliertes Zimmer zu beziehen, notierte der Arzt Mitte Dezember. Hespes Argument, er habe kein Geld, stimme zwar, doch stecke dahinter seine Isolierungstendenz. Zwar habe er drei Töchter, doch sei angeblich bei keiner von ihnen eine Möglichkeit, unterzukommen. Sein Verhältnis zu ihnen sei sehr undurchsichtig, vermerkte der Arzt und bezeichnete den Patienten als depressiv verstimmt: »Niemand will mich haben, überall bin ich nur geduldet.« Die Gefahr von Suizidtendenzen wurde im Hinblick auf seine eifrigen Tätigkeiten bei den Behörden als sehr gering eingestuft. Schließlich räumte Hespe ein, menschenscheu geworden zu sein und selbst gemerkt zu haben, dass er den Kontakt zur Umwelt verliere und nur noch mit Ämtern und Behörden verkehre.

Um Druck auf ihn auszuüben, erklärte das Krankenhaus schon vor Weihnachten 1961 offiziell seine klinische Behandlung für abgeschlossen und meldete ihn zur Pflege, deren Kosten er selbst tragen müsse. Einen Tag vor seiner Entlassung gab Hespe sich »erfreut«, dass er bis zu seiner bevorstehenden Begutachtung in Göttingen zu Verwandten gehen werde. Der Stationsarzt freute sich über seine gelungene Therapie: »Man hat den Eindruck, dass Pat.[ient] selbst froh ist, die Initiative ergriffen zu haben.«

Am Tag seiner Entlassung, am 6. Januar 1962, berichtete die Städtische Nervenklinik Bremen der BVA in Berlin: »Nach langjähriger politischer Haft leidet Hespe unter schweren Schlafstörungen, klagt über nervöse Unruhe, Schreckhaftigkeit, allgemeine körperliche Schwäche, Gangunsicherheit, Denkstörungen und Neigung zum Weinen ohne rechten Anlass.« Die abschließende Diagnose lautete: »Psycho-physischer Erschöpfungszustand nach langjähriger Haftzeit bei abnormer Persönlichkeit.«

Was ist abnorm?

Es bleibt zu fragen: Was ist die Norm? Ein statistischer Wert, ein Ideal, eine funktionale Größe? Wer oder was ist normal? Waren es die Angehörigen des Polizeibataillons 101, denen sich Christopher Browning in seinem Buch »Ganz normale Männer« zu nähern versuchte?[590]

590 Christopher Browning: Ganz normale Männer. Das Reserve-Polizeibataillon 101 und die »Endlösung« in Polen. Reinbek bei Hamburg 1996.

Sorgende Familienväter, liebende Ehemänner, selbstbewusste Söhne, deren Unrechtsbewusstsein sank, die, einmal ideologisch indoktriniert, rücksichtslos plünderten und raubten und vor Morden nicht zurückschreckten? Wer definiert die Kriterien des »ganz Normalen« unter welchen Aspekten?

In der klinischen Psychologie sei größte Zurückhaltung bei der Bezeichnung eines Menschen als »abnorm« geboten, urteilt Hofstätter.[591] Sie kläre das Zustandsbild eines Menschen nicht wesentlich auf und versetze den so Charakterisierten subjektiv in eine soziale Sonderrolle. Menschen, die mit sich selbst und der Welt uneins seien, neigten in der Regel zu übertriebenen Vorstellungen hinsichtlich der Distanz, die sie vom Gros ihrer Mitmenschen unterscheide.

Der Begriff »abnorm« werde heute nicht mehr verwendet. Er falle unter Persönlichkeits- und Verhaltensstörungen, die wichtige, meist lang anhaltende Zustandsbilder und Verhaltensmuster umfassen. Wie die Weltgesundheitsorganisation (WHO) diese zu definieren versucht, erläutert Prof. Dr. Kruckenberg, Klinikdirektor im Zentralkrankenhaus Bremen-Ost:[592] »Sie sind Ausdruck des charakteristischen, individuellen Lebensstils, des Verhältnisses zur eigenen Person und zu anderen Menschen. Einige dieser Zustandsbilder entstehen früh im Verlauf der individuellen Entwicklung als Folge konstitutioneller Faktoren wie auch sozialer Erfahrungen, während andere später im Leben erworben werden.«[593]

Kein Zweifel, der ehemalige Bremer Kaffeekaufmann und Polizeireservist Hans Hespe war sozial längst Außenseiter und Zielscheibe negativer Betrachtungen, selbst wenn man bedenkt, dass der Kaffeehändler Hespe, im Unterschied zum Rosshändler Kohlhaas, auf der Suche nach Recht und Gerechtigkeit nicht zum Räuber und Mordbrenner wurde.

Und wie sah er sich selbst? Die Frage war ihm nicht neu. Bereits während seiner dunklen Tage in Riga grübelte er, wie die Briefe an seine Frau dokumentieren, darüber nach, sah er sich als Außenseiter. Doch als normal und im Recht sähen sich die anderen, meinte er, die Mehrheit, die sich anpasst und kaum reflektiert.[594]

Hespe hielt es für normal, sich im November 1963, gut zwei Jahre nach seiner Entlassung aus der DDR-Haft, beim Generalstaatsanwalt in Berlin und bei weiteren Stellen darüber zu empören, dass die »Menschenfalle R.«, die der Stasi ihn und andere ans Messer geliefert hatte, als »Flüchtling« im Westen anerkannt worden sei.[595] Auch habe die Polizei nichts gegen seinen Hauswirt unternommen, der ihn denunziert hatte und nach seiner Verhaftung, mit Handschuhen versehen, zusammen mit der Stasi seine Wohnung nach Akten durchstöbert hatte. »Man mag mich als missgelaunten, raunzenden Misanthropen bezeichnen, mit dem Drang zur Gerechtigkeit und Lebensfeindlichkeit, das macht mir gar nichts,« schrieb er dem

591 Peter R. Hofstätter (Hg.): Psychologie. Frankfurt a. M. 1957, S. 240.

592 Gespräch mit dem Autor am 2.8.2001.

593 Horst Dilling, Werner Mombour, M. H. Schmidt (Hg.): Internationale Klassifikation psychischer Störungen. ICD-10 Kap. V (F); klinisch-diagnostische Leitlinien/Weltgesundheitsorganisation. Bern, Göttingen, Toronto, Seattle, 3. Aufl. 1993. Kap. F6: Persönlichkeits- und Verhaltensstörungen, S. 223–251.

594 Brief an seine Frau Elfriede aus dem Gefängnis in Riga vom 6.10.1942.

595 Vom Schreiben an den Generalstaatsanwalt beim Landgericht Berlin vom 6.11.1963 fertigte er Kopien für die VOS, für den Gesamtverband der Sowjetzonen-Flüchtlinge in Bonn, für die Zentrale Rechtsschutzstelle in Bonn, für Prof. Dr. Freiherr von Richthofen (SSGD-VOS).

Generalstaatsanwalt. Fünfzehn Jahre sei er in politischer Haft gewesen, teils durch eigenes Verschulden, weil er sich gegen sittenwidrige, verbrecherische Zustände aufgelehnt habe, die den Durchschnittsbürger apathisch stimmten. Dieser überfliege sie kurz in der Presse, habe sie im nächsten Moment vergessen und finde sich mit den Gegebenheiten ab. Andererseits zeige er aber das Schandzeichen anderer auf. Er selbst wisse sehr wohl zwischen Soll und Ist zu unterscheiden. »Ich habe mehr als genug Einsicht in das Böse genommen«, schloss er sein Schreiben. »Damit habe ich aber meinen Glauben an das Gute, Wahre, Schöne (Gott) im Weltengrunde nicht verloren. Wenn ich, wie es tatsächlich der Fall ist, viel schreibe, so bin ich nicht der einzige. Und ich werde noch viel mehr schreiben - bis sich das Recht durchsetzt und das Unrecht zu Fall kommt.«[596]

Rente als politisch Verfolgter?

Seit er im Mai 1961 aus DDR-Haft entlassen worden war, kämpfte Hespe wieder an mehreren Fronten: um Gesundheit und Entschädigung, um Rente und Kosten.[597] Statt Ruhe suchte er weiter sein Recht.

In Berlin prozessierte er um seine Rente als politisch Verfolgter. Aus seiner ostzonalen Haft heraus hatte er im Februar 1955 einen Antrag an das Bezirksamt in Berlin-Neukölln gestellt, ihm rückwirkend ab Oktober 1954 eine Rente nach dem (Berliner Landes-) Gesetz über die Anerkennung und Versorgung der politisch, rassisch und religiös Verfolgten des Nationalsozialismus zu bewilligen (PrV-Rente).[598] Doch Oberrichter Seidel vom ostzonalen Stadtbezirksgericht Mitte hatte sich geweigert, den Antrag weiterzuleiten.[599] Zwar befand sich Hespe seit Mai 1961 wieder im Westen, doch Westberlin gewährte ihm seine PrV-Rente erst ab Februar 1962.[600] Nach seiner Entlassung hatte er nämlich nur einen Antrag auf Ausstellung eines neuen PrV-Ausweises und keinen Versorgungsantrag gestellt.[601]

Eine Rente für die Zeit seiner DDR-Haft sollte ihm ganz verwehrt bleiben, da nach dem Gesetz die Rentenzahlung ruhte, wenn der Berechtigte aufgrund strafgerichtlicher Anordnung

596 Schreiben an den Generalstaatsanwalt beim Landgericht Berlin vom 6.11.1963 (SSGD-VOS).

597 Von den rund 3.800,- DM, die während der DDR-Haft für Anwälte und Abwesenheitspfleger angefallen waren, übernahm das Ministerium für Gesamtdeutsche und Berliner Fragen (mit Unterstützung der SPD-Bundestagsfraktion) 800,00 DM. Für den Rest suchte Hespe bei der VOS um Unterstützung, deren aus Mitgliedsbeiträgen bestehende Mittel aber restlos in organisatorischen Aufgaben aufgingen; s. Hespes Schreiben aus Berlin an die Bundesgeschäftsstelle der VOS in Bonn vom 7.3.1963 (SSGD-VOS).

598 Gesetz über die Anerkennung und Versorgung der politisch, rassisch oder religiös Verfolgten des Nationalsozialismus (PrVG) vom 13.4.1956; Schreiben Hespes vom 12.4.1954 an das Bezirksamt Neukölln (BStU-MfS AU 635/58-2, Bl. 293).

599 Urteil LG Berlin - Ferien Zivilkammer - 9 (Az.: 196 O [Entsch.] 245/62 PrV 23.8.1963; LVABE].

600 Ab 1.2.1962; die Rentenzahlung von monatlich 206,- DM erfolgte nach dem Gesetz über die Anerkennung und Versorgung der politisch, rassisch oder religiös Verfolgten des Nationalsozialismus (PrVG) i.d.F. vom 13.9.1958 (GVBl. S. 907) durch Bescheid vom 11.5.1962 (Gz.: III RSt 52, Bl. 115; StAB 4,54-E 4547).

601 Hespe hatte am 17.6.1961 einen Antrag auf Ausstellung eines neuen PrV-Ausweises gestellt: Urteil LG Berlin - Ferien Zivilkammer - 9 (Az.: 196 O [Entsch.] 245/62 PrV 23.8.1963; LVABE). Vom 2.2.1962 datiert der erneute Antrag auf PrV-Rente (LVABE); vgl. auch Schreiben Hespes an die VOS vom 10.4.1963 (SSGD-VOS).

untergebracht war.[602] Das Gesetz differenzierte nicht nach politischer und krimineller Haft. Hespe suchte wieder Hilfe bei der VOS. Den Vorsitzenden unterrichtete er im April 1963, dass er seine Rente ab 1957 erhalten hätte, wenn er ein Gnadengesuch gestellt hätte. Das habe er aber nicht getan und nach den Prinzipien der VOS nicht verantworten können. »Es wäre einer Anerkennung der ›DDR‹ und ihrer Unrechtsjustiz gleichgekommen. Das wollen die drüben doch zu gern!«[603] Es würde sich alles jahrelang hinziehen, klagte er der VOS zwei Monate später und versuchte seiner Hilfsbedürftigkeit Nachdruck zu geben, indem er seine Verfassung skizzierte: »Ich bin gesundheitlich so gehemmt, es geht nicht so voran wie man möchte. 15 Jahre Kerker + Stacheldraht überwindet man nicht so einfach. Ich bin in ständiger Behandlung, viel helfen kann man mir nicht, nur schwerste Drogen, die die Objektivität hemmen.«[604]

Hespe bestand auf einem Anspruch für die Zeit seiner Inhaftierung ab Oktober 1954. Er habe es nicht zu vertreten, dass sein Antrag nicht weitergeleitet worden sei. Einen Vergleichsvorschlag, um die Klageansprüche abzugelten, lehnte er ab.[605] Georg Duwe, Journalist und ehemaliger Mithäftling in Sachsenhausen, aber auch Freiherr von Richthofen setzten sich beim Landgericht in Berlin für ihn ein.[606] Von Richthofen bezeichnete den ablehnenden Bescheid von Hespes Rentenklage beim Landgericht Berlin als »nicht aufrechterhaltbar«. Wenn die Ablehnung laute: »Die PrV-Rente wird nicht gezahlt, wenn sich der Betreffende in Haft, einer Anstalt außerhalb Berlins oder in Schutzhaft befindet«[607], so könne der Gesetzgeber doch nur rechtsstaatlich einwandfreie Vorgänge gemeint haben und nicht eine »rechtswidrige terroristische rein politisch bedingte Verfolgung und Behandlung durch die Scheinjustiz wie die im Wirkraum von Ulbrichts Unrechtsregime«. Er suchte den Landgerichtsdirektor zu bewegen, »nicht wohlwollenden Formalismus« auszuschalten. Es erscheine ihm eine Ehrenpflicht der Gerechtigkeit und Menschlichkeit, dass in den Angelegenheiten Hespes alsbald amtlich alle Irrtümer beseitigt und dessen voll und ganz berechtigten Anträgen, Ansprüchen und Klagen gemäße Entscheide gefällt würden. Er betonte seine eigenen zahlreichen Mitgliedschaften in deutschen und internationalen Organisationen, insbesondere bei der »Schweizer Liga für Menschenrechte«, die ihre Beschwerden nicht nur den nationalen Regierungen, sondern auch dem Rechtsausschuss der Vereinten Nationen unterbreite.[608]

Georg Duwe konnte sich nicht vorstellen, dass bei der genannten Regelung an einen Fall wie Hespe gedacht worden sei, der in den Sowjetsektor gelockt und dort wegen seines erwiesenen antikommunistischen Einsatzes verurteilt wurde. Nach demokratischer Rechtsauffassung handle es sich bei der Sowjetzonenjustiz um ein Terrorregime. Es müsse doch ein wesentlicher

602 § 21 Abs. 1 PrV: »Das Recht auf Rentenzahlung ruht, solange der Berechtigte auf Grund strafgerichtlicher Anordnung in einer Anstalt oder Einrichtung untergebracht ist und keine Unterhaltspflichten bestehen.«

603 Schreiben Hespes vom 10.4.1963 an die VOS, z. Hd. Dr. Reichardt in Bonn (SSGD-VOS).

603 Schreiben vom 29.8.1962 (StNB).

604 Schreiben Hespes vom 29.6.1963 an die VOS (Dr. Reichardt) in Bonn (SSGD-VOS).

605 Entschädigungsamt Berlin an das Landgericht Berlin vom 22.3.1963 (SSGD-VOS).

606 Schreiben Univ.-Prof. Dr. Bolko Freiherr von Richthofen vom 27.4.1963 und Schreiben Georg Duwe vom 2.5.1963 an Landgerichtsdirektor Sanner (SSGD-VOS).

607 Der aus der NS-Justiz stammende Begriff wurde in dem Berliner Gesetz (PrV-Gesetz) weiter verwendet.

608 Univ.-Prof. Dr. Bolko Freiherr von Richthofen zählte in seinem Schreiben vom 27.4.1963 an den Landgerichtsdirektor des LG Berlin achtzehn Mitgliedschaften auf.

Unterschied sein, ob sich ein Berechtigter im Sinne des PrV-Gesetzes in der Bundesrepublik bzw. in Westberlin in Haft befinde oder in der Sowjetzone.[609]

Die VOS versuchte ihm über die Politik zu helfen und beim Regierenden Bürgermeister von Berlin die Anerkennung seiner Ansprüche zu erwirken.[610] Zuständigkeitshalber antwortete der Senator für Inneres und verwies auf den bevorstehenden Gerichtstermin.[611]

Das Landgericht Berlin entschied im August 1963: Es versagte Hespe für die Zeit seiner DDR-Haft (von Oktober 1954 bis Mai 1961) den Anspruch auf PrV-Rente, denn »das Gesetz gibt keine Möglichkeit, Anträge, die bei der Behörde nicht eingegangen sind, so zu behandeln, als ob sie eingegangen wären«.[612] Sein Schreiben vom Juni 1961 erkannte es als Antrag an, obwohl darin nicht ausdrücklich die Rente beantragt worden sei. Für August bis Dezember 1961 blieb ihm die Zahlung verwehrt, da er sich mehr als drei Monate in Anstaltspflege befunden hatte und in solchen Fällen das Recht auf Rentenzahlung ruhe. Eine Weiterzahlung liege im Ermessen der Behörde.[613] Seine Berufung verwarf das Kammergericht Berlin im Februar 1964 wegen Überschreiten der Fristen.

»Das formale Recht ist doch kein Selbstzweck«

Nach seiner Entlassung aus der Nervenklinik in Bremen und seinem anschließenden Aufenthalt in Göttingen wohnte Hespe in Berlin, Mittenwaldstraße, im Haus eines pensionierten Lehrers. Mit starkem Tablettenkonsum versuchte er, sich zu beruhigen. An seinen behandelnden Arzt in der Nervenklinik Bremen richtete er in den folgenden Monaten mehrere Karten und Briefe. So erbat er sich Rat zur Schlaftherapie oder Hypnose. Vor allem suchte er ärztliche Hilfe im juristischen Streit. »Sie geraten außer Rand und Band, wenn ich Ihnen sagen würde, was ich alles schlucke, um einigermaßen Ruhe zu finden«, teilte er im März 1962 mit. »Und das soll normal sein? Nein, auf die Dauer geht das so nicht weiter. Das sehe ich selbst ein – Sie ja schon lange. Aber was soll ich nun tun. Ich muss erst alles hinter mich bringen, ich denke, dann finde ich mein Gleichgewicht wohl wieder. Aber so wie jetzt, nein, so ist das Leben nicht lebenswert. Man ist hier überall sehr hilfsbereit. Die Behörden versprechen mir alles.« [614]

Und im August folgte ein fünfseitiger Brief aus Berlin, in dem er seinen Arzt darüber informierte, wegen seiner Rechtsfälle bei bekannten Organisationen, bei der Zentralen Rechtsschutzstelle des Auswärtigen Amtes und beim Bundesjustizministerium auf der Rosenburg vorgesprochen zu haben. Die Instanzen seien »besten Willens« ihm zu helfen, meinte er, nicht zuletzt, weil sich Prof. von Richthofen dort für ihn verwendet habe. Auch bei der von ihm

609 Schreiben Duwes an Landgerichtsdirektor Sanner vom 2.5.1963 (SSGD-VOS).

610 Schreiben des 1. Vorsitzenden Dr. Reichardt an den Regierenden Bürgermeister von Berlin – Senatskanzlei – vom 6.8.1963 (ebd.).

611 Die fraglichen Akten lagen beim Landgericht Berlin. Sie wurden für den Termin am 23.8.1963 und ggf. bis zur Entscheidung und Begründung benötigt; der Senator für Inneres (VE – 0254/00) vom 22.8.1963 (ebd.).

612 Urteil LG Berlin – Ferien Zivilkammer – 9 (Az.: 196 O [Entsch.] 245/62 PrV 23.8.1963; LVABE).

613 Nach § 21 Abs. 1 Ziff. 1 und 3 PrVG; vgl. Urteil LG Berlin (LVABE).

614 Brief vom 18.3.1962 (VWE).

selbst 1950 mitgegründeten »Vereinigung der Opfer des Stalinismus« sei er gewesen, die überall, auch bei Herrn Lübke und Herrn Adenauer, hohes Ansehen genieße.[615]

»Keinen guten Gedanken« konnte Oberregierungsrat Bölling im Bundesjustizministerium in einem drei Stunden dauernden Gespräch finden. Er machte Hespe mit einer Novelle zum Bundesentschädigungsgesetz, die im Herbst zu erwarten sei, kaum Hoffnung. Für »[z]u ungewöhnlich« hielt er seine Sache. Die »schwerwiegenden Verfahrensmängel« müssten in Bremen ausgeräumt werden, habe er ihm zu verstehen gegeben. Wieder beklagte Hespe sein Schicksal: »Man lässt die Sache anstehen – jahrelang, also als ich schon fünf Jahre völlig von der Außenwelt abgeriegelt bin, ich niemals zu Anwälten oder Behörden Verbindung hatte, auch nie persönlich zu meiner Sache gehört wurde, wird aus einem von mir bis heute noch nicht erforschten Grunde ohne mich verhandelt und meine Forderung abgewiesen.« Den Landgerichtsdirektoren habe er damals heftige Vorwürfe gemacht, auch seinem Anwalt, der jetzt nichts mehr mit ihm und seinem Fall zu tun haben wolle. An formalen Gründen, glaubte er, sei alles gescheitert.

Als Hespe im Juni 1961 nach Bremen zurückgekehrt war, hätte er die Möglichkeit gehabt, das Verfahren in den alten Stand vor seiner Verhaftung 1954 zurückversetzen zu lassen. »Keiner sagte mir das! Doch nun finde mal einen Anwalt in Bremen, der seinen Stammtischkollegen verklagt!« Die Akten seien ein halbes Jahr in Berlin und Bonn und jetzt wieder bei Prof. von Richthofen gewesen, der sich für ihn beim Landgericht verwende.

Aus Garmisch-Partenkirchen antwortete der Juraprofessor noch im April 1964 dem Landgerichtsdirektor in Bremen, dass er seinen Standpunkt, der Staat habe ein Recht, in Ruhe gelassen zu werden, wenn zwei Gerichtsurteile einen Fall entschieden hätten, nicht teilen könne und zitierte Lincoln: »Nichts ist endgültig geschlichtet. Es sei denn gerecht geschlichtet!« Und dem vom Landgerichtsdirektor zitierten positivistischen Rechtssprichwort: »Recht ist, was gilt«, hielt er entgegen: »Das formale Recht ist doch kein Selbstzweck.« Immer wieder habe er Juristen von internationalem Rang über den Fall Hespe berichtet, sie seien über den bisherigen Verlauf äußerst erschrocken. Er schloss sein Schreiben mit der Bemerkung: »Im übrigen hoffe ich nach wie vor, dass dieser Fall endlich einmal zur Ehre des deutschen Rechtswesens eine bisherige Fehler beseitigende Behandlung finden wird, die fernab von jedem Rechtsformalismus auch die menschliche Seite und die in den bisherigen Urteilen gar nicht oder nur unzureichend berücksichtigten Unterlagen ausreichend heranzieht.«[616]

Restitutionsklage als Rettung?

Seit März 1962 versuchte Hespe, in Bremen das Schlussurteil wieder in den vorigen Stand zu versetzen und durch eine Restitutionsklage zu kippen. Er versuchte, diese auf Urkunden zu stützen, die eindeutig beweisen würden, dass das 1942 in Riga gegen ihn gesprochene Urteil in keiner Weise gerechtfertigt gewesen und er nach Kriegsende voll rehabilitiert worden sei.[617] Die

615 Brief vom 7.8.1962 (VWE).

616 Schreiben vom 12.4.1964 (VWE).

617 Am 20.3.1962, Schreiben aus Bremen, Goesselstr. 39, z. Zt. Berlin SW 61, Mittenwaldstr. 42.

eingehenden Ermittlungen des Polizeipräsidenten in Westberlin[618], ebenso die Feststellungen des Generalstaatsanwaltes beim Landgericht in Berlin NW[619], hätten ergeben, dass der SSD nach seiner Verhaftung im Oktober 1954 mindestens zweimal in seine Wohnung eingedrungen sei und wichtige Aktenstücke entwendet habe. Erfolglos habe er unzählige Male versucht, die Dokumente zurückzuerhalten.

Vergeblich bemühte er sich, über das Auswärtige Amt in Bonn und über die sowjetische Botschaft, diese Dokumente vom SSD wiederzubeschaffen. Das Amt in Bonn bedauerte, dass es nicht möglich sei, in dem von ihm gewünschten Sinne bei der sowjetischen Botschaft vorstellig zu werden.[620]

Eine Klage, in der Hespe Ansprüche nach dem Allgemeinen Kriegsfolgengesetz (AKG) wegen erlittener KZ-Haft geltend zu machen versuchte[621], bat er zurückzustellen, bis über seinen Antrag auf Wiedergutmachung entschieden worden sei.[622]

Aus Berlin, Mittenwaldstraße, folgten im April 1962 zwei Briefe an das Hanseatische Oberlandesgericht Bremen.[623] Die zuständigen Gerichte sollten doch einen Weg suchen, »die Sache wieder in Gang zu bringen« und ihm zu seinem Recht verhelfen.

Endlich glaubte Hespe, die überzeugende Lösung gefunden zu haben: »Gestern wurden sich nun die Juristen über einen Weg einig,« wandte er sich fast euphorisch an seinen Klinikarzt in Bremen. »Und dieser Weg führt über Sie, sehr geehrter Herr Doktor! Erschrecken Sie bitte nicht gleich!« Er wollte zum Ziel kommen: Bei seiner Rückkehr nach Bremen sei er nicht in der Lage gewesen, seine Interessen klar wahrzunehmen. »Und das trifft ja auch in der Tat zu!« Nach siebenjähriger unmenschlicher Haft habe er doch im Mai 1961 als »Halbtoter« in Bremen ein Bild des Schreckens geboten.

Und aus Bad Ems teilte er drei Tage später mit, dass es jetzt um die 1961 versäumte Einhaltung der Frist gehe, nicht um die Sache selbst. »Die Sache ist jetzt nur über Freudsche Fehlleistung oder dionysischen Irrtum angehbar. Ich konnte die Sachlage ja tatsächlich nicht bei meiner Rückkehr 1961 richtig erkennen und keiner wies mich darauf hin.«

Die Städtische Nervenklinik Bremen gab ihm zu verstehen, dass sie ihm trotz voller Würdigung seiner Wünsche das, was er gern wolle, nicht attestieren könne. Sie würde ihm bescheinigen, bei der Aufnahme in der hiesigen Klinik aus psychischen Gründen nicht in der Lage gewesen zu sein, seine Interessen klar wahrzunehmen. Daraus würde sich zwangsläufig die Frage nach der juristischen Definition dieser Feststellung ergeben. Damit käme nicht nur das Krankenhaus, sondern auch er irgendwann in Schwierigkeiten, obwohl ihm eine solche Bescheinigung vielleicht für diesen speziellen Zweck im Moment helfen könne. »Aber wir sind eben beim besten Willen nicht in der Lage, Ihnen diese mit gutem Gewissen auszustellen, denn dann müssten wir ja behaupten, daß Ihre Handlungsfreiheit generell aus psychischen Gründen eingeschränkt war, und das ist weder unsere und sicherlich auch nicht Ihre Meinung.« Seine

618 Abt. I, im Jahre 1954 und 1961.
619 Gesch.-Nr. 1 P Js 1014.61.
620 Schreiben 503-88-4420 vom 25.1.1962 (VWE, R.-Akte II).
621 Schreiben der OFD Bremen vom 22.1.1962 (Az.: 04013 -B-BV31, Bl. 105; VWE).
622 Es ging ihm um die Klage nach dem AKG vom 3.1.1962 (ebd.).
623 In seinem Schreiben vom 11.4.1962 nimmt er Bezug auf das Schreiben vom 6.4.1962, unterzeichnet von OLG-Gerichtsrat Dr. Drodten.

Argumente liefen darauf hinaus, dass er es aus zeitlichen und allgemeingesundheitlichen Gründen nicht vermocht habe, alle notwendigen Schritte und Laufereien selbst zu besorgen. »Alle anderen Erwägungen führen in den engeren psychiatrischen Bereich«, gab ihm das Krankenhaus zu verstehen, »und wir müssten Ihnen dann praktisch eine Geisteskrankheit unterstellen, an die wir zu keinem Zeitpunkt Ihrer Behandlung hier auch nur zu denken brauchten.«[624]

Bei seinem bisherigen Vorgehen hatte Hespe sich auf Besprechungen Ende des vergangenen Jahres mit zwei Herren beim Finanzsenator gestützt.[625] Dieser Weg war ihm sehr gut erschienen, um den schwierigen Fall in honoriger Weise beizulegen. Und er war sich immer noch sicher, dass die Oberfinanzdirektion die Möglichkeit hätte, seinen Antrag zu billigen. Wieder erinnerte er an sein Schicksal: fünfzehn Jahre in politischer Haft, sein langjähriger Rechtsanwalt Schroeder inzwischen verstorben, der nachfolgende Rechtsanwalt Haefker überbeansprucht. Über 3000,- DM Kosten seien dort entstanden, während seiner letzten siebenjährigen Haft annähernd 4000,- DM Kosten vom Vormundschaftsgericht bewilligt und gezahlt worden. Nach amtsärztlichen Untersuchungen sei er jetzt sehr krank, nach vielen Aufenthalten, Behördenwegen und Untersuchungen sei sein Gesundheitszustand noch schlechter geworden: »Mein Gott, warum berücksichtigt man alle diese Umstände nicht?«, flehte er die Vertreter des Finanzsenators an.

Vorsprachen bei der OFD ließen erkennen, dass man auch dort überlastet sei und Regierungsrat Zimmermann wohl seine eigenen Empfehlungen nicht mehr befürworte. Unstrittig sah Hespe das Recht auf seiner Seite. Es wäre nie zu den ablehnenden Urteilen gekommen, war er überzeugt, hätte man ihn in der SBZ nicht inhaftiert und völlig isoliert. Niemals habe er Verbindung mit westdeutschen Dienststellen und Anwälten gehabt, niemals von der Weiterführung des Prozesses in Bremen, niemals von Urteilen etwas gehört. Man hätte doch den Prozess anstehen lassen können. Er bedauerte, dass sein Anwalt den Ermittlungen 1945/46 ebenso wenig Beachtung geschenkt habe wie er selbst. Ihre Rolle sei erst nach 1954 offenbar geworden. Sie hätten das ganze Bild gewendet.

Hilflos und verzweifelt wirkten seine aufgeworfenen Fragen nach »Aufrollen der Vorgänge 1941/42« durch die Staatsanwaltschaft, »die 20 Jahre zurück liegen, die man aber prüfen kann, wenn auch schon viel schwieriger als 45/46 [...] Oder könnte man der Oberfinanzdirektion nahe legen, aus Billigkeitsgründen über meinen Antrag zu entscheiden? Wie man auch entscheiden mag, mir scheint es nötig, meine [...] Schriftsätze bei der Oberfinanzdirektion anzufordern, d. h. wenn die Oberfinanzdirektion nicht selbst über den Fall zu befinden wünscht. Ich kann auf mein Recht nicht verzichten. Mich halten z. Zt. in Berlin schreckliche Angelegenheiten fest, ich weiß gar nicht, wie lange ich diesen Zustand noch zu ertragen vermag. Ich bitte höflichst darum, dieses freundlichst zu berücksichtigen.«

Die Freie Hansestadt Bremen, vertreten durch den Senator für Arbeit, erklärte das angerufene Gericht für nicht zuständig, da in dieser Sache das Hanseatische OLG entschieden habe. Nur das Gericht sei für die Restitutionsklage zuständig, vor dem er dieselbe erhoben habe. Diese sei aber im März 1963 als unzulässig verworfen worden. Für den Kläger bestehe daher keine Möglichkeit mehr, erneut Restitutionsklage beim Landgericht zu erheben.[626]

624 Schreiben vom 29.8.1962 (StNB).

625 Regierungsdirektor Gersdorf und Oberregierungsrat Hennings.

626 Schreiben vom 1.4.1963 an das LG Bremen (VWE, R.-Akte II).

Hespe sah sein Schiff untergehen und flehte den Verfasser dieses Schreibens an, »einen Weg zu finden, diesen verunglückten Fall wieder in die richtige Fahrbahn zu lenken. Wenn nun der Scharfsinn verantwortungsbewusster Juristen einen Ausweg findet, so sollten Sie ihn fördern und nicht im Wege stehen! Es ist genug Unheil angerichtet [...] Sie können es doch nicht für richtig befinden, dass die vielen Irrtümer im Urteil bestehen bleiben und damit dem Unrecht Vorschub geleistet wird. Schließlich sind wir hier in der Deutschen Bundesrepublik und nicht im nazistischen oder Unrechtsstaat Ulbrichts. Wenn Irrtümer unterlaufen sind, so müssen sie beseitigt werden. Darauf kommt es an. Nicht auf formale Spielregeln.«[627] In der mündlichen Verhandlung vor dem Landgericht Bremen Anfang Mai 1963 erschien Hespe ohne Anwalt und beantragte, die Sache »irgendwie« zu verhandeln und die Gegenseite abzuweisen.[628] »Ich vermochte wegen meines Zustandes durch die Hypnotika schlecht zu folgen«, schrieb er zwei Tage später aus Berlin an von Richthofen, der sich für ihn beim Landgerichtsdirektor eingesetzt hatte. Dessen Verhalten zum Sitzungsende schien ihn stark beeindruckt zu haben. Er stellte es besonders heraus: »Herr Landgerichtsdirektor erhob sich und schüttelte mir ungewöhnlich lange die Hand.«[629] Drei Tage vor der Urteilsverkündung wandte Hespe sich erneut an den »sehr zu verehrenden Herrn Professor« und fragte, ob denn ein Landgericht das Urteil eines Oberlandesgerichts umstoßen könne, und nun die gleiche Kammer bekennen müsse, dass sie fehlentschieden habe. Resümierend schrieb er: »Zudem der ganze Klüngel in dem peripheren Bremen. Da hockt doch alles zusammen. Durch meine 24-jährige Abwesenheit seit Kriegsbeginn habe ich heute gar keine Beziehungen mehr. Nun, bei Komödien und Tragödien pflegt es meist so zu sein, dass sich der Knoten erst am Schluss löst.«

Mitte Mai 1963 fiel die Entscheidung: Die Restitutionsklage wurde als unzulässig verworfen. Die Klage sei statthaft, doch die vorgeschriebene Frist bereits bei Eingang der Klage abgelaufen gewesen.[630] Eine Prüfung der Frage, ob überhaupt ein Grund zur Wiederaufnahme des rechtskräftig abgeschlossenen Verfahrens vorliege, hatte sich bei dieser Sachlage erübrigt.[631] Wieder trug der Kläger die außergerichtlichen Gerichtskosten.

Auch gegen diese Entscheidung legte Hespe vergeblich Berufung ein.[632] Da sie nicht den gesetzlichen Erfordernissen entsprach, wurde sie als »unzulässig« verworfen: Den Schriftsatz zur Berufung hätte ein Anwalt unterzeichnen müssen, denn nach dem Bundesentschädigungsgesetz besteht in Entschädigungssachen vor dem Oberlandesgericht Anwaltszwang. Auf dieses Erfordernis hatte ihn der Senat während der Berufungsfrist schriftlich hingewiesen.[633]

627 Brief vom 6.4.1963 aus Berlin, Johanniterstr. 14 (ebd.).

628 Protokoll vom 3.5.1963 (ebd.).

629 Hespes Schreiben an Prof. Dr. von Richthofen vom 5.5.1963 (SSGD-VOS).

630 Nach § 209 BGB i.V.m. § 578 ZPO sei die Frist abgelaufen, da das Urteil vom 20.11.1959 rechtskräftig geworden sei. Die Klage bei Gericht ging am 22. März 1962 ein.

631 Urteil der Entschädigungskammer des LG Bremen vom 17.5.1963 (VWE, R.-Akte II).

632 Schreiben vom 14.7.1963 an das LG Bremen (StAB 4, 54, R.-Akte II; VWE).

633 Die Entschädigungskammer des LG Bremen vom 28.10.1963, Beschluss der Richter Dr. Drodten, Dr. Woesner, Meier (VWE, R.-Akte II).

Anstoß und Ende

In einem letzten Anlauf versuchte Hespe, in Berlin einen neuen Anwalt zu finden[634] und beauftragte im September 1963 Frank Ulrich mit der Wahrnehmung seiner Interessen.[635] Dessen Argumente stützten sich auf Hespes Haft als Opfer des Stalinismus[636] und auf die 1957 durch das Hanseatische OLG abgewiesenen Ansprüche. Sein Mandant sei vielleicht nicht richtig vertreten gewesen, habe durch diesen Anwalt aber auch nicht informiert werden können. Er beabsichtige, dieses Verfahren möglicherweise weiterzuverfolgen. Im September 1963 ersuchte Hespe das Landesamt, die Akten wieder der Oberfinanzdirektion Bremen zu übersenden, um eine Bearbeitung auf Wiedergutmachung nach dem Allgemeinen Kriegsfolgengesetz zu ermöglichen.

Erst im Oktober 1965 bat sein ehemaliger Bremer Anwalt das OLG, das Urteil an Hespe zu übersenden, das er nie besessen habe.[637]

Als im Dezember 1964 die Staatsanwaltschaft Bremen mit dem Ermittlungsverfahren gegen Hans Helwes u.a. wegen Mordes (NSG) begann, hatte sie Hespes Entschädigungsakte als Nebenakte hinzugezogen. Das angegebene Aktenzeichen »betrifft tatsächlich keine Sache Helwes, sondern einen Antragsteller Hespe« hatte der Leiter des Ausgleichsamtes erstaunt festgestellt.[638] Dem ermittelnden Staatsanwalt hatte man damals mitgeteilt, dass sich ein Entwurf für den ablehnenden Bescheid bereits in der Akte befinde und hinzugefügt: »Der Antragsteller glaubt anscheinend, dass das Ausgleichsamt in der Lage sein müsste, allgemeine Kriegsfolgeschäden zu entschädigen.«[639]

Wenigstens auf dem Vergleichswege versuchte Hespe 1966, noch eine Härteausgleichsleistung zugesprochen zu bekommen.[640] Als Ergebnis seines Bemühens hätte er Anfang Januar 1969 lesen sollen: »Der Antrag wird abgelehnt.«[641]

Diese Nachricht erreichte ihn nicht mehr. Anfang Februar 1969 meldete der Polizeipräsident in Berlin dem Landesamt in Bremen: »Hans Hespe, geboren am 21.6.1907 in Brake/ Oldenbg., Berlin 61, Alexandrinenstraße 100 gemeldet gewesen, ist am 1.12.1968 verstorben, Standesamt Tempelhof von Berlin -2638 - .«[642]

Hespe war nach relativ kurzem Krankenhausaufenthalt an Leberkrebs verstorben. Sein Leichnam wurde eingeäschert und seine Urne in Bremen auf dem Riensberger Friedhof beigesetzt. Die Grabstelle ist inzwischen aufgelassen.[643]

634 Ende Juni wurde Hespe bei dem angeblich zweitbesten Strafverteidiger Westberlins (aus den Prozessen Sachsenhausen und Waldheim) vorstellig. RA Scheid verteidigte derzeit den Doppelmörder Neumann; Schreiben Hespes an den 1. Vorsitzenden der VOS vom 2.6.63 (SSGD-VOS).

635 Frank Ulrich. Prozessvollmacht vom 3.9.1963 (VWE).

636 Inhaftiert war Hespe vom 16.10.1954 bis zum 25.5.1961.

637 Schreiben Rechtsanwälte und Notar Dres. Schroeder u. Haefker vom 30.10.1965.

638 Vgl. Verfügung Dr. Höffler vom 22.12.1964 und Schreiben des Justiziars Dr. Hogrewe vom 29.12.1964 (VH, Bd. I, Bl. 5/6).

639 Schreiben vom 7.1.1965 (VH, Bd. I, Bl. 8).

640 Schreiben vom 21.9.1966 (VWE, Bl. 148/149).

641 Bescheid des Landesamtes für Wiedergutmachung vom 17.12.1968 (Az.: 4080/ E 4547/2/3 Wä/Re), zugestellt am 3.1.1969.

642 Schreiben vom 6.2.1969 (Az.: C a 3-52-32.02/69, VWE, letztes Blatt R).

643 Nach den Angaben seiner beiden Töchter Helga W. und Ingrid H.

152

Landesamt für Wiedergutmachung
Bremen

28 Bremen 1, den 3. 1. 1969
Contrescarpe 73
Fernruf: 361 2064
Fernschreiber: 024 4804 senat bremen

Aktenzeichen: 4080/ E 4547/2/3 Wä/Re

B e s c h e i d

In der Entschädigungssache des Herrn Hans Hespe, geb. 21.6.1907 in Brake, wohnhaft in Berlin 61, Alexandrinerstr. 100,

\- Antragsteller -

hat das Landesamt für Wiedergutmachung Bremen über den am 30.9.1966 eingegangenen Antrag auf Entschädigung im Wege des Härteausgleichs nach den Bestimmungen des Bundesentschädigungsgesetzes (BEG) in der Fassung des Zweiten Gesetzes zur Änderung des Bundesentschädigungsgesetzes (BEG-SG) vom 14.9.1965 entschieden:

I. Der Antrag wird abgelehnt.

II. Die Entscheidung ergeht gebühren- und auslagenfrei. Gebühren und Auslagen werden nicht erstattet.

G r ü n d e :

Mit seinem Antrag vom 26.8.1950 hatte der Antragsteller bereits Entschädigungsansprüche wegen Schadens an Freiheit, an Körper oder Gesundheit, an Eigentum und Vermögen sowie im wirtschaftlichen Fortkommen geltend gemacht (Bl. H 2). Diese Entschädigungsansprüche wurden mit Bescheid vom 1.10.1950 als unbegründet abgelehnt, weil nicht nachgewiesen war, daß Hespe aus Gründen seiner politischen Einstellung verfolgt worden war (Bl. H 84).

Die vom Antragsteller hiergegen geführte Klage beim Landgericht in Bremen wurde mit Urteil vom 17.5.1963 rechtskräftig abgelehnt (Bl. R 11).
Mit seinem Antrag vom 29.9.1966 begehrt der Antragsteller nunmehr, ihm in Form einer Härteleistung eine monatliche Rente zuzubilligen (Bl. 149/150).
Die örtliche Zuständigkeit des Landesamtes für Wiedergutmachung Bremen ist weiterhin gegeben.

Der Antrag ist zulässig, jedoch nicht begründet.
Nach § 171 Abs. 1 BEG kann ein Härteausgleich gewährt werden, wenn es sich um Personen handelt, deren Schädigung auf die Verfolgungsgründe des § 1 BEG zurückzuführen ist. Dieser Nachweis liegt nicht vor. Der Antragsteller hat nicht nachgewiesen, daß er aus politischen Gründen verfolgt worden ist.
Der Antrag auf Gewährung einer Leistung im Wege eines Härteausgleichs nach § 171 BEG wird daher abgelehnt.

Diese Entscheidung ergeht im Einvernehmen mit der Obersten Entschädigungsbehörde des Landes Bremen.

Die Kostenentscheidung beruht auf § 207 BEG.

\- 2 -

Ablehnung des Härteausgleichs vom Landesamt für Wiedergutmachung, Bremen

Hespe um 1967/68 in Berlin

Hespe kurz
vor seinem Tod 1968

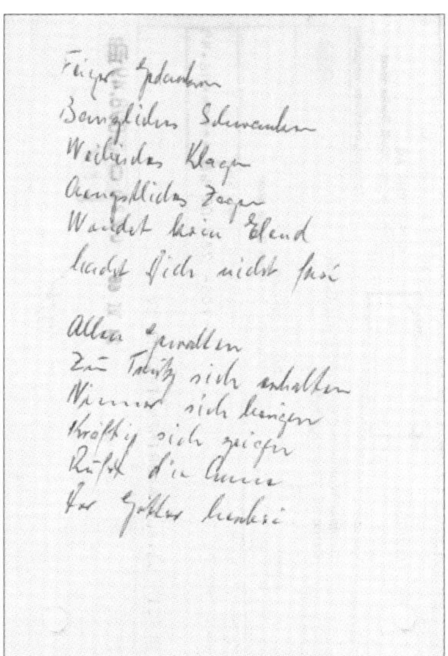

Feiger Gedanken
Bänglichen Schwanken
Weibisches Klagen
Aengstliches Zagen
Wandelt kein Elend
Macht Dich nicht frei

Allen Gewalten
Zum Trutz sich erhalten
Nimmer sich beugen
Kräftig sich zeigen
Rufet die Arme
der Götter herbei

Im spärlichen Nachlass Hespes liegt eine Quittung der Berliner Bank vom Juni 1968, auf der er – ein halbes Jahr vor seinem Tod – seine Wohnungsmiete überwiesen hatte. Als wollte er seine Lebensphilosophie noch einmal zusammenfassen und bekräftigen, hatte er – ohne den Verfasser Goethe zu nennen – auf die Rückseite der Überweisung die Verse geschrieben:

›Feiger Gedanken
bängliches Schweigen
weibisches Klagen
ängstliches Zagen
wandelt kein Elend
macht Dich nicht frei.

Allen Gewalten
zum Trutz sich erhalten
nimmer sich beugen
kräftig sich zeigen
rufet die Arme der Götter herbei.«

10. Nachtrag

»Zum Schicksal von Hespe kann ich nur sagen: Der hatte selbst Schuld, immer eine andere Meinung und konnte sich im Unterschied zu den Anderen nicht einordnen. Er galt dann irgendwie als Spinner«, erinnerte sich noch im Sommer 2000 ein ehemaliger Zugführer des Reserve-Polizeibataillons 105.[644]

Und zur »Normalität«? Der Chefarzt in Hildburghausen sieht Personen wie ihn von der statistischen Norm der gaußschen Kurve kaum erfasst und meinte dennoch: »Menschen wie Hespe sind das Salz der Erde.«[645]

Die Geschichte des Reserve-Polizeibataillons 105 ist Gegenstand einer eigenen Untersuchung. Nur soviel: Das von Hans Hespe 1964 angestoßene Verfahren gegen den Kommandeur des Reserve-Polizeibataillons 105 Hans Helwes u. a. wegen Mordes (NSG) wurde nach vierjährigen Ermittlungen im April 1968 eingestellt.[646]

Hespes ehemaliger Bataillonskommandeur Hans Helwes und sein damaliger Kompaniechef Theodor Westphal erhielten von der Einstellung des Verfahrens Kenntnis, Hespe nicht. Die Staatsanwaltschaft hatte seine Eingabe mit den Schilderungen der »angeblich im Osten erlebten Gräueltaten«, die im August 1964 an den Bundesminister der Justiz gerichtet waren, nicht als Strafanzeige gewertet.

644 Gespräch mit Karl R. am 9.8.2000.

645 Dr. Heinz Benkenstein, Chefarzt am Landesfachkrankenhaus für Psychiatrie und Neurologie, Facharzt für Psychiatrie, Neurologie, psychotherapeutische Medizin und Psychoanalyse in Hildburghausen (Gespräch vom 28.8.2001).

646 Durch Hespes Eingabe vom 3.8.1964 an das Bundesministerium der Justiz, der ein Schreiben vom 6.6.1964 an seinen Rechtsanwalt Haefker beigefügt war, wurde das Ermittlungsverfahren angestoßen. Am 3.12.1964 hatte der Leitende Oberstaatsanwalt beim Landgericht Bremen, Dr. Hoeffler, unter dem Aktenzeichen 29a Js 306/64 das Verfahren gegen Hans Helwes u. a. wegen Mordes eröffnet (vgl. VH, Bd. I). Die Ermittlungen der Staatsanwaltschaft Bremen bezogen sich auf: 1. Exekution von 25 bis 28 gefangenen Russen des Kriegsgefangenenlagers Wolossowo im Raum von Leningrad, im Winter 1941/42; 2. Exekution von einer nicht benannten Anzahl kranker russischer Soldaten in der Ortschaft Senino im Nordabschnitt der Ostfront im Winter 1941/42; 3. Exekution von 30 volltrunkenen russischen Soldaten in einem Haus eines Dorfes vor Leningrad; 4. Teilnahme an Judendeportationen von Holland in das Vernichtungslager Auschwitz im Jahre 1942. Die Sonderkommission zur Aufklärung nationalsozialistischer Gewaltverbrechen beim Landeskriminalamt Bremen (SK-LKA) wurde gebeten, die Ermittlungen aufzunehmen und in einem besonderen Vorgang die Beteiligung des Bataillons an der Verschickung der Juden in Holland einzubeziehen. Gleichzeitig beim Ausgleichsamt Bremen laufende Anträge des Zeugen Hespe auf Erstattung von Kriegsschäden wurden abgelehnt. Das Ermittlungsverfahren gegen Helwes u. a. wurde durch Verfügung vom 16.4.1968 eingestellt (VH, Bd.IV, Bl. 883 ff.).

11. Gespräch mit Professor Dr. Peter Kruckenberg

Hans Hespe befand sich in Hildburghausen in psychiatrischer Behandlung. Die Charité in Berlin und die Klinik für Psychiatrie und Neurologie in Jena hatten ihn forensisch begutachtet. In der damaligen Nervenklinik Bremen, heute Zentralkrankenhaus Bremen-Ost, wurde er therapiert. Hier war Professor Kruckenberg bis zu seinem Ruhestand im Sommer 2004 Ärztlicher Direktor (Zentrum für Psychiatrie und Psychotherapie).

Das Schicksal Hespes, sein Lebensweg und Verhalten wirft viele Fragen auf. Professor Dr. Peter Kruckenberg (PK), dem das Skript vorlag, geht in dem nachfolgenden Gespräch mit dem Verfasser (KS) auf einige dieser Fragen ein.

KS: Herr Kruckenberg, Sie haben den Bericht über das Leben von Hans Hespe gelesen. Mich hat dieser ungewöhnliche Mensch lange sehr beschäftigt. Sein Schicksal war hart, sein Verhalten teils mutig, teilweise auch schwer nachzuvollziehen.

Rückblickend scheint es fast so, als habe sein Schicksal aufgrund seiner persönlichen Eigenarten eine folgerichtige Entwicklung genommen. Andererseits zeigt er sich als jemand, der mit vielen Schwierigkeiten im Leben reflektiert und kompetent umgehen konnte und vielleicht durch äußere Einflüsse auf einen unglücklichen Weg gedrängt wurde. Wie stellt sich das aus psychiatrischer Sicht dar?

PK: Nicht grundsätzlich anders als aus der Sicht eines einfühlsamen und vernünftigen Menschen ohne psychiatrische Ausbildung. Vielleicht haben Psychiater, vor allem, wenn sie psychotherapeutisch ausgebildet sind, etwas mehr Erfahrung in der Begegnung mit ungewöhnlichen Menschen. Zugleich sind sie aber gefährdet, zu sehr durch die diagnostische Brille zu sehen, die oft mehr ausblendet als erhellt.

Mich hat das Schicksal von Hans Hespe sehr betroffen gemacht. Ich habe - wie Sie wahrscheinlich auch - über seine eingeengte Wahrnehmung und sein Ungeschick immer wieder den Kopf geschüttelt, ihn auch bedauert - im Wechsel mit Empörung und Erschrecken über die Verlogenheit, den Machtmissbrauch, die Brutalität, Entwürdigung, Quälerei und Ermordung unschuldiger Menschen in den beiden deutschen Diktaturen, so verschieden und so unterschiedlich schlimm sie auch waren. Und ich habe mich auch geschämt für die Behörden, die Justiz in unserer Demokratie in der Zeit nach dem Krieg und mich wieder einmal gefragt, wie viel davon bis heute nicht aufgearbeitet ist.

Ihr Bericht ist eine sorgfältige, einfühlsame und engagierte Arbeit über ein ungewöhnliches, tragisches Leben und über den historischen Zusammenhang, in den es verwickelt war.

KS: Hans Hespe hatte gewiss ein ungewöhnliches Leben und er war sicherlich ein ungewöhnlicher Mensch. Noch einmal: Kann die Psychiatrie helfen, diesen Menschen Hans Hespe, seine Entwicklung und sein Verhalten besser zu verstehen? Können Sie darauf etwas näher eingehen?

PK: Natürlich sind die vorliegenden Informationen bruchstückhaft und vielfach persönlich gefärbt, manchmal durchaus interessengeleitet. Ich meine die Briefwechsel und die eigenen Einlassungen zu seinem Leben (oft nach Jahren im Nachhinein aufgezeichnet, auch zur eigenen Rechtfertigung), seine Einlassungen im Verfahren um Wiedergutmachung, aber auch die Äußerungen anderer und die notwendige Selektion des Materials. Die Informationen können nicht das persönliche Gespräch oder gar eine kontinuierliche therapeutische Begleitung ersetzen.

Mit diesen Vorbehalten will ich versuchen, mein Verständnis von der Lebensgeschichte und der Entwicklung zu schildern:

Von dem tragischen Tod der Eltern und Geschwister bei dem Segelunfall, den er selbst überlebt hat, ist sicher eine Verunsicherung seines Grundvertrauens zur Welt geblieben, ein nie ganz zu verarbeitender, unersetzlicher Verlust und die Erfahrung, dass im Leben aus heiterem Himmel jederzeit eine Katastrophe hereinbrechen kann - aber auch: dass man dies überleben kann.

Das Leben in der Familie seines Onkels - »ein roher Mensch« schrieb er später - war offenbar nicht leicht, jedenfalls nicht so wärmend, so vertrauengebend, dass es den Verlust ausgleichen konnte. Dennoch, vermutlich sogar mit einem erhöhten Antrieb sich zu beweisen, machte er eine geradlinige, sehr erfolgreiche schulische und berufliche Entwicklung. Schon mit 25 Jahren machte er sich selbstständig und war mit 32 Jahren bei Kriegsbeginn ein für die damaligen Verhältnisse sehr wohlhabender Besitzer einer Kaffeegroßrösterei, aufstrebend und ohne wirtschaftliche Sorgen, verheiratet, Vater von drei Töchtern, in gesicherten Verhältnissen.

Über seine Persönlichkeit und seine Beziehung zu anderen Menschen wissen wir wenig. In dem Briefwechsel aus dem Gefängnis mit seiner Frau klingt an, dass er ein kluger, unabhängig denkender, zupackender und durchsetzungsfähiger Mann war mit großer organisatorischer Kompetenz - stets mit eigenem Kopf, aber in den emotionalen Beziehungen der Familie wohl eher karg. Er könne, schreibt er, »nur Geschäftsbriefe aber keine Liebesbriefe« schreiben (anders als seine Frau). Mit Sicherheit war er jemand, der Probleme nicht auf sich zukommen ließ, sondern sie aktiv anging, immer »voll von Plänen, voll von Hoffnung, immer Optimist, gewiss auch oft genarrt von den eigenen Fantasien [...] Zeit gab es überhaupt nicht, nur Bewegung, Bewegung«.

Seine Leitideen waren Leistungsbereitschaft und Leistungsfähigkeit sowie die »Forderungen der Ehre« und Gerechtigkeit, hochempfindlich für Abweichungen von Pflichten und Rechtsvorschriften. Einen »blödsinnigen Weltverbesserer« soll ihn die Ehefrau genannt haben.

Es spricht also manches dafür, dass aus seiner biografischen Entwicklung eine Verunsicherung des Grundvertrauens, menschliche Wärme zu erfahren und geben zu können, geblieben war, auch, dass sich Fähigkeiten wie Einfühlsamkeit und emotionale Schwingungsfähigkeit nur begrenzt entwickeln konnten. Die frühe Biografie macht auch eine tiefliegende Selbstwertproblematik verständlich, die mit ausgeprägter Leistungsorientierung und der Idealisierung von Vaterfiguren und von Sicherheit gebenden Rechtssystemen (über-)kompensiert wurde.

So ist seine lebenslange Haltung zu verstehen, hoch stehenden Führungspersonen kritiklos über lange Zeiträume hinweg die unbedingte Bereitschaft zur Garantie der Rechtsordnung zuzuschreiben und sich immer wieder hilfesuchend an sie zu wenden. Das betraf zunächst Hitler und Himmler, denen er Fehleinschätzungen nachsah, die er bei Menschen in seiner Umgebung hart kritisierte, und setzte sich trotz vieler Enttäuschungen auch später noch in Eingaben an alle möglichen hoch gestellten Personen fort, so z. B. an den Minister für Staatssicherheit der DDR, Wollweber. Es war, als suche er lebenslang nach einem Vater, der ihn endlich anerkennen und ihm Recht geben würde.

Für seine emotionale Sicherheit brauchte er zum einen seinen »Ehrenkodex«, von dem er in den Briefen schrieb, zum anderen seine »preußische« Pflichtauffassung als inneren und die verlässliche Einhaltung einer Rechtsordnung als äußeren Halt.

Deshalb war er so empfindlich gegen jeglichen Mangel an Leistungsbereitschaft und Pflichterfüllung wie gegen formale Rechtsverletzungen, und deshalb war er so entschieden - im Verständnis anderer oft übertrieben in seiner ungeschützt vorgetragenen Kritik.

Derartige Akzentuierungen von Persönlichkeiten sind im Garten des Menschlichen normal. Sie erweisen sich in bestimmten lebensweltlichen Kontexten als vorteilhaft, in anderen als nachteilig. Hans Hespe ist zumindest bis in die Kriegsjahre hinein als durchschnittlich psychisch gesund anzusehen, mit einigen Eigenarten und Verletzlichkeiten, aber auch mit einigen überdurchschnittlichen Fähigkeiten.

Hans Hespe war, besonders vor dem Krieg, ein im Grunde unpolitischer Mensch. Seine Darlegungen nach dem Krieg hinsichtlich seiner angeblich frühzeitigen Distanzierung vom Nationalsozialismus erscheinen interessengeleitet - zur Untermauerung seiner Opferrolle -, auch wenn er sicherlich einiges auszusetzen hatte und nach seiner Gewohnheit, anders als andere, kein Blatt vor den Mund nahm. Die Identifikation mit dem »Führer« in einer unruhigen Zeit entsprach auch seinem Bedürfnis nach Sicherheit und Ordnung, gestärkt noch durch das Bedürfnis zur Identifikation mit einer Vaterfigur. Diese Identifikation, wie auch ein Mangel Empathie für benachteiligte Menschen außerhalb seines persönlichen Umfelds, ließen eine substanzielle und umfassende Kritik des nationalsozialistischen Unrechtssystems nicht aufkommen.

Den Zweiten Weltkrieg hinterfragte er nicht. Er akzeptierte ihn als historische Gegebenheit, als politische Entscheidung von höchster Ebene, wo man es nach seiner Grundüberzeugung ja wissen musste. Ohne erkennbaren Widerspruch nahm er die Einberufung in das 105. Polizeibataillon an und ordnete sich ein mit selbstverständlicher Bereitschaft, dort seine soldatische Pflicht zu tun. Als das Polizeibataillon zur Partisanenbekämpfung eingesetzt wurde, sah er das offenbar als notwendige Kampfhandlung an und war sehr wahrscheinlich an den Grausamkeiten auch gegenüber der Zivilbevölkerung beteiligt, ohne dass darüber eine Beunruhigung oder Empörung in seinen Briefen spürbar wurde.

Selbst sicherlich umsichtig und entschieden im Kampfeinsatz, unter Beachtung der Gefährdung für seine Kameraden, erwartete er selbstverständlich dieselbe Haltung und Einsatzbereitschaft von seinen Vorgesetzten. An deren glaubhaft von ihm dargestellten (und von anderen bestätigten) Feigheit, Inkompetenz, Verlogenheit und Selbstbedienungsmentalität entzündete sich seine Empörung. Sie wurde verstärkt durch ein Gefühl von intellektueller und beruflicher Überlegenheit und durch sein »Sendungsbewusstsein«, quasi im Auftrag der obersten Führung für Recht und Ordnung einzutreten.

Damit war eine doppelte Fehleinschätzung verbunden: Zum einen durchschaute er die grundlegende Verlogenheit, Menschenverachtung und Missachtung der Rechtsverhältnisse des NS-Regimes »vom Kopf her« nicht, zum anderen verkannte er die gegebenen Machtverhältnisse im Polizeibataillon 105 völlig, ebenso die fehlende Bereitschaft der höheren Entscheidungsebenen, sich klärend und rechtsprechend einzumischen.

So lief er mit seinen wiederholten, z. T. massiv formulierten, in der Sache wahrscheinlich berechtigten Beschwerden über die Vorgesetzten ins Verderben: in seine Verurteilung durch das SS- und Polizeigericht in Riga zu fünf Jahren Zuchthaus, später bestätigt durch Himmler persönlich, verbunden mit der Unterbringung im KZ Dachau, die bis fast zum Kriegsende andauerte.

Das Urteil war für ihn in mehrfacher Hinsicht eine Katastrophe. Es bedeutete eine tiefe Kränkung seines Ehrgefühls: Zuchthaus und Aberkennung der bürgerlichen Ehrenrechte, obwohl er sich zu Recht völlig unschuldig fühlte, eine drohende mehrjährige Leidenszeit im Zuchthaus, eine Vernichtung seiner bürgerlichen Existenz - denn die Strafe war erst nach Kriegsende anzutreten - verbunden mit schweren Belastungen für seine Familie und einer voraussehbaren Gefährdung der Ehe.

KS: Wiederholt schätzte Hespe die realen Machtverhältnisse in seinem unmittelbaren Umfeld im Polizeibataillon wie auch die der übergreifenden politischen Rahmenbedingungen falsch ein. Im Bataillon begehrte er gegen seine Vorgesetzten auf, in Dachau diente er sich mitleidlos an. Kann man da nicht von einer krankhaften seelischen Störung ausgehen?

PK: Bis zu seiner Einberufung in das 105. Polizeibataillon ist er ja mit seinem Leben gut zurechtgekommen. Wie viele andere hat er die wahre Natur des NS-Regimes sehr viel später und wohl auch nur teilweise erkannt und verstanden. Die Inkompetenz und Korruptheit der führenden Offiziere des 105. Polizeibataillons hat er wahrscheinlich im Wesentlichen richtig gesehen, nicht aber deren Macht, nahezu jegliche Kritik zu unterdrücken. Hätte er seinen Dienst in der Wehrmacht tun müssen, wären ähnliche Probleme sehr viel weniger wahrscheinlich gewesen. D. h. sein Leben hätte vermutlich einen normalen Verlauf genommen und er wäre, wenn er den Krieg überlebt hätte, möglicherweise hoch dekoriert nach Hause gekommen. Es ist, glaube ich, wichtig zu sehen, dass es ihm bei seiner Kritik an den Führungskräften über lange Zeit nicht um die Durchsetzung eigener Interessen ging, sondern darum, Missstände aufzudecken, damit sie beseitigt werden könnten. Insofern sehe ich ihn auch als einen politisch verfolgten Menschen an, auch wenn er über weite Strecken keine substanzielle Kritik am nationalsozialistischen Unrechtssystem insgesamt geäußert hat.

Seine Briefe nach dem Rigaer Unrechtsurteil 1942 lassen eine gewisse Selbstkritik erkennen – er sei »zu gutgläubig« gewesen, voller »Naivität«, ein »Phantast [...] der überall Tamtam erblickt«. Er stand zu seinen Idealen und zu seiner Sicht der Verhältnisse und sah, dass er ungerecht behandelt wurde, spürte aber, dass er sich nicht situationsgerecht verhalten hatte. Aber er erwies sich als enorm belastbar und schmiedete konkrete Pläne für die Zukunft: »Man muss einen Glauben haben, der nichts zu Schande werden lässt, einen starken Glauben an das Leben, an alles, man gibt sich nicht auf und wird sich nicht aufgeben.« Dies hat ihm geholfen, zunächst das Gefängnis und später das Konzentrationslager Dachau zu überstehen.

Aaron Antonovsky[647] hat jüdische Frauen untersucht, die das Konzentrationslager überlebt hatten. Diejenigen, die ohne schwere psychische Schäden daraus hervorgegangen sind, hatten auch in schwersten Zeiten ein Grundgefühl (»sense of coherence«) bewahrt, das aus drei Elementen bestand: dem Gefühl, die wesentlichen Zusammenhänge der aktuellen Lebensverhältnisse zu verstehen, dem Glauben, auf den Gang der Dinge Einfluss nehmen zu können, und der tiefen Überzeugung, dass es etwas gibt, wofür es sich lohnt zu leben und durchzuhalten, d. h. einer persönlichen Sinnorientierung.

In Dachau lernte Hans Hespe die dort gegebenen Macht- und Unrechtsverhältnisse einzuschätzen und sich anzupassen. Er stieg in der Hierarchie der Funktionshäftlinge auf und lebte als Verwalter des Verpflegungs- und Ausrüstungslagers nach eigener Einsicht besser als der Durchschnitt der Bevölkerung draußen.

Die elenden Verhältnisse für den Großteil der Gefangenen »machten einen fürchterlichen Eindruck« auf ihn, ohne dass aus den Briefen ein Mitleiden oder gar Empörung spürbar wurde.

647 Aaron Antonovsky: Unraveling the mystery of health. San Francisco 1987 (dt.: Salutogenese. Zur Entmystifizierung der Gesundheit. Tübingen 1997).

Es wäre falsch, Hans Hespe zu idealisieren. Er war in den Kriegsjahren nicht nur Opfer, sondern bei den Einsätzen zur Partisanenbekämpfung und als Funktionshäftling in Dachau auf eine nicht anhand bestimmter Vorfälle beweisbare, aber an seiner Einstellung aufzeigbare Weise Mittäter.

Relativ früh erkennend, dass der Krieg verloren war, richteten sich seine Ziele auf die Zeit danach aus: Auf die Wiederherstellung seiner Ehre durch Aufhebung des Urteils durch »wieder objektive Gerichte«, den Wiederaufbau seines Betriebes und die Wiederherstellung des Lebens in der Familie. Es spricht viel dafür, dass er wieder Anschluss an seinen früheren Lebensweg gefunden hätte, wenn bei der Rückkehr nach Bremen dafür die Verhältnisse einigermaßen günstig gewesen wären.

KS: Aber erwiesen sich nicht alle drei Ziele nach seiner Rückkehr als kaum zu erreichen oder ganz aussichtslos?

PK: Genau dies bedeutete nach der Rigaer Verurteilung den zweiten und wohl entscheidenden Bruch in seiner Lebensentwicklung. Zum Schluss nach Kampfeinsatz noch schwer verwundet, kehrte er gesundheitlich schwer geschwächt nach Bremen zurück, um sogleich zu erfahren, dass seine Frau einen anderen Partner (der Adjutant des Führungsoffiziers seines Polizeiregiments!) gefunden hatte. Ebenso musste er feststellen, dass er auch beruflich nicht an die Vorkriegszeit anknüpfen konnte (jedenfalls überließ er die Führung des Geschäfts der Ehefrau) und dass, obwohl ihn die Amerikaner »voll rehabilitierten«, die deutschen Behörden und Gerichte nicht nur kein Interesse an Aufklärung und Wiedergutmachung hatten, sondern beides aktiv behinderten.

Er war in der Nachkriegsgesellschaft nicht gewollt, das Leben hatte kaum noch Möglichkeiten für ihn, außer der, sein Recht auf Wiederherstellung seiner Ehre und Wiedergutmachung gerichtlich durchzusetzen. Und weil es niemanden und nichts anderes mehr gab, was ihn halten, stärken, anregen, beschäftigen, was ihn als neue Aufgabe herausfordern konnte, fokussierte er alle Aktivitäten auf juristische Auseinandersetzungen. Dabei wurde er von dem herrschenden Unrecht in der östlichen und in anderer Form auch der westlichen Nachkriegsgesellschaft gleichsam magisch angezogen.

Wenn man sein weiteres Schicksal verfolgt, zuerst im Speziallager Sachsenhausen, später im Gefängnis in Berlin und in Untermaßfeld, drängt sich der Eindruck auf, als würde er in seinem Kampf um Recht und Gerechtigkeit von einer unbewussten Motivation bewegt, nämlich: Wenn schon Gerechtigkeit nicht erreichbar sei, dann zumindest an seinem persönlichen Beispiel zu zeigen, wie verständnislos und rechtswidrig mit Menschen umgegangen wird, die nichts anderes tun, als ihre Rechte als Bürger ordnungsgemäß einzufordern.

Der Krieg und später die Haft haben ihn auch körperlich schwer krank gemacht, was im weiteren Verlauf mit zunehmenden seelischen Störungen verbunden war.

KS: Hespes Weg führte ihn ja dann auch in verschiedene Psychiatrien, erst in der DDR, später in Bremen. Die Gutachter der Charité und der Universitätsklinik in Jena sprachen von einer Geisteskrankheit. Würden Sie das bestätigen?

PK: Diese Diagnose ist nach allem, was man vom Leben von Hans Hespe weiß, so gründlich falsch, dass ich vermute, sie wurde von den jeweiligen Ärzten gewählt, um seine Situation zu erleichtern, d. h. zunächst die Überstellung aus der gesundheitsgefährdenden Haft in eine psychiatrische Anstalt zu ermöglichen, im zweiten Fall, um die Einleitung eines weiteren Strafverfahrens wegen »staatsgefährdender Propaganda und Hetze« zu verhindern.

Alle begutachtenden und behandelnden Psychiater – im Zeitraum von 1956 bis 1961 – kamen zu der Überzeugung, dass bei Hans Hespe eine Persönlichkeitsstörung bestehe, meist als paranoide Störung bezeichnet. Menschen mit einer solchen Störung zeichnen sich durch besondere Persönlichkeitsmerkmale wie Misstrauen, Kritikempfindlichkeit und querulatorisches Verhalten aus, die dazu führen, dass sie sich an die Anforderungen der Umwelt nicht ausreichend anpassen können.

Eine derartige Beschreibung passt nicht so richtig zu Hans Hespe. Er war weder ungewöhnlich misstrauisch noch über die Maßen kritikempfindlich. Bei seinen wiederholten Eingaben und Rechtsstreitigkeiten ging es nicht, wie zumeist bei querulatorischen Menschen, um Belanglosigkeiten. Und sie waren in der Regel gut begründet.

Hans Hespe war auch kein »Michael Kohlhaas«, wie einige Richter und Psychiater meinten. Sein Streiten war nur zum kleineren Teil von Rachegefühlen motiviert, schon gar nicht von Vorstellungen von Gewalt und Vernichtung. Es ging ihm auch nicht nur um sein eigenes Recht, vor allem zu Beginn nicht. In dem wohl am prägnantesten von Hamlet formulierten Konflikt, ob es denn ehrenwerter sei, die Schrecken des Schicksals - verschleierter Mord an seinem Vater - bewusst zu erleiden und aus der eigenen Verantwortung zu handeln, oder sich (scheinbar?) vernünftig anzupassen. In diesem Konflikt war Hans Hespe zumeist nicht auf der Seite vorsichtiger Zurückhaltung. Er wollte nicht und er konnte nicht stillhalten. Die Neigung zum offenen Widerstand war ein hervorstechender Charakterzug von ihm, Stärke und Schwäche zugleich.

Solche oder andere Persönlichkeitsakzentuierungen haben wir alle mehr oder weniger. Von Persönlichkeitsstörung, d. h. von Krankheit, sollte man nur dann sprechen, wenn der betreffende Mensch darunter erheblich leidet, wenn er fachliche Hilfe braucht oder wenn ihm aufgrund der Störung eine Entlastung von alltäglichen Verpflichtungen oder eine Schuldminderung zugesprochen werden muss.

Hans Hespe war nicht immer krank. Er ist krank geworden in der Wechselwirkung seiner Besonderheit mit willkürlichen, rechtswidrigen, machtmissbräuchlichen gesellschaftlichen Strukturen, gegen die er sich wehrte und denen er sich dabei auslieferte. An den daraus folgenden Missachtungen und Sanktionen ist er allmählich zerbrochen.

Als er 1961 für ein halbes Jahr in der Nervenklinik Bremen-Ost behandelt wurde, war er vorwiegend depressiv und schon abhängig von Beruhigungsmitteln, die er seit einer früheren Klinikbehandlung in Hildburghausen einnahm. Das Verständnis, das ihm der Stationsarzt entgegenbrachte, hat ihm gut getan. Körperlich hat er sich etwas erholt, hat sogar etwas Einsicht in seine Situation gewonnen, aber eine therapeutische Bearbeitung und die Eröffnung alternativer, zumindest ergänzender Lebensorientierungen gelang nicht. Vielleicht hätte ihm eine lang dauernde ambulante therapeutische Begleitung hier etwas helfen, wenigstens Entlastung bringen können.

Hans Hespe ist bei aller Widersprüchlichkeit in seiner Person und seinem Verhalten zu einem tragischen Helden geworden, dessen Leben noch im Scheitern ein besonderes Licht auf die gesellschaftlichen Verhältnisse wirft, sowohl in den Diktaturen wie auch in der z. T. nur scheinbaren Rechtsstaatlichkeit der Bundesrepublik. Es stimmt traurig, dass ihn niemand nachhaltig und wirksam unterstützt hat.

KS: Hans Hespe hat teilweise mitgemacht, hat sich im Rahmen seiner Möglichkeiten aber auch persönlichem und gesellschaftlichem Unrecht widersetzt, wurde dafür schwer bestraft und schließlich krank. Waren die vielen anderen, die nur zugejubelt, mitgemacht, profitiert, weggesehen oder verdrängt und sich angepasst haben, waren die seelisch gesünder?

PK: Zur seelischen Gesundheit gehört die Fähigkeit und die Bereitschaft, Verantwortung zu übernehmen, Mitverantwortung für sein näheres und entfernteres Lebensumfeld - d. h.

mitzufühlen, mitzudenken und mitzuwirken an einem menschenwürdigen Zusammenleben aller.

Kein Zweifel, dass es daran in der Weimarer Republik und mehr noch in der Nazizeit gefehlt hat. Der Nationalsozialismus ist nicht zuletzt auch als Ausdruck der seelischen Störung einer Gesellschaft zu verstehen, in der die gemeinsame Verantwortung für die Wahrung der Menschenwürde jedes Einzelnen als zentrale Aufgabe der Demokratie nicht gefestigt war.

Die große Mehrheit der Deutschen, die mehr oder weniger zugejubelt, mitgemacht, profitiert, weggesehen und verdrängt haben, haben das millionenfache Morden und die Aberkennung jeglicher Menschenwürde von ganzen Völkern und Bevölkerungsgruppen erst möglich gemacht. Dies ist in der Aufarbeitung der Nazizeit bis heute weitgehend unterdrückt oder verdrängt worden. Die öffentliche »Aufarbeitung« der Nazizeit hat sich ganz überwiegend auf die Brandmarkung der verbrecherischen Agitatoren, der »Un-Menschen«, beschränkt. Zugleich herrschte die Tendenz, diejenigen, die mehr oder weniger mitgemacht haben bzw. ihrer Verantwortung zu angemessenem Widerstand nicht nachgekommen sind, als verführte und missbrauchte Opfer darzustellen, die sie teilweise auch, aber nicht nur, waren. Die Unterlassungen und Verfehlungen der großen Mehrzahl der Deutschen blieben unbearbeitet.

Der Bearbeitung »unerledigter Geschichten« kann man, wie wir aus den Therapien wissen, nicht entgehen. Das Unabgeschlossene liegt unter der Oberfläche der Seele, unter dünnen oder auch sehr harten Narben. Aber diese »weißen Flecken in der Landschaft der Seele«, wie ich sie an anderer Stelle genannt habe, beeinflussen weiterhin unser Leben. Die Narben hindern unsere Lebendigkeit. Unter den Narben brodelt es, denn unerledigte Geschichten haben die Eigenart, sich zu reinszenieren, in Fantasien, Träumen, Gedanken, Beziehungen. Nicht selten entwickeln sich daraus seelische Störungen - Verarmungen, Ängste, Depressionen u. ä., wenn das Grundproblem nicht bearbeitet wird. Bearbeiten heißt vor allem: die unabgeschlossenen Geschichten noch einmal ansehen, nachfühlen, aushalten, zu verstehen suchen, betrauern - möglichst in Gemeinschaft mit anderen - bis sich daraus eine veränderte Haltung und Orientierung entwickelt.

KS: Der größte Teil der Menschen der Täter- und Mitläufergeneration der Nazizeit lebt inzwischen nicht mehr. Was bedeuten die »unerledigten Geschichten« für die nachfolgenden Generationen?

PK: Die »Gnade der späten Geburt« (Helmut Kohl) ist eine Selbsttäuschung. Die unerledigten Geschichten - man kann auch sagen Reifungsstörungen - werden an die nachfolgenden Generationen weitergegeben, bis sie bearbeitet sind. In den Therapien sehen wir manchmal, wie sich die unaufgelösten Probleme der Großväter in den Enkeln zeigen und wie bei denen die gleiche Tendenz zu beobachten ist: Wegsehen und Zudecken. Bereitschaft zur Auseinandersetzung ist eher selten. Wie im individuellen Leben sind auch im gemeinschaftlichen Leben die unabgeschlossenen, nicht verarbeiteten Geschichten jene »weiße Flecken in der Landschaft der Seele«, von denen eben die Rede war.

KS: Wie zeigt sich das heute, mehr als ein halbes Jahrhundert nach dem Ende des »Dritten Reiches«?

PK: Nur wenn wir das Vergangene besser annehmen und verstehen, gewinnen wir Orientierung für das Heute und Morgen. Die anteilnehmende, nachdenkliche, lernbereite Auseinandersetzung mit der gesellschaftlichen Entwicklung in der Zeit des Nationalsozialismus kann zeigen, wie wichtig es ist, genau in den Spiegel zu schauen.

Vielleicht wird dann deutlich, dass wir auch heute Mittäter, Profiteure, Wegseher, Verdränger sind, in dem wir sehenden Auges zulassen, dass weltweit die Reichen immer reicher, die Armen immer ärmer werden, dass Kriege, Hunger und unnötige Krankheit in der Welt nicht abnehmen, dass die ökologischen Grundlagen des Lebens immer stärker gefährdet werden, dass die Zukunft unserer Kinder durch den Abbau öffentlicher Güter wie Bildung, Forschung, Gesundheitsförderung, Pflege, soziale Eingliederung bedroht ist, dass auch unser Grundgesetz, etwa bzgl. des Gebots der Sozialbindung des Eigentums, im politischen Alltag nicht mehr beachtet wird.

Wer so in den Spiegel schaut, wird sich erst einmal unbehaglich, vielleicht sogar ohnmächtig fühlen. Es ist aber die Voraussetzung dafür, besser zu verstehen und neue Wege zu gehen - am besten zusammen mit anderen.

Wer versucht, anderen den Spiegel vorzuhalten, wird auch heute leicht zum Außenseiter. Hans Hespe hat dies über Jahre in einem lebensgefährlichen Umfeld mit hohem Risiko gemacht. Dafür gebührt ihm Respekt und Anerkennung.

Anhang

Abkürzungsverzeichnis

AG	Amtsgericht
AKG	Allgemeines Kriegsfolgen-Gesetz
Az.	Aktenzeichen
BA-MA	Bundesarchiv/Militärarchiv
BAB	Bundesarchiv Berlin
BAL	Bundesarchiv Außenstelle Ludwigsburg
BAKM	Bundesarchiv Kornelimünster
BdO	Befehlshaber der Ordnungspolizei
BEG	Bundesentschädigungsgesetz
BLEA	Bayerisches Landesentschädigungsamt Exekutiv-Ausschuss
BStA	Stadtarchiv Berlin
BStN	Städtische Nervenklinik Bremen-Osterholz
BStU	Bundesbeauftragte für die Unterlagen des Staatssicherheitsdienstes der ehemaligen Deutschen Demokratischen Republik
BVA	Bundes-Versicherungs-Anstalt
CIC	Counter Intelligence Corps
Ebd.	Ebenda
E.G.	Entschädigungs-Gesetz
Egr	Einsatzgruppe
EK	Eisernes Kreuz
Ekdo	Einsatzkommando
EM	Ereignismeldung des Chefs der Sicherheitspolizei und des SD
FDGB	Freier Deutscher Gewerkschaftsbund
FHMG	Functional Histories of Military Government
GenKdo	Generalkommando
GenStA	Generalstaatsanwalt
HPA-HBN	Bezirks-Heil- und Pflegeanstalt Hildburghausen/Thüringen
HSSPF	Höherer SS- und Polizeiführer
HWL	Haupt-Wirtschaftslager
Inf.Div.	Infanterie-Division
KgU	Kampfgruppe gegen Unmenschlichkeit
KL	Konzentrationslager
KVK	Kriegsverdienstkreuz
KTB-OKW	Kriegstagebuch des Oberkommandos des Heeres (Wehrmachtsführung)
LG	Landgericht
LfA	Landesfinanzamt
LKA	Landeskriminalamt
LVABE	Landesverwaltungsamt Berlin
MfS	Ministerium für Staatssicherheit (Akten Hespe siehe unter Quelle: BStU)
NBldPPiB	Nachrichtenblatt des Polizeipräsidenten in Bremen

NKWD	Bezeichnung für den sowjetisch politischen Geheimdienst (Abk. aus russisch »Narodny Kommissariat Wnutrennich Del« = Volkskommissariat des Inneren)
NSG	Nationalsozialistische Gewaltverbrechen
NSV	Nationalsozialistische Volksfront
o. D.	ohne Datum
OFD	Oberfinanzdirektion
o. J.	ohne Jahr
OKH	Oberkommando des Heeres
o. O.	ohne Ort
OLG	Oberlandesgericht
OMGUS	Office of Military Government, United States
Pg	Parteigenosse
PrV	Politisch, religiös, rassisch Verfolgter
RA	Rechtsanwalt
Res.-Pol.Batl.	Reserve-Polizeibataillon
RFSS	Reichsführer SS
RGBl.	Reichsgesetzblatt
RUS	Rasse- und Siedlungshauptamt
SA	Sturmabteilung (der NSDAP)
SD	Sicherheitsdienst (der SS)
SfS	Sekretariat für Staatssicherheit
Skdo	Sonderkommando
SMAD	Sowjetische Militär-Administration
SS	Schutz-Staffel (der NSDAP)
SSD	Staatssicherheitsdienst (der DDR)
SSGD	Stiftung Sächsische Gedenkstätten Dresden
StAB	Staatsarchiv Bremen
Stasi	Staatssicherheitsdienst (der DDR)
StNB	Städtische Nervenklinik Bremen (Zentralkrankenhaus Bremen Ost)
StPO	Strafprozessordnung
StVA	Strafvollzugsanstalt
VA	Vollzugsanstalt
VH	Verfahren gegen Helwes u.a wegen Mordes u.a. NSG; StAB 4,89/3-925(-932)
VOS	Vereinigung der Opfer des Stalinismus
VP	Volkspolizei
VPI	Volkspolizei-Inspektion
VWE	Verfahren um Wiedergutmachung und Entschädigung; StAB 4,54-E 4547
WHO	World Health Organisation
ZPO	Zivilprozessordnung
ZStL	Zentrale Stelle der Landesjustizverwaltungen in Ludwigsburg (jetzt BAL)

Quellen- und Literaturverzeichnis

1. Quellen

Archive

Bundesarchiv Berlin (BAB)

DP 1 Ministerium der Justiz
R 19 Ordnungspolizei
R 20 Hauptamt Ordnungspolizei
R 58 Reichssicherheitshauptamt
R 70 Polizeidienststellen in den besetzten Gebieten (N = Norwegen/NL = Niederlande)
RUS-Personalakten

Bundesarchiv-Militärarchiv Freiburg (BA-MA)

RH 2 Oberkommando des Heeres /Operationsabteilung
RH 4 Oberkommando des Heeres
RH 20 Oberkommando von Armeen
RH 22 Kommandanten der rückwärtigen Armeegebiete
RH 26 Infanteriedivisionen
RW 4 Oberkommando der Wehrmacht

Bundesbeauftragte für die Unterlagen des Staatssicherheitsdienstes der ehemaligen Deutschen Demokratischen Republik (BStU)

BStU-MfS - AOP 1109/56	Zentralarchiv (MfS-Z)
BStU-MfS - SdM 1907	Sekretär des Ministers (MfS-M)
BStU-MfS - AU 653/58-1	Ermittlungsverfahren, Bd. 1 (MfS-E)
BStU-MfS - AU 653/58-2	Gerichtsakte, Bd. 2 (MfS-G)
BStU-MfS - AS 121/76	Allg. Sachen, Bd. 22 (MfS-A)

Staatsarchiv Bremen (StAB)

Senatsregistratur

3-B.4.H.2 AVZ	Hafenbeamte
3-S.5.b.Nr.767	Schiffsunfälle
4,82/1-	Einwohnermeldekartei
4,13/1.P.1.a	Polizeiangelegenheiten
4,13/1.P.1.b	Ordnungspolizei
4,10-	Personalakten
4,54-	Landesamt für Wiedergutmachung
4,54-E 4547	Hans Hespe (VWE)
4,66-I	Senator für politische Befreiung
4,89/3-925(-932)	Ermittlungsverfahren gegen Helwes u.a. (VH)
7,500-B-65	Kleine Erwerbungen
16.1/2	Office of Military Government for Bremen (OMGUS Bremen)/ FHMG Functional Histories

Stadtarchiv Berlin
1 P Js 1014/61; 1 P Js 684/62 Gerichtsakten
Stiftung Brandenburgische Gedenkstätten
GARF 9409, op. 1 d. 384.1.84 Gedenkstätte und Museum Sachsenhausen (GuMS)
Stiftung Sächsische Gedenkstätten Dresden Dokumentationsstelle Widerstands- und Repressionsgeschichte
(Vereinigung der Opfer des Stalinismus) (VOS-Akte Hespe)
Thüringisches Staatsarchiv Meiningen
Bezirksgericht Suhl, Nr. 372
BdVP Suhl/-Gefangenenakten, Film 41/9S
Zentrale Stelle/Bundesarchiv Ludwigsburg (ZStL)
8 AR 1300/64 [Verf. gegen Res.-Pol.-Batl. 105]
Nationaal Archief der Niederlande, Den Haag
inv.nr. 986, nr. 3246, nr. 4051, nr. 181 Commissies tot Opsporing van Oorlogsmisdadi gers (COOM), 1944-1949

Amtsgericht Bremen
HRA 117, 543 Registersachen
Landesverwaltungsamt – Entschädigungsamt Berlin
1960 O.Entsch. 245-62 PrV
Landesfachkrankenhaus für Psychiatrie und Neurologie Hildburghausen
Krankenakte Hespe
Zentralkrankenhaus Bremen-Ost (Städtische Nervenklinik Bremen)
Krankenakte Hespe

Privatbesitz

Hespes Briefe an seine Frau Elfriede (siehe Seite 214/215)
- aus dem Gefängnis Riga:
  8.7.1942; 5.8.1942 [richtig: 5.9.1942]; 12.8.1942; 23.8.1942; 1.9.1942; 4.9./9.9.1942; 11.9.1942; 19.9.1942; 4.10.1942; 6.10.1942; verm. Sept. 1942; verm. Dez. 1942.
- aus dem KZ Dachau: 23.5.1943, 6.2.1944; 27.3.1944; 21.12.1945 [richtig: 1944]; 14.2.1945; 17.2.1945.

Briefe von Elfriede Hespe
- an Hans Hespe: 7.8.1941; 2.4.1942; 07.04.1942; 25.4.1942, 27.4.1942; 1.5.1942; 3.5.1942.
- an die Militärregierung: 29.10.1945.

Fotos, Alben und Dokumente/Nachlass ehem. Bataillonsangehöriger, Tagebücher Walter K.,

Gespräche:
- mit den ehemaligen Unterführern im Res.-Polizeibataillon 105

- Karl R. (Jg. 1914): 2000 (29.6.; 7.7.; 19.7.; 9.8.; 23.8.; 13.11.; 13.12). 2001 (12.2.; 11.5.). 2004 (26.5), 2005 (22.2.).
- Gerhard F., (Jg. 1916): 22.11.2000; 17.1. und 8.5.2001; 22.3.2002; 27.2.2003; 21.5.2004.
- mit Hespes Töchtern Helga W. und Ingrid H. sowie mit Bernhard H., dem Schwiegersohn Hespes.

2. Literatur

Arad, Ytzhak: Der Holocaust an den sowjetischen Juden in den besetzten Gebieten der Sowjetunion. In: Wassili Grossmann, Ilia Ehrenburg, Arno Lustiger (Hg.): Das Schwarzbuch. Der Genozid an den sowjetischen Juden. Reinbek bei Hamburg 1994, S. 1015–1062.

Bajohr, Frank: Parvenüs und Profiteure. Korruption in der NS-Zeit. Frankfurt a. M. 2001.

Bericht über die Krimkonferenz v. 3.–11.2.1945. Hg. von der Stiftung Schlösser und Gärten Potsdam-Sanssouci. Amtsblatt des Kontrollrats in Deutschland. Ergänzungsblatt Nr. 1, Potsdam 1991.

Birn, Ruth Bettina: Die höheren SS- und Polizeiführer. Himmlers Vertreter im Reich und in den besetzten Gebieten. Düsseldorf 1986.

Birkenfeld, Günther: Der NKWD-Staat. In: Der Monat 2 (1950) Nr. 18, S. 628–643.

Blessin, Georg/ Hans Wilden: Bundesentschädigungsgesetze (mit Erg.-Bd.: Die Rechtsverordnungen zum Bundesentschädigungsgesetz 1955), Kommentar. Berlin, München 1954.

Braunbuch, Kriegs- und Naziverbrecher in der Bundesrepublik. Hg. vom Nationalrat der Nationalen Front des demokratischen Deutschland, Dokumentationszentrum der staatlichen Archivverwaltung der DDR. Berlin 1965.

Browning, Christopher: Ganz normale Männer. Das Reserve-Polizeibataillon 101 und die »Endlösung« in Polen. Reinbek bei Hamburg 1996.

Buschmann, Friedrich: Dienstlicher Bericht über die Entnazifizierung in Bremen. In: Wiltrud Ulrike Drechsel, Andreas Röpke (Hg.): »Denazification«. Bremen 1992, S. 10–39.

Comité International de Dachau (Hg.): Konzentrationslager Dachau 1933–1945 [Katalog]. Bearb. von Barbara Distel und Ruth Jakusch. 7. Aufl., Brüssel 1978.

Curilla, Wolfgang: Die deutsche Ordnungspolizei und der Holocaust im Baltikum und in Weißrußland 1941–1944, Paderborn, München, Wien, Zürich 2006.

Dilling, Horst/ Werner Mombour/ M. H. Schmidt (Hg): Internationale Klassifikation psychischer Störungen. ICD-10 Kap. V (F); klinisch-diagnostische Leitlinien/Weltgesundheitsorganisation. 3. Aufl., Bern, Göttingen, Toronto, Seattle 1993.

Drechsel, Ulrike/ Andreas Röpke (Hg.): »Denazification«. Zur Entnazifizierung in Bremen (= Beiträge zur Sozialgeschichte Bremens 13). Bremen 1992.

Eiber, Ludwig: »... ein bißchen die Wahrheit«. Briefe eines Bremer Kaufmanns von seinem Einsatz beim Reserve-Polizeibataillon 105 in der Sowjetunion. In: 1999. Zeitschrift für Sozialgeschichte des 20. und 21. Jahrhunderts, Bd. 1. Hamburg 1991, S. 58–83.

Eiber, Ludwig: KZ-Außenlager in München. In: Dachauer Hefte 12 (1996), S. 58–80.

Engelmann, Roger: Die Kampfgruppe gegen Unmenschlichkeit. In: Henke, Steinbach, Tuchel: Widerstand und Opposition in der DDR, S. 183–192.

Finn, Gerhard: Die Widerstandsarbeit der Kampfgruppe gegen Unmenschlichkeit. In: Unrecht überwinden. SED-Diktatur und Widerstand. (= Aktuelle Fragen der Politik 38, hg. von der Konrad-Adenauer-Stiftung) Sankt Augustin 1996, S. 23-45.
Fricke, Karl Wilhelm: Opposition und Widerstand in der DDR. Politische Lebensbilder. München 2002.
Fischer, Ursula: Zum Schweigen verurteilt. Denunziert - verhaftet - interniert (1945-1948), Berlin 1992
Geschichte der Deutschen Volkspolizei. Hg. vom Ministerium für Staatssicherheit. Bd.1: 1945-1961; Bd.2: 1961-1975. Berlin 1979/1983.
Gneist, Gisela, Horst Neundorf: Nachkriegsunrecht an Wittenberger Jungen und Mädchen. In: Räbiger: »Allenfalls kommt man für ein halbes Jahr in ein Umschulungslager ...«, S. 27-41.
Gorynia, Viktor/ Gertrud Röder: Annäherung an eine Ausstellung. In: Der Stacheldraht Nr.2/2000, S. 8-9.
Grossmann, Wassili/ Ilja Ehrenburg/ Arno Lustiger (Hg.): Das Schwarzbuch. Der Genozid an den sowjetischen Juden. Reinbek 1994.
Halder, Franz: Kriegstagebuch. Tägliche Aufzeichnungen des Chefs des Generalstabes des Heeres 1939-1942. 3 Bde., hg. vom Arbeitskreis für Wehrforschung, bearb. von Hans-Adolf Jacobsen in Verbindung mit Alfred Philippi. Stuttgart 1962-1964 [KTB Halder].
Hammermann, Gabriele: Das Internierungslager Dachau 1945-1948. In: Dachauer Hefte 19 (2003), S. 48-70.
Heemann, Günter/ Günther Meyer (Hg.): Die deutschen Wasserschutzpolizeien - Geschichte und Gegenwart (= Historisches vom Strom 14). 2. Aufl., Gelsenkirchen 2000.
Heinsohn, Gunnar: Lexikon der Völkermorde. Reinbek 1998.
Henke, Klaus-Dieter/ Peter Steinbach/ Johannes Tuchel (Hg): Widerstand und Opposition in der DDR (= Schriften des Hannah-Arendt-Instituts für Totalitarismusforschung, Bd. 9). Köln, Weimar, Wien 1999.
Hesse, Hans/ Jens Schreiber: Vom Schlachthof nach Auschwitz. Die Verfolgung der Sinti und Roma aus Bremen, Bremerhaven und Nordwestdeutschland. Marburg 1999.
Hesse, Hans: Konstruktionen der Unschuld. Die Entnazifizierung am Beispiel von Bremen und Bremerhaven 1945-1953, Bremen 2005.
Hilberg, Raul: Die Vernichtung der europäischen Juden. 3 Bde., Frankfurt a. M. 1990.
Hofstätter, Peter R. (Hg.): Psychologie. Frankfurt a. M. 1957.
Höhne, Heinz: Der Orden unter dem Totenkopf. Die Geschichte der SS. Hamburg 1960 und Gütersloh 1967.
Die DDR. Informationen zur politischen Bildung 205. Hg. von der Bundeszentrale für politische Bildung. Bonn 1984.
Klee, Ernst: Das Personenlexikon zum Dritten Reich. Wer war was vor und nach 1945. Frankfurt a. M. 2003.
Klein, Peter (Hg.): Die Einsatzgruppen in der besetzten Sowjetunion 1941/42. Tätigkeits- und Lageberichte des Chefs der Sicherheitspolizei und des SD. Berlin 1997.
Klemp, Stefan: »Nicht ermittelt«, Polizeibataillone und die Nachkriegsjustiz - ein Handbuch. Essen 2005.
Knigge, Volkhard/ Rikola-Gunnar Lüttgenau/ Bodo Ritscher/ Harry Stein: Konzentrationslager Buchenwald 1937-1945, Speziallager Nr. 2 1945-1950. Bericht der Enquete-Kom-

mission des Deutschen Bundestages »Überwindung der Folgen für die SED-Diktatur im Prozess der deutschen Einheit«. Weimar, Buchenwald 1998.
Kogon, Eugen: Der SS-Staat. Das System der deutschen Konzentrationslager. 35. Aufl., München 1998.
Konzentrationslager Dachau 1933 bis 1945. Text- und Bilddokumente zur Ausstellung [Kat. zur gleichnamigen Ausstellung. Neugestaltung der Ausstellung der KZ-Gedenkstätte Dachau]. Hg. von Barbara Distel. München 2005.
Kopelin, L.P.: Die juristischen Grundlagen für die Rehabilitierung unrechtmäßig repressierter deutscher Staatsangehöriger. Vortrag vom 15.3.2000, Stiftung Sächsische Gedenkstätten, Dresden [Ms.].
Kühle, Barbara / Wolfgang Titz: Speziallager Nr. 7 Sachsenhausen 1945-1950. Berlin 1990.
Lange, Gunter: Jeanette Wolf: 1888 bis 1978. Eine Biographie. Bonn 1988.
Leo, Annette: Das Speziallager Nr. 7 Sachsenhausen 1945-1950. In: Dachauer Hefte 19 (2003), S. 251-262.
Lipinsky, Jan: Sowjetische Lager in Deutschland. Hg. von der Arbeitsgemeinschaft Lager Sachsenhausen 1945-1950 e.V., Hamburg o. J. URL: www.uokg.de/Text2/Mit-Sachs03.htm [Stand: 30.05.2006].
Mallmann, Klaus-Michael/ Gerhard Paul: Karrieren der Gewalt. Nationalsozialistische Täterbiographien. Darmstadt 2004.
Matthäus, Jürgen, Konrad Kwiet/ Jürgen Förster/ Richard Breitmann: »Ausbildungsziel Judenmord?« Weltanschauliche Erziehung von SS, Polizei und Waffen-SS im Rahmen der »Endlösung«. Frankfurt a. M. 2003.
Morsch, Günter/ Ines Reich (Hg.): Sowjetisches Speziallager Nr. 7/Nr. 1 in Sachsenhausen (1945-1950), Katalog der Ausstellung in der Gedenkstätte und Museum Sachsenhausen, Schriftenreihe der Stiftung Brandenburgische Gedenkstätten, Bd. 14, Berlin 2005.
Müller, Ingo: Furchtbare Juristen - Die unbewältigte Vergangenheit unserer Justiz. München 1989.
Puvogel, Ulrike/ Martin Stankowski/ Ursula Graf: Gedenkstätten für die Opfer des Nationalsozialismus. Eine Dokumentation. Hg. von der Bundeszentrale für politische Bildung. Bd. I. 2.Aufl., Bonn 1995.
Räbiger, Rocco: »Allenfalls kommt man für ein halbes Jahr in ein Umschulungslager ...« Nachkriegsunrecht an Wittenberger Jugendlichen. Hg. von der Arbeitsgemeinschaft Lager Sachsenhausen 1945-1950 e.V., Torgau 1998.
Rohloff, Gabriele: »Ich weiß mich frei von irgendeiner Schuld ...« Die Entnazifizierung der Richter und Staatsanwälte am Beispiel des Sondergerichts Bremen, Bremen 1940-1945. Bremen 1999.
Roth, Karl Heinz/ Angelika Ebbinghaus (Hg.): Rote Kapellen - Kreisauer Kreise - Schwarze Kapellen. Neue Sichtweisen auf den Widerstand gegen die NS-Diktatur 1938-1945. Hamburg 2004.
Scheffler, Wolfgang: Judenverfolgung im Dritten Reich. Berlin 1964.
Scheffler, Wolfgang: Die Einsatzgruppe A 1941/42, in: Klein, Peter, Die Einsatzgruppen in der besetzten Sowjetunion 1941/42, S.29-51.
Schenk, Dieter: Hitlers Mann in Danzig. Albert Forster und die NS-Verbrechen in Danzig-Westpreußen. Bonn 2000.

Schumacher, Martin (Hg.) »M.d.R. Die Reichstagsabgeordneten der Weimarer Republik in der Zeit des Nationalsozialismus. Politische Verfolgung, Emigration und Ausbürgerung 1933-1945. 3., erheblich erw. und überarb. Aufl., Düsseldorf 1994.
Schramm, Percy E. (Hg): Kriegstagebuch des Oberkommandos des Heeres (Wehrmachtsführung): 1940-1945. Geführt von Helmuth Greiner und Percy Ernst Schramm im Auftrag des Arbeitskreises für Wehrforschung. 8 Bde., Augsburg 2002. [zit.: KTB-OKW]
Schwarzwälder, Herbert: Geschichte der Freien Hansestadt Bremen. Bd. 4: Bremen in der NS-Zeit (1933-1945). Bremen 1995.
Seidler, Franz W.: Die Militärgerichtsbarkeit der Deutschen Wehrmacht 1939-1945. München, Berlin 1991.
Stang, Knut: Dr. Oskar Dirlewanger - Protagonist der Terrorbekämpfung. In: Mallmann, Paul: Karrieren der Gewalt, S. 66-75.
Sofsky, Wolfgang: Die Ordnung des Terrors: Das Konzentrationslager. Frankfurt a.M., 1997
Streit, Christian: »Keine Kameraden«. Die Wehrmacht und die sowjetischen Kriegsgefangenen 1941-1945. Neuausgabe. Bonn 1997 [zuerst: Stuttgart 1978].
Tessin, Georg/ Norbert Kannapin (unter Mitarbeit von Brün Meyer): Waffen-SS und Ordnungspolizei im Kriegseinsatz 1939-1945. Ein Überblick anhand der Feldpostübersicht. Osnabrück 2000.
Whitney, Craig R.: Advocatus Diaboli. Wolfgang Vogel - Anwalt zwischen Ost und West. Berlin 1993.
Wilhelm, Friedrich: Die Polizei im NS-Staat. Die Geschichte ihrer Organisation im Überblick. Paderborn, München, Zürich, Wien 1997.
Wrobel, Hans: Strafjustiz im totalen Krieg. Aus den Akten des Sondergerichts Bremen 1940-1945. 3 Bde., Bremen 1991-1994.
Zofka, Zdenek: Allach - Sklaven für BMW. In: Dachauer Hefte 2 (1986), S. 68-78.

Hans Hespe: Chronologische Daten

21.06.1907	In Brake geboren
30.09.1916	Bootsunglück: Verlust der Eltern und Geschwister
1923	Verlust des elterlichen Vermögens durch die Weltwirtschaftskrise
26.05.1934	Heirat
1934	selbstständiger Kaufmann, Kaffeegroßrösterei
1937	Im Verstärkten Polizeischutz (VPS) ausgebildet
01.09.1939	Zur Polizeireserve einberufen
09.03.1941	Zum Res.-Polizeibataillon 105 verpflichtet
26.05.1941	Mit dem Bataillon nach Westpreußen verlegt
22.06.1941	Beginn des Krieges mit der Sowjetunion
22.03.1942	In Kempolowo inhaftiert
01.05.1942	»Strenger Wachdienst« in Riga
24.06.1942	In Riga inhaftiert
04.09.1942	Urteil des SS- und Polizeigerichts in Riga: fünf Jahre Zuchthaus
1943 - 1945	Im KZ Dachau
20.02.1945	»Bewährungseinheit Dirlewanger«
21.04.1945	Verwundet im Lazarett Königs Wusterhausen
13.08.1945	Entlassung aus sowjetischer Kriegsgefangenschaft
03.09.1945 - 09.05.1946	Wieder in Bremen
26.03.1946	Scheidung
15.05.1946 - 18.01.1950	Interniert im Speziallager Nr.7/Nr.1 Sachsenhausen
Januar 1950	Mitbegründer im VOS
01.09.1954	Notstandssachbearbeiter beim Bezirksamt Charlottenburg
16.10.1954	Festnahme durch das MfS
24.03.1955	1. DDR-Urteil (Stadtgericht Berlin): vier Jahre Gefängnis
26.04.1955	2. DDR-Urteil (Kammergericht Berlin): Aufhebung des Stadtgerichts-Urteils und Rückverweisung)
17.05.1955	3. DDR-Urteil (Stadtgericht Berlin): sechs Jahre Gefängnis
16.06.1955	Berufung durch das Kammergericht verworfen
30.11.1956	Haftanstalt Untermaßfeld
24.01.1957 - 26.06.1957	Heil- und Pflegeanstalt Hildburghausen (Haftunterbrechung)
22.05.1960 - 26.04.1961	Untersuchungshaftanstalt Meiningen
24.05.1961	4. DDR-Urteil (Bezirksgericht Suhl): Einstellung
25.05.1961	Entlassung aus der DDR-Haft
24.07.61 - 06.01.1962	Städtische Nervenklinik Bremen-Ost
01.12.1968	Hans Hespe stirbt in Berlin an Leberkrebs

Chronologie der Anträge auf Entschädigung/Wiedergutmachung

25. / 28.8.1950	Antragstellung beim Amt für Wiedergutmachung
06.10.1950	Ablehnungsbescheid
25.10.1950	Gütliche Einigung scheitert
02.11.1950	Klage bei der 2. Entschädigungskammer LG Bremen
03.12.1954	LG Berlin bestätigt Urteil des SS-und Polizeigerichts
09.11.1956	Teilurteil des LG Bremen (Teil-Erfolg für Hespe)
20.02.1957	Berufung durch den Senator für Finanzen
17.04.1957	Hanseatisches OLG hebt das Teilurteil auf
20.11.1959	Schlussurteil: LG Bremen weist bisher nicht behandelte Ansprüche ab
20.03.1962	Restitutionsklage
17.05.1963	Berufung wird rechtskräftig verworfen, Restitutionsklage wird verworfen
14.07.1963	Berufung gegen die Verwerfung
23.08.1963	LG Berlin: Urteil zur PrV-Rente
28.10.1963	LG Bremen verwirft die zweite Berufung
1964	Hespe gibt den Anstoß zum Verfahren gegen Hans Helwes u.a. im Res.-Polizeibataillon 105 wegen Mordes (NSG)
21.09.1966	Antrag auf Härteausgleich nach dem BEG
03.01.1969	Härteausgleich wird abgelehnt

Bestandsverzeichnis der Briefe Hans Hespes 1942 bis 1945[648]

Umfang und Daten

27 Briefe aus der Korrespondenz der Familie sind im Nachlass Hespes erhalten. Von Elfriede Hespe sind es neun Briefe, davon sieben an ihren Mann Hans Hespe und zwei an die Militärregierung in Bremen. Die an ihren Mann mit der Schreibmaschine geschriebenen Briefe (Nr. 26 und Nr. 139–151) umfassen rund 15 Seiten und datieren vom August 1941 (Nr. 26 vom 7.8.1941) sowie von April bis Mai 1942 (Nr. 139 vom 2.4.1942, Nr. 151 vom 3.5.1942), stammen also hauptsächlich aus der ersten Phase seiner Inhaftierung.

Die beiden mit Schreibmaschine an die Militärregierung CIC special branch, Bremen Gerichtshaus, gerichteten Briefe, datieren vom 29. Oktober 1945 und tragen ihren Absender in Bremen.

Die 18 Briefe Hans Hespes, die ca. 72 Seiten umfassen, richten sich alle an seine Frau Elfriede. Zwölf schrieb er während seiner Haftzeit in Riga, sechs aus dem KZ Dachau. Von allen Briefen ist nur einer (in Dachau) mit der Maschine getippt. Um auf dem rationierten Briefpapier möglichst viel berichten zu können, schrieb er teilweise sehr klein und eng. Von den Briefen, die er im Gefängnins in Riga schrieb, bestehen drei als Fragmente. Sieben wurden zensiert und wenigstens einer herausgeschmuggelt.

Briefe aus Riga:

Datum	Format	Seiten	Anmerkung
8.7.42	A 5	2	IX. Korp. Atsevis̆kas
5.8.42	A 4	4	(richtig 5.9.1942)
12.8.42	A 5	4	
23.8.42	A 4/(1Abriss)	4	zensiert
1.9.42	A 4	4	zensiert
4.9./9.9.42	A 4 (Abriss)	2	zensiert
11.9.42	A 4/A 5	4	
19.9.42	A 5 (Abriss)	2	zensiert
4.10.42	A 4	2	zensiert
6.10.42	A 4/ A 5	4	zensiert
ohne Datum, vermutlich Sept. 1942	A 4 (1 Abriss)	10	Fragment (vermutl. fehlen ca. 10 Seiten)
ohne Datum, vermutlich Mitte Dez. 42	A 5	6	geschmuggelt

648 Alle Briefe befinden sich im Privatbesitz d. Verf.

Briefe aus dem KZ Dachau:

Datum	Format	Seiten	Anmerkung
23.5.43	A 4	4	
6.2.44	A 4	8	
27.3.44	A 4	1	in Maschinenschrift, aus München
21.12.45	A 4	6	[muss 21.12.1944 lauten]
14.2.45	A 4	2	
17./18.2.45	A 4	3	

Zu den »Hespe-Berichten« 1951 und 1964

Hespe-Bericht 1951 (StAB 4,54-E 4547)

Im Verfahren um Wiedergutmachung und Entschädigung wurde Hespe 1951 von der Entschädigungskammer des Landgerichts Bremen gebeten, zu den Geschehnissen und seiner damaligen politischen Einstellung Stellung zu nehmen (Az. 2024/1950 E), um zu klären, ob er als politisch Verfolgter anerkannt werden könne. Am 16. April 1951, also sechs Jahre nach Kriegsende, legte er dazu einen sechzehnseitigen Bericht vor (vierzehn Seiten mit einer zweiseitigen Ergänzung).[649] Darin prangerte er u. a. die Verhaftung harmloser Zivilisten und die Erschießung von Kriegsgefangenen durch das Polizeibataillon 105 an.

Hespe-Bericht 1964 (StAB 4,89/3-925)

Nach seiner Entlassung aus DDR-Haft und dem erfolglosen Prozessausgang hatte sich Hespe am 6. Juni 1964 aus Berlin mit einem Brief an seinen Rechtsanwalt Haefker gewandt, der das elfseitige Schreiben am 3. August 1964 als Eingabe im Wiedergutmachungs- und Entschädigungsverfahren an den Bundesminister der Justiz beifügte.

Wegen der darin enthaltenen Aussagen über Kriegsverbrechen gab das Justizministerium das Schreiben an die Zentrale Stelle der Landesjustizverwaltungen zur Aufklärung nationalsozialistischer Verbrechen in Ludwigsburg weiter.[650] Ludwigsburg bat daraufhin den Polizeipräsidenten in Berlin, Hespe dazu zu hören. Seine Aussagen übermittelte Berlin am 2. Oktober 1964 nach Ludwigsburg, das daraufhin den Fall an die Staatsanwaltschaften in Bremen abgab. Bei den »angeblichen Erschießungen russischer Kriegsgefangener handelt es sich nicht um Verbrechen gegen Zivilpersonen«, lautete die Begründung. »Eine Zuständigkeit der Zentralen Stelle ist daher nicht gegeben.«[651]

649 Bericht unter VWE.

650 Schreiben Der Bundesminister der Justiz, Az.-1101 II (865) - 41600/64 - Bonn, den 24.8.1964: ZStL 8 AR-Nr.1300/64, Bl. 1-9.

651 Schreiben ZStL Az. 8 AR-Nr.1300/64 an den Generalstaatsanwalt beim Hanseatische Oberlandesgericht Bremen und an den Leitenden Oberstaatsanwalt beim Landgericht Bremen vom 3.11.1964: VH, Bd. I, Bl. 1; Bericht, Bl. 11 ff.

Urteil des SS- und Polizeigerichts in Riga

SS- und Polizeigericht XVI
- Riga -
St.L I Nr. 102/42

Feld-Urteil
IM NAMEN DES DEUTSCHEN VOLKES

In der Strafsache gegen den Rottwachtmeister d.Sch.P.d.Res.
Hans HESPE, geb. 12.6.07 in Brake/Oldenburg
2./Res.Pol.Stl.105, Res.Pol.Kompanie Riga,
wegen Zersetzung der Wehrkraft durch Dienstentziehung, wegen fortgesetzter Beleidigung eines Vorgesetzten und wegen fortgesetzten Ungehorsams
hat das am 3. u. 4.9.42 in Riga
zusammengetretene SS- und Polizeigericht XVI Riga,
an dem teilgenommen haben
als Richter:

SS-Oberscharführer und SS-Richter d.Res.	Wollenzien	Vorsitzender
Rev.-Leutnant d.Sch.	Jahnke	Beisitzer
Rottwachtm.d.Sch.	Friedrich	Beisitzer

als Vertreter der Anklage:
SS-Obersturmführer und
SS-Richter d.Res. Dr. Patig

als Beurkundungsführer der Geschäftsstelle:
SS-Hauptscharführer Meyer
für Recht erkannt:

Der angeklagte - Rottwachtmeister d.Sch.d.Res. - Hans Hespe, wird wegen Zersetzung der Wehrkraft durch Dienstentziehung, ferner wegen fortgesetzter Beleidigung eines Vorgesetzten und wegen fortgesetzten Ungehorsams zu einer Zuchthausstrafe von

5 - fünf - Jahren

verurteilt. Die bürgerlichen Ehrenrechte werden ihm auf die Dauer von 2 Jahren aberkannt. Im übrigen wird der Angeklagte freigesprochen.

Gründe:

I.

Der Angeklagte - Rottwachtmeister der Schutzpolizei der Reserve - Hans Hespe ist am 21. Juni 1907 in Brake in Oldenburg als Sohn des Kapitäns Ludwig Hespe und dessen Ehefrau Maria, geb. Beilken, geboren. Er besuchte das Gymnasium und verliess dieses mit der Obersekundarreife. Bei einem Bootsunglück verlor er 1916 seine gesamte Familie, Vater, Mutter, Bruder und Schwester. In der Inflation ging das Familienvermögen verloren. Er trat als Lehrling in einen Speditionsbetrieb in Bremen ein. Nach 3jähriger Lehrzeit war er dann 1 Jahr als Kommis tätig. Anschließend arbeitete er bei der Exportfirma F. Möller. Seit 1934 ist er selbständig. Er hat aus kleinen Anfängen seine Firma zu einer - nach seinen Angaben - der größten Kaffeeröstereien gemacht und 30 Angestellte beschäftigt. Seit 1937 beim Verstärkten Polizeischutz ausgebildet. Am 1.9.39 wurde er zum VPS einberufen. Er war dann in der Folge im Reich bei verschiedenen Btl. Hafen Wachtkompanien und auf verschiedenen Lehrgängen Oberneuland. Bis jetzt ist er nicht befördert worden. Seit dem 9. März 1941 gehört er dem Pol. Batl. 105 an. Am 9. September kam er nach Russland in die Nähe von Krasnoje Selo und hat bei der Gelegenheit an der Bekämpfung der Partisanenbanden teilgenommen. Der Angeklagt ist evgl. und verheiratet mit Frau Elfriede, geb. Sobotta. Aus der Ehe sind drei Mädchen hervorgegangen, die jetzt 5, bzw. 6 und 7 Jahre alt sind. Gerichtlich ist der Angeklagte im Jahre 1933 wegen fahrlässiger Körperverletzung zu 50.– RM Geldstrafe verurteilt worden. Durch Amnestieerlass 1934 wurde ihm jedoch der Rest erlassen. Disziplinar ist er zweimal vorbestraft, insgesamt zu 15 Tagen Arrest wegen Nichteinhaltung des Dienstweges. Der Angeklagte ist nicht Mitglied der NSDAP und nicht Angehöriger der Schutzstaffel.

In dieser Sache ist er vom 22. März bis 30. April und vom 24. Juni bis jetzt in Haft.

II.

Die Hauptverhandlung hat folgenden Sachverhalt ergeben:

1. Der Angeklagte, der im Polizeibataillon 105 u.a. bei dem Verteidigungskampf um Nowaja Derewnja in der Reserve war, nahm Anfang Februar 1942 in Krivino an der Verteidigung im Rahmen der Bunkerbesatzung teil. Wegen einer angeblichen Zahnerkrankung wurde er von seinem Kompaniechef am 13.2.42 von Kriviono nach Ljuban in Marsch gesetzt mit dem Befehl, sich nach Beendigung der Behandlung wieder in Krivino zu melden. Nach schriftlicher Mitteilung des behandelnden Arztes sollte der Angeklagte voraussichtlich am 21.2.42 entlassen werden. Zu dieser Zeit klagte er aber über eine Nierenerkrankung. Er rief von dort aus seinen Batl. Kommandeur in Kempolowo an und fragte ihn, ob er nicht nach dort zurückkommen könnte. Am 24.12.42 traf ihn sein Kompaniechef in Ljuban und stellte ihn wegen seines Aufenthaltes in Ljuban zur Rede und forderte ihn auf, sich unverzüglich nach Krivino in Marsch zu setzen. Der Angeklagte fragte seinen Kompaniechef, ob er den Eindruck habe, dass er sich

»verpissen« wolle, worauf der Kompaniechef erklärte, ja den hätte er; der Angeklagte solle sich sofort nach vorne in Marsch setzen.

Der Angeklagte erklärte in der Hauptverhandlung, dass seine Zahn- und Nierenschmerzen nicht so erheblich gewesen seien, dass er unbedingt zu diesem Zeitpunkt hätte zum Arzt gehen müssen. Er habe zwar in den letzten Wochen zuvor Zahn- und Nierenschmerzen gehabt, jedoch hätte er es noch gut eine Zeitlang aushalten können. Gleichzeitig habe er mit seiner Krankmeldung auch bezwecken wollen, in Ljuban bei einer vorgesetzten Dienststelle über die Verluste der Kompanien, ihre Ursache über das feige Imstichlassen durch die Offiziere seine Meldung zu machen, gegebenenfalls bei einer vorgesetzten Dienststelle zu veranlassen, dass seine Kameraden nun endlich aus dem Dreck kämen. In Briefen, die er in diesen Tagen an seine Frau schrieb und die in der Hauptverhandlung verlesen wurden, äußert er sich über seine angebliche Erkrankung wie folgt:

»Ich bin für zwei bis drei Tage getürmt- habe Zahnschmerzen entdeckt – vielleicht schneide ich mich mit meiner Zahntour in den eigenen Finger, denn vor einer Std. fuhren Ersatzkameraden nach vorn.«

»Vielleicht klappt es, dass ich gar nicht erst wieder nach vorn brauche. Ich war heute beim Zahnarzt. Ich habe die Sache nur als Vorwand benutzt. Ich habe ja tatsächlich keine Lust, wieder nach vorn zu traben.«

»Ich soll noch bis morgen hier bleiben, dann kommt der Alte wieder durch und soll verfügen. Das ist wieder eine Tour von mir. Scheinbar war nur mit Schwierigkeiten etwas festzustellen. Na, ein paar ermunternde Worte halfen. Nun habe ich es schwarz auf weiss.«

»Diese Krankheit, wenn man sie als solche bezeichnen will, dauert allerdings nur 3 Tage. Das reicht nicht. Blase und Niere dauern wesentlich länger, kann 4 Wochen dauern. Möglich, dass ich mir durch diese Tour das EK. vermassele. Ich bin nicht scharf darauf. Mein eigenes Kreuz ist mir lieber.«

In seiner Vernehmung vom 30. April 1942, die durch Verlesung zum Gegenstand der Hauptverhandlung gemacht wurde, erklärte der Angeklagte zu der Frage der angeblichen Zahnerkrankung folgendes:

»Da ich die Absicht hatte, für einige Zeit mal nach hinten zu kommen, fasste ich den Entschluss, meine derzeitigen Nieren-, -Blasen- und Zahnschmerzen, mit denen ich sonst hätte vorn bleiben können, dazu zu benutzen. Ich fuhr also nach Ljuban und da die Zahnbehandlung nur kürzere Zeit in Anspruch nahm, liess ich mich von einem Arzt auf Blasen- und Nierenleiden untersuchen, um evtl. dadurch mein Verbleiben in dem rückwärtigen Teile etwas hinaus zu zögern.«

Die Hauptverhandlung ergab keine Anhaltspunkte für ein Zurückgehen aus Furcht vor persönlicher Gefahr.

2. Der Angeklagte, der seine angebliche Zahnkrankheit u.a. auch dazu benutzen wollte, um einer vorgesetzten Dienststelle über die Unfähigkeit und Feigheit der Offiziere seines Btl. in Ljuban Meldung zu machen, tat dies zunächst nicht. Er blieb rund 10 Tage in Ljuban, ohne irgendwelche Schritte in dieser Richtung zu unternehmen. Er beschloss sogar, diese Sache auf sich beruhen zu lassen und von einer Meldung Abstand zu nehmen. Als er jedoch am 24.2.42 von seinem Kompaniechef wegen seines – nach Ansicht des Kompaniechefs ungebührlich langen Ausbleibens zur Rede gestellt wurde, und der Kompaniechef sich dahin äußerte, dass er den Eindruck habe, der Angeklagte wolle sich »verpissen«, da beschloss der Angeklagte, »in seinem gerechten Zorne«, wie er selbst sagt, »nunmehr zu der in Ljuban befindlichen Wehr-

machtsdivision zu gehen und zu melden, wer sich eigentlich in Wirklichkeit immer verpisst habe.« Der Division gegenüber erhob er folgende Beschuldigung gegen seine Offiziere:

Er behauptete, dass der Adjutant Leichtkranke nach Hause geschickt habe, um somit die Gefechtsstärke der Truppe herabzusetzen. Ersatz für die Fortgeschickten sei nicht angefordert worden, obwohl in Kempolowo Ersatz vorhanden gewesen sei. Oberleutnant Heymann habe bei einem Mann die Stiefelsohlen mit dem Seitengewehr bearbeitet, sodass die Stiefel für einen Einsatz unbrauchbar geworden seien. Bei der Verteidigung des Ortes Nowaja Derewnja - Ende Januar 1942 - sei eine planmäßige Abwehr nicht eingeleitet worden. Die Offiziere seien nicht persönlich durch die Stellung gegangen. Nach Ansicht der Männer der Kompanie hätte die Stellung eines LMG-Postens unbedingt gehalten werden müssen, da sie für die Verteidigung des Ortes von massgebender Bedeutung gewesen sei. Die Aufgabe des Ortes sei fluchtartig erfolgt, ein Offizier der Wehrmacht habe Hauptmann Westphal zugerufen: »Zwingen Sie Ihre Leute mit der Pistole, das sie den Rückzug decken, das ist doch kein Rückzug, das ist doch eine regelrechte Flucht, meine Herren.«

Munition sei nicht ausreichend vorhanden gewesen und sogar nach hinten geschafft worden. Abschließend erklärte der Angeklagte bei der Division, dass sich ein Offizier des Btls. mit Ausnahme des Leutnants Drücke nie in den Stellungen hätten sehen lassen. Die Angehörigen des Btls. hätten kein Vertrauen zu den Offizieren und wünschten, möglichst bald andere Führer zu bekommen. Dies beziehe sich nicht nur auf rein taktische Angelegenheiten, sondern auf allgemeine Missstände innerhalb des Btls. In einem besonderen Schreiben an den Reichsführer-SS wiederholte er im wesentlichen seine Beschuldigungen gegen die Offiziere, indem er wahrheitswidrig eingangs erwähnte, dass gegen die Offiziere seine Btls. bereits ein Kriegsgerichtsverfahren wegen dieser Angelegenheiten schwebe, und dass der Generalstabsoffizier, dem er bei der Division seine Beschwerde vorgetragen habe, ihm erklärt habe, er spreche hier vor einer höchsten vorgesetzten Dienststelle, der er alles sagen müsse.

In mehreren Schreiben an seine Frau erhob er die Beschuldigungen des gleichen Inhaltes gegen die Offiziere seines Btls. In diesen Briefen heisst es u.a.:

»Ich habe eine dolle Wut auf diese feige Bande. Deren Feigheit sind leider verschiedene Kameraden zum Opfer gefallen. Unsere Männer sind empört, aber es steht keiner auf und redet, es sei denn, dass ich diese einmal wegjagen lasse. Du siehst, ich habe immer noch so krumme Ideen. Was würde man in Bremen wohl sagen, wenn es später heisst, der Hespe hat die Offiziere vom Batl. 105 weggejagt. Ich habe jetzt einem Generalstabsoffizier dargelegt, wer sich immer ›Verpisst‹, nämlich unsere Offiziere. Unser Alter ist Feigling Nr. 1 der Kompanie.«

In einem weiteren Brief schildert er wahrheitswidrig eine Unterhaltung, die sich zwischen ihm und dem Major seines Btls. abgespielt haben soll.

Der Angeklagte wörtlich:

»Ich: ›Ich habe feststellen lassen; das Kriegsgericht wird weiter ermitteln, wer sich verpissen will, wenn es knallt.‹

Seine Frage: ›Wer?‹

Ich: ›Unsere Offiziere; als Feigling Nr. 1 des Btls. gelten Sie, Herr Major, Feigling Nr. 1 der 2. Kompanie ist Hauptmann Westphal.‹

Du kannst Dir vorstellen, dass dies wie eine Bombe einschlug. In dieser Art ging die Unterhaltung weiter, die in beiderseitigem Schreien ausartete. Es handelt sich hier um eine Unterhaltung, die in der ganzen Wehrmachtsgeschichte einmalig ist. Unsere Offiziere sind, wie mir der Generalstabsoffizier sagte, sowieso erledigt. Das gab mir Rückenstärke.«

Für seine gegen die Offiziere erhobene Anschuldigung der Feigheit und Nachlässigkeit hat der Angeklagte in keiner Weise den Wahrheitsbeweis führen können. Der erste Generalstabsoffizier, Major Wagner, ist als Zeuge vernommen worden und hat eindeutig erklärt: Die Preisgabe der Ortschaft Nowaja Derewnja habe gezeigt, dass der Btl.Kdr. des Pol.Btl. Major Helwes der Lage nicht gewachsen gewesen sei. Major Helwes sei aber nicht abgelöst, sondern mit seinem Btl. in der Folge einem Wehrmachtsmajor unterstellt worden. Ein Verfahren vor dem Kriegsgericht sei wegen der Vorgänge nicht anhängig gemacht worden. Er, Wagner, habe sich auch nicht gegenüber Hespe als höchste vorgesetzte Dienststelle bezeichnet, der alles gesagt werden müsste. Im übrigen habe er Hespe nicht selbst vernommen, sondern zur Wahrheit ermahnt und dann durch einen anderen Offizier vernehmen lassen.

Der Angeklagte ist dann bei seinem Btl. wegen der Beschuldigungen, die er bei der Division erhoben hatte, vernommen und aufgefordert worden, klipp und klar seine Beobachtungen über Missstände usw. anzugeben. Bei dieser Vernehmung, die verlesen wurde, hat der Angeklagte auch nicht für einen einzigen Punkt seiner Beschuldigungen eine Tatsache angeben können. (Bl. 2). Fast auf jede Frage musste er die Antwort schuldig bleiben. Die gesamte Vernehmung gipfelt in folgenden Antworten: »Das kann ich nicht genau angeben - den bündigen Beweis kann ich nicht antreten - meine Angabe stützt sich auf allgemein Gehörtes - ein Kamerad, dessen Namen ich nicht weiss - das schliesse ich nur - entzieht sich meiner Kenntnis - das weiss ich naturgemäß nicht - ich selbst war in dem Augenblick nicht dabei - persönlich habe ich das nicht gehört - das habe ich nicht gesehen - das können aber andere Kameraden angeben - darüber müssten folgende Männer befragt werden: z.B. Ave, Mühlenbruch, Warlies, Müller, Rosemeier, Baumann, Müller.«

Auf die Frage: »Glauben Sie, dass wirklich Misstände offensichtlich von oben, z.B. vom Btl.Kommandeur, geduldet werden«, antwortete der Angeklagte: »Nein«. Die vom Angeklagten angegebenen Zeugen sind ebenfalls vernommen worden. Der Angeklagte hat in der Hauptverhandlung seine Befürchtungen zum Ausdruck gebracht, dass diese Zeugen vom Btl. unter Druck gesetzt worden seien und möglicherweise nicht ihr wirkliches Wissen zum Ausdruck gebracht hätten. Abgesehen davon, dass so viele Zeugen bei wirklichen Misständen sich nicht alle unter Druck setzen lassen würden, sind die vom Btl. gestellten Fragen keine Suggestivfragen, sondern so gestellt, dass niemand durch die Fragestellung beeinflusst werden konnte. So hat das Btl. u.a. folgende Frage allen Zeugen vorgelegt: »Welche Offiziere des Btl. haben Sie wann und wo gesehen?« Bei dieser Fragestellung haben durchweg alle Zeugen angegeben, den Kompaniechef, Hauptmann Westphal, Oberleutnant Greggers, Hauptmann Borck und auch den Btl.Kommandeur in den vordersten Reihen gesehen zu haben. Die Zeugen Ave, Warlies, Baumann, Müller, Rosemeier, Mühlenbruch haben den Angeklagten in allen Punkten widerlegt bezw. sein Vorbringen auch nicht im entferntesten bestätigt. Sie haben aber bestritten, je zum Ausdruck gebracht zu haben, dass offenbare Missstände im Btl. geduldet würden, und dass sie kein Vertrauen zu den Offiziere hätten. Der vom Angeklagten angegebene Zeuge Coors ist vom Untersuchungsrichter, also nicht vom Btl., vernommen worden und hat folgendes zum Ausdruck gebracht: »Ich weiss genau, dass im Kampf um die Ortschaft Nowaja Derewnja Hauptmann Westphal, Oberleutnant Greggers und Leutnant Drücke den ganzen Vormittag in der vordersten Stellung waren. Den Angeklagten, der ja meiner Kompanie angehörte, habe ich damals überhaupt nicht gesehen. Mir ist nicht bekannt, dass sich unsere Offiziere von den Spähtruppunternehmen gedrückt hätten, im Gegenteil, ich kann bezeugen, dass unsere Offiziere immer mit dabei waren. Ich selbst habe volles Vertrauen zu unseren Offizieren. Ich habe im Osteinsatz das EK II erhalten.«

Ferner haben die Zeugen Jung, Redecker, Schulz, Windhorst zum Ausdruck gebracht, dass sie über das Vorgehen des Angeklagten, bei der Division eine Meldung zu machen, äußerst erstaunt gewesen seien. Vom soldatischen Standpunkt hätten sie sein Handeln vollkommen abgelehnt. Ferner haben die Zeugen Eickhof, Dehnhard, Stauck und Becker erklärt, dass ihnen die Beschwerden des Angeklagten bezüglich der Zustände bei dem Polizei-Bataillon unverständlich gewesen seien. Die beschuldigten Offiziere selbst sind durch das SS- und Polizeigericht Den Haag noch mal eingehend über die Vorgänge vernommen worden. Major Helwes, der mit dem EK II ausgezeichnet ist und das EK I im Weltkrieg erworben hat, hat ausdrücklich alle Anschuldigungen zurückgewiesen und zusätzlich erklärt, dass der Angeklagte an ihn herangetreten sei mit dem Ansinnen, die Sache gütlichst beizulegen und zwar mit der Begründung, es sei in seinem, des Zeugen Interesse. Hauptmann Westphal hat darauf hingewiesen, dass der Angeklagte derzeit in der Reservestellung gewesen sei und aus eigenen Wahrnehmungen über die Verhältnisse in der vordersten Linie, über planmässige Abwehr und über das Halten einer bestimmten Stellung gar keine Angaben machen könne. An Spähtrupps habe er, Westphal, sich nicht beteiligen können, weil er eine Erfrierung zweiten Grades an den Zehen gehabt habe. Von einem Zuruf von Seiten Wehrmachtsangehöriger - das sei ja eine regelrechte Flucht usw. - sei ihm nichts bekannt. Der Zeuge Oberleutnant Heymann hat die Behauptung, er hätte mit dem Seitengewehr die Stiefelsohlen gelöst, als Unsinn zurückgewiesen. Er habe vielmehr bei einem Stiefelappell mit der Spitze seines Seitengewehrs ein wenig die Sohle in der Gegend des Loches gehoben, um ein Stückchen darunter sehen zu können. Zur Frage der Zurückschickung von Leichtkranken erklärte er, dass er auf Grund der an und für sich schon schwachen Stärke der Kompanie nicht nur Leichtkranke nicht zurückgeschickt habe, sondern, dass er sogar gezwungen gewesen sei, offensichtlich kränkliche Männer zurückzuhalten, da es sonst nicht möglich gewesen wäre, den an ihn gestellten Aufgaben gerecht zu werden.

Nachdem der Angeklagte in dem bis ins eingehendste geführte Untersuchungsverfahren weit über ein Dutzend Zeugen angegeben hat, die ihn aber alle im Stich gelassen und ihn teilweise sogar widerlegt haben, hat der Angeklagte in der Hauptverhandlung weitere Zeugen angegeben. Das Gericht ist auf die vom Angeklagten genannten Namen Vennemann, Seilemann, Allhusen, Piepenberg (Bl. 133 d.A.) eingegangen und hat festgestellt, dass auch diese in keiner Weise irgendwelche greifbaren Behauptungen von Tatsachen aufstellen konnten, sondern sich in allgemein gehaltenen Werturteilen ergehen. Nach alledem kommt das Gericht in Übereinstimmung mit der Stellungnahme des SS-Richters des SS- und Polizeigerichts in Den Haag zu der Überzeugung, dass die Angaben des Angeklagten völlig aus der Luft gegriffen und z.T. die Tatsachen entstellt wiedergegeben worden sind. Es lässt sich weder dem Zeugen Major Helwes noch seinen Offizieren nachweisen, dass sie ihre Dienstpflichten als Offiziere im Felde versäumt haben. Insbesondere ist in keiner Weise der Eröffnung eines kriegsgerichtlichen Verfahrens gegen sie erwogen worden. Eine weitere Klärung dieser Angelegenheit als es bisher geschehen ist, erscheint unmöglich. Der Angeklagte ist also den Wahrheitsbeweis in jeder Weise schuldig geblieben.

3. Der Angeklagte hat in Briefen an seine Frau den allgemein gehaltenen Befehlen in Dienstsachen, keine Ortsnamen und sonstige Vorkommnisse an der Front zu erwähnen, zuwidergehandelt. In seinen Briefen führt er den Ortsnamen Kempolowo zweimal an, ferner schildert er in den schwärzesten Farben den Krieg:

»Vorne sieht es toll aus. Von unserer stolzen Kompanie - 150 Mann - sind gerade 15 Würmchen übrig geblieben.« (Bl.42ff). »Wir machten ja auch laufend Spähtrupps, auch so Himmelfahrtskommandos.«

»Iwan ist verdammt aktiv.« »Es fehlt nur noch, dass der Russe eines Tages den Sack, in dem wir drinsitzen, zuschliesst.« » ... unser Lager ist gesperrt wegen Fleckfiebergefahr, denn es ist schon wieder einer daran gestorben.«

»Unsere 3. Kompanie hat wie immer am meisten daran glauben müssen. Inzwischen sind die Totalverluste an Toten auf 30 bezw. schon mehr gewachsen.«

Der Angeklagte wollte in der Hauptverhandlung dem Gericht einreden, dass der Kompaniechef ausdrücklich derartige Briefe erlaubt habe. Der Angeklagte wusste wie jeder andere Soldat, dass er dies nicht schreiben durfte. Selbst seine Frau hatte aus der Art und Weise wie der Angeklagte über dienstliche Dinge schrieb, sei es in Form, sei es im Inhalt, Bedenken. Sie warnt ihn mehrfach und ermahnte ihn, in seinen Äusserungen vorsichtiger zu sein. Auf Bl. 145 RS heisst es: »Bisher habe ich geöffnete Briefe nicht bekommen, bitte Dich aber daran zu denken. Du bist leichtsinnig. Du musst an uns denken, wenn Du schreibst, wie leicht könntest du sonst dich und uns sehr unglücklich machen. Was Du auf dem Herzen hast, das kannst Du mir ja später alles persönlich erzählen. Auch ich bin wütend, wenn ich so etwas lese und nimmt????? mir sogar sehr viel.«

4. Da der Angeklagte nach den Vorgängen bei der Division und beim Btl. weiterhin heimlich im Kameradenkreise gegen das Btl. hetzte und damit eine Gefahr für die Manneszucht bildete, wurde der Angeklagte im Interesse der Disziplin am 29.4.42 auf Befehl des SS-Obergruppenführers Jeckeln nach Riga versetzt, um hier strengen Wachdienst zu machen. Am 11. Mai schrieb der Angeklagte an seine früheren Kameraden im Btl. einen Brief, in dem er seine Genugtuung darüber ausdrückte, dass er nun in Riga ein gutes Leben habe und an Mädchen und Bier keinen Mangel leide, u.a. heisst es in dem Brief:

»Schöne und elegante Frauen in Mengen. Zwar sind grössere Kontingente nach Deutschland geschickt. Trotzdem hält das Angebot der Nachfrage die Waage. Also kommt rasch, man wartet auf Euch! Die Lettinnen sollen insexualibus recht bedürftig sein. Sammelt ihr indes weiter Kräfte, die erforderlich sein werden, die Rigaer Frauen aufzufrischen. Da bekannt ist, dass die mutigen Bremer Reservisten die Körung der Zuchtbullen mit Prädikat bestanden haben, dürfte es auch ausser Zweifel stehen, dass Ihr die geile Begierde der Euch hingeben Jungfrauen mit der nötigen Raffinesse zu befriedigen in der Lage seid. Ich sehe hier vor meinen Fenstern den Berühmten Kaiserwald, wo die Mädchen hineinrufen können.«

Dieser Brief wurde vom Btl. beanstandet und für die Manneszucht als gefährlich bezeichnet. Die Wirkung auf die Männer sollte die sein, dass diese sich sagen müssten, man brauche nur etwas auszufressen, um zu einem angenehmeren Leben zu gelangen. Der Angeklagte bestreitet, dass er irgendwie die Manneszucht der Truppe habe untergraben wollen. Es sei ein Brief eines Landsers an andere Landser, die keinen Anspruch auf irgendwelches besondere Gedankengut mache. Einen besonderen Eindruck habe sein Brief auf die Truppe insofern nicht machen können, als diese gewusst habe, dass er es besser habe als sie, wenn er nach Riga versetzt würde. Über das Rigaer Leben sei die Truppe durch Urlauber und andere Soldaten unterrichtet gewesen. Diese Einlassung war dem Angeklagten nicht zu widerlegen. Der zu 1. - 4. ermittelte Sachverhalt steht fest auf Grund der Einlassung des Angeklagten und Vernehmung der Zeugen Major Wagner, des Majors Helwes, des Wachtmeisters Jung, Wachtmeister Redecker, Revierwachtmeister Schultz, des Revierwachtmeisters Windhorst, des Hauptmanns

Westphal, des Oberwachtmeisters Coors, des Oberwachtmeisters [muss »Oberleutnants« heissen, d.V.] Heymann, des Hauptmanns Borck, des Oberwachtmeisters Ave, des Zugwachtmeisters Mühlenbruch, des Wachtmeisters Warlies, des Wachtmeisters Rosemeier, sowie der zur Verlesung gebrachten o.a. Briefe des Angeklagten an seine Ehefrau.

III.

Bei dem zu 1. festgestellten Sachverhalt hat sich der Angeklagte der Zersetzung der Wehrkraft schuldig gemacht, da er es unternommen hat, sich durch ein auf Täuschung berechnetes Mittel oder andere Weise der Erfüllung des Wehrdienstes teilweise zu entziehen. Er hat bewusst und gewollt ein vorhandenes Leiden übertrieben und sich durch Vorschützen einer Krankheit vor einem weiteren Gefechtseinsatz seiner Truppe aus Bequemlichkeitsgründen gedrückt. Er wollte sich auf diese Weise einen angenehmeren oder bequemeren Dienst verschaffen und sich damit wesentlichen Dienstverrichtungen zu entziehen. Die von ihm in der Vernehmung und in seinen Briefen gemachten Äusserungen lassen diesen Willen klar erkennen. Sein Wille zielte darauf ab, sich dem Dienst für einige Zeit zu entziehen. Er hat durch unnötigen Aufenthalt in Ljuban sich teilweise dem Wehrdienst entzogen.

Dass er mit dieser Entziehung vom Dienst zugleich bestrebt war, Sorge zu tragen, dass auch seine Kameraden herangezogen würden, ändert nichts an seinem Entschluss, sich für seine Person auf diese Weise dem Wehrdienst zu entziehen. Er hat damit den Tatbestand der Zersetzung der Wehrkraft i.S. des § 5 Ziff.3 KstVO. erfüllt. Nach dem Schrifttum wird ein darüber hinausgehender besonderer Vorsatz der Zersetzung der Wehrkraft nicht verlangt, s. Rittau Anmerkung 7 zu § 5 der VO.

Der Angeklagte hat in dem zu 2. geschilderten Sachverhalt sich der Beleidigung eines Vorgesetzten i.S. des 91 MStGB schuldig gemacht. Die Behauptung, dass die Offiziere de Pol.Btls.105, insbesondere Major Helwes und Hauptmann Westphal feige seien, und dass ihrer Unfähigkeit Verluste von Kameraden und Missstände in den Einheiten zuzuschreiben seien, für die er in keiner Weise einen Nachweis erbringen konnte, stellt eine üble Nachrede dar – also die Behauptung einer nicht erweislich wahren objektiv beleidigenden Tatsache. Er hat bestimmte Tatsachen der Division und seiner Frau gegenüber als Gegenstand eigenen Wissens hingestellt. Es kann dem Angeklagten nicht widerlegt werden, dass er an die Wahrheit seiner Behauptung geglaubt hat. Im übrigen kommt es auf einen guten Glauben auch nicht an, da bei Mangel des Beweises der Wahrheit die Bestrafung durch den Glauben an die Wahrheit nicht ausgeschlossen wird. Der Angeklagte hat verschiedenen Personen gegenüber die Behauptung aufgestellt, dass seine Offiziere feige seien. Das Gericht hat aber bei der Gleichartigkeit der Ausführungshandlung und der Verletzung desselben Rechtsgutes in diesen Rechtsverletzungen eine fortgesetzte Handlung erblickt. Auch hat das Gericht den Ausdruck »Feigling« nicht als selbständige Formalbeleidigung bewertet, sondern im unmittelbaren Zusammenhang mit den Worten der üblen Nachrede, die Offiziere seien feige gewesen – gebracht und als fortgesetzte Handlung mit ihr gewertet.

Bei dem zu 3. geschilderten Sachverhalt hat sich der Angeklagte eines militärischen Ungehorsams i.S. des § 92 MStGB schuldig gemacht. Er hat einen allgemeinen dienstlichen Befehl, die in unmittelbarer Beziehung zur allgemeinen militärischen Organisation steht, bewusst und gewollt übertreten: Nämlich keine Briefe an Angehörige mit Ortsbezeichnungen und mit Schilderungen von Geschehnissen und Zuständen, die reinmilitärischer Natur sind, zu senden. Abgesehen davon, dass ihm dieses selbstverständliche Verbot bekannt war, wurde er zusätzlich immer noch von seiner Frau gewarnt, derartige Briefe zu schreiben. Er hat durch diesen Ungehorsam einen erheblichen Nachteil herbeigeführt. Bei pflichtgemäßer Überlegung musste er die Gefährlichkeit seines Vorhabens erkennen, da jeder Brief, mochte er auch an einen intimen Angehörigen geschrieben sein, der Indiskretion durch andere und dem Diebstahl preisgegeben ist.

Ausserdem wird durch solche Briefe die Zuversicht des Angehörigen beeinträchtigt, wie dies bei der Frau des Angeklagten nach den getroffenen Feststellungen auch geschehen ist, und Gerüchte in der Heimat unterstützt. Das Gericht hat in der Tat des Angeklagten einen fortgesetzten militärischen Ungehorsam erblickt und auf eine Bestrafung gem. § 92 MStGB erkannt.

Bei dem zu 4. geschilderten Sachverhalt legt die Anklage dem Angeklagten eine Zersetzung der Wehrkraft i.A. des § 5 Ziff. 2, zur Last, weil er es unternommen habe, durch einen Brief an seine Kameraden, in dem er das Rigaer Leben schilderte, die Manneszucht zu untergraben. Dem Angeklagten war jedoch nicht nachzuweisen, dass er aus einer wehrmachtsfeindlichen Gesinnung gehandelt und dass er beim Schreiben dieses Briefes das Bewusstsein gehabt habe, dass dieser Brief geeignet sei, die Manneszucht zu untergraben. Aus der Tatsache allein, dass es für ihn als einen, der gerade aus Gründen der Manneszucht von seinem Truppenteil wegversetzt wurde, im höchsten Masse unpassend war, derartige Schilderungen über sein jetzt bequemeres Leben seinen Kameraden zu geben, ist nicht zwingend zu schliessen, dass der Angeklagte auch das Bewusstsein gehabt habe, durch diesen Brief die Manneszucht zu untergraben. Es fehlt also an dem Nachweis des subjektiven Tatbestandes. Der Angeklagte war daher in diesem Punkte freizusprechen.

Die zu 1. – 3. festgestellten Straftaten sind unabhängig voneinander begangen und stehen im Verhältnis der Tatmehrheit.

IV.

Beim Strafmass hat sich das Gericht von folgenden Gesichtspunkten leiten lassen:

Sämtliche Taten des Angeklagten müssen unter Berücksichtigung der eigenartigen Charakterveranlagung des Angeklagten beurteilt werden. Der Angeklagte ist eine Michael-Kohlhaas-Natur. Er ist streng darauf bedacht, dass seine Rechte gewahrt werden und fühlt sich bei der geringsten Beeinträchtigung berufen, gegen andere mit allen Mitteln vorzugehen.

Damit verbindet sich ein Hang zur Wichtigtuerei, der aus einem Minderwertigkeitskomplex herzurühren scheint, dies lassen seine Äusserungen wie: – alles drängt sich, diesen sagenhaften Hespe zu sehen, – ich bin die bekannteste Persönlichkeit des Btls. – usw. erkennen.

Der Angeklagte verfügt über hinreichende Intelligenz, wie seine kaufmännischen Erfolge und die lebendigen Schilderungen in seinen Briefen erkennen lassen. In der Hauptverhandlung selbst erklärte er sich für einen Gerechtigkeitsfanatiker, er habe wohl an die 15 Menschen schon ins Gefängnis gebracht, weil er Ungerechtigkeit nun einmal nicht ertagen könnte. Die mimosenhafte Empfindlichkeit, die er für sich in Anspruch nimmt, veranlasst ihn aber nicht, auf die Empfindlichkeit anderer Rücksicht zu nehmen und das Ehrgefühl anderer zu respektieren. Die von ihm gegen seine Offiziere in die Welt gesetzten Behauptungen sind derartig leichtfertig und unbekümmert, dass sie fast an die Grenze der Verleumdung gehen. In einer Zeit, in der er selbst, wie seine Briefe erkennen lassen, durchaus geneigt ist, »der Front den Rücken zu kehren und eine Zeit lang einmal Schmerzen zu entdecken«, beschuldigt er Offiziere der Feigheit und Nachlässigkeit. Der Angeklagte hat bis zuletzt in der Hauptverhandlung in keiner Weise Verständnis für seine Tat gezeigt, wenn er auch zwischendurch behauptete, er sähe ein, dass er übereilt gehandelt habe. Im einzelnen hat das Gericht für jede der strafbaren Taten folgende Einzelstrafen ausgeworfen:

Für die teilweise Entziehung des Wehrdienstes wurde nicht auf eine Todesstrafe erkannt, weil das Gericht nach den Umständen einen minder schweren Fall angenommen hat. Der Angeklagte ist nicht ein Kriegsdienstverweigerer, sondern ein Soldat, der sich eine Zeitlang mal einen guten Tag verschaffen wollte. Es kann auch unterstellt werden, dass der Angeklagte als älterer Reservist den körperlichen Anstrengungen im Einsatz nicht mehr so gewachsen war und die vorhandenen körperlichen Leiden seine moralische Widerstandskraft etwas gelähmt hatten. Andererseits konnte nicht auf eine Gefängnisstrafe erkannt werden, da der Angeklagte der ein so grosses Feingefühl für die Feigheit und Nachlässigkeit Anderer bewies, sich völlig über das Unerlaubte seines Verhaltens im Klaren sein musste. Eine Zuchthausstrafe von 3 - drei - Jahren sieht das Gericht für die angemessene Sühne.

Bei der üblen Nachrede gegen seine Vorgesetzten war sich der Angeklagte bewusst, welche Folgen seine Behauptung für die Offiziere haben musste. Er hat diesen Angriff gegen die Ehre seiner Offiziere hartnäckig fortgesetzt und hohe und höchste Stellen mit seinen Anschuldigungen beschäftigt. Er hat wohl an die Wahrheit seiner Behauptungen geglaubt. Von einer Missstimmung erfüllt, durfte er nicht alle Dinge, die er vom Hörensagen kannte, oder, die er nur vermutete, ungeordnet in sich aufnehmen und in einer plötzlichen Erregung verantwortlich zur Sprache bringen. Bei der Schwere der Beschuldigung unter Berücksichtigung, dass die üble Nachrede in Bezug auf die Dienstthandlungen der Offiziere begangen wurde, war auf die gesetzliche Höchststrafe von 3 - drei - Jahren Gefängnis - 2 - zwei Jahre Zuchthaus zu erkennen.

Wegen des militärischen Ungehorsams - Briefwechsel des Angeklagten mit seiner Frau - hat das Gericht auf eine Gefängnisstrafe von 4 - vier - Monaten erkannt. Gem. § 74 MStGB waren sämtliche Strafen in Übereinstimmung mit dem Antrage des Vertreters der Anklage auf eine Gesamtzuchthausstrafe von 5 - fünf - Jahren zurückzuführen.

Wegen der verwerflichen und niederen Gesinnung, die der Angeklagte bei der Wehrdienstentziehung gezeigt hatte, waren ihm gem. § 32 RStGB die bürgerlichen Ehrenrechte auf die Dauer von 2 - zwei - Jahren abzuerkennen.

Wegen Art und Höhe der Strafe und insbesondere aber wegen seines uneinsichtigen Verhaltens in der Hauptverhandlung war ihm die bisher erlittene Untersuchungshaft nicht anzurechnen.

gez. Wollenzien

SS-Oberscharführer und SS-Richter d.Res.[652]

652 Abschrift (VWE).

Vernehmungsprotokoll

Amt für Wiedergutmachung

Ermittlung E 4547 Bremen, den 13. Septb. 1950
Betr.: Hans Hespe, geb. 21.6.07 in Brake i./Oldbg.
wohnhaft: Bremen, Heinrich Heinestr. 17 b./Richter

Vernehmung

Es erscheint der o.a. Antragsteller und sagt mit dem Gegenstand der Vernehmung vertraut gemacht und zur Wahrheit ermahnt in eigener Sache aus:

Zur Sache: Von Beruf Kaufmann, war ich sehr viel unterwegs und konnte aus diesem Grunde keine Verpflichtung eingehen, einer politischen Organisation beizutreten. - Ich kam viel mit Ausländern zusammen und verkehrte oft in jüdischen Kreisen Bremens. - Daraus entwickelte sich naturgemäß eine gewisse innere Abneigung gegen den Nationalsozialismus und ein allgemeiner politischer Weitblick und ich kam langsam zu einer politisch-sozialistischen Überzeugung. - Zeugen für das bisher Gesagte kann ich nötigenfalls beibringen. - Bei Ausbruch des Zweiten Weltkrieges wurde ich zum Polizeireservedienst verpflichtet und kam 1941 zum Einsatz nach Russland. - Zuvor bin ich nie Soldat gewesen. - Mit meinen Vorgesetzten, die alle aktiv waren und aus der SS hervorgegangen waren, ergaben sich laufend Reibereien. - Ich war im Bataillon als »Oppositionist« verrufen.

Das Verhältnis spitzte sich immer mehr zu und führte Anfang 1942 zu meiner Verhaftung, nachdem ich zuvor eine offizielle Meldung beim Stab der 254 J.D. gegen unsere vorgesetzten SS-Führer gemacht hatte, wegen Übergriffen gegenüber der russischen Zivilbevölkerung und Kriegsgefangenen und insbesondere auch wegen ihres unsozialen Verhaltens gegenüber ihren Untergebenen. - Ich glaube sagen zu können, dass meine Handlungsweise etwas Aussergewöhnliches und Einmaliges in der ganzen Kriegsgeschichte darstellt, denn sie brachte das gesamte Prestige der SS- und Polizei ins Wanken, sodass sich SS-Obergruppenführer Jeckeln (Höherer SS- und Polizeiführer Nordrussland/ Baltikum), Schwager von Heinrich Himmler, und dieser persönlich sich in diesen Prozess einschalteten. - In einem Geheimverfahren wurde ich dann verurteilt zu 5 Jahren Zuchthaus mit Überstellung nach Dachau. - Das Urteil selbst bzw. die Zweitausfertigung reichte ich 1945 bereits der KZ-Betreuungsstelle in Bremen ein. - Die amerikanischen Dienststellen haben nach dem Zusammenbruch das Verfahren wieder aufgerollt. - Der Leiter vom Public Safety, der amerikanische Major Boyd, beurteilte meine Handlungsweise als eine politische Grosstat.

Am 15.2.42 wurde ich zwangsweise zum Strafbataillon Dirlewanger überstellt und kam verwundet in ein russisches Lazarett. Am 13. August 1945 wurde ich als Invalide aus dem Lazarett nach Bremen entlassen.

Auf der Heimreise nach Bremen habe ich in Berlin dem damaligen russischen Stadtkommandanten, General Bersarin, meine Angelegenheit vorgetragen. - In Bremen habe ich mich nach dem Verbleib der für mein Unglück verantwortlichen Männer erkundigt. - Daraufhin schalteten sich auch amerikanische Dienststellen ein. In dieser Angelegenheit fuhr ich dann mit Wissen und im Auftrag des Public Safety am 9. Mai 1946 nach Berlin, um dem russ. Kommandanten Bericht zu erstatten, wie es mir ergangen war. – Ich machte dort auch davon Mitteilung, dass die Angelegenheit auch von amerikanischen Dienststellen aufgerollt worden sei. – In diesem Zusammenhang wurde ich dann von den Russen festgenommen, obwohl ich vorher in jeder Weise von den amerikanischen Dienststellen rehabilitiert worden war. Die Festnahme erfolgte am 15. Mai 1946, die Entlassung aus dem KZ-Sachsenhausen am 18.1.1950. Aus diesem Grunde konnte ich nicht nach Bremen zurückkehren. Polizeilich habe ich mich nicht abgemeldet, da ich ja nach Erledigung der Angelegenheit sofort zurückkehren wollte. Der KPD habe ich nicht angehört und gehöre ihr auch nicht an. Vorstehende Angaben entsprechen der vollen Wahrheit.

Geschlossen: v. g. u.

Gez. Oschatz gez. Hans Hespe[653]

Das LG Berlin bestätigt 1954 das Urteil des SS- und Polizeigerichts

Beschluss der 4. Großen Strafkammer des Landgerichts Berlin vom 10.8.1954

Abschrift v. 3.12.1954, Az.(504) 2.P.Aufh.40.54. (351.54)[654]
In der Aufhebungssache des Kaufmanns Hans Hespe, geb. am 21. Juni 1907 in Brake/Oldenburg, wohnhaft in Berlin-Neukölln, Werbellinstr. 21 wird der Antrag des Antragstellers auf Aufhebung des Feldurteils des SS-Polizeigerichts XVI in Riga v. 4.9.1942 – St.L.I. Nr. 102/42 -, durch welches er zu einer Zuchthausstrafe von fünf Jahren und Aberkennung der bürgerlichen Ehrenrechte auf die Dauer von zwei Jahren verurteilt worden ist, (die Strafe wurde durch Gnadenerweis vom 27. Januar 1945 in eine Gefängnisstrafe von gleicher Dauer unter einstweiliger Wiederzuerkennung der Wehrwürdigkeit und der bürgerlichen Ehrenrechte umgewandelt) gebührenfrei zurückgewiesen.

Gründe: »Durch das oben aufgeführte Urteil ist der Antragsteller wegen Zersetzung der Wehrkraft durch Dienstentziehung, ferner wegen fortgesetzter Beleidigung eines Vorgesetzten und fortgesetzten Ungehorsams verurteilt (Bl. D.DA.E.4547). Dass es sich tatsächlich um solche Straftaten handelt, ergibt sich aus der beglaubigten Abschrift der Urteilsgründe. Das Urteil ist hiernach weder aus politischen Gründen ergangen noch beruhte die Entscheidung auf Vorschriften, welche die Festigung des Nationalsozialismus oder Durchsetzung nationalsozialistischen Gedankenguts bezweckt haben. Es handelt sich vielmehr um Straftaten, die auch in jeder rechtstaatlichen Demokratie unter Strafe gesetzt sind. Die Voraussetzungen für eine Aufhebung des Urteils auf Grund des Gesetzes vom 5. Januar 1951 liegen hiernach nicht vor.

Die erkannte Strafe ist zwar hart, sie kann aber bei Berücksichtigung dessen, dass der Antragsteller Handlungen als Soldat im Kriege begangen hat, nicht als grausam oder übermäßig

653 Handschriftliches Protokoll mit Schreibmaschinen-Abschrift vom 13.9.1950 (VWE).
654 Abschrift (VWE).

hoch angesehen werden, so dass auch für eine Herabsetzung der Strafe kein Raum ist. Die Entscheidung entspricht dem Antrage des Herrn Generalstaatsanwalts beim Landgericht Berlin.

Gegen diesen Beschluß ist die Beschwerde zulässig. Sie muß innerhalb zwei Wochen nach Zustellung dieses Beschlusses beim unterzeichneten Landgericht eingegangen sein.

Berlin NW, den 10. August 1954

Landgericht Berlin, 4. große Strafkammer

Gez. Dr. Siemon, Lorenz, Grüber.

Zur Kontrollratsdirektive Nr. 38

Die Direktive Nr. 38 regelte die Verhaftung und Bestrafung von Kriegsverbrechern, Nationalsozialisten und Militaristen sowie die Internierung, Kontrolle und Überwachung von möglicherweise gefährlichen Deutschen.

Zweck dieser für ganz Deutschland geltenden gemeinsamen Richtlinie war

die Bestrafung von Kriegsverbrechern, Nationalsozialisten, Militaristen und Industriellen, welche das nationalsozialistische Regime gefördert haben;

die vollständige und endgültige Vernichtung des Nationalsozialismus und des Militarismus ...

die Internierung von Deutschen, welche, ohne bestimmter Verbrechen schuldig zu sein, als für die Ziele der Alliierten gefährlich zu betrachten sind, sowie die Kontrolle und Überwachung von Deutschen, die möglicherweise gefährlich werden.

Um in den verschiedenen Zonen eine einheitliche Behandlung zu gewährleisten, wer offensichtlich gefährlich war oder möglicherweise gefährlich werden konnte, wurde es für notwendig erachtet, fünf Hauptgruppen einzuteilen und für jede Gruppe angemessene Strafen und Sühnemaßnahmen festzusetzen, ohne dabei das freie Ermessen der jeweiligen Zonenbefehlshaber einzuschränken.[655]

Im Art. I bezeichnet die Gruppe der Verantwortlichen:

1. Hauptschuldige;
2. Belastete (Aktivisten, Militaristen und Nutznießer);
3. Minderbelastete;
4. Mitläufer;
5. Entlastete (Personen der vorstehenden Gruppen, welche vor einer Spruchkammer nachweisen können, dass sie nicht schuldig sind). Aktivist war auch, wer nach dem 8. Mai 1945 durch Propaganda für den Nationalsozialismus oder Militarismus durch Erfindung und Verbreitung tendenziöser Gerüchte den Frieden des deutschen Volkes oder den Frieden der Welt gefährdet hat oder möglicherweise noch gefährdet (B. III).[656]

655 Vgl. Ruth Hemken: Sammlung der vom Alliierten Kontrollrat und der Amerikanischen Militärregierung erlassenen Proklamationen, Gesetze, Verordnungen, Befehle, Direktiven. 3. Aufl., Stuttgart 1946. Den Zonenbefehlshabern war durch das Kontrollratsgesetz Nr. 10 freies Ermessen eingeräumt worden.

656 Amtsblatt des Kontrollrats in Deutschland, Ergänzungsblatt Nr. 1, Sammlung von Urkunden betreffend die Einrichtung der Alliierten Kontrollbehörde (hg. vom Alliierten Sekretariat Berlin).

Schriftenreihe

Erinnern für die Zukunft in der EDITION TEMMEN

Band 1:

Max Markreich
Geschichte der Juden in Bremen und Umgegend
275 S., 1 Abb., geb.
ISBN 3-86108-692-1
vergriffen

»Markreich hat den Bremer Juden mit diesem Werk ein Denkmal gesetzt.«
Hans Koschnick

Schriftenreihe

Erinnern für die Zukunft in der EDITION TEMMEN

Band 2:

Hanno Balz
Die »Arisierung« von jüdischem Haus- und Grundbesitz in Bremen
128 S., geb.
ISBN 978-3-86108-689-5
5.00 €

»Eine Verknüpfung der Bedeutung von Alltagsgeschichte im Nationalsozialismus und der Wirtschaftsgeschichte einer der größten Enteignungsaktionen der jüngeren deutschen Geschichte.«
Hanauer Anzeiger

Schriftenreihe

Erinnern für die Zukunft
in der EDITION TEMMEN

Band 3:

Joseph Kastein
Was es heißt, Jude zu sein
Eine Kindheit in Bremen
72 S., 3 Abb., geb.
ISBN 978-3-86108-549-2
9.90 €

»Kasteins Lebenserinnerungen relativieren das Bild der weltoffenen Handelsstadt Bremen.«
Arbeiterbewegung und Sozialgeschichte